L'EMPIRE DES RAMSÈS

Du même auteur :

L'art égyptien. Paris, P.U.F., 1981. (Coll. « Que sais-je ? »)
La littérature égyptienne. Paris, P.U.F., 1982. (Coll. « Que sais-je ? »)
Textes sacrés et textes profanes de l'ancienne Égypte. I. Des Pharaons et des hommes. Paris, Gallimard, 1984. (Coll. UNESCO « Connaissance de l'Orient ».)

A paraître :

Pharaons d'Égypte, Fayard.

Claire Lalouette

Professeur à l'université de Paris-Sorbonne

L'EMPIRE
DES RAMSÈS

Fayard

AVANT-PROPOS

Tant de monuments évoquent encore de nos jours la grandeur des rois Ramsès : Karnak, Louxor, Abou Simbel, notamment. Au Grand Palais, à Paris, voici quelques années, la magnificence de Ramsès II — ou plutôt son souvenir — fit accourir les foules.

Le règne des Ramsès couvre deux siècles d'histoire, deux siècles de prestige incontesté dans tout le Proche-Orient, où les pharaons se taillèrent un vaste Empire, et de domination sur l'Afrique, où le pouvoir des rois d'Égypte s'étendit jusqu'en amont de la quatrième cataracte du Nil. Ce fut le temps des rois-héros, le temps de la grande épopée des souverains conquérants. L'idéologie religieuse élabore ses mythes les plus profonds, la culture littéraire et artistique atteint un sommet.

Deux siècles qui furent progressivement amenés, engendrés par les deux millénaires d'histoire qui les précédèrent, et sur lesquels, au début de ce livre, j'ai voulu, de manière assez brève, mais précise cependant, attirer l'attention du lecteur — afin qu'il comprenne mieux, ensuite, l'enchaînement inéluctable qui rendait nécessaire la constitution de l'Empire égyptien : résultat d'une pensée politique délibérée que soutenait la foi envers les dieux.

J'ai souhaité également que l'on puisse lire beaucoup de

textes égyptiens datant de cette période ; j'en ai traduit un grand nombre, afin que chacun puisse mieux saisir le génie particulier de la plus vieille civilisation du monde, actuellement connue.

INTRODUCTION

L'Égypte est le plus vieux pays du monde — un pays dont l'ancienneté, la grandeur, le « mystère » qui l'a longtemps entouré ont toujours éveillé un intérêt particulier — un pays dont on reconnaît maintenant qu'il est la source vive des civilisations classiques, et dont nous sommes donc, pour une part, dépendants.

Jamais, en effet, l'Égypte ne fut isolée ; elle ne connut pas ce « splendide isolement » dont, parfois, on la gratifie. Par les mers et par les déserts, par les pistes, les canaux et les océans, elle s'ouvrait largement sur le monde alentour ; elle fut le grand passage antique entre les hautes terres d'Afrique et la Méditerranée, entre les steppes libyques et le monde asiatique. Du Soudan à l'Anatolie, de la Libye à la Mésopotamie, elle fut le grand *carrefour,* commercial, politique, spirituel, durant près de quatre millénaires avant J.-C.

Plus de trois mille ans d'histoire, le plus long cours actuellement connu, pour une civilisation originale, résistant aux influences étrangères, parce qu'elle répondait à une idéologie, à tout un système de pensée, peu à peu élaboré sur les rives du Nil et qui fut le reflet de la haute spiritualité d'un peuple particulier.

*

L'Égypte était un pays prédestiné, un ensemble de terres unique, aux contours nettement délimités, ici par les déserts, là par les mers — un ensemble de terres rassemblées autour d'un seul axe de vie, la vallée du fleuve Nil.

A perte de vue s'étendaient les sables du Sahara oriental, déserts moins arides que de nos jours, où vivaient les grands fauves : panthères, lions qui, le soir venu, s'approchaient dangereusement pour venir boire aux sources — où vivait aussi du bétail, grand et petit : bubales, oryx, antilopes aux cornes torses, gazelles aux cornes en lyre, hyènes et chacals, que piégeaient les veneurs nomades.

Mais le Nil, père des dieux et des hommes, apportait, dans ces sables stériles, l'eau, donneuse de vie ; il apportait aussi — bienfait annuellement renouvelé, chaque été, au moment de sa crue — le limon fertilisateur, le lourd limon noir, terre ferrugineuse arrachée au sol abyssin, qu'il roulait lentement de cataracte en cataracte jusqu'à la première, là où commence l'Égypte, pour l'épandre ensuite sur ses deux rives. Hapy, le fleuve sacralisé, est figuré comme un être androgyne, poitrine pendante et ventre ballonné (telle une vieille nourrice féconde), les bras chargés de fleurs, de fruits et de poissons.

Les hommes, avant le quatrième millénaire, s'étaient rassemblés aux bords de la vallée, vivant de chasse et de pêche.

Le climat, plus humide, en ces temps anciens, créait un paysage bien différent de celui que nous connaissons aujourd'hui : une large vallée marécageuse, ombragée, de part et d'autre, par d'épaisses « forêts » de papyrus qui projetaient leurs ombelles jusqu'à six mètres de hauteur ; là gîtait une faune diverse, abondante, bruyante, domesticable, consommable ou dangereuse : taureaux sauvages, urus, sangliers et porcs, hippopotames, crocodiles, serpents, reptiles divers ; des poissons aux innombrables variétés habitaient le fleuve ; dans les ombelles nichaient des oiseaux de tous plumages : ibis, flamants, martins-pêcheurs, cailles, pigeons, vanneaux, moineaux, pies, qui animaient de leurs cris et leurs poursuites ce « monde originel », contraignant, dangereux, mais combien tentant pour les hommes des déserts et des steppes. D'abord nomades, quêtant leur nourriture de place en place, ils tentèrent de se fixer dans cette luxuriante oasis, longue de mille kilomètres jusqu'aux rivages méditerranéens.

Par un labeur intelligent, patient et raisonnable, ils apprirent peu à peu à maîtriser la crue qui, durant l'été, noyait les zones basses. En un travail de longue haleine, ils créèrent un nouveau paysage, pour les besoins de l'homme. Ils creusèrent des canaux, qui sillonnèrent les sables stériles, disciplinant les divagations de l'eau et permettant au limon de s'épandre plus largement et plus utilement. Ainsi naquit l'agriculture, entre fleuve et désert. Blé, orge, lin, vigne, cultures potagères se développèrent le long de la vallée. L'homme fabrique le pain de blé, la bière d'orge pour ses repas quotidiens ; il tisse le lin de ses vêtements ; il apprend à domestiquer certains animaux des marais, un cheptel important prospère, pourvoyant aussi à ses besoins.

Les hommes se groupent en villages ; les villages se fédèrent ; dès avant l'histoire, semble-t-il, deux royaumes apparaissent, qui correspondent aux deux régions naturelles du pays : un royaume de Haute Égypte, qui s'étend d'Assouan à Memphis (près du Caire actuel), étiré sur huit cents kilomètres, bande de terres fertiles que limitent, à l'ouest, les falaises du plateau libyque, à l'est, les collines de la chaîne arabique, et que des vallées latérales mettent en communication avec la chaîne des oasis (à l'ouest) et la mer Rouge (à l'est) ; le royaume de Basse Égypte, au nord, coïncide avec le delta du Nil, qui étale en éventail ses six branches, du lac Maréotis aux lagunes de Péluse, vaste plaine alluviale de deux cents kilomètres de profondeur, qui s'achève aux bords de la Méditerranée.

Un double pays, un double royaume, une double attirance : vers les hautes terres d'Afrique, vers les pays méditerranéens.

Aux environs de 3200 av. J.-C. un roi unique, Narmer
(le légendaire Menes des Grecs) unifie les deux
royaumes ; mais l'Égypte conservera, dans toutes ses traditions, le reflet de cette dualité première.

Avec Narmer commence l'histoire d'Égypte ; avec la
monarchie, débute la prospérité. Un pouvoir central fort
va permettre d'assurer une véritable *politique* économique ; on pourra désormais, mieux encore, discipliner la
crue, en coordonnant les observations nilométriques tout
au long du cours du fleuve, en mobilisant des milliers de
manœuvres qui, simplement équipés de couffes et de
hoyaux, vont parfaire le réseau des canaux. Si la géogra-
phie de l'Égypte commande naturellement la vie économique et sociale, elle rend nécessaire, également, l'existence
d'un certain système politique ; si les rois sont puissants,
le pays est riche et heureux : au temps des Ramsès, il
atteindra l'apogée de sa grandeur et de sa prospérité ;
vienne un souverain faible, le déclin économique et la
famine s'installent.

Ainsi naquit l'Égypte : *Kemet,* « la Noire » (couleur du
limon nourricier), en égyptien, par opposition à *Deshret,*
« la Rouge », le désert stérile, rutilant sous le soleil. La
dualité du paysage d'Égypte se retrouve dans ces couleurs
contrastées, qui opposent fécondité et stérilité, vie et mort
— souvenir aussi des premières errances des hommes.

*

Quels sont ces hommes qui firent le royaume d'Égypte,
et qui vécurent plus de six mille ans avant nous ? Des
hommes de forte *race*. Si l'on se promène actuellement
dans les rues du Caire, d'Assouan ou de Louxor, combien
de visages, de corps, d'attitudes évoquent les figures
sculptées ou peintes dans les tombes d'autrefois. On
connaît cette aventure des ouvriers de Mariette qui, pénétrant, à Saqqarah, dans le mastaba de Ka-aper (notable
qui vécut sous la Ve dynastie, vers 2500 av. J.-C.), s'enfui-

rent soudain épouvantés, criant : « Cheikh el Beled !
Cheikh el Beled ! » (C'est le maire du village ! C'est le
maire du village !) ; dans la pénombre de la chambre
close, la statue au visage un peu lourd, au nez légèrement
busqué, aux yeux incrustés et brillants, au corps obèse, à
l'attitude fière et digne, leur avait si vivement suggéré la
figure du magistrat local qu'ils avaient cru le voir là, les
ayant, incroyablement, précédés. Ce fut une race forte,
dont les caractéristiques ethniques ont souvent résisté aux
invasions successives.

On peut parler de *race égyptienne* ; on dit, d'une expression plus savante, race chamito-sémitique. Des hommes, en
effet, sont venus de tous les horizons, attirés par la richesse
de la vallée du Nil : Africains de Nubie, du Soudan, de
Libye, Sémites d'Asie ; ils se sont mêlés durant des millénaires, avant le début de l'histoire d'Égypte proprement dite.
C'est ce « brassage » humain qui a créé le type égyptien.

La connaissance de la langue permet de mieux distinguer le rôle de l'Afrique et celui de l'Asie dans la composition de ce peuple. Très vraisemblablement, à un substrat
africain s'est imposé un vaste apport sémitique ; la langue
égyptienne, en effet, est une langue à syntaxe sémitique,
analogue à l'assyro-babylonien, au cananéen, à l'araméen
(langues mortes), à l'arabe ou à l'hébreu (langues en
pleine vie) : même absence de vocalisation dans la langue
écrite, même répertoire de consonnes, même absence de
détermination de temps pour les verbes notamment. Le
vocabulaire est, pour une grande part, d'origine sémitique : on dénombre plus de trois cents racines communes
avec les diverses langues de ce groupe ; mais il comprend
aussi des mots de source africaine : une centaine de
racines sont communes avec celles des langues du groupe
libyco-berbère, on constate aussi quelque parenté avec les
langues du Sud : galla ou somali. Mais c'est dans un
« moule » sémitique, la syntaxe, que se coule la pensée de
l'Égypte ancienne.

Sémites, aussi, ces beaux visages au grand nez busqué,
au profil d'aigle, des conquérants ramessides.

De ces apports humains divers naquit donc un peuple aux fortes caractéristiques ethniques, aux traits durables.

Mais un peuple se définit aussi par ses modes de vie et, plus encore, par l'esprit qui l'anime. Dans ces domaines également, l'Égyptien de l'Antiquité a ses caractères propres.

C'était, à l'évidence, un homme passionnément épris de vie. Les légendes, les chants qui accompagnent, dans la tombe, les bas-reliefs et les peintures, révélateurs de la vie quotidienne, montrent son caractère enjoué, joyeux, volontiers facétieux ; l'humour est souvent présent dans les représentations, souligné par une attitude imprévue, une couleur inattendue, ou révélé par une scène plaisante.

Le peuple d'Égypte était volontiers optimiste, affable, ennemi du désordre et de l'excès, épris de mesure, ayant comme idéal les joies simples de la vie familiale, pour règle le respect du prochain ; de tous les peuples sémitiques de l'Antiquité, il est le seul à n'avoir pas pratiqué les sacrifices humains. Une anecdote, parvenue jusqu'à nous sur un papyrus, dépeint le roi Khéops, soucieux de se distraire, faisant venir le magicien Djedi, dont la spécialité consistait à recoller les têtes coupées ; le roi lui demanda de pratiquer ce tour sur quelques prisonniers, ce que refusa de faire le savant Djedi, en ces termes : « Non pas un homme, ô souverain, mon maître ; il est défendu d'agir ainsi envers le troupeau sacré de Dieu » — et l'on amena une oie et un bœuf.

Ces hommes, dont on fit des soldats à l'époque des conquêtes, aimaient la paix, durant laquelle « le pays est comme une planche bien lisse » et le cœur « doux comme l'huile d'olive ». Aux hymnes de victoire succèdent les chants de la paix retrouvée.

Le peuple d'Égypte était aussi un peuple hypersensible, dont la pensée était tournée vers le monde des réalités et de la vie plutôt que vers l'introspection et la philosophie, un peuple dont la sensibilité affleure dans tous les domaines de l'expression personnelle : l'art (qui matérialise la pensée), la foi religieuse (qui l'exalte).

Un peuple d'artistes, pour qui l'art était, en tous ses genres, un moyen et une aide pour parvenir à l'immortalité, afin que jamais ne cesse la vie aimée sur terre ; l'art, truchement de l'éternité, se fait, en Égypte, métaphysique.

Il suffit, pour le comprendre, de regarder les bas-reliefs et les peintures : l'Égyptien ne se soumet pas à la sensation reçue ; il ne représente pas l'image d'un être ou d'un objet telle que la lui transmet la vision directe, mais il analyse cette vision, avec lucidité, la décompose en ses éléments essentiels, en fait ensuite une synthèse intelligente, compose un assemblage raisonné de lignes et de volumes, révélateurs, totalement, de l'être ou de l'objet, dans tous leurs détails et leur essence même. La sensibilité de l'artiste se manifeste aussi dans sa technique ; il joue de la ligne avec un sens étonnant de son pouvoir suggestif. Il unit en une confrontation incessante la scène et l'émotion personnelle.

L'Égypte est la terre aimée des dieux, le lieu privilégié d'une réflexion religieuse intense. Tous les hommes de religion païenne participent profondément de la Nature, l'Égyptien tout particulièrement. Que l'on songe aux grandes étendues de sable, à la providence du long fleuve, couloir fertile qui, seul, permettait la vie, au monde attirant et dangereux des marais. L'Égyptien, naturellement, et spontanément, manifesta son amour et sa reconnaissance envers les forces bienfaisantes qui l'entouraient, et tenta de se concilier, inversement, les êtres et les choses qui lui étaient hostiles. Il anima l'univers de présences supérieures, incontrôlables, mais accessibles pour les hommes : les dieux. La forme et les actes des dieux furent l'objet d'une lente élaboration, au gré des traditions locales souvent, puis se développèrent dans des légendes, dans des mythes qui voulurent expliquer le monde — longue gestation spirituelle, déjà parvenue à un premier accomplissement au IIIe millénaire av. J.-C., ainsi qu'en attestent les longues inscriptions sculptées sur les parois des chambres funéraires des pyramides royales, à partir de la fin de la Ve dynastie (vers 2400 av. J.-C.) — longue

gestation spirituelle qui a ses racines dans un passé extrêmement lointain, que nous ne pouvons même pas imaginer.

Seules les étapes les plus proches de ce long cheminement de l'esprit sont parfois saisissables.

A l'origine, certains animaux, les mâles des grands troupeaux notamment, furent remarqués pour leur puissance
génératrice, qui permettait à la vie de se poursuivre. Ainsi
furent vénérés, tout particulièrement, le bélier ou le taureau.

A Éléphantine, près de la première cataracte, on adorait
le dieu bélier Khnoum, dieu créateur, dont l'œuvre de vie
se manifestait d'une manière très particulière : il façonnait
les petits d'hommes sur un tour à potier ; ceci, en raison,
sans doute, d'un fait local : une importante colonie de
potiers (encore présente à l'époque grecque) existait dans
la région. Khnoum était aussi le « dieu de l'eau fraîche »,
tenu pour responsable de la crue, parce que son lieu de
culte principal était situé, nous l'avons dit, près de cette
cataracte d'où, selon les Égyptiens, sourdait le Nil ; aussi
l'adorait-on dans toute l'Égypte, sous cet aspect, et, l'été
venu, on lui offrait des sacrifices. On le représentait
comme un bélier ou un homme à tête de bélier. Homme et
animal étant également créatures des dieux, la forme
anthropomorphe ne faisait qu'ajouter une efficacité supplémentaire, plus « universelle », à l'image divine.

Le soleil, grand donneur de vie, fut souvent considéré
comme un taureau ; Rê (nom commun de l'astre, à l'origine) est parfois appelé « le taureau d'or enchâssé dans le
lapis-lazuli ».

La profusion des images, variées et colorées, est une des
caractéristiques de la pensée religieuse égyptienne, qui
transpose volontiers dans des mythes divins les simples
faits d'observation. Le ciel peut être un faucon, Horus
(nom commun de l'espèce) ; l'oiseau, que les hommes
contemplent planant au-dessus de la terre, s'assimile dans
leur esprit à la Région supérieure ; ses deux yeux deviennent l'un le soleil l'autre la lune, les deux astres de

lumière du jour et de la nuit. Parfois, suivant une assimilation plus restreinte, il est le soleil, Horakhty (« Horus des deux horizons »). Une image sacrée, largement répandue et évoquant ce mythe, le soleil-aux-deux-ailes, domine les portes des temples et des saints édifices ou s'étend au-dessus des scènes rituelles.

On vénérait aussi la vache, animal nourricier et fécond du troupeau ; ce caractère lui valut d'être assimilée au ciel, dont la lumière nourrit et féconde la terre. Elle s'appela Hathor, c'est-à-dire « le château d'Horus » : le ciel devenant la vaste demeure du soleil-faucon. Une image n'en exclut jamais une autre, elles s'assemblent en des composés mythiques qui multiplient et renforcent la puissance agissante des concepts divins. Hathor se tenait debout au-dessus de la terre ; son dos était le ciel, ses sabots reposant sur le sol terrestre. Parfois, elle pouvait prendre la forme d'une femme, arc-boutée au-dessus de l'univers, mains et pieds touchant le sol ; la femme-ciel pouvait aussi s'appeler Nout.

Ainsi expliqua-t-on encore la renaissance de la vie à chaque aube, avec la glorieuse apparition de l'astre du jour. Le soleil, nouveau-né de l'aurore, issu du sexe de Nout ou d'Hathor, grandit au fur et à mesure de sa course matinale ; devenu homme, au moment du zénith, il féconde sa mère-épouse, puis, vieillissant peu à peu, disparaît, le soir, en sa bouche. Le même cycle peut se répéter, avec, pour acteurs, la vache et le taureau. Le soleil de l'aube est alors le « jeune veau d'or » — l'astre étant nommé « le taureau de sa mère » renaissant de lui-même par l'intermédiaire d'un principe féminin, à la fois épouse et mère : image la plus parfaite de l'éternité et de l'unicité divines.

Si le soleil renaît chaque jour, si la végétation, à chaque printemps, se renouvelle, l'homme aussi doit pouvoir renaître et poursuivre éternellement sa vie ; la lutte contre la mort destructrice fut naturellement l'une des grandes préoccupations de la pensée religieuse. Dans les religions antiques, les dieux de la survie furent très souvent, à l'origine, des dieux agraires : Baal ou Adonis dans le domaine asiatique, Osiris dans le domaine égyptien — Osiris qui souffrit la passion et révéla aux hommes les voies de la résurrection. Les Textes des Pyramides permettent de reconstituer sa légende : Osiris fut le premier roi de la terre, un bon roi, qui enseigna aux hommes l'agriculture, la viticulture, le travail de l'artisan ; il était fort jalousé par son frère Seth (souvent assimilé aux forces malfaisantes du désert) : Seth « lia » Osiris, le « tua », et jeta son cadavre dans l'eau ; une tradition plus récente (rapportée par Plutarque) montre Seth découpant le corps en quatorze morceaux, qu'il disperse sur la terre. Alors Isis (la sœur-épouse d'Osiris) et Nephthys (son autre sœur, femme de Seth) se lamentent, et les dieux sont dans l'affliction. Isis et Nephthys, en une longue quête passionnée, recherchent la dépouille d'Osiris. Le corps de celui-ci est sauvé de la putréfaction par sa mère Nout, qui « lie à nouveau ses os, replace son cœur dans son corps et lui remet la tête » (actes symboliques d'une nouvelle naissance) ; puis Rê l'anime, assurant ainsi définitivement sa résurrection. Dans les versions moins anciennes, Rê envoie le dieu-chacal Anubis pour reconstituer le corps et « fabriquer » la première momie, cependant qu'Isis, transformée en oiselle, rend le souffle à son époux en agitant ses grandes ailes, tandis que les mots magiques qu'elle prononce rendent la vie au dieu. Puis, se plaçant sur le corps d'Osiris, Isis conçoit un fils, Horus, qu'elle élève en secret dans les marais du Delta, afin qu'il échappe à la vindicte de son oncle Seth. Le moment venu, Horus reprendra à Seth l'héritage qui lui revient et vengera son père.

Cette légende, qui exalte la fidélité conjugale et la piété filiale (vertus très en honneur chez les Égyptiens), a souvent valeur mythique. Que le corps jeté à l'eau devienne « vert et noir » (couleur du printemps égyptien, quand les blés en herbe sortent du limon) ou que les quatorze morceaux soient dispersés sur le sol, Osiris est un dieu agraire, symbole de la fertilité ; il est le « grain nouveau » qui semble mort quand on l'enfouit sous la terre et qui renaît au printemps pour une nouvelle vie. « Vigoureux en sa jeune eau », il est aussi le symbole de la crue périodique, fécondante. Il évoque donc, par sa mort et sa résurrection, les phases de la vie de la nature au renouveau périodique. Il est la·végétation, dont le cycle est aussi immuable que celui du soleil. La spéculation religieuse assimila également la lutte d'Osiris et de Seth à l'opposition naturelle existant entre fécondité et stérilité, ordre et chaos, lumière et ténèbres.

Quant à Anubis, le premier faiseur de momies, il est représenté comme un chacal (ou un homme à tête de chacal), car cet animal, en quête de nourriture, hantait les abords des nécropoles ; aussi la pensée égyptienne associa-t-elle souvent l'image du chacal et l'idée de la mort.

Chaque dieu, à l'origine, était adoré dans une localité précise, qui était son lieu saint ; là, des prêtres fervents composèrent, pour que *leur* dieu fût « le premier venu » hors du chaos originel, des théologies qui expliquaient la création du monde. La ville sacrée où Rê était vénéré fut Héliopolis (près de la capitale Memphis), dès les premiers temps ; celle d'Osiris, au début du IIe millénaire, fut Abydos en Haute Égypte. Puis, se produisirent des évolutions.

Polythéisme, monothéisme, hénothéisme ? Pourquoi vouloir affecter des catégories modernes à des pensers antiques ? Chaque homme, en sa ville, avait son dieu ; les textes nomment souvent *netjer* (« Dieu ») sans autre·précision de personne. Chacun avait *sa* foi particulière ; l'intolérance n'existait pas encore. On adorait les forces de la nature ; ici ou là, leurs noms différaient.

Cette largeur de pensée permettra, à l'époque des conquêtes ramessides et du grand Empire, d'accueillir largement les divinités étrangères, qui étaient soleil ou végétation ; qu'ils soient Shamash ou Baal, leurs noms recelaient la même force, la même puissance de vie, que ceux de Rê ou d'Osiris.

*

Ainsi allait la vie sur les rives du Nil, au gré des jours et des plaisirs. Les bonheurs des hommes étaient simples, en ces temps anciens ; un texte poétique, datant de 2100 environ av. J.-C., les décrit ainsi :

« Cela est bon, assurément, de descendre le fleuve...
Cela est bon assurément lorsque le filet est tendu et les oiseaux pris...
Cela est bon assurément quand les chemins sont faits pour la promenade.
Cela est bon assurément lorsque les mains des hommes construisent des pyramides et creusent des étangs et font pour les dieux des vergers.
Cela est bon assurément lorsque les hommes sont ivres, et qu'ils boivent, le cœur heureux.
Cela est bon assurément quand les cris de joie sont dans toutes les bouches, tandis que les chefs des nomes sont là, debout, regardant les réjouissances depuis leurs maisons, vêtus de lin fin, (tenant) devant eux le bâton de commandement, le cœur fier.
Cela est bon assurément lorsque les lits sont apprêtés, le chevet des grands personnages bien protégés, lorsque le besoin de chaque homme est assuré simplement par une natte à l'ombre, la porte étant close sur celui qui est étendu dans les buissons. »

PREMIÈRE PARTIE

Histoire d'un empire

CHAPITRE I

Le destin impérial

A. — Aux sources de l'Empire

Le royaume tranquille

Aux premiers temps du royaume

En 3200 av. J.-C. environ, Narmer « noue » la Haute et la Basse Égypte, créant un royaume unique, qui s'étend d'Assouan jusqu'à la mer Méditerranée. Il coiffe le *pschent*, (déformation grecque du mot égyptien *pa sekhemty* : « les deux puissantes »), unissant la longue mitre blanche de Haute Égypte à la couronne rouge de Basse Égypte, symbole durable de la souveraineté sur la terre d'Égypte. Premier d'une longue lignée de dynastes, il instaure l'ordre pharaonique.

Originaire du Sud, vraisemblablement de la ville de Hiérakonpolis, il installe sa capitale à Thinis, sur la rive gauche du Nil, à 100 km au nord de Thèbes ; la ville demeurera le centre du pouvoir pendant deux siècles, durant les deux premières dynasties[1] de l'histoire d'Égypte ; mais, avec une intelligence politique certaine, il semble que Narmer ait déjà jeté les bases d'une ville nouvelle, sise au lieu de jonction des deux Égyptes, à la pointe du Delta : Memphis, la « balance du double pays ».

Narmer et ses successeurs, tout en maintenant solidement l'unité du nouveau royaume, créent une économie prospère ; cultures et élevage se développent.

Les premiers instruments de gestion politique sont mis en place ; ils constitueront la base durable de l'administration pharaonique durant des millénaires. L'Égypte est divisée en nomes (en égyptien : *sepet*), circonscriptions artificiellement délimitées en fonction des nécessités de l'irrigation et du rendement agricole ; trente-huit « provinces » furent ainsi placées sous l'autorité d'un fonctionnaire délégué par le pouvoir central. Le roi paraît avoir concentré en ses mains la toute-puissance, sans intermédiaire encore avec les différents organes administratifs.

L'administration centrale, orientée vers les nécessités diverses de l'économie des champs, groupait plusieurs *maisons* royales : la maison des champs, qui s'occupait des récoltes et de l'engrangement des moissons provenant des domaines royaux — la maison des eaux, qui coordonnait les différentes observations nilométriques faites au long du fleuve, et planifiait l'irrigation (en cas de basse crue, elle prenait les mesures nécessaires pour éviter la famine) — la maison blanche gérait les finances du souverain — la maison rouge s'occupait, alors, de l'administration du culte funéraire royal — le service d'intendance de l'armée et celui des archives complétaient ces divers organes de gestion. L'administration provinciale réunissait les nomarques, véritables *préfets,* chargés essentiellement, dans leurs territoires respectifs, de l'entretien des canaux et de leur aménagement afin d'obtenir le meilleur rendement des terres ; le titre égyptien de ce haut fonctionnaire est révélateur de sa tâche : il es *âdj-mer* (littéralement : « celui qui creuse le canal ») ; il était chargé aussi d'établir le « relevé de l'or et des champs », c'est-à-dire des biens immeubles et meubles — opération assez importante pour servir parfois de point de repère dans la chronologie. Les litiges juridiques étaient réglés dans la capitale de chaque nome par un tribunal appelé *djadjat,* mais nous ignorons ce qu'était alors le droit civil.

Les cultes locaux se développent ; le dieu, patron de la capitale du nome, prend une particulière importance ; le panthéon, divers, semble se structurer.

On célèbre les fêtes des divinités, fêtes considérées comme assez importantes dans la vie du pays pour servir, parfois, dans la chronologie de la Pierre de Palerme [2] par exemple, à désigner l'année même de leur célébration.

Un rite apparaît, qui se maintiendra tout au long de la période historique, celui de la fête *Sed,* ou jubilé royal trentenaire (célébré pour la première fois par le roi Oudimou, de la première dynastie), sorte de reprise de la fête du couronnement et destiné à garantir, par la magie des gestes et des formules, la pérennité du règne.

Premières sorties hors des frontières : l'armée du roi Djer (un successeur de Narmer) atteint, en Nubie, la deuxième cataracte du Nil (ainsi qu'en atteste un graffito sur un rocher). D'autres expéditions sont menées vers les mines et les carrières du désert arabique, entre Nil et mer Rouge.

La monarchie s'installe.

Le roi-dieu

L'âge d'or du premier royaume commence avec la IIIe dynastie et le règne de Djoser (vers 2778 av. J.-C.) et va se poursuivre jusque vers 2200 (fin de la VIe dynastie).

Ce fut le temps où, siégeant à Memphis, ville capitale, régnaient les rois-dieux.

Une théorie de la monarchie s'était en effet peu à peu élaborée, qui se maintiendra par la suite. Le roi, d'essence divine, est le médiateur entre les divinités et les hommes. Le Sphinx de Gizâ demeure la magistrale image de cette conception : corps de lion taillé à même un rocher du désert, visage lisse et hautain de Khephren, le fauve et royal gardien de la nécropole impose sa divine majesté entre le sable roux et le ciel.

La titulature royale, alors mise en place, et qui demeurera inchangée jusqu'au dernier des Césars, est révélatrice de ce caractère universel du monarque divin. Elle comprend cinq titres, accompagnés de cinq noms, dont certains sont fixés au moment du couronnement :

— *Le nom d'Horus* place le souverain sous la protection de l'oiseau sacré, patron de la ville d'Hiérakonpolis, d'où le premier roi, Narmer, était originaire ; debout, serres étendues, l'animal divin protège le premier nom du roi, inscrit dans une figuration, « à l'égyptienne », de l'enceinte du palais royal ;

— *Le nom de nebty,* « les deux Maîtresses », place le monarque sous la tutelle des deux déesses patronnes des deux royaumes primitifs : Nekhbet, le vautour blanc de Haute Égypte, Ouadjit, le cobra de Basse Égypte ;

— *Le nom d'Horus d'or* (qui apparaît sous Khéops, alors que les précédents furent fixés déjà par Narmer) lie la personne royale à celle de l'Horus solaire et céleste [3] ;

— *Le nom de nesout-bit,* « celui qui appartient au roseau et à l'abeille », que nous traduisons par « Roi de Haute et Basse Égypte », assimile le souverain égyptien (et cela dès Narmer) à la flore et à la faune symboliques de chacune des deux parties constituantes de son royaume.

— *Le nom de Fils de Rê* rattache charnellement le monarque d'Égypte (à partir de Khéphren) à la grande puissance cosmique de l'univers, dont le culte alors se répand dans tout le pays.

Depuis Khéphren également les deux derniers noms sont inclus dans le cartouche, développement graphique du signe hiéroglyphique *shen,* qui signifie « entourer », « encercler » : autre moyen sensible de relier le souverain à son père le Soleil, en assimilant au « cercle » solaire, au cycle éternellement renouvelé de l'astre, l'emprise de la domination royale.

Monarchie et religion seront toujours étroitement liées dans le système pharaonique ; il n'est pas question de « droit divin » : Pharaon, fils de dieu, est dieu lui-même, participant aux puissances de vie du ciel et de la terre.

Héliopolis et la primauté de Rê

Non loin de Memphis, capitale politique, un grand lieu saint, véritable capitale spirituelle, se développe : Héliopolis, où le Soleil est vénéré.

Le roi, de par sa nature, était le supérieur naturel de tout clergé. Il disposait du pouvoir spirituel ; c'est lui qui construit les temples, c'est toujours lui qui officie dans les scènes rituelles décrites par les bas-reliefs et les peintures. Naturellement, dans la pratique, il déléguait ses pouvoirs à des grands prêtres ; à l'origine, les fils du souverain exercèrent cette fonction dans les grands sanctuaires : ainsi, Rêhotep, fils du roi Snefrou (père de Khéops), fut grand prêtre de Rê à Héliopolis — il était également commandant de l'armée ; tous les éléments de gestion étant « dans la main du roi », il ne pouvait y avoir scission du pouvoir temporel et du pouvoir spirituel, ce qui, par la suite, devait créer des difficultés certaines.

Les grands prêtres d'Héliopolis semblent avoir été fort actifs durant ces premières dynasties ; la théologie qu'ils élaborèrent se répandit largement et servit peut-être de modèle à d'autres systèmes d'explication de l'univers.

Il n'est d'ailleurs pas impossible que la Ve dynastie, dont presque tous les souverains portent un nom théophore, formé avec celui de Rê (Sahourê : « puisse Rê me protéger » — Neferirkarê : « parfait est ce qu'accomplit le ka^4 de Rê » — Shepseskarê : « le ka de Rê est sacré », etc.) soit issue de quelque grand prêtre héliopolitain « usurpateur ». Nous disposons de peu de sources sûres pour cette haute époque, mais l'une des hypothèses émises pour expliquer le changement de dynastie est la suivante : Ouserkaf, premier roi de la Ve dynastie, serait le fils de la princesse Neferhetepes (fille de Dedefrê, pharaon de la IVe, qui régna entre Khéops et Khéphren) et d'un grand prêtre d'Héliopolis ; la couronne serait passée, par un « coup d'État », à une famille liée à la ville sainte de Rê.

Certes, les divers cultes locaux demeurèrent prospères ;

celui de Ptah, représenté comme un homme gainé[5], dieu créateur, patron des artisans, seigneur de la Vérité et de la Justice, prend de l'importance dans la capitale, Memphis.

Mais il semble bien qu'une certaine (et première) forme de syncrétisme religieux ait été tentée autour de la divinité solaire, dont le culte était très populaire également ; ainsi une légende circula à propos de l'origine sacrée des rois de la Vᵉ dynastie : le roi Rê se serait incarné dans la femme d'un de ses prêtres, nommée Redjedet. Cette légende est parvenue jusqu'à nous grâce au Papyrus Westcar : Rê envoie les dieux délivrer Redjedet :

« Hâtez-vous donc, afin d'aller délivrer Redjedet des trois[6] enfants qui restent en son sein et qui, dans l'avenir, exerceront cette illustre et bienfaisante fonction [la royauté], dans ce pays tout entier ; ils bâtiront les temples de vos villes, ils approvisionneront vos autels, ils enrichiront vos tables à libations, ils augmenteront la quantité de vos divines offrandes. »

— définition rigoureuse de l'échange utile, échange vital, qui s'établit entre les rois et les divinités, « compères » responsables de l'ordre du monde.

L'accouchement survient :

« Cet enfant glissa alors sur les mains d'Isis, un enfant long d'une coudée ; ses os étaient durs, ses membres revêtus d'or, sa coiffure était en lapis-lazuli véritable ; elles [les déesses] le lavèrent après avoir coupé son cordon ombilical, et le placèrent sur une étoffe de lin en guise de coussin ; Meskhenet s'approcha de lui, disant : « Voici un roi qui exercera la fonction royale dans ce pays tout entier », cependant que Khnoum rendait ses membres vigoureux. »

Enfant-dieu (fait de soleil et de ciel) ou roi ? En un seul être, Pharaon, s'incarnent les deux natures.

La gestion politique de l'État, comme les éléments de l'art et de l'architecture, vont rapidement s'imprégner de la même religiosité solaire dominante.

Les nouveaux éléments du pouvoir

L'essentiel du pouvoir est de commander (*oudj medou*, « émettre des paroles [7] ») et de juger (*oudjâ,* « peser »). Le roi conserve la toute-puissance ; il est l'autorité suprême. Mais, pour ce pays en plein développement, l'administration mise en place par les rois de Thinis ne pouvait plus suffire ; un système plus important et plus hiérarchisé était nécessaire.

A partir de Snéfrou (vers 2720 av. J.-C.) le roi délègue une partie de ses prérogatives à un *tjaty* (mot que nous traduisons habituellement par « vizir », qui se rapporte à des réalités orientales plus tardives). Ce vizir était la « volonté du maître, les oreilles et les yeux du souverain » ; il était le chef de la justice, présidait aux deux plus importants services de l'État : le grenier et le trésor ; il contrôlait l'armée, veillait aux travaux publics et aux transports fluviaux ; des « directeurs de mission » le mettaient en relation avec l'administration provinciale. Il était nommé par le roi et demeurait l'homme de Pharaon.

Chaque « maison », alors, se subdivise en deux (la référence est constante, générale, à la dualité naturelle de l'Égypte), sauf, bien entendu, la « maison des eaux ».

Un organisme administratif supérieur, le Conseil des Dix, groupe les chefs de ces différents ministères.

Rouage important de l'administration, la classe des scribes se développe : assis, papyrus déplié sur le pagne tendu d'un genou à l'autre, air éveillé, œil intelligent, calame en main, cultivés, fins lettrés, ils prennent rapidement une part active, indispensable, à la vie de l'État.

Dans les trente-huit provinces, les nomarques continuaient de veiller à l'entretien des canaux ; ils géraient les terres royales et devinrent responsables de la police générale et des levées de recrues pour l'armée ; les chefs des nomes, ceux du Sud notamment, les plus éloignés de Memphis, pouvaient avoir la haute main sur les prêtres locaux.

La théorie divine de la puissance royale va alors s'éten-

dre aux rouages mêmes de l'administration : le roi, fils de
Rê, place chacun des aspects de son pouvoir sous l'autorité d'un dieu particulier, dont le grand prêtre est alors le
chef de l'administration en cause. Ainsi, le culte de la
déesse Maât — garante de l'ordre et de la rectitude de
l'univers, en qui s'incarne la Justice — sera naturellement
présidé par le vizir, et la pratique des rites confiée à des
juges. Le dieu-ibis Thoth, patron de la ville d'Hermopolis,
en Moyenne Égypte, dieu de l'écriture, de la science, de la
mesure et de la loi, aura pour grand prêtre l'un des chefs
de l'administration.

De la sorte — et c'est là une forme *égyptienne* de syncrétisme religieux — les hauts fonctionnaires dépendant du
souverain, les dieux locaux, de la même manière, dépendi-
rent désormais de Rê. Les rois d'Égypte ont peu à peu
subordonné au caractère religieux de leur absolutisme le
lien politique qui les unissait à leurs fonctionnaires. Par ce
moyen, la synthèse des dieux locaux se trouvait réalisée
autour de Rê, en raison de cette interpénétration de la religion et de la politique, qui sera un fait constant de l'histoire de l'Égypte ancienne et créera parfois de grandes difficultés au pouvoir temporel, notamment à l'époque des
Ramsès.

Mais ce système autoritaire évolua d'une manière telle
que, peu à peu, son fonctionnement fut rendu difficile :
les rois eurent des favoris, à qui ils distribuèrent honneurs
et hautes fonctions, et qui formèrent bientôt une classe de
privilégiés, dont la puissance s'accrut, d'autant plus que
certains souverains faibles (dès la fin de la Vᵉ dynastie)
laissèrent s'installer l'hérédité des fonctions. Les nomarques du Sud menèrent peu à peu leurs affaires d'une
manière de plus en plus indépendante par rapport au pouvoir central ; pour remédier à ce danger, fut créé (sous la
Vᵉ dynastie) un poste de « gouverneur du Sud », chargé
de coordonner et de surveiller les « provinciaux » de la
Haute Égypte ; mais, sous Pepi II, il n'a plus guère d'autorité.

Une véritable *caste* sacerdotale menace également la

toute-puissance du Pharaon : celui-ci, en effet, a accordé
aux prêtres des privilèges d'immunité (non-paiement de
l'impôt) qui permettent aux domaines des temples de
s'enrichir ; dans le monde clérical, également, va s'installer l'hérédité des fonctions.

Chaque nome tend ainsi à devenir un petit État, qui
s'écarte de plus en plus de l'obédience royale. Le lent processus de dégradation de la première institution pharaonique durera jusqu'à la fin de la VIe dynastie.

Expéditions et commerce

Remontant le cours du Nil, en amont de la première
cataracte, les Égyptiens pénétrèrent en Nubie, puis au
Soudan. Djoser (vers 2770 av. J.-C.) conquiert la région
située entre Assouan et Takompso (au nord d'Amada),
région que les Grecs, plus tard, appelleront Dodékaschène
(le pays des douze *schoinoi* — environ 130 km). Snéfrou
(vers 2720) fait une campagne en Nubie, d'où il rapporte
un butin considérable et 7 000 prisonniers (d'après la
Pierre de Palerme [8]).

Ces pays africains du Sud, vivant encore à l'état tribal,
étaient assez aisément soumis ; on allait y chercher de l'or
(les mines du Ouadi Allaki, notamment, oued desséché
qui s'enfonce dans le désert arabique, entre la première et
la deuxième cataracte, furent de longue date exploitées
par les Égyptiens), de l'encens, de l'ivoire, le prestigieux
bois noir, l'ébène, les plumes d'autruche.

Les expéditions se succèdent, nombreuses. Certaines
ont aussi pour but d'ouvrir de « nouveaux chemins » ; les
princes d'Assouan, tout particulièrement, furent de hardis
explorateurs ; tel Hirkhouf qui, sous les règnes de Pépi Ier,
Merenrê et Pépi II (aux alentours de 2400) accomplit quatre voyages successifs ; lors des trois derniers il descendit
jusqu'au pays de Iam, au Soudan, vraisemblablement la
région du Dounkoul. Des liens idéologiques se créent : le
dieu nubien Dedoun est très tôt assimilé à Horus ; ce syncrétisme religieux, destiné à « nouer » la conquête, est un

procédé égyptien durable, qui sera particulièrement en faveur sous les Thoutmosides et les Ramessides.

Les Égyptiens furent, très anciennement, en relations avec la mer Rouge ; la piste la plus ordinairement utilisée pour y parvenir, le Ouadi Hammamat, partait de Koptos, au nord de Thèbes, et rejoignait le port de Koceir, quatre jours de voyage, sans points d'eau, qui nécessitaient donc une organisation rigoureuse de l'entreprise.

Parvenues à Koceir, les expéditions pouvaient naviguer vers le Sud. Elles se rendaient alors au pays de Pount, proche de l'actuelle Somalie, « terre divine », parce que, sur son sol, croissaient les arbres à encens — l'encens, indispensable pour l'accomplissement des rites du culte journalier ; on y trouvait aussi de l'ébène, de l'ivoire, de l'or fin. Là, on marchandait et pratiquait le troc, les marins égyptiens apportant, en échange de ces produits précieux, les objets manufacturés et la « pacotille » de leur pays. C'est Sahourê qui, le premier, semble-t-il (d'après la Pierre de Palerme) envoya, vers 2500, une expédition vers ce lointain pays.

Si, partant de Koceir, on naviguait vers le Nord, on atteignait la péninsule désertique du Sinaï, mise en valeur par les Égyptiens dès la plus haute époque, peut-être dès 3000 av. J.-C. ; on pouvait naturellement aussi y accéder par voie de terre.

Le nom du roi Djoser a été retrouvé, sculpté sur un rocher du Ouadi Magharah (à l'ouest de la péninsule) ; un autre bas-relief rupestre figure ce même souverain précédé et protégé par la déesse Hathor. Snéfrou semble avoir donné un grand essor à la politique de pénétration dans le Sinaï : sous son règne et sous celui de son fils Khéops on exploita les mines de cuivre, les carrières de turquoise, de malachite et d'émeraudes ; on traita sur place les quartz aurifères. Des villages d'ouvriers furent créés, les expéditions comportant de 350 à 400 hommes. Les souverains des Ve et VIe dynasties développèrent encore plus considérablement l'exploitation de la péninsule, dont les richesses en or, cuivre et pierres précieuses étaient ramenées en Égypte sous bonne escorte militaire.

Au nord-est de l'Égypte, au-delà d'El Kantara et de Péluse, un simple passage, dans une zone désertique (le Negeb), mène en Asie — l'Asie où des peuples, au cours des millénaires de l'histoire antique, se sont souvent mis en marche vers le Sud, attirés par la richesse de la vallée du Nil ; ce fut le grand chemin des invasions, après l'an 2000, à l'époque ramesside et, plus tard, durant l'occupation grecque, puis romaine.

On rencontrait d'abord la région de Canaan, pays sans unité politique ni ethnique, sillonné par les tribus nomades, traversé par les caravanes venant d'Arabie ou de Mésopotamie ; l'Égypte y fit très tôt la police : un « chancelier des Asiatiques », dès l'époque des souverains de Thinis, fut chargé de percevoir des tributs en échange de la protection des pistes caravanières. Dès cette haute époque, le roi d'Égypte a dû étendre son hégémonie sur les pays limitrophes et sur les ports de Gaza, d'Ascalon et de Jaffa.

Plus au nord, sur les rivages méditerranéens, s'étendait la Phénicie (de la pointe du Mont Carmel à la ville d'Ougarit, l'actuelle Ras Shamra), mince plaine côtière adossée au Liban, peuplée de Sémites, pays fertile, formé de riches cités-États, dont les plus prospères étaient les ports, qui s'échelonnaient le long du magnifique front de mer : Tyr, Sidon, Byblos, Simyra, Arvad, Ougarit — pays carrefour, commerçant et riche. Sur les pentes du mont Liban s'élevaient les grandes forêts de cèdres dont le bois était recherché pour la construction des navires, notamment.

Les rapports entre l'Égypte et Byblos sont très anciens. De nombreux fragments, au nom des rois de la IIe dynastie, ont été retrouvés lors des fouilles pratiquées en 1921-1923 par Pierre Montet, sur le site de la ville, devenue la moderne El Djebail. Le chemin était aisé, par terre comme par mer ; en mai et juin, quand soufflaient les vents étésiens, les voiliers, en quatre jours, franchissaient les 650 km séparant le Delta du Nil de la côte phénicienne. D'après la Pierre de Palerme, Snéfrou, le premier (?), envoya à Byblos une flotte de 40 navires, qui revinrent chargés de bois de cèdre.

Il semble que, très tôt, la ville ait reconnu la suzeraineté de Pharaon ; le roi Ounas (vers 2425 av. J.-C.) est représenté, dans le temple de la ville, embrassé par la « Dame de Byblos », la déesse Baalat (le parèdre de Baal), figurée comme une déesse Hathor — exemple, encore, de syncrétisme religieux soutenant l'union politique. Un siècle auparavant, Sahourê avait peut-être été chercher femme en Phénicie, inaugurant ainsi la pratique des mariages avec des princesses étrangères, qui deviendra fréquente à l'époque ramesside. Et, s'il faut en croire la tradition classique tardive, c'est Isis qui aurait appris aux jeunes filles de Byblos à se coiffer et à se parfumer.

Byblos, au temps des guerres et des intrigues asiatiques, demeurera toujours la plus fidèle alliée de l'Égypte.

A l'Est, dans le lointain domaine mésopotamien, dans la basse vallée de l'Euphrate, les royaumes de Sumer et d'Akkad allaient être unis par Sargon, le conquérant, en un unique empire, englobant aussi l'Elam. Aux rives du Tigre, le royaume d'Assyrie (capitale Assour) n'avait pas encore atteint à la puissance politique qui sera la sienne sous les Ramsès. Il ne semble pas que ces pays aient eu des contacts directs avec l'Égypte (?).

Au Nord, dans la Méditerranée orientale, les rapports avec Chypre et la Crète sont attestés dès l'an 3000. On trouve en Crète, datant des premières dynasties égyptiennes, des signes hiéroglyphiques utilisés comme motifs décoratifs, et l'on rencontre alors, dans les tombes de la vallée du Nil, des poteries égéennes. Les deux grandes îles fournissaient notamment à l'Égypte du cuivre, de l'huile d'olive, des bois aromatiques. Déjà, Phaistos, en Crète, se spécialisait dans le commerce avec le Delta.

Il se peut également que les îles de Melos et de Samos aient fourni l'obsidienne — verre de volcan — employé en Égypte dès cette haute époque.

A l'Ouest, enfin, dans l'actuelle Libye, vivaient des peuples divers, certains ressemblant ethniquement aux hommes du Delta : les Tjehenou, les plus anciens, semble-t-il (dont l'existence est attestée déjà sur les palettes égyptiennes datant de la préhistoire) et les Timhiou, peuples d'éleveurs et d'arboriculteurs. Snéfrou fit une expédition (la première, d'après nos sources) en Libye ; la Pierre de Palerme rapporte qu'il ramena 11 000 prisonniers et 13 100 têtes de bétail. Ces expéditions avaient en fait plutôt pour but d'interdire à ces peuples l'accès de la partie occidentale du Delta du Nil, souci qui sera également celui des souverains ramessides.

Les premiers pharaons menèrent donc une large politique d'exploration du monde alentour et de ses ressources, non pas dans un but de conquête ni dans un souci d'extension de leur royaume, mais par nécessité économique : recherche des produits nécessaires à la vie quotidienne et cultuelle, dont l'Égypte était démunie ; dans le souci, également, de préserver l'intégrité de leurs limites naturelles.

L'étude des relations extérieures de l'Égypte au troisième millénaire av. J.-C. souligne déjà l'existence de quelques-uns des principes qui seront ceux de la politique ramesside, un millénaire et demi plus tard ; nous sommes aux sources de l'Empire.

Pyramides et obélisques

Le roi-dieu défunt reposait, pour l'éternité, en son sarcophage, dans le caveau secret de la pyramide, dissimulé sous l'énorme masse de maçonnerie qui constituait la superstructure du monument. La plus élevée, celle du roi Khéops, mesurait 146 m. Les Grecs ont donné à ces monuments le nom de pyramide, les assimilant à un gâteau de farine et de miel qui avait cette forme et était appelé *pyramis* — rapprochement bien humble et simple analogie formelle pour cette glorieuse architecture, que les Égyptiens appelaient *mer*.

Glorieuse, elle l'est, certes, non seulement parce qu'elle a été classée parmi les sept merveilles du monde, mais parce qu'elle est une émanation divine : pan de lumière solaire pétrifié venant toucher le sol. Les textes[9] évoquent « ce jour fameux où le roi est monté vers ta place, ô Rê ! Il a foulé ta glorieuse radiance en en faisant un escalier sous ses pieds ». La pyramide (d'abord à degrés, comme celle que construisit Djoser à Saqqarah, premier monument en pierres taillées de l'art égyptien) est « l'escalier » monumental grâce auquel le défunt royal s'élève vers son père Rê, pour une union éternelle.

Sur le plateau de Giza, et près de la palmeraie de Saqqarah, proches de la capitale Memphis, se dressent les pyramides des rois qui régnèrent sur l'Égypte de la IIIᵉ à la VIᵉ Dynastie. L'ensemble funéraire royal ne se limitait pas à la pyramide. Au bord du Nil un temple bas recevait le corps du souverain mort, amené par bateau depuis Memphis ; il y reposait pendant soixante-dix jours, temps que duraient les rites de la momification. Puis le cortège, par une chaussée montante, parvenait au temple haut (ou temple funéraire) bâti sur la face *est* de la pyramide, afin que l'officiant, chaque jour, accomplisse les rites du culte, tourné vers l'Ouest, le domaine où le Soleil disparaît le soir et qui, par assimilation, devint le royaume des morts. Autour de la pyramide, alignés en rues régulières, se groupaient les mastabas[10] des hauts fonctionnaires. Ainsi la nécropole était le reflet, à jamais figé dans la pierre, de la cour royale de Memphis.

Sous la Vᵉ Dynastie, temps de la « domination » solaire, un autre temple s'élève (près du temple funéraire de la pyramide), destiné au culte de Rê[11]. L'emplacement même de ce monument relie, unit, le service divin au culte royal, associant étroitement le souverain et le dieu.

Les ruines du temple solaire construit par Neouserrê ont été retrouvées à Abou Gourob, temple à ciel ouvert pour que Rê puisse pénétrer plus aisément en sa demeure. On accédait, par un simple portique, à une grande cour, au centre de laquelle s'élevait l'autel ; derrière celui-ci se

dressait une pyramide tronquée surmontée d'un énorme
obélisque.

La forme de l'obélisque apparaît alors pour la première
fois ; elle est une manifestation du culte des *bétyles* (*bet-el* :
« la maison du dieu »), très répandu dans les civilisations
sémitiques. Le bétyle est une pierre levée, pierre sacrée,
considérée comme la demeure d'une divinité. On en rencontre dans les domaines syrien et arabe ; la pierre noire
encastrée dans la Ka'baa de La Mecque perpétue un
ancien culte, antérieur à l'Islam.

L'obélisque égyptien *(benben)* figure la pierre sur
laquelle le soleil a lui pour la première fois, lorsque, sortant du chaos originel, lumière jaillissante, il créa l'univers.

Combien d'obélisques ramessides « ornent » maintenant les places des capitales européennes, monuments
désormais isolés et sans objet, loin de la pensée qui les
avait conçus, au temps du royaume tranquille.

La défense du royaume

La révolution

A la fin de la VIe Dynastie (vers 2260 av. J.-C.), la faiblesse et le grand âge de Pépi II (qui eut le plus long règne
de l'histoire : quatre-vingt-dix ans) vont entraîner la chute
de la première institution pharaonique. Les forces qui
menaçaient le pouvoir royal : l'ambition des nomarques,
les prétentions des prêtres, peut-être aussi une certaine
opposition des classes les plus humbles, se précisent alors
et conduisent à un bouleversement social dont les textes
se font l'écho :

> « Voyez donc, les hommes démunis sont devenus pro-
> priétaires de richesses, et celui qui ne pouvait faire pour
> lui-même une paire de sandales possède des monceaux...

Voyez donc, les riches se lamentent, les miséreux sont dans la joie et chaque ville dit : " Laissez-nous chasser les puissants de chez nous... "

Voyez donc, l'or et le lapis-lazuli, l'argent et la turquoise, la cornaline et le bronze, la pierre de Nubie entourent le cou des servantes, tandis que les nobles dames errent à travers le pays et que les maîtresses de maison (d'autrefois) disent : " Ah, puissions-nous avoir quelque chose à manger ! " » [12]

La crise de conscience est grande ; pour la première fois (et la seule) de son histoire, l'Égyptien, privé des structures rassurantes de la monarchie, s'interroge, doute et songe à la mort, qui délivre des maux :

« La mort est aujourd'hui devant moi
    comme la guérison après une maladie,
    comme la première sortie après un accident.
La mort est aujourd'hui devant moi
    comme l'odeur de la myrrhe,
    comme le fait de s'asseoir sous la voile un jour de
                                                    [vent.
La mort est aujourd'hui devant moi
    comme le parfum du lotus
    comme le fait de se tenir sur la rive de l'ivresse.
La mort est aujourd'hui devant moi
    comme un chemin familier,
    comme le retour de l'homme qui s'en revient, de
                                        [guerre, vers sa maison.
La mort est aujourd'hui devant moi
    comme le ciel qui se dévoile,
    lorsque l'homme découvre ce qu'il ne savait pas... » [13]

Profitant de la situation, des nomades de Canaan envahissent la partie orientale du Delta du Nil. L'Égyptien prend alors conscience d'appartenir à une *nation,* à une patrie, dont il faut assurer la sécurité.

« Toute bonne chose disparaît, le pays est aussi bas que terre à cause du malheur venant de ces nourritures [14], les

Asiatiques, répandus à travers le pays. Des ennemis en effet surviennent à l'Est, des Asiatiques descendent en Égypte... Les animaux du désert [15] viennent se désaltérer au fleuve d'Égypte, ils se rafraîchissent sur ses rives et ceux qui pourraient les en chasser font défaut. » [16]

Les mots « notre pays », « notre armée », apparaissent dans les textes — sources premières, dans les esprits, de la notion d'Empire.

Cette situation trouble dura près d'un siècle, les dynasties locales se succédant, de la VIIIe à la Xe, régnant parfois parallèlement, jusqu'à ce que des princes, originaires de la ville de Thèbes en Haute Égypte, les Antef, reconstituent l'unité du royaume et restaurent l'ordre pharaonique, vers 2160 av. J.-C.

Pour la sauvegarde du pouvoir royal

C'est maintenant le temps où les Amenemhat et les Sésostris deviennent les « bons bergers » de leur troupeau (l'expression qui apparaît alors sera très fréquente à l'époque ramesside [17]), où la haute majesté royale se mêle d'humanité, où l'homme apparaît comme la grande finalité de la création. De Kheti III à son fils Merikarê [18], ces paroles :

« Bien pourvus sont les hommes, le troupeau de Dieu. Il a fait le ciel et la terre selon leur désir, il a repoussé la méchante créature de l'eau [le crocodile], il a créé pour leurs narines le souffle de la vie ; ils sont ses images issues de son corps ; il a créé pour eux les plantes, le bétail, les volailles et les poissons, pour les nourrir ; il a fait la lumière selon leur désir... et, lorsqu'ils pleurent, il entend. Il a fait pour eux des rois, dès l'œuf, des conducteurs qui soutiennent l'échine de l'homme faible... Dieu connaît chaque nom. » [19]

Une nouvelle royauté est née, gardienne et vigilante. Amenemhat Ier délimite à nouveau les nomes, point

délicat de l'administration provinciale ; les chefs régionaux sont à nouveau solidement installés dans l'obédience royale, l'hérédité des fonctions étant soigneusement évitée. Lorsqu'ils manifestent à nouveau quelque
velléité d'indépendance, Sésostris III supprime la charge.
La cour royale redevient le centre de l'administration, le
vizir étant désormais assisté par les « Trente Grands du
Sud ».

Soucieux du bien-être économique, après la dure crise,
les monarques de la XIIᵉ Dynastie mettent en valeur le
Fayoum, grande oasis située au sud-ouest du Caire actuel
et irriguée par un bras du Nil, le Bahr Youssouf. Ils établissent un système de canaux, destiné à régulariser la dis-
tribution de l'eau, créant ainsi une vaste plaine fertile ;
une écluse, construite à Illahoun, à l'entrée du défilé par
lequel le Bahr Youssouf pénètre dans l'oasis, discipline
l'apport de l'eau, cependant qu'un grand barrage protège
la vallée contre le danger que présente l'accumulation des
eaux en période de crue. Le souci de mettre en valeur la
région sera aussi, plus tard, celui des Ramsès. A Thèbes,
qui fut capitale sous la XIᵉ Dynastie, succède Lisht, à
l'entrée du Fayoum, dès Sésostris Iᵉʳ.

De nombreuses expéditions envoyées au Sinaï (et comportant, maintenant, 700 à 800 hommes chacune) amènent
en Égypte les riches produits de la péninsule. Le commerce avec la Crète redevient florissant. Dès la
XIᵉ Dynastie, on améliore la piste du Ouadi Hammamat,
route des carrières et voie vers la mer Rouge ; on crée une
oasis à mi-chemin, on construit, à côté du port de Koceir,
celui de Ouadi Gasous, où désormais pourront être fabri-
qués les bateaux en bois de cèdre qui feront voile vers
Pount.

La prospérité renaît.

A cette époque apparaissent les hymnes au roi (dont le
genre se développera beaucoup ensuite, notamment au
temps des Ramessides). Les hommes manifestent de la
sorte leur reconnaissance envers le souverain, compatissant et protecteur, refuge et asile du peuple.

Ainsi, au cours d'une visite de Sésostris III dans une ville de Haute Égypte, parmi la liessse et les festivités populaires, des chœurs chantèrent en alternance :

« Comme il est grand le seigneur pour sa ville !
Seul, il vaut des millions ; ce sont des petits, les autres
[hommes.
Comme il est grand le seigneur pour sa ville !
Il est le canal qui endigue le fleuve contre le flux de l'eau.
Comme il est grand le seigneur pour sa ville !
Il est la salle fraîche qui permet à l'homme de se reposer
[jusqu'au jour.
Comme il est grand le seigneur pour sa ville !
Il est un rempart aux murailles de cuivre [20].
Comme il est grand le seigneur pour sa ville !
Il est le refuge dont le bras ne fait jamais défaut.
Comme il est grand le seigneur pour sa ville !
Il est l'asile qui sauve l'homme craintif de ses ennemis.
Comme il est grand le seigneur pour sa ville !
Il est un abri au temps de l'inondation, l'eau fraîche pen-
[dant la saison chaude.
Comme il est grand le seigneur pour sa ville !
Il est un coin chaud et sec en hiver.
Comme il est grand le seigneur pour sa ville !
Il est la montagne qui tient éloigné le vent, au temps de
[l'orage du ciel.
Comme il est grand le seigneur pour sa ville !
Il est Sekhmet [21] contre les ennemis qui marchent sur ses
[frontières [22]. »

Guerres étrangères et premiers établissements coloniaux

Il fallait aussi protéger le pays contre d'éventuels enva-hisseurs. Désormais, l'Égypte ne cherchait plus seulement à assurer son expansion économique, mais elle devait éga-lement se défendre.

Amenemhat Ier construisit, à la frontière nord-est du Delta, les *Murs du Souverain,* suite de forteresses échelon-nées de Péluse à Héliopolis, occupées par de petites garnisons et destinées à empêcher les infiltrations de nomades, qui avaient ravagé le pays pendant deux siècles. Les immigrés qui s'étaient installés semblent avoir été réduits à la servitude sur les domaines des temples et des grands propriétaires, première main-d'œuvre étrangère, dont l'existence posera tant de problèmes, plus tard, sous les Ramsès.

Avec l'Asie, la politique d'amitié et de bons échanges est reprise, notamment avec Byblos. L'Égypte installe son hégémonie dans le Retenou, arrière-pays phénicien ; pour cela, Sésostris III dut mener une campagne militaire jusqu'à Sichem, l'actuelle Naplouse. La domination sur cette région donna alors à l'Égypte le contrôle des routes commerciales de l'Asie, particulièrement important au moment où, en Mésopotamie, le nouvel Empire de Babylone connaissait une grande prospérité.

En Afrique, il en alla tout différemment. En trois campagnes, Sésostris Ier assura la domination égyptienne jusqu'à la troisième cataracte. La pacification du pays fut achevée par Sésostris III.

Pour réaliser l'égyptianisation des terres nubiennes et soudanaises, Sésostris Ier et ses successeurs construisirent villes, temples et forteresses, qui devaient implanter solidement l'autorité du roi d'Égypte dans le pays de Ouaouat (qui s'étend de la première à la deuxième cataracte et correspond à la Basse Nubie) et dans le pays de Koush (de la seconde à la quatrième cataracte, terre soudanaise).

Pour l'Égyptien antique, Nubie et Soudan sont le prolongement naturel de l'Égypte, et doivent donc être considérés comme parties intégrantes de son territoire. A la hauteur de la seconde cataracte, au point de jonction des deux régions africaines, on créa une ville, Bouhen, qui deviendra le centre de l'administration égyptienne de ces pays et supplantera dans son rôle de capitale l'antique agglomération nubienne d'Aniba. Le long du Nil on bâtit des forteresses, avec fossés et douves et une grande enceinte de brique aux bastions avancés, percés de meurtrières ; un pont-levis de bois protégeait l'accès de ces ouvrages défensifs, du côté du désert ; un glacis les reliait au fleuve. Les plus méridionales de ces constructions, Semneh et Koumneh, situées à 70 km au sud de Bouhen, l'une sur la rive droite, l'autre sur la rive gauche, gardaient la vallée qui formait en ce lieu un goulet assez étroit.

Ainsi, les rois de la XIIe Dynastie se prémunirent-ils contre l'invasion éventuelle de tribus soudanaises et établirent-ils fermement leur mainmise sur ces territoires, véritables *colonies* égyptiennes et futures terres d'Empire.

Thèbes et Amon — Osiris en Abydos

La ville de Thèbes, en Haute Égypte, accède pour la première fois à la vie politique ; elle fut en effet ville capitale pour les Antef et les Montouhotep. Même si les souverains de la XIIe Dynastie la délaissèrent pour Lisht, située plus au nord, elle conserva désormais une importance certaine. Sésostris Ier commença la construction du plus gigantesque ensemble sacré connu à ce jour : Karnak — Karnak, le terroir du dieu Amon, qui accède à la célébrité en même temps que sa ville.

Amon, dont il n'a guère été question jusque-là dans les textes, était un dieu de la brise et des souffles aériens, guide heureux des bateliers du Nil, un dieu de l'air et du ciel, aux chairs souvent colorées d'azur, à la haute coiffure empennée : les deux rémiges de faucon qui surmontaient le mortier (base de sa couronne) rappellent son origine céleste. Un temple lui était déjà consacré à Thèbes vers 2200 av. J.-C.

Lorsque le vizir du dernier des Montouhotep, Amenemhat (nom signifiant « Amon est le premier ») usurpa le pouvoir et fonda la XIIe Dynastie (vers 2000 av. J.-C.), il donna en même temps la primauté à son divin patron. Il organisa pour lui un important clergé, comprenant une dizaine de prêtres, tous de hauts fonctionnaires : ainsi les quatre « *pères divins* » étaient chancelier ou nomarques.

Mais Amon ne pouvait s'imposer seul. Puissant, toujours, était Rê, le dieu d'Héliopolis. Sésostris Ier (fils d'Amenemhat Ier) construisit encore pour lui un temple en sa ville et, dans l'inscription dédicatoire du monument, se vante de tenir sa royauté de Horakhty (« l'Horus des deux horizons ») :

> « Horakhty m'a mis au monde pour exécuter ce qui doit être fait pour lui, pour réaliser ce qu'il a ordonné d'accomplir. Il a voulu que je sois le bon berger de ce pays, car il sait qui peut le maintenir en ordre. Il m'a donné l'objet constant de sa préoccupation, c'est-à-dire ce que son œil illumine [23]... Il a fait que je sois le Seigneur du Double Pays, alors que je n'étais encore qu'un enfant incirconcis... »

Un « compromis » a lieu, suivant une nouvelle manière de syncrétisme religieux : les dieux locaux deviennent des formes, des hypostases de Rê, lequel s'allie étroitement, se confond, avec le nouveau dieu thébain. Amon-Rê, désormais, coiffe de sa supériorité spirituelle le panthéon égyptien — Amon-Rê qui sera le grand dieu de l'Empire.

C'est le temps aussi où le culte d'Osiris, le dieu de la résurrection, qui donne aux hommes, par son exemple, les moyens de parvenir à la vie éternelle, se répand largement ; désormais, l'immortalité ne sera plus réservée à Pharaon, mais donnée à tous ceux qui pourront, par la magie des rites et des formules, reproduire, pour leur compte, les actes de la mort et de la résurrection du dieu.

C'est le temps où celui-ci s'installe définitivement à Abydos, qui va devenir son grand lieu saint, Abydos, au nord de Thèbes, proche de Thinis, la capitale primitive ; cette ferme implantation est vraisemblablement due aux Antef, les princes libérateurs, qui veulent ainsi se rattacher à la tradition ancienne, liant leur royauté nouvelle au prestige vivace des premières années de la monarchie. C'est le temps où les premiers *mystères* sont célébrés, évoquant les grands moments du miracle osirien, par le jeu théâtral du mime et de la parole ; le temps aussi où les

pèlerinages convergent vers la ville sainte, pour aller quérir auprès d'Osiris des garanties d'éternité.

Pour la défense du royaume et la sauvegarde des
hommes par les dieux, les rois « bons bergers » s'affairent. Mais de graves dangers extérieurs surviennent alors.

Le premier temps des conquêtes lointaines :
l'Empire des Thoutmosides

Les invasions et le bouleversement du Proche-Orient

Aux environs de l'an 2000 av. J.-C., semble-t-il, à l'avènement de la XIIe dynastie égyptienne, des peuples
aryens, provenant peut-être des régions septentrionales de
la mer Caspienne et de la mer Noire, se mettent en mouvement vers le sud. Un grand courant de migrations
déferle.

L'Iran est le premier atteint, par les Mèdes et les Perses
qui, un millénaire plus tard, joueront un grand rôle dans
l'histoire. D'autres envahisseurs, franchissant les Détroits,
s'installent en Anatolie, fondant le royaume hittite. L'État
du Mitanni se constitue dans la région montagneuse des
sources du Tigre et de l'Euphrate, imposant sa suprématie
sur les Hourrites, plus anciens (?), qui demeurent sur les
limites du nouveau royaume. Babylone, alors en pleine
prospérité, sous le règne d'Hammourabi, résiste quelque
temps mais, à la mort du souverain, son fils ne peut éviter
qu'une nouvelle dynastie, kassite, soit instaurée.

Les Sémites autochtones, refoulés par ces invasions
indo-européennes, refluent vers le Sud. A la mort d'Amenemhat IV (dont la succession pose un problème dynastique) ils pénètrent en Égypte, profitant de la faiblesse
momentanée du royaume ; ces peuplades asiatiques,
conduites par leurs chefs respectifs, sont désignées dans
les textes égyptiens par le terme de *heqaou khasout* (littéralement « les souverains des pays étrangers »), terme trans-

crit en *Hyksos* par les Grecs. Deux dynasties égyptiennes (la XIIIe et la XIVe) règnent encore sans gloire, essayant d'endiguer le flot des migrateurs. Mais sous Didoumès II (avant-dernier roi de la XIVe Dynastie), vers 1690, les Hyksos conquièrent toute l'Égypte, semant la terreur ; ils laisseront longtemps encore dans la mémoire des Égyptiens un souvenir atroce. L'un d'entre eux, Salitis, devient roi et fonde la XVe Dynastie. Ils élisent comme capitale Avaris, dans les marches orientales du Delta, et adoptent Seth[24], assimilé à Baal, comme dieu officiel. C'est peut-être à ce moment que la tribu d'Israël, venue du pays de Canaan avec les envahisseurs, s'installe en Égypte. Deux dynasties de souverains étrangers vont ainsi se succéder, jusque vers 1580 environ.

La libération par les rois thébains

La renaissance allait, une fois encore, venir du Sud, de la ville de Thèbes.

En effet, les Hyksos ne purent maintenir longtemps leur domination sur la Haute Égypte, et les princes de Thèbes formèrent un petit royaume à la mode pharaonique, comportant deux divisions territoriales et administré par un vizir. Ils constituèrent ce que nos sources appellent la XVIIe dynastie égyptienne, contemporaine des dynasties étrangères, qui n'avaient pu s'imposer réellement que sur la Moyenne et la Basse Égypte.

Sekenenrê Taâ, puis ses fils, Kames et Ahmosis, chassèrent finalement l'envahisseur, libérant successivement Hermopolis, Memphis, défaisant une coalition formée par les Hyksos avec le prince du pays de Koush ; Kamès ravage l'oasis libyque de Baharieh, carrefour des pistes qui permettaient une communication directe entre le Soudan et la Moyenne Égypte. Ahmosis s'empare d'Avaris, poursuit l'envahisseur, qui est refoulé jusque dans Canaan ; après un siège de trois ans, la forteresse de Sharouhen, où s'était réfugiée une partie des Hyksos, est prise.

L'Égypte est libre.

En 1580 av. J.-C., Ahmosis, roi de Haute et de Basse Égypte, fonde la XVIIIe dynastie, la première de la période la plus glorieuse de l'histoire du pays — les XIXe et XXe étant constituées par les souverains ramessides.

Thèbes participe à la gloire de ses princes. Elle devient à nouveau ville capitale, centre administratif, politique, religieux, l'un des hauts lieux du monde antique.

Sur l'aire sacrée de Karnak, qui comprend trois cent mille mètres carrés, chaque pharaon ajoutera ses constructions, témoignant ainsi de sa ferveur pour Amon-Rê, « roi des dieux, maître des trônes du Double Pays ».

Le nouveau monde ou la nécessité de l'Empire

De grands États désormais existent au Proche-Orient : le royaume du Mitanni, celui du Hatti, dans la plus lointaine Mésopotamie le riche empire de Babylone, tandis que le royaume d'Assyrie, dans l'obédience mitannienne, subit une éclipse.

De tous ces royaumes, celui du Mitanni apparut très vite comme étant le plus puissant du moment ; de Washouganni, leur capitale, les rois du Mitanni étendirent leur puissance, à l'Est, sur l'Assyrie et les régions orientales du Tigre, au Nord, sur le pays qui deviendra l'Arménie, à l'Ouest, en direction de la Phénicie.

La préoccupation majeure de ces nouveaux États, du Mitanni comme du Hatti, fut, d'abord, d'établir leur influence sur des pays politiquement secondaires, mais importants stratégiquement, qui leur donneraient accès à la mer et aux voies du grand commerce international. Cela explique la politique d'intrigues menée alors par le Hatti autour du Kizzouwatna et de l'Arzawa (vraisemblablement la Cilicie), qui séparaient ce royaume de la Méditerranée ; de même, le Mitanni avait intérêt à installer son hégémonie sur le Naharina [25] et le Nouhassé (entre Euphrate et Phénicie), qui empêchaient ses débouchés maritimes directs. Intrigue, aussi, autour de l'Amourrou, au nord d'Ougarit, d'où partaient les chemins qui s'enfonçaient dans les sables vers les puissantes citadelles d'Alep et de Karkhémish notamment, importants carrefours de pistes caravanières.

Le but ultime de cette politique était, naturellement, la mainmise sur les ports phéniciens, jusqu'alors sous hégémonie égyptienne.

Le royaume d'Égypte n'était plus le seul grand État du Proche-Orient ; des rivaux le menaçaient, désormais, et, en premier lieu le Mitanni, qui, quelques décennies plus tard, va tenter de former contre l'Égypte une importante coalition pour essayer d'établir son emprise sur les rivages méditerranéens et substituer son influence à la traditionnelle hégémonie pharaonique.

Les rois d'Égypte, alors, pour défendre leur royaume maintenant menacé par des ambitions politiques rivales, vont, grâce à la puissance de leur armée, à leur courage personnel, et à l'aide d'Amon-Rê, commencer à mener une véritable politique de conquêtes : conquêtes défensives, destinées à garantir l'Égypte contre un éventuel agresseur et à sauvegarder ses intérêts vitaux.

La première idée de l'Empire — constituer un glacis de pays, économiquement dépendants et stratégiquement protecteurs, sur lequel s'exercera l'*imperium* égyptien — est la conséquence des événements politiques survenus dans le monde d'alentour, et ne résulte pas du désir gratuit d'annexer des terres étrangères. L'Empire, tant africain qu'asiatique, est désormais une nécessité inéluctable, vitale, pour l'Égypte.

Ainsi, pour la sauvegarde de leur patrie, de leur prospérité, et de leur antique société, les Égyptiens, épris de paix et des calmes bonheurs des jours, vont devenir les guerriers triomphants de l'Orient, bientôt maîtres d'un vaste Empire.

Les conquérants

Aménophis Ier et Thoutmosis Ier (à partir de 1550 av. J.-C.) furent les premiers rassembleurs de terres.

Sur les rochers de l'île de Tombos, située au Soudan, légèrement en aval de la troisième cataracte du Nil, Thoutmosis Ier fit sculpter une inscription relatant ses triomphes :

> « Il a terrassé les chefs des Nubiens ; le Nègre est sans force, sans défense, saisi par son poing ; il a réuni (à l'Égypte) les frontières de ses voisins ; il n'y a pas un survivant parmi les Hommes-aux-cheveux-bouclés qui s'étaient insurgés contre sa protection, il n'en reste pas un seul parmi eux. Les Nubiens sont à terre, massacrés, rejetés sur le côté à travers leur pays [26]. Une puanteur de cadavres inonde leurs vallées... Il n'existe plus d'hommes qui marchent contre lui parmi les Neuf Arcs rassemblés [27] ; il est comme une panthère, toujours jeune, marchant parmi les troupeaux au pacage ; la gloire de Sa Majesté les aveugle.
> Les limites de la terre entière ont été atteintes, ses extrémités ont été franchies, grâce à son bras puissant qui recherche le combat. Il ne se trouve désormais personne qui ose se mesurer à lui. Des vallées ignorées de ses prédécesseurs ont été ouvertes, que jamais n'avaient vues ceux que coiffent le pschent. Sa frontière méridionale s'étend jusqu'au Sud de ce pays [28], sa frontière septentrionale jusqu'à cette fameuse eau errante dont le courant remonte vers le Sud [29]. Une chose semblable n'était jamais arrivée à d'autres rois... » [30]

Ainsi, entre la troisième cataracte du Nil et l'Euphrate, l'Empire égyptien est né — du cœur de l'Afrique aux marches de l'Asie mineure. Thoutmosis Ier élève au bord du grand fleuve une stèle-frontière, marquant ainsi la limite septentrionale de ses conquêtes.

En même temps que l'Empire, naît une nouvelle idéologie guerrière, qui se développera considérablement sous les Ramsès. Que l'on ne se méprenne pas sur le ton lyri-

que de ces textes, qui assimilait la conquête royale à celle
de l'univers ; le but recherché était magique : prononcer le
mot entraînant la réalisation de ce qu'il exprime, les
conquêtes pharaoniques demeureront ainsi, grâce à la
puissance du Verbe, à la dimension de l'univers ; ce n'est
point là exagération banale, ou (comme on le dit parfois)
vulgaire « propagande », démesure verbale, mais la manifestation de croyances spirituelles communes aux
domaines sémitique et africain.

Le premier roi qui ait eu véritablement la *conscience* de
l'Empire est Thoutmosis III.

A la mort de Thoutmosis II, qui avait fermement maintenu au Soudan et en Asie l'emprise égyptienne, son
épouse, la reine Hatshepsout, usurpa le pouvoir pendant
vingt-trois ans, sous le prétexte, d'abord, de la régence du
jeune prince. En 1480 av. J.-C., lorsque celui-ci monta
enfin sur le trône d'Égypte, la situation était grave : à
l'intérieur du pays, Hatshepsout avait laissé le clergé thébain d'Amon prendre une trop grande importance, mais,
surtout, l'Asie était menaçante.

Le prince de Kadesh (citadelle située sur l'Oronte, dans
la plaine de la Beka, et qui demeurera l'ennemie constante
du pouvoir égyptien) semble avoir pris la tête d'une coalition contre Pharaon, coalition en réalité nouée et soutenue
par les Mitanniens, et qui groupait « trois cent vingt chefs,
chacun avec son armée ». Une longue guerre, qui dura
près de vingt ans, va opposer Égypte et Mitanni, guerre
dont les événements sont relatés dans la plus longue inscription historique actuellement connue, que nous appelons les *Annales de Thoutmosis III* : 225 lignes de texte,
chacune mesurant vingt-cinq mètres de long, sculptées sur
les parois nord et ouest du corridor qui entoure le Saint
des saints du grand temple d'Amon-Rê, à Karnak.

En dix-sept campagnes militaires successives, menées
chaque année, Thoutmosis III défait la coalition et installe solidement la conquête égyptienne sur l'Euphrate ;
lors de la huitième campagne, le fleuve est même franchi

et Thoutmosis III fait une incursion dans le royaume du Mitanni, mais n'entend pas aller plus avant. L'Euphrate a toujours constitué la frontière septentrionale idéale pour les Égyptiens.

Ces campagnes furent menées avec un sens de la stratégie et un courage exceptionnels. La tactique adoptée par Thoutmosis III pour soumettre les pays du Nord sera reprise, en grande partie, par les souverains ramessides. De la première à la quatrième campagne, il reprend Canaan et le Retenou, installant ainsi des bases fermes dans les pays limitrophes de l'Égypte et dans l'arrière-pays phénicien ; de la cinquième à la huitième, il s'assure, à deux reprises, des points d'appui solides le long de la côte phénicienne (ce qui permet d'acheminer plus rapidement l'armée, par mer), avant de s'emparer de « Kadesh la perfide », puis de remonter plus au nord et de conquérir le Naharina ; de la neuvième à la dix-septième, la révolte étant pratiquement matée, de simples tournées d'inspection, effectuées par Pharaon lui-même, assurent la présence égyptienne ; enfin, lors de la dix-septième, Kadesh, à nouveau, et le Mitanni sont finalement défaits.

Des anecdotes émaillent cette première geste épique de l'histoire égyptienne : l'ivresse des soldats égyptiens dans les plaines d'Arvad (l'une des plaines les plus fertiles de l'actuelle Syrie), préfigurant le sort des soldats d'Hannibal à Capoue — le transport des navires construits à Byblos et traînés sur des chars par des attelages de bœufs à travers le désert de Haute Syrie, pour permettre le franchissement de l'Euphrate — la chasse contre 120 éléphants dans la région de Niy, en Naharina, durant laquelle l'un des officiers de l'armée, le commandant Amenemheb, sauva la vie du roi. Le récit des hauts faits d'armes de Thoutmosis III, qui chemine et se bat en tête de son armée, constitue le prélude de la grande épopée ramesside :

> « Le roi se lève à la pointe de l'aube. Ordre est alors donné à l'armée entière de se déployer... Sa Majesté s'avance sur son char d'or fin, paré de ses ornements de

combat, tel Horus au bras puissant, seigneur du pouvoir, tel Montou, le Thébain, tandis que son père Amon fortifie ses bras... Dans le combat, la force de Seth parcourt ses membres. Alors Sa Majesté s'empare de ses ennemis, à la tête de son armée ; et lorsque ceux-ci voient Sa Majesté assurer son emprise sur eux, ils s'enfuient vers Megiddo, trébuchant et tombant la tête la première, avec des visages terrorisés... » [31]

Grand capitaine, stratège habile, Thoutmosis III donna à l'Empire égyptien un prestige considérable dans le monde oriental ; tous les États d'Asie lui envoient des tributs, gages de soumission, souvent, hommages à sa puissance, parfois : tels ceux de Babylone, d'Assyrie ou du Hatti. Nubie et Soudan demeurent tranquilles.

Empereur prudent et avisé, Thoutmosis III sut également administrer ses conquêtes selon un système qui dénote de sa part une grande lucidité politique ; les possessions étrangères de l'Égypte comprennent deux groupes de territoires nettement distincts : la Nubie et le Soudan, jusqu'à la quatrième cataracte du Nil, d'une part — l'Asie, jusqu'à l'Euphrate d'autre part.

En Afrique, Thoutmosis III maintint l'administration *coloniale* mise en place par les Sésostris et développée plus récemment par Ahmosis et Aménophis Ier : un fonctionnaire égyptien résidant à Bouhen est délégué par Pharaon pour gérer en son nom les terres africaines ; il est « chef des pays du Sud », « fils royal de Koush » ; assisté de deux lieutenants (dont l'un s'occupait plus particulièrement de la province de Ouaouat, l'autre de la province de Koush), ce vice-roi (nom donné par les historiens modernes par analogie avec des institutions plus récentes) a des pouvoirs semblables à ceux du vizir dans la métropole. A l'époque ramesside ce vice-roi sera un personnage très important. L'Égypte continue d'exploiter et d'égyptianiser le pays. La construction de temples, unissant le culte des dieux égyptiens, des dieux nubiens et de Pharaon, se développe beaucoup.

Très différents furent les principes du gouvernement des provinces d'Asie, pays très étendus, morcelés en petits États et surtout possédant déjà un riche passé de civilisation et des traditions millénaires. Thoutmosis III, ne voulant pas compromettre cet équilibre, eut l'intelligence de ne pas modifier les textures politiques de ces principautés, royautés ou républiques d'Anciens. Laissant à chaque État, petit ou grand, son autonomie, il établit un cadre administratif général, délimitant ainsi des provinces, où résidaient des gouverneurs égyptiens (administrateurs financiers, le plus souvent), dont la seule tâche consistait à percevoir les impôts en nature assignés à chaque ville ou État, suivant les richesses dont ils disposaient. Pharaon fit instruire les fils des princes à la cour de Thèbes, en compagnie des enfants royaux.

Des usages, sorte de droit coutumier, s'instituent peu à peu entre l'Égypte et ses vassaux asiatiques, comportant, dans les domaines politique, financier, militaire et juridique, des obligations et des droits respectifs, placés sous la garantie des dieux.

Première idéologie impériale

Une conscience de l'Empire apparaît alors, qui correspond, semble-t-il, à une pensée fédératrice ; les terres asiatiques conquises constituent une sorte de groupement d'États, dont chacun conserve la plus grande part de son autonomie. Le lien qui unit les provinces de l'Empire est la religion et, plus particulièrement, Pharaon, dont la personne divine se confond avec celle de tous les dieux.

Le **premier chant impérial** présente, en des termes lyriques, un discours d'Amon-Rê à son « fils bien-aimé » Thoutmosis ; il lui donne force et victoire sur toutes les terres, il lui donne surtout d'apparaître successivement aux yeux des peuples conquis sous la forme de leurs divinités respectives ; ainsi, il devient leur maître *légitime*. Le droit des armes ne sera invoqué qu'à propos de la Nubie et du Soudan, que les Égyptiens considéraient comme une dépendance naturelle de leur pays, et dont la conquête n'avait pas à être justifiée.

Ce premier chant impérial sera repris et adapté par les Ramsès à une autre forme de conscience de l'Empire ; c'est un chant de guerre victorieuse[33] :

« Paroles dites par Amon-Rê, maître des trônes du Double Pays : " Bienvenue auprès de moi, toi qui te réjouis de voir ma beauté, ô mon fils, mon protecteur, Menkheperrê[32], qu'il vive éternellement.

Je brille à cause de l'amour que tu me portes, mon cœur se réjouissant de ton heureuse venue vers mon temple. Mes bras s'unissent à ton corps, assurant ta protection magique et ta vie ; comme il est doux ton charme contre ma poitrine. Je t'éterniserai dans ma demeure, je ferai merveille pour toi.

Je te donne la force et la victoire sur tous les pays étrangers, je place ta gloire et la frayeur que tu inspires dans toutes les terres ; la crainte de toi atteint les limites des quatre piliers du ciel.

J'exalte ton prestige dans tous les corps. Je répands le cri de guerre de Ta Majesté à travers les Neuf Arcs, les princes de tous les pays étrangers étant rassemblés dans ton poing. J'étends moi-même mes bras et je les noue pour toi.

Je lie ensemble les Nubiens par dizaines de milliers et milliers, les Septentrionaux étant prisonniers par centaines de mille. Je fais que ceux qui te sont rebelles tombent sous tes sandales et que tu piétines les ennemis au cœur vil, conformément à ce que, pour toi, j'ordonne.

La terre dans sa longueur et dans sa largeur, les Occidentaux et les Orientaux sont sous ton autorité. Tu foules tous les pays étrangers, le cœur joyeux. Personne ne fait volte-face dans ton entourage, car je suis ton guide et tu pourrais les atteindre.

Tu as traversé l'eau de la Grande Boucle du Naharina[34], en puissance et en force, comme je te l'ai ordonné. Lorsqu'ils entendent ton cri de guerre, les ennemis rentrent dans leur trou[35] et je les prive du souffle de la vie, car je place la peur de toi au travers de leur cœur.

Ma flamboyante[36] qui est sur ton front les brûle ; elle ravage les hommes pervers. Elle consume les habitants des îles [37] avec sa flamme. Elle tranche les têtes des Asiatiques, de sorte qu'il n'en subsiste aucun, et les enfants de leurs chefs sont terrassés.

Je fais que le bruit de tes victoires se répande dans tous les pays, le serpent de mon front illuminant ton corps.

Il n'existe plus d'homme qui se rebelle contre toi jusqu'aux limites de ce qu'encercle le ciel. Ils viennent, le dos chargé de leurs tributs, s'inclinant devant Ta Majesté, comme je l'ordonne. Je fais en sorte que tes adversaires soient sans force, lorsqu'ils viennent auprès de toi, le cœur brûlant, les membres tremblant.

Je suis venu,

> je fais que tu écrases les Grands de la Phénicie,
> je les étends sous tes pieds à travers leur pays ;
> je fais qu'ils voient Ta Majesté comme le seigneur des rayons, et que tu brilles dans leurs visages comme mon image [38].

Je suis venu,

> je fais que tu écrases les peuples de l'Asie, que tu frappes les chefs des Asiatiques du Retenou ;
> je fais qu'ils voient Ta Majesté, déjà vêtue de sa parure, tandis que tu saisis les armes de combat, sur ton char [39].

Je suis venu,

> je fais que tu écrases la terre orientale, que tu marches sur les habitants des régions du Pays de Dieu ;
> je fais qu'ils voient Ta Majesté comme une étoile, qui lance sa lueur telle une flamme et qui donne sa rosée [40].

Je suis venu,

> je fais en sorte que tu écrases la terre occidentale, la Crète et Chypre étant courbées sous ta gloire ;
> je fais qu'elles voient Ta Majesté comme un taureau à l'éternelle jeunesse, au cœur ferme, aux cornes acérées, que l'on n'a pu attaquer [41].

Je suis venu,

> je fais que tu écrases les habitants des îles, les pays du Mitanni tremblant sous ta crainte ;

> je fais qu'ils voient Ta Majesté comme un cro-
> codile, seigneur de la terreur parmi les eaux,
> qu'on ne peut approcher[42].

Je suis venu,
> je fais que tu écrases les habitants des Iles-du-
> Milieu, la Très-Verte étant recouverte par tes
> cris de guerre,
> je fais qu'ils voient Ta Majesté comme le vengeur
> qui apparaît en gloire sur le dos du taureau
> abattu[43].

Je suis venu,
> je fais que tu écrases le pays des Outjentiou, par
> la puissance de ta gloire,
> je fais qu'ils voient Ta Majesté comme un lion,
> tandis que tu les transformes en cadavres à
> travers leurs vallées[44].

Je suis venu,
> je fais que tu écrases les plus éloignées des ter-
> res, ce qu'entoure le Grand Cercle étant
> retenu dans ton poing ;
> je fais qu'ils voient Ta Majesté comme un faucon,
> seigneur ailé, qui s'empare de ce qu'il voit
> selon son désir[45].

Je suis venu,
> je fais en sorte que tu écrases les terres proches et
> que tu lies les Bédouins prisonniers ;
> je fais qu'ils voient Ta Majesté comme le chacal
> du Sud, seigneur de la course, à l'allure
> rapide, qui parcourt le Double Pays[46].

Je suis venu,
> je fais que tu écrases les Nubiens, jusqu'à Shât,
> dans ton poing ;
> je fais qu'ils voient Ta Majesté comme tes deux
> frères, et je réunis pour toi leurs bras en
> signe de victoire... »[47]

L'Empire des Thoutmosides ne forme pas seulement un ensemble politique, qui se veut sans contrainte trop forte, mais une grande unité spirituelle rassemblée autour de la personne de Pharaon, qui s'assimile à tous les grands dieux de l'Orient et de la Méditerranée. Ainsi le pouvoir

de l'Empereur d'Égypte et la volonté d'Amon-Rê préva-
lent sur le monde.

Diplomatie, traités et intrigues internationales

Aménophis II, succédant à son père Thoutmosis III,
vers 1450 av. J.-C., maintient fermement les conquêtes
grâce à deux campagnes militaires menées en Asie ; lors
de la campagne de l'an 9 (de son règne), 71 000 captifs
furent ramenés (selon le texte d'une stèle récemment
découverte à Memphis), parmi lesquels 3 600 Apirou ; si
les Apirou sont bien les Hébreux, cela constitue la première mention historique de la tribu.

Désormais l'Empire d'Égypte, dont le prestige n'est
plus contesté dans le monde oriental, demeurera en paix
pendant près d'un siècle, jusque vers 1380. La diplomatie
sera alors nécessaire pour maintenir ce que la guerre a
conquis.

Aménophis II, vraisemblablement, signe un traité de
paix (le premier) avec le roi du Mitanni, Saustatar, dont le
royaume est de plus en plus menacé par la puissance grandissante des souverains hittites. Ce traité, étant un accord
personnel entre les deux monarques, dut être renouvelé
par Thoutmosis IV (fils d'Aménophis II) et Artatama Ier.
Cette alliance défensive, conclue, en fait, pour retarder
l'expansion du Hatti, fut soutenue par un mariage politique (le premier également) entre Thoutmosis IV et une
fille du souverain mitannien. Ce fait constitue une petite
révolution dans les traditions égyptiennes ; l'usage voulait,
en effet, que Pharaon épouse sa sœur, ou sa demi-sœur,
afin que soit conservée la pureté du sang. La princesse
mitannienne, baptisée Moutemouia (« Mout » — parèdre
d'Amon — « est dans la barque solaire »), devint
« grande épouse royale », et fut la mère d'Aménophis III.
Les nécessités de la politique l'avaient emporté sur les traditions.

Mais le clergé d'Amon justifia le fait. Ce sont les prêtres
du dieu thébain, en effet, qui, déjà, avaient légitimé l'usur-

pation d'Hatshepsout, en instaurant une théogamie officielle, proclamant la reine fille charnelle du dieu Amon-Rê qui, ayant pris la forme du roi Thoutmosis Ier, son père, l'aurait lui-même conçue avec la « grande épouse royale » d'alors (selon les bas-reliefs et les textes sculptés sur les parois du temple funéraire de Deir el Bahari, sur la rive gauche thébaine). Suivant le même procédé, Aménophis III fut considéré par les clercs thébains comme le fils charnel d'Amon-Rê, et, sur les murs du temple de Louxor, on sculpta des images et une inscription tout à fait identiques à celles de Deir el Bahari. Des éléments de cette théogamie royale seront également repris par les Ramsès.

Les mariages étrangers, qui seront un élément important de la politique ramesside, deviennent alors l'une des grandes préoccupations de la diplomatie et peuplent de concubines le harem de Louxor : Aménophis III, soucieux d'entretenir avec Babylone de bonnes relations commerciales, épouse successivement la fille, puis la sœur du roi Kadashman-harbe Ier ; lors de l'avènement de Toushratta, en Mitanni, Aménophis III confirme l'alliance entre les deux cours en demandant en mariage au souverain mitannien, sa sœur et, quelque temps après, sa fille ; la « grande épouse royale » d'alors, la reine Tii, est peut-être d'origine phénicienne.

L'Égypte, opulente et prospère, que ses conquêtes ont enrichie, est alors la première puissance financière du monde ; et l'or vaut de précieuses amitiés. Toushratta écrit à Aménophis III :

> « Que mon frère m'envoie de l'or, sans mesure, en grande quantité. Et tout ce que mon frère désire pour sa maison, qu'il me l'écrive, il le recevra, car je lui donnerai tout présent que mon frère pourra désirer. *Car ce pays est son pays, et cette maison est sa maison.* »

Situation éminente de Pharaon, dont les débiteurs se font les hommes-liges. Il en va de même avec l'Assyrie et

Babylone. Le roi d'Assyrie écrira au roi du Mitanni :
« L'or, dans leur pays, est aussi abondant que la poussière. »

Cette politique financière vaut naturellement à l'Empereur d'Égypte un prestige considérable.

Des ambassadeurs, non pas nommés à poste fixe, mais
accrédités le temps d'une mission, ne cessent de circuler
entre les cours orientales. Ils sont les délégués personnels
des souverains, accomplissant des missions politiques, ou
de pure courtoisie (apporter un *scarabée* commémoratif
en pierre ou améthyste, émis lors d'événements importants survenus à la cour de Thèbes : naissance, couronnement ou mariage de Pharaon, une inscription portée sur le
plat du document définissant son origine — ou s'enquérir
de la santé d'un « frère » malade, etc.). Une « chancellerie
des pays étrangers » est créée : là sont conservées les lettres échangées avec les rois d'Asie. Une langue diplomatique, l'akkadien, est alors utilisée pour cette correspondance internationale. Une partie de celle-ci a été retrouvée, à Tell el Amarna, en Égypte et à Bogaz-Khöy, en
Turquie (l'ancienne capitale Hattousa) pour le Hatti.

Un protocole très strict, tant de formules que d'usages,
est observé. Les premières règles d'un droit international
s'instaurent, placées sous la garantie des divinités.

Une **seconde forme de chant impérial,** qui sera, également, repris plus tard par les Ramsès, apparaît alors : discours d'Amon encore, qui ne parle plus de conquêtes,
mais insiste sur les « merveilles » qu'il prodigue à Pharaon et sur l'universelle soumission des peuples de
l'Empire. C'est le chant de la paix revenue, au temps de la
prospérité. Le texte en est sculpté sur une grande stèle qui
devait, primitivement, être placée dans le temple funéraire
d'Aménophis III, sur la rive gauche thébaine.

« Paroles dites par Amon, le roi des dieux : " O mon fils,
qui appartiens à mon corps, mon bien-aimé Nebmaâtrê[48],
mon image vivante, toi que mon corps a créé et qu'a mis au

monde pour moi Mout, maîtresse d'Isherou dans Thèbes, dame des Neuf Arcs ; elle t'a élevé pour être le seigneur unique du peuple. Mon cœur se réjouit grandement lorsque je vois ta beauté ; alors j'accomplis pour Ta Majesté des choses merveilleuses. Ta jeunesse sera éternellement renouvelée, car je t'ai établi comme le Soleil des Deux Rives.

Quand je tourne mon visage vers le Sud, je fais merveille pour toi. Je fais que les chefs du vil pays de Koush viennent vers toi, portant leurs tributs sur leur dos.

Quand je tourne mon visage vers le Nord, je fais merveille pour toi. Je fais que viennent vers toi les pays les plus lointains de l'Asie, portant leurs tributs sur leur dos ; ils t'offrent leurs enfants, afin que leur soit donné le souffle de la vie.

Quand je tourne mon visage vers l'Ouest, je fais merveille pour toi. Je fais que tu t'empares du pays des Tjehenou, de sorte qu'il n'en reste rien, construisant en couverture cette forteresse au nom de Ma Majesté, ceinte d'un grand mur qui atteint le ciel, et équipée au moyen des enfants des chefs nubiens.

Quand je tourne mon visage vers la lumière, je fais merveille pour toi. Je fais que viennent vers toi les pays de Pount, portant toutes les plantes agréables de leurs contrées, pour implorer de toi la paix et respirer les souffles que tu donnes [49]. »

Amon, dieu *quadrifrons,* est le pivot essentiel et sacré de l'Empire, et son seul regard entraîne vers Pharaon le long défilé des peuples tributaires d'Afrique et d'Asie, venant apporter leurs richesses, en échange des souffles de la vie, et confier leur descendance.

La richesse de l'Empire entraîne aussi celle du premier clergé, celui d'Amon-Rê. Les dons royaux, en hommage au dieu des victoires, dans ses temples, sont considérables. On lit sur une inscription dédicatoire de Karnak (datant d'Aménophis II) [50] :

« Il [Amon] m'a désigné pour être le maître du peuple d'Égypte, alors que j'étais encore un petit dans le nid. Il m'a donné les deux moitiés[51]. Il a fait que Ma Majesté assume la responsabilité du trône, comme un homme qui accomplit pour son père des choses utiles.

J'ai fait pour lui une chapelle d'or, dont le plancher était d'argent. Pour lui encore j'ai fait de nombreux vases, plus beaux que les corps des étoiles[52]. Son trésor enserrait les choses précieuses provenant des tributs de tous les pays. Ses greniers étaient emplis de grains clairs, qui débordaient jusqu'en haut des murs. Je faisais pour lui des offrandes divines. »

Les grands prêtres d'Amon, qui cherchèrent à jouer un rôle dans les successions royales de la XVIIIe dynastie, Hapouseneb sous Hatshepsout, Menkheperrêseneb sous Thoutmosis III, obtinrent des charges civiles qui en firent également de grands responsables de l'État. Ainsi, Menkheperrêseneb fut chargé des finances et de la réception des énormes tributs livrés par l'Empire ; le grand prêtre Mery, sous Aménophis II, remplit les fonctions de gouverneur de la Haute Égypte.

Cette puissance temporelle du clergé menaça-t-elle le pouvoir impérial ? Il y eut, en tout cas, une forte réaction, au début du règne d'Aménophis IV qui, revenant aux antiques traditions héliopolitaines, persécuta le *pouvoir amonien*.

Cela ne dura que quatorze ans, alors que la situation extérieure était grave.

Depuis 1380 av. J.-C., en effet, à la fin du règne d'Aménophis III, une rupture d'équilibre politique s'était produite en Asie, au profit de l'État hittite, gouverné alors par un roi actif, courageux, et d'une grande lucidité : Souppilouliouma. Celui-ci, profitant de la scission survenue entre Mitanni et Hourri[53], s'allie avec Artatama II du Hourri et encercle ainsi le Mitanni qu'il conquiert, ainsi que le Nouhassé et le nord de l'actuelle Syrie, jusqu'à l'Amourrou. L'affaire est dangereuse pour l'hégémonie

égyptienne, sérieusement menacée. Le roi Rib-addi, de
Byblos, et d'autres princes phéniciens appellent Pharaon
à leur secours ; mais Aménophis III, âgé maintenant, tem-
porise et abandonne, sans combattre, le pouvoir que lui
avaient légué ses prédécesseurs sur les provinces asiatiques du Nord. Pour ménager le souverain hittite, il signe
avec Souppiouliouma un traité d'alliance. La limite septentrionale des possessions égyptiennes s'établira désormais sur l'Oronte. C'est un premier recul.

Babylone, à son tour, afin d'assurer la sécurité de ses
caravanes et de ses marchands, incline à l'alliance avec le
puissant monarque du Hatti. Le Mitanni lui-même
cherche un rapprochement avec Souppiouliouma.

L'un des derniers actes d'Aménophis III, qui essaiera
de renouer avec son cousin Toushratta, du Mitanni, en lui
demandant l'une de ses filles en mariage, n'empêche pas
le désastre prévisible de se produire. L'heure n'est plus
maintenant à la diplomatie. Le Hatti menace.

Au début du règne d'Aménophis IV, le gouverneur égyptien résidant à Simyra (port phénicien) est tué par Azirrou,
roi d'Amourrou, qui, désormais, devient le vassal de Souppiouliouma. Aménophis IV, jeune prince mystique, préoccupé surtout d'idéologie religieuse, ne réagit pas. A la suite
de l'assassinat du roi du Mitanni par son fils, les Hourrites,
soutenus par le roi d'Assyrie, Assour-ouballit Ier, envahissent le Mitanni, qui demande secours au Hatti et perd définitivement son indépendance. Temporisant encore, Aménophis IV signe alors un traité d'alliance avec l'Assyrie,
puissance dangereusement montante, dont les rois avaient
délaissé l'antique ville d'Assour pour une nouvelle capitale,
Ninive. Jusqu'alors, l'Assyrie avait été sous la dépendance
de l'Empire de Babylone ; mais un mariage avait été conclu
entre le fils héritier de Bournabouriash II (roi de Babylone)
et une fille d'Assour-ouballit ; un fils naquit de cette union.
Le père de l'enfant étant décédé, le roi d'Assyrie, lors de la
mort, ensuite, de Bournabouriash II, intervint à Babylone
pour que la succession appartînt au petit prince né de sa
fille. Ainsi la grande métropole de l'Euphrate passa sous le

contrôle de l'Assyrie, dont la puissance et la richesse s'accrurent alors considérablement.

Les rois d'Égypte, cependant, se cantonnaient dans une politique d'inaction et de neutralité, essayant d'éviter la guerre en se conciliant par des traités les royaumes rivaux — politique à très courte vue.

A la suite de ces événements, trois grandes puissances demeurent dans le monde oriental : l'Égypte, qui a perdu beaucoup de son prestige, en même temps que les marches septentrionales de son Empire — le Hatti, qui tient le Mitanni sous sa dépendance — l'Assyrie, qui a pouvoir sur Babylone.

Le règne d'Horemheb, ou le prélude à l'époque ramesside

Aménophis IV était dangereusement menacé de l'intérieur par l'hostilité du clergé d'Amon, qu'il avait voulu détruire. A sa mort, Toutankhamon rendit sa suprématie au dieu de Thèbes. Il est possible, ensuite, que la veuve de Toutankhamon, fille d'Aménophis IV et de Néfertiti, la princesse Ankhesenamon, ait demandé en mariage, pour succéder à son époux sur le trône d'Égypte (sous quelle influence, on ne sait) un fils du roi du Hatti. Après quelques hésitations, semble-t-il, de Souppilouliouma, le prince se met en route, mais il est tué au cours du voyage et, pour le venger, l'armée hittite se met en marche vers le Sud. Canaan se révolte ; tandis que Ankhesenamon épouse un fonctionnaire, Aï, qui règne sans gloire.

Le général Horemheb sauve l'Égypte. « On » dit que c'est lui qui aurait fait assassiner le prince hittite — (ou bien est-ce Aï ?). Quoi qu'il en soit, Horemheb, chef de l'armée égyptienne, réussit à empêcher les Hittites de franchir l'Oronte et maîtrise Canaan. Horemheb était un homme de grande et vieille noblesse. Vers 1339 av. J.-C., un oracle d'Amon lui conféra le pouvoir suprême, et il devint le Seigneur du Double Pays.

Souverain actif et lucide, il restaure l'ordre intérieur, tempère les ambitions du clergé d'Amon, et donne à nou-

veau une grande importance à la ville de Memphis. Sans
héritier, il choisit pour lui succéder le général et vizir
Paramsés, qui, vers 1314 av. J.-C., sera intronisé sous le
nom de **Ramsès Ier**, et fondera la XIXe dynastie.

B. — LE FRAGILE ÉQUILIBRE DU MONDE
AU XIVe SIÈCLE AV. J.-C.

Lorsque Ramsès Ier monte sur le trône d'Égypte, l'équilibre en Orient et dans le bassin de la Méditerranée est
très précaire. Intrigues et guerres sévissent, et le jeu politique combine, sans cesse, les hostilités et la diplomatie.

Aux ambitions rivales des États plus anciens, s'ajoutent
les prétentions nouvelles des peuples achéens. Les désirs
d'hégémonie, tant politique que commerciale, s'affrontent. Un nouveau bouleversement est prévisible.

Mais l'Égypte, gouvernée désormais par des rois militaires, regagnera sa primauté et son opulence, imposant
aux autres royaumes sa force et son prestige.

La puissante monarchie hittite

L'Égypte, inactive, passive, sous les règnes d'Aménophis III, d'Aménophis IV et de leurs faibles successeurs, a
assisté, sans intervenir, à la disparition du Mitanni de la
scène politique. Elle a laissé les souverains hittites
s'implanter solidement dans le Nord de la Syrie actuelle ;
Souppilouliouma, au cours de deux campagnes militaires,
soumet le Nouhassé et Alep, Qatna, atteint Damas, réduit
Kadesh : tout le pays, du Liban à l'Euphrate, est entre ses
mains ; Azirrou, le roi d'Amourrou, demeurera un allié
fidèle.

Les appels au secours des princes phéniciens et syriens
auprès de Pharaon étaient restés sans réponse véritable et

n'avaient en rien modifié l'attitude dilatoire de celui-ci, qui laissa Souppilouliouma s'emparer des marches septentrionales de ce qui avait été le grand Empire des Thoutmosides. Le roi hittite donne en apanage à ses fils les royaumes et principautés qui avaient été sous hégémonie égyptienne, notamment les villes importantes d'Alep et de Karkhemish (sur l'Euphrate), qui étaient à la fois des relais de caravanes et des postes stratégiques.

Avec une remarquable intelligence, et une parfaite continuité de vue, le roi hittite complète l'Empire que ses conquêtes lui ont donné par une activité diplomatique soutenue. Il conclut avec le Mitanni un traité qui impose à celui-ci, (très affaibli par des scissions intérieures, notamment), la souveraineté hittite. Avec le Kizzouwatna (situé entre l'Anti-Taurus et la Méditerranée, à l'Est du Hatti également), il signe un autre traité, de soixante-quatre articles, aux termes desquels le roi du Kizzouwatna doit lui fournir, en cas de conflit, des contingents de troupes, en échange de quelques avantages qui lui sont consentis. A l'Est, l'hégémonie hittite s'étend ainsi, de façon continue, jusqu'à la haute vallée de l'Euphrate. Il n'est pas impossible non plus qu'un traité ait été conclu alors entre Aménophis IV et Souppilouliouma ; cette hypothèse repose seulement sur une allusion (assez peu précise) faite dans le texte de l'accord signé postérieurement, vers 1278, entre Hattousili III et Ramsès II [54].
Le Hatti tient désormais une place de premier rang dans la politique internationale.

Vers 1346 av. J.-C., pendant le règne de Aï, Souppilouliouma meurt, atteint par l'épidémie de peste qui sévissait alors en Asie Mineure. Son fils aîné, Arnouwanda, ne régna qu'un court laps de temps, atteint vraisemblablement de la même maladie.

Moursil II, le fils cadet, dut ensuite guerroyer pendant dix ans pour consolider le nouvel Empire du Hatti. Au Sud, des campagnes menées contre l'Arzawa et ses alliés, les royaumes voisins, qui avaient formé une coalition contre Moursil, assurèrent à celui-ci la domination sur la plus grande part de l'Asie Mineure ; l'Arzawa devint vassal de la cour de Hattousa. Au Nord, dans le Pont, les populations Gasga (peuples rudes, existant encore à l'état tribal, vivant de l'élevage du porc, du tissage du lin... et de pillages, très souvent en lutte contre l'État hittite) s'agitaient à nouveau. En l'an 9 du règne, en Syrie, le royaume de Nouhassé (dans la région d'Alep) et Kadesh se révoltent. Les Assyriens assiègent Karkhémish. Moursil fait front de toutes parts : les Assyriens se retirent et, la révolte brisée, le roi hittite réorganise ses provinces syriennes.

Lorsque, en 1315, à la veille de l'intronisation de Ramsès Ier en Égypte, Mouwatalli succède à son père Moursil, la révolte des Gasga prend de l'ampleur ; ils ravagent la région même de Hattousa (Mouwatalli doit déplacer sa capitale vers le Sud) et franchissent le fleuve Halys. Au bout d'une période de dix ans, pendant lesquels ils poursuivirent leurs dévastations, Hattousili, le frère de Mouwatalli, réussit à les écraser, tandis que le roi lui-même venait à bout d'une autre révolte en Arzawa.

L'Empire hittite, confédération d'États dominée par le jeu des intrigues internationales, puissant en apparence, ne se maintenait qu'au prix de campagnes militaires constantes et grâce à une diplomatie avisée. Il se heurtait également à des ambitions hégémoniques rivales : celles de l'Assyrie à l'Est, celle des peuples achéens à l'Ouest (dans la mer Égée et sur les rivages même de l'Asie Mineure).

L'ascension de la puissance assyrienne et l'emprise sur Babylone

Assour-ouballit Ier (qui régna de 1366 à 1330) fut l'un des grands fondateurs de la puissance assyrienne ; nous ne disposons malheureusement que d'un petit nombre de textes (essentiellement des inscriptions commémorant des fondations de temples) concernant son règne.

Dans un premier temps, ainsi qu'il a été dit[55], il avait distrait son royaume de la dépendance où il se trouvait par rapport à l'Empire de Babylone et avait même étendu, indirectement, son pouvoir sur la grande métropole de l'Euphrate : son petit-fils, en effet, né de sa fille et du fils de Bournabouriash, Kadashman-harbe régna quelque temps sur l'Empire de Mésopotamie.

Mais Kadashman-harbe fut assassiné par ses sujets kassites ; ce fait donna prétexte à Assour-ouballit pour intervenir directement et installer sur le trône Kourigalzou II, fils de Kadashman-harbe, donc son propre arrière-petit-fils, encore un jeune enfant, et cela permit naturellement au roi d'Assyrie d'établir sur Babylone une emprise certaine.

Kourigalzou II régna vingt-deux ans. Mais le sentiment national s'accommodait mal de l'hégémonie assyrienne. Lorsque Enlil-nirari (vers 1329), fils d'Assour-ouballit, succéda à son père, il dut mener, contre Babylone, une campagne militaire, dont il sortit victorieux.

Sous le règne de son fils, Arik-den-ili (de 1319 à 1308), la guerre reprit aux frontières du royaume : d'abord dans les monts Zagros contre les Gouti, un peuple montagnard dont la rudesse et le caractère belliqueux avaient contribué à détruire le premier empire mésopotamien bâti par Sargon d'Agadé ; puis, dans la région située à l'ouest de la haute vallée du Tigre, pour soumettre des populations alliées aux nomades araméens. La victoire fut complète.

L'Assyrie, dans un premier temps, s'installe dans sa nouvelle puissance, assimilant ses conquêtes. Il semble que, dans les domaines culturel et religieux, Babylone ait exercé une influence certaine sur les Assyriens : ainsi le culte de Mardouk, dieu national babylonien, fut accueilli à Ninive. Quelques dizaines d'années plus tard, l'Assyrie sera assez forte pour menacer dangereusement le Hatti et l'équilibre du monde oriental.

Les peuples achéens et le destin de Troie

Au troisième millénaire av. J.-C., prospérait, dans la Méditerranée orientale, une civilisation dite égéenne, rayonnant autour de la Crète, mais qui fleurissait aussi dans les Cyclades (dans l'île de Melos notamment, où de riches gisements d'obsidienne furent très tôt exploités) et à Chypre, aux ressources plus variées (des forêts, qui couvraient deux chaînes de montagne, une grande plaine à blé, et d'importantes mines de cuivre, si abondant qu'il a donné son nom à l'île) ; dans les textes égyptiens, Chypre est appelée *Alasia*.

Vers l'an 2000, cette civilisation, créée par des « hommes des îles », appartenant à une race que l'on qualifie du terme général de « méditerranéenne », est en plein essor. En Crète on construit alors les palais de Cnossos, Phaistos et Mallia ; après leur destruction, vers 1700, soit par un tremblement de terre, soit à la suite de ravages causés par des peuples ennemis (?), on les reconstruisit, et la période suivante (qui correspond au début de la XVIIIe dynastie égyptienne) marque une apogée dans l'histoire de l'île. C'est le temps où le roi Minos (le divin fils, selon la légende, de Zeus et d'Europe) fonde la « thalassocratie égéenne », établissant, vraisemblablement, sa domination politique sur les îles et plaçant ses fils à la tête de colonies qu'il installe dans les Cyclades. Agriculture, élevage, pêche, métallurgie contribuent à la richesse de la Crète, dont l'activité commerciale, au carrefour des pays d'Afrique, d'Asie et d'Europe, est intense.

La civilisation crétoise (ou « minoenne ») se répand alors dans toute la Méditerranée orientale et dans le Péloponnèse ; elle exerce une influence heureuse, civilisatrice, sur la Grèce, pays jusqu'alors demeuré pauvre et arriéré, parcouru par des migrations d'Indo-Européens qui, peu à peu, se fixent et s'installent dans le pays.

A partir du XVIe siècle, certains de ces peuples, les Achéens, s'établissent dans la région d'Argos, au nord-est

du Péloponnèse ; ils seront plus tard un élément constituant du peuple grec. Les Achéens subirent d'abord la
domination spirituelle et culturelle de la Crète, alors en
pleine prospérité.

Mais, guerriers vaillants, les Achéens, vers 1400 av.
J.-C. (durant le règne d'Aménophis III), attaquent la
Crète, surprennent et détruisent la prestigieuse métropole
de Cnossos, ravagent les palais de Phaistos et Hagia
Triada. Une nouvelle civilisation naît alors, dont les centres principaux se trouvent à Tirynthe et surtout Mycènes,
mais s'étend aussi à Sparte, Pylos, Thèbes de Béotie et à
l'île de Rhodes.

Cette civilisation mycénienne doit beaucoup à la Crète,
dont les Achéens exploitèrent l'héritage artistique,
culturel et religieux ; mais certains caractères, particuliers
à ce peuple nouveau, marquent aussi la société nouvelle
qui s'élabore : un aspect plus belliqueux et militaire, qui
transforme les palais minoens en forteresses prêtes à la
défense, et fait que les sépultures contiennent des armes et
des équipements guerriers. Pas de gouvernement central,
pas de royaume unique, mais des princes indépendants,
rivaux, souvent, les uns des autres, violents, déployant
leur énergie dans la chasse ou la rapine. A l'école de la
Crète, les Achéens assurent un large essor au commerce,
construisant des routes et des ports. Il s'ensuit une prospérité, qui a son origine à la fois dans la guerre, le pillage
mais aussi les échanges commerciaux ; nul site archéologique n'a livré autant d'or que Mycènes.

Commerçants entreprenants, les Achéens semblent
avoir été particulièrement attirés par les richesses de l'Hellespont, ses ports et ses populations de marchands. Il n'est
pas impossible que, peu après 1400 (au temps, encore, du
règne d'Aménophis III), à l'époque où Thésée réalisait le
synoecisme athénien, l'expédition des Argonautes ait été
une première tentative, faite par les gens de Mycènes,
pour étendre leurs navigations vers le Pont Euxin et
s'ouvrir l'accès de l'or de la Colchide. Mais Troie veillait,
et les aventuriers achéens durent regagner leur pays.

Il semble, en tout cas, que les habitants de Mycènes, entrés en rapport avec les peuples du littoral de l'Asie Mineure, aient établi, peut-être, des comptoirs à Éphèse, Milet et Colophon, notamment. C'est le moment où les Hittites, conscients du nouveau danger que constituaient les Achéens, et désireux d'empêcher leur mainmise sur la côte, groupent autour d'eux, par une série de traités, les Troyens, les Mysiens, les Dardaniens, les Lyciens, et obtiennent qu'ils leurs fournissent des contingents militaires. Les rois du Hatti furent des chefs intelligents et lucides, conscients des intérêts de leur vaste Empire, le protégeant par des États-tampons : le Mitanni du côté de l'Assyrie, les peuples de la côte du côté des Achéens.

Au nord-ouest de l'Asie Mineure, le port de Troie, qui commande l'accès des Détroits et permet (ou interdit !) le passage de la mer Noire à la mer Égée, a toujours eu une importance commerciale prépondérante.

Dès 2400 av. J.-C. (sous le premier royaume égyptien) Troie, d'abord simple bourgade de pêcheurs, et déjà détruite une première fois, vers l'an 3000, semble-t-il, devient une grande cité, vite enrichie grâce aux péages qu'elle perçoit et à l'escale qu'elle fournit aux navires marchands.

Peut-être ravagée une seconde fois, au moment des migrations indo-européennes de l'an 2000, elle fut reconstruite et semble, ensuite, avoir attiré la cupidité des souverains atrides. Sous Ramsès II, vers 1290, Agamemnon, ses princes et sa flotte, tenteront l'aventure, la guerre de Troie aura lieu. Mais Troie, détruite à nouveau, renaîtra encore, car le site qu'elle occupe est primordial pour le commerce de transit.

Les routes du Croissant Fertile et les grands marchés mondiaux : de la Mésopotamie à la Phénicie

Si les ports, dans le monde des échanges, jouent un rôle important, celui des cités des sables l'est tout autant.

Le long cheminement des caravanes à travers les déserts transportait lentement — à dos d'ânes [56] — les richesses de la Mésopotamie jusqu'à la Méditerranée, les trésors des pays d'Arabie jusqu'aux rivages phéniciens, apportant aussi à l'Égypte, depuis le lointain Afghanistan, le véritable et précieux lapis-lazuli.

Une grande voie de transit s'établit ainsi très anciennement : on remontait le long du fleuve Euphrate, par Babylone et Mari (ville brûlée par Hammourabi vers 1900 av. J.-C.) ; on traversait le désert de Haute Syrie (Alep était un relais important) ; ayant emporté l'eau et les vivres nécessaires à la longue traversée, chaque nuit on bivouaquait ; et les jours passaient, au petit trot des bêtes précieusement chargées. Parvenues au golfe d'Alexandrette, les caravanes voyaient deux routes s'offrir à elles : elles pouvaient ou bien aller vers le Nord, franchir les portes ciliciennes à travers le Taurus, jusqu'en Hatti — ou bien descendre vers le Sud, le long de la Méditerranée et de la côte phénicienne, jusqu'en Égypte. La forme en arc de cette grande voie antique lui a fait donner le nom de Croissant Fertile. Des pistes secondaires sillonnaient aussi les pays de Canaan et du Retenou.

On comprend mieux l'importance, non seulement des ports phéniciens mais aussi de ces villes des sables, petites principautés, souvent, grands caravansérails et postes stratégiques, que ne cessent de se disputer les grandes puissances d'alors et sur la possession desquelles les Thoutmosides avaient fondé la force et la richesse de leur Empire : Megiddo (point d'arrivée des routes caravanières venant de l'Arabie et relais de pistes conduisant vers l'Euphrate), Damas (sur la voie qui relie les ports phéniciens à Babylone), Tounip, Kadesh, Palmyre, Alep et Kharkhémish, sur l'Euphrate (nœud de routes venant de la Méditerranée et de l'Asie Mineure et conduisant aux pays mésopotamiens).

C'est en Phénicie qu'aboutissaient la plupart de ces chemins du désert. La Phénicie, bien sûr, était le grand marché mondial d'alors ; dans ses villes portuaires s'amas-

saient les produits de toute sorte venant de l'Orient, de
l'Afrique et de la Méditerranée ; là se faisaient des
échanges fructueux, où dominait le troc ; dans ces mar-
chés orientaux les conciliabules et les palabres devaient
être longs et acharnés, la vie grouillante et animée.

Ougarit, notamment, au Nord (l'actuelle Ras-Shamra,
sur le site de laquelle d'importantes fouilles ont été effectuées), était une cité cosmopolite et riche ; elle possédait,
en fait, quatre ports : Ougarit même (l'actuel Minet el Bei-
dha, le « Port Blanc »), baie magnifique, capable
d'accueillir des voiliers de fort tonnage, et quatre anses
plus petites situées au Sud. Ougarit recevait les navires
venant de Crète, de Chypre ou de Cilicie, faisant ainsi le
lien entre l'Égée et le Levant ; la ville était le point d'abou-
tissement de la route caravanière menant à Alep et rejoi-
gnant ensuite l'Euphrate et Kharhémish ; elle avait une
activité industrielle, exportant des armes et des vaisselles
de bronze, des vêtements de lin et de laine, des amphores
d'huile d'olive et de vin, des parfums et des onguents placés dans des pots d'ivoire ou d'albâtre façonnés suivant
les modèles égyptiens. Ougarit, c'était aussi une plaine
côtière fertile, bordée de collines couvertes d'oliviers et de
vignes ; puis venaient les montagnes aux épaisses forêts,
où paissaient de grands troupeaux de moutons et de chèvres. Paysage et activités analogues devaient se retrouver à
Byblos (où accostaient les voiliers venus d'Égypte) et à
Tyr. Ougarit était administrée par un prince marchand, un
prince banquier (prêteur, et peut-être usurier), un chef
commandant une armée et surtout une marine importantes, mais aussi un homme cultivé, qui avait rassemblé
autour de lui de nombreux écrivains et disposait d'une
bibliothèque contenant des milliers de tablettes d'argile
écrites en des langues diverses. Les fouilles ont permis de
retrouver quelques milliers de ces tablettes, dans des édifices publics et privés ; certaines présentent des *memo-
randa* de marchands ou de citoyens (en matière d'administration domestique notamment) ou des listes de villes
payant tribut à Ougarit ; d'autres étaient des archives

diplomatiques rédigées en akkadien (la langue internationale de l'époque) ; de grandes tablettes, enfin, écrites en dialecte d'Ougarit, contenaient des textes mythologiques et liturgiques.

Qui avait pouvoir sur la Phénicie détenait puissance et richesse en Asie.

Deux pays y prétendaient : l'Égypte, qui voulait sauvegarder son hégémonie traditionnelle sur ces régions et le Hatti, qui avait conquis le Nord de l'actuelle Syrie et s'étendait maintenant jusqu'aux limites septentrionales du pays phénicien.

La rivalité entre l'Égypte et le Hatti, en cette fin du XIVe siècle av. J.-C., devait, inévitablement, conduire à la guerre.

Mais l'Égypte est désormais gouvernée par des souverains militaires, qui sauront, avec intelligence et courage, maîtriser la situation en Asie, tandis que les régions africaines, solidement dominées, demeureront relativement calmes.

CHAPITRE II

Guerres et épopées

A. — Les Ramsès au pouvoir — Ramsès Ier

Vers 1314 av. J.-C., Ramsès Ier, choisi par Horemheb, est intronisé ; il régnera seulement pendant deux ans sur l'Égypte, premier d'une longue lignée de dynastes guerriers.

Origine

Il était vraisemblablement vizir, commandant de l'armée et chef religieux sous Horemheb. Disposant d'un pouvoir étendu, il n'était pourtant pas homme de grande noblesse, mais un militaire, essentiellement, comme ses ancêtres. Ce choix prouve la grande lucidité politique d'Horemheb qui comprit que, dans les circonstances d'alors, seul un chef guerrier pouvait préserver ce qui demeurait de l'Empire d'Égypte et ruiner les ambitions du Hatti.

Cette origine de Ramsès Ier a posé des problèmes aux égyptologues. Mais, en mars 1913, l'archéologue français Legrain, lors des travaux de dégagement de la voie qui, à Karnak, mène du temple d'Amon à celui de Mout, découvrit, au pied du colosse d'Horemheb, près du Xe pylône, deux statues de granit gris (de 1,25 m de hauteur) représentant un haut fonctionnaire dans la pose du scribe[1] ; l'une était dédiée au « prince dans le pays entier, maire de la ville, vizir, Paramsès, qu'a engendré le chef des archers Séthi ». L'inscription sculptée sur le pagne tendu sur les genoux complète ainsi ces titres : « chef des archers, intendant des chevaux, chef du sceau, charrier de Sa Majesté, messager royal vers tout pays étranger, scribe royal, commandant de l'armée du Seigneur du Double Pays, chef des prêtres de tous les dieux, lieutenant de Sa Majesté en Haute et Basse Égypte, commandant les bouches du Nil, noble, maire de la ville, vizir, Paramsès ».

Il ne semble plus faire de doute, maintenant, que ce puissant personnage, chargé de dignités et d'honneurs, n'ait été le futur Ramsès Ier. D'autant que la plupart de ces titres seront aussi ceux de son fils Séthi (le futur Séthi Ier).

Deux sarcophages, provenant de Medinet Habou et de Gourob (usurpés ensuite par le prince Nebouben) ont également appartenu à Ramsès, avant son accession au trône, en tant que « lieutenant de Sa Majesté en Haute et Basse Égypte »[2].

La famille de Ramsès

Son père, Séthi, nommé dans l'inscription des statues de Karnak, était donc, également, un militaire, « chef des archers », l'un des corps d'élite de l'armée égyptienne.

Ce Séthi est aussi connu grâce à une stèle (conservée à l'Oriental Institute de l'Université de Chicago), sur laquelle sont représentés trois personnages, sculptés en haut-relief à l'intérieur d'une niche peu profonde — personnages auxquels des serviteurs déférents, placés de part et d'autre, apportent une offrande[3] : l'inscription qui concerne le personnage central nomme « l'Osiris, chef des

archers du Seigneur du Double Pays, Souty » (ou Séthi) ;
celui-ci est flanqué, à droite, de son épouse et, à gauche,
de son frère : « son frère bien-aimé, porte-étendard de la
Suite (royale), Khâemouaset » (c'est-à-dire « Celui qui se
lève rayonnant dans Thèbes », nom fréquemment porté,
par la suite, dans la famille des Ramsès). Ce frère figure
également dans un groupe statuaire découvert à Kawa, au
Soudan (entre la troisième et la quatrième cataracte du
Nil), et datant du règne de Toutankhamon : il y est appelé
« porte-étendard à la droite du roi, chef des archers du
pays de Koush ». La famille ramesside est donc, traditionnellement, une famille de militaires.

Elle était originaire de l'est du Delta, de la ville de
Tanis, située aux marches de l'Asie — origine qui a pu
influer sur certains aspects de la politique ramesside. Cela
explique aussi la fréquence du nom Séthi dans la famille :
« celui qui appartient à Seth », dieu particulièrement
honoré dans la partie orientale de la Basse Égypte. On sait
également, grâce à une stèle datée de Ramsès II, et découverte à Tanis même, que, avant même son avènement, le
vizir Paramsès avait envoyé son fils Séthi rendre hommage à Seth, en sa ville [4].

Durant ses deux ans de règne, Ramsès Ier maintint
l'ordre rétabli par Horemheb. On possède peu de documents sur cette brève période, mais elle apparaît, en plusieurs domaines, comme le prélude de la grande politique
ramesside, déjà pressentie, semble-t-il, par le fondateur de
la dynastie.

Ramsès Ier et les dieux

La titulature adoptée par Ramsès I insiste sur les liens
de la monarchie avec les dieux ; elle ne présente pas
encore cet aspect guerrier triomphant, caractéristique de
celle de ses successeurs :

Horus : taureau puissant, à la verte royauté [5].

Les deux Maîtresses : celui qui apparaît en roi à l'égal d'Atoum.

Horus d'or : celui qui affermit la Vérité et la Justice à travers le pays-aux-deux-rives.

Roi de Haute et Basse Égypte : que la puissance de Rê demeure !

Fils de Rê : Ramsès (« c'est Rê qui l'a mis au monde »).

Amon a été rétabli dans ses prérogatives et Ramsès Ier commence la construction de la plus grande des salles hypostyles, celle de Karnak, entre le deuxième et le troisième pylône du grand temple d'Amon-Rê.

Mais il semble que, manifestant peut-être la même méfiance qu'Horemheb à l'égard du clergé d'Amon, il ait voulu donner une place importante, également, aux croyances héliopolitaines et memphites :

— sur une stèle trouvée au Sinaï, il est appelé : « le dieu parfait, fils d'Amon, qu'a mis au monde Mout, maîtresse du ciel, pour gouverner tout ce qu'encercle le disque solaire *(aton)*[6] » ;

— sur une stèle découverte à Bouhen, au Soudan, et datée de l'an 2 du règne, il est « celui qui se lève rayonnant sur le trône d'Horus des vivants, semblable à son père Rê chaque jour »[7].

Le lien qui unit le roi et l'ensemble des dieux du pays s'affirme. Sur cette même stèle de Bouhen on lit :

Sa Majesté était dans la ville de Memphis, accomplissant la louange rituelle pour son père Amon-Rê, pour Ptah-qui-est-au-sud-de-son-mur, seigneur de la vie du Double Pays, et pour tous les dieux du Pays bien-aimé, de même que ces divinités lui accordent la vaillance et la force ; ainsi toutes les terres, d'un seul cœur, sont unies pour honorer son *ka.* »

Ramsès Ier s'est préoccupé, aussi, du développement des cultes en Nubie ; sur l'une des stèles provenant de Bouhen il est dit :

« Sa Majesté ordonna que soient déposées durablement

des offrandes pour son père Min-Amon, qui réside à Bouhen, dans son temple » ;

— suit une liste des offrandes et des prêtres qui doivent les accomplir.

La « montée vers le Nord »

Il semble que Ramsès Ier ait voulu accentuer le rôle de la ville de Memphis, l'ancienne capitale ; il a peut-être aussi établi sa résidence d'été à Tanis, la ville dont sa famille était originaire.

Il amorce ainsi ce mouvement de « montée vers le Nord », qui sera un des principes de la politique des Ramsès. Le pouvoir des rois prenait ainsi quelque distance par rapport à celui des clercs thébains. D'autre part, Pharaon se rapprochait de son Empire d'Asie ; l'installation de bases militaires dans le Delta permettra des mouvements de troupes plus rapides lors des inévitables conflits.

Père et fils ou la co-régence

Clairvoyant, Ramsès Ier associa son fils Séthi à son pouvoir, le désignant ainsi, dès sa petite enfance, comme son successeur. Plusieurs documents sont, à cet égard, révélateurs.

Sur une grande stèle dédiée à Ramsès Ier dans le temple d'Abydos, Séthi proclame :

« Je suis un fils bénéfique pour celui qui l'a mis au monde, un fils qui fait vivre (le nom de son père)... Je me suis toujours réjoui d'accomplir ce qu'il disait ; je ne commandais que pour agir selon ce qu'il désirait, jusqu'au moment où viendrait le temps de mon pouvoir. Dès que je sortis du ventre (de ma mère), tel un véritable taureau [8], je fus mêlé à ses desseins et à ses enseignements ; il était un soleil rayonnant, et moi j'étais dans sa main comme une étoile. Alors, je soumets pour lui les terres des Phéniciens, pour lui je fais que s'en retournent les ennemis dans les pays étrangers ; je protège l'Égypte pour lui, selon son désir. Je maintiens pour lui sa royauté, tel Horus sur le trône d'Osiris ; pour lui, chaque jour, je choisis la Vérité-Justice et la porte, reposant sur ma poitrine. Je veille sur ses soldats, leur communiquant une volonté unique. Je fis une enquête, pour lui, sur les affaires du Double Pays. Pour lui j'agis vaillamment, protégeant son corps en des pays étrangers dont (jusqu'alors) on ignorait le nom ; j'agis en héros, afin que ses yeux découvrent ma perfection. Et, lorsqu'il eut rejoint la Région Supérieure, je me levai sur son trône[9]. »

Ainsi le prince héritier Séthi fut initié très tôt à la gestion des affaire de l'État et dut même mener vaillamment, à l'étranger, quelques campagnes militaires, mais en demeurant sous les ordres de son père, le roi.

Une base de statue en grès clair, récemment « découverte » dans les caves de l'Institut français d'archéologie orientale du Caire[10], confirme ces faits. Sur le socle, on voit les traces de deux statues placées côte à côte, celles de Ramsès Ier et de Séthi Ier. L'inscription se lit :

« Que vive le dieu parfait, le semblable de Rê, qui illumine le Double Pays comme le dieu de l'horizon, le roi de Haute et Basse Égypte, prince de la joie, le Seigneur du Double Pays, Ramsès, doué de vie.

Que vive le dieu parfait, étoile pour la terre, dont l'apparition en gloire redonne vie à tous les hommes, le roi de Haute et Basse Égypte, prince des Neuf Arcs, le Seigneur du Double Pays, Men-maât-rê, doué de vie. »

Père et fils sont ici, tant par l'image que par le texte, placés sur un pied d'égalité. C'est seulement dans son aspect et dans sa titulature que Séthi fait figure de prince héritier : il est l'étoile de la terre, au rayonnement moindre que celui de l'astre du ciel, et il est simplement désigné par son « prénom », et non pas encore par son nom de couronnement.

Mais ce monument, comme le texte précédent, nous autorise à penser, sans que demeure d'ambiguïté, à une corégence dans laquelle Ramsès Ier, naturellement, aurait tenu le rôle principal.

Le fait sera commun chez les Ramsès. C'est peut-être là un nouveau témoignage de la méfiance ressentie à l'égard du clergé d'Amon, qui, dans le passé, avait été parfois trop intimement mêlé aux affaires de la succession royale.

Soleil et étoile, selon les conceptions cosmiques hélio-politaines, père et fils royaux sont également assimilés à Osiris et Horus, symboles de la piété filiale et de la continuité dynastique. Une autre allusion est faite à cette volontaire *confusion* dans une peinture de la tombe thébaine de Ramsès Ier, dans la Vallée des Rois (tombe no 16)[11] : Ramsès est représenté entre Horus (coiffé du pschent) et Anubis, l'un et l'autre tenant par la main le roi mort et ressuscité ; au-dessus des figures du roi et d'Horus courent les légendes suivantes :

> « L'Osiris roi de Haute et Basse Égypte, Men-pehty-rê, le fils de Rê, Ramsès, juste de voix auprès d'Osiris.
> Paroles dites par Horus, fils d'Isis et dieu grand, qui réside dans le Pays-du-Silence : " Il établit son fils, le Seigneur du Double Pays, sur le trône de son père Osiris. " »

En 1312 av. J.-C., à la mort du premier des Ramsès, Séthi Ier monta donc sans difficulté sur le trône d'Égypte.

B. — L'ARMÉE-DES-VICTOIRES

La situation en Asie, nous l'avons vu, était alors fort menaçante.

Ramsès Ier, déjà, conscient des dangers extérieurs, avait modifié l'organisation de l'armée, que Séthi Ier va s'atta-

cher à développer dès les premiers moments de son règne.
L'armée, en effet, va devenir désormais l'instrument
essentiel de la puissance politique égyptienne — cette
« armée-des-victoires », ainsi que Thoutmosis III avait
nommé les régiments de vétérans qui l'avaient suivi dans
toutes ses campagnes triomphantes.

Carrière militaire et légions étrangères

Il fallut, dès le second millénaire, constituer un corps de
militaires de carrière, pour assurer la garde aux frontières,
aux embouchures du Nil, dans les forteresses de Nubie, et
placer quelques garnisons dans les villes asiatiques
d'importance stratégique.

Le roi, qui choisissait ses officiers parmi les hommes
dont il avait remarqué la vaillance, leur accordait des
terres (prélevées souvent sur les domaines de la couronne), une pension et une part du butin conquis sur
l'ennemi (notamment les « prisonniers vivants ») leur était
attribuée. Ainsi va se former peu à peu une nouvelle
classe sociale, bien pourvue de richesses et dans la grâce
du roi, dont, un jour prochain, elle contribuera à menacer
le pouvoir.

Le système ancien des recrues, levées localement (dans
chaque nome), suivant un certain pourcentage par famille,
fut continué et développé. L'administration militaire,
après avoir établi la quantité du contingent nécessaire
pour chaque campagne, déterminait combien de recrues
devait fournir chaque famille ; des exemptions semblent
avoir été prévues pour les familles nombreuses.

En plus de ces militaires de carrière et de ces conscrits,
l'armée égyptienne disposait de nombreux corps de mercenaires, légions étrangères, constituées « au moyen des
meilleurs parmi les captifs que Sa Majesté avait faits sur
le champ de bataille », et cela depuis Thoutmosis III,
semble-t-il. Au fur et à mesure des victoires ces légions

s'accroîtront en nombre ; les mercenaires qui prendront le plus d'importance sont les Shardanes, originaires du pays de Sardes, en Asie Mineure, et déjà immigrés sur la côte phénicienne. Mais toutes les terres de l'Empire, tant africaines qu'asiatiques, y contribueront.

L'infanterie et les chars

L'armée de terre, jusqu'à Horemheb, comprenait deux grands corps (selon le principe de la dualité, fondamental pour tout élément de la gestion égyptienne), l'un venant de la Haute Égypte, l'autre de la Basse Égypte. Ramsès Ier ou Séthi Ier en établirent trois, placés sous le patronage des grands dieux de la vallée du Nil : Amon, Rê, Ptah. Ramsès II développera un quatrième corps d'armée, patronné par le dieu Seth, dieu de sa ville d'origine, mais aussi divinité semi-asiatique.

L'infanterie était constituée par des compagnies de 200 hommes, menées par un porte-enseigne. Chaque compagnie était subdivisée en quatre sections de 50 hommes chacune, portant des noms orgueilleux : « Aménophis illumine comme le disque solaire » — « Puissant est le bras de Ramsès ». Une infanterie légère comprenait les archers, soldats d'élite, souvent d'origine nubienne ; les gens d'Afrique étaient renommés pour leur habileté au tir à l'arc ; les Égyptiens désignaient d'ailleurs la Nubie par le nom de *Ta-Seti* : « le pays de la flèche ».

Pendant longtemps — un millénaire et demi — l'armée de terre n'avait été composée que d'une infanterie, mais, depuis l'invasion des Hyksos, une seconde arme avait fait son apparition, la charrerie.

Lorsque les Hyksos, au XVIIIe siècle av. J.-C., pénétrèrent dans le Delta, ils semblent bien n'avoir été encore que de simples fantassins. L'usage du cheval et du char de guerre paraît avoir été, en fait, répandu par les Indo-Européens, à partir du XVIIe siècle, et c'est seulement à la fin de la domination des Hyksos, vers 1600 av. J.-C., que les Égyptiens les adoptèrent.

Le cheval, dont on ne se servit pas pour la monte en Égypte, mais uniquement attelé à des chars, était très apprécié et admiré ; parmi les noms qui lui furent donnés, l'un le désigne comme étant *« nefer »*, « le beau » ; dans les représentations il est parfois peint en rose, couleur nouvelle, jugée précieuse, et que l'on attribuait, suivant le mode impressionniste égyptien, à ce que l'on trouvait particulièrement remarquable ou agréable à contempler : le cheval, donc, parfois aussi les papillons, ou la peau des jolies femmes.

Le char était formé d'une *coquille,* montée sur deux roues, faite de bois, parfois recouvert de cuir ou de métal. Il était tiré par deux coursiers et monté par deux hommes : l'aurige et le combattant, redoutablement armé. Pharaon est souvent seul sur son char ; les rênes alors ceignent ses reins et il dirige les chevaux par des mouvements habiles des hanches.

La charrerie est l'arme d'élite ; elle est divisée en escadrons de 25 chars, chacun d'eux conduit par un « charrier de la Résidence ». Le « lieutenant de la charrerie » commandait l'ensemble de l'arme, administrée, en outre, par un « chef des chevaux » ou « chef des écuries royales ». Les charriers, considérés comme l'élite des militaires, recevaient la même formation savante que les scribes.

L'apparition des chars, nouvelle arme de choc, modifia la tactique en campagne. Désormais, lors d'un engagement, on lançait d'abord les chars, au grand galop des chevaux, contre l'ennemi ; les archers suivaient, criblant celui-ci de flèches ; venaient ensuite les fantassins, soit pour occuper le terrain conquis, soit pour arrêter l'adversaire si le premier choc avait été repoussé, en attendant le regroupement et une seconde charge de la charrerie. Lorsque l'ennemi s'enfuyait, les chars le poursuivaient ; ainsi, devant le char de Pharaon, sur les bas-reliefs et les peintures, on voit débouler les adversaires vaincus, de la même manière que les animaux abattus lors d'une chasse ; la guerre étant ressentie comme une grande chasse à l'homme, les moyens mis en œuvre pour vaincre étaient les mêmes.

L'armement offensif s'était développé. L'arc et les flèches demeuraient l'arme essentielle, mais les guerriers égyptiens étaient aussi solidement armés de javelots, de lances, d'épées, de poignards, de haches, voire de massues — tout ce qui peut couper, percer, frapper ou assommer. A cela s'ajoutait l'efficacité propre aux légions étrangères, chaque peuple conservant ses armes particulières : matraques de bois dur pour les Nubiens, glaive long pour les Shardanes aux casques à cornes, large épée plate pour les Philistins dont la tête portait une coiffure végétale ; la variété comme la multiplicité des moyens offensifs, en surprenant l'ennemi, devait rendre l'attaque plus efficace et la parade plus difficile.

L'armement défensif s'était modifié. Au tablier triangulaire fait de cuir, et accroché devant le pagne, se substitua progressivement une chemise de tissu ou de cuir couverte d'écailles métalliques. Mais les guerriers, sauf les mercenaires shardanes, ne portèrent pas de casque avant le premier millénaire.

Le chef de guerre était Pharaon, qui établissait le plan de la bataille, en discutant parfois avec ses officiers d'état-major et qui, seul en tête, conduisait ses soldats à la victoire. Le vizir était le chef de l'administration militaire, répartie en circonscriptions provinciales, et c'est à lui que les chefs des garnisons venaient régulièrement rendre des comptes.

Les « vaisseaux-du-roi »

La marine de Pharaon va désormais jouer un rôle aussi important que celui de l'armée de terre pour la défense de l'Empire ; sous Ramsès III elle combattra dans les bouches même du Nil, « mur de fer et de feu ».

Les marins devaient surtout être recrutés parmi la popu-

lation du Delta, très tôt familière avec la mer — nommée
la Très-Verte (qu'il s'agisse de la Méditerranée aux couleurs azurées, ou de la mer Rouge : le *vert* ayant ici une
valeur symbolique ; c'est la couleur de la végétation qui
jamais ne meurt et toujours se renouvelle, comme les
vagues marines qui, sans cesse, reviennent vers le rivage).
Memphis va devenir une base navale très importante.

Les « vaisseaux-du-roi » étaient de grands voiliers,
menés par un rang de rameurs (parfois deux), qui sou-
quaient en chantant, à bâbord et à tribord. Ces navires,
œuvrés le plus souvent en conifères du Liban, pouvaient
atteindre 60 mètres de long. Sur le Nil, ou la Très-Verte,
ils glissaient, filaient ou cabotaient au gré du vent qui gon-
flait la large voile de forme trapézoïdale, soutenue par
deux vergues, hissée sur un mât double ou simple (généralement escamotable) et commandée de l'arrière par deux
drisses ; la gouverne du navire était assurée soit par un
seul aviron de queue soit par deux grandes et larges rames
placées de part et d'autre de la poupe, montées sur une
fourche et jouant à la manière de leviers : le pilote soule-
vait l'une ou l'autre à l'aide d'une corde.

Mais nous ne savons rien sur l'installation intérieure
des bateaux ; en effet nous ne connaissons ceux-ci que
d'après les représentations figurées et les *modèles* égyptiens (en bois) ou phéniciens (en argile) — mais il ne s'agit
pas là de « modèles réduits » ; nous ne voyons que l'organisation d'ensemble et l'allure générale.

Les Égyptiens furent de hardis marins qui, dès la très
haute époque, coururent les mers, bien avant les Phéniciens — à qui ils apprirent, notamment, à ponter les
bateaux.

Des portes du Levant à la Somalie, du Soudan à l'Égée,
de grands chalands, à blé, à pierre, des transporteurs
lourds et trapus véhiculaient matériaux, marchandises et
produits précieux. Doublant ces chemins commerciaux,
Thoutmosis III, le premier, établit, pour le transport des
troupes, une véritable *voie impériale,* entre Memphis et les
ports du rivage phénicien ; là, des navires-combattants,

des bateaux-écuries et des bateaux-étables acheminaient les vaillants guerriers de l'Empire, leur équipement et leur intendance.

Le « personnage » du soldat

Le fantassin

Les Égyptiens aimaient la paix et les jours calmes. Ils durent se battre pour défendre leur patrie, et ils le firent courageusement. Mais le sort du soldat prête souvent, dans les textes, à la satire.

Ainsi, dans une lettre datant de l'époque des Ramsès, un scribe écrit à un collègue :

« Que signifie ce que tu dis : " Il est plus doux d'être soldat que d'être scribe ? "

Viens, je vais te raconter ce qu'il en est de l'état du soldat, si souvent rossé. Il est emmené alors qu'il est encore un jeune enfant et enfermé dans des baraquements ; un coup brûlant est asséné sur son corps, un autre sur ses sourcils, cependant que sa tête est fendue par une blessure ; puis il est étendu sur le sol et battu comme papyrus ; alors il est meurtri et brisé.

Venons-en à sa marche vers la Syrie, à sa marche sur les montagnes ; il porte ses aliments et son eau sur ses épaules, telle la charge d'un âne ; cela fait son cou raide comme celui de l'animal, et les vertèbres de son dos sont courbes. Il boit de l'eau saumâtre, et il n'est délivré de son fardeau que pour monter la garde. Quand il approche de l'ennemi, il est comme une volaille déjà saisie.

Quand arrive le moment de revenir en Égypte, il est semblable à un morceau de bois que les vers ont mangé ; il est malade et doit s'allonger ; alors on le ramène sur un âne [sort infâmant pour un Égyptien !], tandis que ses vêtements sont volés et que son serviteur s'enfuit.

O scribe Inana, détourne-toi donc de la pensée selon laquelle il serait plus doux d'être soldat que d'être scribe [12]. »

Satire plaisante sur fond de vérité ? Plutôt exercice de style pour une apologie du métier de scribe et, surtout, dégoût de la guerre.

Le marin

Les Égyptiens étaient alors depuis longtemps (plus de deux millénaires) bateliers et gens de mer ; ils avaient l'orgueil des peuples marins, fiers de leurs connaissances et de leur instinct du vent et des brises, assurés devant les dangers.

Dans un conte datant du début du deuxième millénaire[13], une expédition s'aventure sur la mer Rouge :

> « Je descendis sur la Très Verte dans un navire mesurant 120 coudées de long et 40 coudées de large ; son équipage était constitué par 120 marins, l'élite de l'Égypte. Qu'ils voient seulement le ciel ou qu'ils aperçoivent la terre, leur cœur était plus hardi que celui des lions ; ils savaient annoncer une tempête avant qu'elle n'arrive ou un orage avant qu'il ne survienne. »

Certes, le naufrage eut lieu — mais que peut-on faire contre une vague de plus de quatre mètres ?

C. — SÉTHI Ier RESTAURE L'EMPIRE

Horus : taureau puissant, qui se lève rayonnant dans Thèbes et qui fait revivre le Double Pays.
Les deux Maîtresses : celui de la renaissance, dont le bras vaillant repousse les Neuf Arcs.
Horus d'or : celui d'un nouveau lever radieux, dont les arcs l'emportent dans tous les pays.
Roi de Haute et Basse Égypte : Menmaâtré (« Que demeure la justice de Rê ! »).
Fils de Rê : Séthi, aimé de Ptah.

Séthi monta sur le trône vers 1312, et régna environ seize ans, jusque vers 1296 av. J.-C.

Le nouveau roi, aux termes de la titulature formulée le jour de son couronnement, doit donc ouvrir une ère nouvelle, correspondant à une renaissance de l'Empire d'Égypte.

Ère nouvelle, il est vrai, puisque son avènement coïncide peut-être avec une nouvelle période sothiaque [14]. Les textes de deux inscriptions, l'une trouvée à Nauri, en Nubie, l'autre au Speos Artemidos, en Moyenne Égypte, qualifient l'an I du règne de « commencement de l'éternité ». Peut-être est-ce le début d'une période sothiaque qui est ainsi définie, ou est-ce simple flatterie à l'égard du nouveau monarque ? — la deuxième hypothèse paraît la moins probable. La venue d'une nouvelle *période sothiaque* est un fait important ; l'année civile égyptienne débutait le 19 juillet, sous le parallèle de Memphis, car, ce jour-là, se produisaient deux événements remarquables que les Égyptiens avaient liés : l'arrivée de la crue du Nil et le lever héliaque de Sothis. L'étoile Sothis (Sirius), après avoir été invisible pendant soixante-dix jours (période de sa conjonction avec le soleil) est à nouveau discernable, peu avant le lever de l'astre ; mais, l'année civile égyptienne ne comportant que 365 jours (la différence avec l'année réelle n'étant pas, comme dans le calendrier julien, compensée par des années bissextiles), se trouvait en retard d'un jour tous les quatre ans sur l'année solaire. Le premier jour de l'année civile ne coïncidait de nouveau avec l'année solaire que tous les 1 460 ans — période dite *sothiaque,* dont le commencement marquait, pour les Égyptiens, l'annonce de temps nouveaux. Le règne des Ramessides débutait donc sous les meilleurs auspices.

Les combats et les victoires en Asie

Dès l'an I de son règne, Séthi I se prépare à entrer en lutte contre les Hittites, rivaux menaçants. Il est « celui qui écrase tous les pays étrangers, qui *fend* leurs territoires durant toute saison sèche et toute saison de la germination[15] ».

Les Bédouins Shasou, au-delà de la frontière nord-orientale, s'agitaient et s'étaient emparés de vingt-trois villes fortes, peut-être, d'ailleurs, encouragés à la rébellion par Mouwatalli, roi du Hatti.

L'ensemble des campagnes de Séthi Ier est relaté, pour une grande part, par les textes et les bas-reliefs sculptés sur la partie extérieure du mur septentrional de la grande salle hypostyle de Karnak et sur le mur oriental de cette même salle : au nord, donc, et à l'est, en direction de l'Asie.

Séthi rassemble ses corps d'armée et s'engage sur la vieille route des conquérants : les *Chemins d'Horus* (l'Horus royal), qui franchit la frontière à El Kantara (*Tjarou*, en égyptien) et remonte en pays de Canaan, non loin du rivage méditerranéen. Prévoyant, Séthi Ier fait alors construire, auprès de chaque point d'eau dans le désert, une forteresse, où sera désormais cantonnée une garnison égyptienne.

« Celui qui établit ses frontières ainsi qu'il le désire, sans que son bras puisse être repoussé, le roi qui protège l'Égypte et qui brise les murailles des pays en rébellion[16] » a très vite raison de la révolte et reprend les vingt-trois villes fortes tombées aux mains de l'ennemi.

> « Alors les Shasou tombèrent, depuis le fort de Tjarou jusque Canaan. Sa Majesté s'était emparé d'eux, tel un lion sauvage, les transformant en cadavres à travers leurs vallées, abattus dans leur sang, devenus comme ceux qui n'ont jamais existé — cela, grâce à la puissance de son père Amon, qui lui avait assigné la vaillance et la force à l'encontre de chaque pays étranger[17]. »

Une nouvelle idéologie militaire apparaît ; Amon devient le dieu des batailles et des engagements sanglants, qui conduit son fils-roi à la victoire, en lui tendant sa hache de guerre.

Après qu'il eut pacifié Canaan, Séthi Ier, toujours en sa première année de règne, eut affaire à une coalition unissant les gens du royaume d'Amourrou aux Araméens, coalition à laquelle Mouwatalli n'était certainement pas étranger. Stratège avisé, Séthi Ier agit rapidement, avant que les coalisés aient pu faire leur jonction. Le texte d'une stèle égyptienne, trouvée à Beith-Shan, en Galilée, révèle que l'armée d'Amon s'empara de la ville de Hamath-de-Galilée, en même temps que celle de Rê capturait Beith-Shan, et celle de Seth, Yenoam [18]. La coalition était dissoute et le pays entier aux mains du roi d'Égypte.

Séthi, prudent, suivant la même politique que Thoutmosis III lors de sa première campagne asiatique, monte jusqu'à Tyr et soumet le Liban :

« Les grands chefs du Liban disent, en adorant le Seigneur du Double Pays et en exaltant sa puissance : " On te considère de même que ton père Rê et l'on vit de te voir [19]. " »

Il y eut ensuite un seul incident, relaté également sur la stèle découverte à Beith-Shan : les Apirou (les Hébreux) se seraient attaqués à la ville de Raham (vraisemblablement entre Beith-Shan et Yenoam) ; la victoire du roi d'Égypte est rapide.

Premières campagnes, premières victoires, qui rendent à l'Empire égyptien ses provinces asiatiques. Les textes et les bas-reliefs de Karnak décrivent les différents épisodes du retour triomphal de Pharaon et de son armée vers la patrie.

La joie du roi vainqueur :

« Il se réjouit au commencement du combat, il se plaît (à vaincre) celui qui s'est révolté contre lui, son cœur se satisfait de la vue du sang, tandis qu'il tranche les têtes des rebelles ; il aime le moment de l'écrasement plus qu'un jour de fête, lorsque, en une seule fois, il massacre les ennemis [20]. »

Ces accents guerriers sont bien nouveaux ; l'Égypte est entre les mains de souverains militaires qui, très éloignés de l'idéologie ancienne du monarque isolé dans sa grandeur et sa divinité, participent violemment à la défense de la patrie et de l'Empire. Les Ramsès ouvrent vraiment, dans l'histoire d'Égypte, une ère nouvelle.

Puis c'est, à nouveau, le long et lent cheminement de l'armée par les Chemins d'Horus, ramenant prisonniers et butin. A l'arrivée à Memphis, Séthi est accueilli par les dignitaires de la cour au complet :

« Les prêtres, les princes de Haute et Basse Égypte s'en viennent pour rendre hommage au dieu parfait, alors qu'il revient du pays de Retenou, chargé d'importants et abondants butins. " On n'avait jamais vu son pareil depuis le temps de Dieu [21] ", disent-ils en adorant Sa Majesté et en exaltant sa force : « Bienvenu, toi qui reviens des pays étrangers, qui as combattu et triomphé, terrassant tes ennemis. Ton temps de roi sera semblable à celui de Rê dans le ciel ; ton cœur, maintenant, est lisse ; c'est Rê qui a établi tes frontières et ses deux bras te protègent [22]. »

A Amon, dieu des batailles, succède, pour protéger le roi, Rê, dieu de la paix et des jours calmes. Il semble que, à cette époque, les deux éléments du complexe Amon-Rê (créé sept siècles auparavant par Amenemhat Ier) commencent à se différencier, chacun jouant un rôle particulier ; ainsi en sera-t-il durant la période ramesside.

— En ce jour où l'on fête la victoire, au milieu de la liesse populaire, les prisonniers accordent leur voix au concert général de louanges ; peut-être quelques chefs prudents font-ils ainsi leur soumission :

« Les chefs des pays étrangers qui jusqu'alors avaient ignoré l'Égypte [23] et que Sa Majesté avait rapportés de ses victoires sur le vil pays de Retenou, disent, en exaltant le Roi et en rendant hommage à ses triomphes : « Salut à toi ! Combien grand est ton nom et puissante ta force ! Les pays étrangers désormais se réjouissent d'agir sur ton eau[24]. Que soient paralysés ceux qui ont attaqué tes frontières et que ton *ka*[25] longtemps demeure ! Nous ne connaissions pas l'Égypte, nos pères n'en avaient point foulé le sol. Ah ! donne-nous maintenant les souffles de la vie[26]. " »

La fête se poursuit. Séthi manifeste alors sa reconnaissance envers Amon-Rê, en remettant à ses prêtres une part du butin et des prisonniers qui, désormais, serviront sur les domaines du dieu. Celui-ci adresse au roi un discours de remerciement (sans doute sortait-on la statue divine et quelque prêtre, alors, en son nom, parlait) :

« Paroles dites par Amon-Rê, maître des trônes du Double Pays : " O mon fils, né de mon corps, mon bien-aimé, Seigneur du Double Pays, j'ai placé la crainte de toi en chaque pays étranger, et maintenant ta massue blanche est au-dessus de la tête de leurs chefs[28] ; ils viennent à toi, tous ensemble, leurs dos chargés de présents, à cause des cris de guerre que tu as poussés[29]. " »

De retour à Thèbes, une stèle votive est également déposée dans le temple de Ptah, à Karnak (Ptah, qui va prendre, sous les Ramessides, une importance très grande) ; le texte célèbre l'union bénéfique du roi et d'Amon :

« Amon lui a a assigné la vaillance et la force ; il se place devant lui, le cœur joyeux, accomplissant des merveilles pour son fils et lui livrant la Haute et la Basse Égypte ainsi que l'Occident et l'Orient[30]. »

Dans le Proche-Orient, agité par les intrigues de Mouwatalli et les ambitions des principautés partagées entre les influences égyptienne et hittite, cette première campagne victorieuse de Pharaon ne mit pas un terme aux rivalités.

En l'an 3 ou 4 du règne (les documents que nous possédons ne sont pas datés d'une manière précise), Séthi Ier et son armée remontent à nouveau le long de la côte, jusqu'au pays d'Amourrou, qu'ils conquièrent. C'est la vieille tactique des conquérants thoutmosides : s'assurer des bases maritimes avant de s'attaquer à l'arrière-pays, et notamment à la forteresse de Kadesh. « La perfide Kadesh », dans la plaine de la Beka, ancienne Laodicée, actuellement Tell Nebi Mend, fut de toutes les coalitions contre le pouvoir égyptien.

Pour la première fois, Égyptiens et Hittites s'affrontent sur le champ de bataille, devant la ville. Séthi I l'emporte. Mouwatalli est défait — ceci sans que nous ayons connaissance du détail des engagements guerriers. Les relations de victoire, sculptées en Égypte sur les pylônes des temples ou parfois, comme à Karnak, sur les murs extérieurs de celui-ci, n'ont point valeur de documents d'archives ; elles sont destinées à faire connaître à tous la puissance triomphante de Pharaon et, grâce aux textes et à l'image qui peuvent s'animer (toute forme sculptée ou peinte étant un réceptacle potentiel de vie, tout mot prononcé devenant réalité), à rendre ce triomphe éternel. Ce ne sont point des exposés historiques, mais des narrations à but magique. Le sens de l'histoire, en Égypte, n'est pas statique ; l'histoire n'est pas constituée par une suite d'événements produits à un moment donné, et que l'on constate, que l'on analyse avec précision, une chaîne ininterrompue de faits que l'on ajuste — mais chaque événement est engagé dans l'avenir, il n'a pas de cesse, il n'est pas un fait que l'on dissèque, il *vit* à jamais dans sa réalité même, et non pas seulement dans la mémoire. L'histoire peut ainsi devenir une grande magie. Dès lors tout sera mis en œuvre pour faire que vivent les triomphes des rois, proclamés sur les temples, non pas dans un but de « propagande », comme on le dit parfois, mais, selon l'esprit des Égyptiens, pour assurer leur pérennité *réelle*.

Dans les bas-reliefs du temple de Karnak, au-dessus des prisonniers hittites défilant auprès du char de Pharaon, on lit :

« Il recouvre les semences[31] ainsi qu'il le désire dans ce vil pays du Hatti ; ses chefs tombent sous son glaive, devenant semblables à ceux qui n'ont jamais existé. Grande est sa gloire parmi eux, telle une flamme[32]. »

A Kadesh même, Séthi érige une stèle de granit, pour commémorer la victoire sur Mouwatalli ; la partie supérieure seule a été retrouvée sur le site[33]. Dans le cintre, une scène, sculptée en bas-relief, met en présence Pharaon et quatre divinités : Amon qui, traditionnellement, désormais, tend au roi sa hache de guerre — Resheph, dieu guerrier asiatique, coiffé d'une haute tiare conique du sommet de laquelle retombe en arrière un long ruban — Montou, masse d'armes en main — Khonsou (le dieu-fils dans la triade thébaine) tenant un sceptre — trois dieux des batailles, une divinité royale. Remarquable est la présence de Resheph : cette stèle est un des premiers témoignages de l'effort de syncrétisme religieux caractéristique de la spiritualité ramesside, associant dieux égyptiens et dieux asiatiques, unis autour de la personne de Pharaon pour mieux *lier* l'Empire.

En conformité, aussi, avec certains éléments qui proviennent, plus anciennement, de l'idéologie thoutmoside (le roi d'Égypte se confondant avec les divinités essentielles des pays conquis), Séthi Ier sera salué ainsi par les prisonniers hittites :
« Salut à toi, ô roi d'Égypte, Soleil des Neuf Arcs[34] » — (le soleil étant le grand dieu du Proche-Orient).

Déjà s'annonce le grand mouvement spirituel d'intégration des peuples de l'Empire.

Après cette victoire, Benteshina, roi d'Amourrou, s'empresse de reconnaître la suzeraineté du roi d'Égypte. Mais Mouwatalli, défait sur le champ de bataille de Kadesh, reprend l'offensive ; lors d'une campagne locale, il détrône Benteshina et le remplace par le prince Sabili, qui conclut avec lui un traité d'alliance.

L'Oronte forme désormais la frontière entre les deux États les plus puissants du moment ; tandis que les intrigues hittites s'efforcent de faire reculer l'influence égyptienne en Syrie du Nord. Mais aucun des deux pays ne prend alors l'initiative de rompre cette paix factice. D'autant que l'Égypte doit veiller et combattre sur d'autres fronts.

Nouveaux dangers à l'Ouest

En l'an 5 (?) du règne, Séthi Ier dut faire face, à l'Ouest, à une tentative d'invasion des Libyens.

Nouveaux venus, des hommes blonds, aux yeux bleus, dont les caractéristiques ethniques ont été soigneusement notées sur les bas-reliefs de Karnak, mais que les Égyptiens continuaient à appeler Tjehenou, apparaissent alors. Peut-être sont-ce déjà ces Mashaouash, dont le nom est attesté un peu plus tard, sous Ramsès II, et qui sont des peuples d'origine berbère ; ils se seraient donc implantés dès ce moment en Libye.

En deux campagnes, Pharaon repousse l'envahisseur. Lors de la célébration du triomphe et de la remise du butin à Amon, d'autres dieux participent à la fête et dotent le roi vainqueur :

— la déesse Mout (parèdre d'Amon à Thèbes) « dame de la ville d'Isherou, maîtresse du ciel, présidente des divinités : je te donne l'éternité en tant que roi du Double Pays, tandis que tu apparais radieux comme Rê ».

— « Khonsou-dans-Thèbes-Neferhotep, Seigneur de la joie, et Thoth, maître de Louxor : je te donne la vaillance pour t'opposer aux pays du Sud, la force contre les pays du Nord, et que demeurent derrière toi toute protection magique, toute vie, toute stabilité, toute puissance, à l'égal de Rê[35]. »

Une révolte en Nubie

Très récemment, en 1970, une stèle fragmentaire fut découverte lors des travaux effectués pour dégager l'enceinte de la ville de Saï, située entre la deuxième et la troisième cataracte du Nil[36]. Le texte était très mutilé, mais on peut lire le cartouche de Séthi Ier ; on assembla alors les fragments épars et il fut possible de reconstituer neuf lignes d'hiéroglyphes sculptés en relief dans le creux. On s'aperçut alors — et c'est là une des providences de l'égyptologie — que nous possédions un texte semblable sur une stèle analogue, conservée au musée de Brooklyn et provenant d'Amarah-ouest (petite ville fortifiée, située sur la rive gauche du Nil, au sud de Ouadi-Halfa). L'étude des textes *parallèles* (documents officiels, établis parfois en plusieurs exemplaires) permet, notamment lorsque les inscriptions sont mutilées par endroit, une lecture plus complète et plus sûre.

Celle-ci nous apprend que, en l'an 8 du règne de Séthi Ier, une révolte se produisit au sud, dans le pays de Irem — pays lointain, où les puits semblent jouer un rôle essentiel. La campagne dura un peu plus de deux mois ; durant cette campagne, un combat de sept jours fut livré ; la révolte devait donc être assez importante :

> « An 8, premier mois de la saison de la germination, 20e jour[37]... [texte mutilé]... le Seigneur du Double Pays, Menmaâtrê, régent de Thèbes, le fils de Rê, Séthi, aimé de Ptah, aimé d'Amon, maître des trônes du Double Pays, roi fort, monarque dénué de vantardise, qui combat et capture dans chaque pays étranger, héros vaillant, unique ; lorsqu'il revient (de guerre) on fait la fête pour lui, après qu'il a vaincu et défait (l'ennemi) ; les semences des rebelles sont abondantes en sa possession, leurs chefs étant rassemblés dans son poing. Aucun pays ne peut se tenir ferme devant lui, dont la force est sans égale, car il est semblable à son père Seth, taureau puissant, seigneur amoureux de la vaillance.

Sa Majesté était dans la ville de Thèbes, accomplissant la louange rituelle de son père Amon lorsqu'on vint lui dire : " Les ennemis du pays de Irem projettent une rébellion " ; alors Sa Majesté se tourna vers les messagers pour écouter leurs avis. Puis il dit à tous les princes, aux Grands, aux Amis et aux Compagnons (qui se trouvaient là) : " Si les hommes vils du pays de Irem pensent transgresser (les frontières de l'Égypte) au temps de Ma Majesté, c'est mon père Amon-Rê qui les terrassera, par le moyen de mon glaive. J'ai déjà fait reculer un autre pays qui avait agi de même envers moi [38]. "

Alors Sa Majesté accomplit ses desseins à leur encontre, et il ordonna qu'on les massacre ; tandis que les Grands, pour lui, châtiaient toutes leurs résidences, Sa Majesté s'avance, l'infanterie et la charrerie de même, une multitude ; l'armée de Sa Majesté atteignit la forteresse de Seg (?). Le troisième mois de la saison de la germination, le treizième jour, on se rassemble contre l'ennemi ; la puissance de Pharaon est devant eux comme la chaleur d'une flamme qui foulerait les montagnes. A l'aube du septième jour, la puissance de Menmaâtrê les " emmena ", de sorte qu'il n'en resta aucun parmi eux, hommes ou femmes ; il détruisit aussi les puits... [texte mutilé] [39]. »

En dehors de son importance historique, ce texte a un intérêt littéraire ; il a déjà le rythme des grandes épopées ramessides et, plus tard, des *Gestes* de la XXIIIe dynastie : présentation du héros, marche de l'armée et victoire. C'est le début des grandes aventures guerrières de l'époque des Ramsès et du lyrisme triomphant.

Une stèle découverte au Gebel Barkal (« la Montagne pure », à la hauteur de la quatrième cataracte du Nil) et datée de l'an 11 de Séthi, témoigne de l'avance extrême des troupes égyptiennes en territoire soudanais — aussi loin que Thoutmosis III. Malheureusement, le texte de cette stèle, très mutilée, est peu lisible.

L'Empire retrouvé

L'Égypte a recouvré ses terres asiatiques (jusqu'à l'Oronte) et ses possessions africaines ; la paix a été assurée sur les confins de l'Ouest. Le prestige de Pharaon renaît.

Sur la falaise qui dominait le Nil de soixante-cinq mètres (avant la construction du barrage Nasser), à Qasr Ibrim (à 235 kilomètres au sud d'Assouan, un peu en aval de la deuxième cataracte), Séthi Ier et le vice-roi de Nubie Amenemope firent sculpter sur le rocher surplombant la vallée une inscription votive qui témoignait de la grandeur reconquise et annonçait de loin aux Soudanais qui remontaient ou descendaient le fleuve, que la puissance de l'Égypte ne saurait plus désormais être contestée — avertissement orgueilleux et utile. Après la titulature officielle, on lit :

> « Dieu parfait qui frappe les Neuf Arcs, cœur puissant qui terrasse ses adversaires, massacrant le pays de Koush, foulant aux pieds les Tjehenou et emmenant leurs chefs en qualité de prisonniers. Que vive l'Horus, taureau puissant, au cœur ferme comme celui du fils de Nout [= Seth], roi vaillant, qui établit ses frontières aux limites lointaines qu'il désire.
>
> Il accomplit les saisons du labour dans le Pays bien-aimé, mais il ne moissonne pas avec les jeunes gens [ainsi que nous l'avons vu[41], les campagnes militaires ont lieu " en toute saison *shemou* et en toute saison *peret* ", c'est-à-dire en dehors de la saison des labours et de l'ensemencement (qui requièrent un personnel nombreux), durant celle de la germination, et la saison sèche, pendant laquelle on moissonne]. Alors il détruit les établissements (des ennemis) et démantèle leurs villes. Ses chevaux sont gavés d'orge, ses soldats ivres de vin, grâce à la force de son bras puissant. Vers lui les étrangers du Sud viennent en se courbant, tandis que les peuples du Nord se prosternent à cause de sa gloire, car ce qu'entoure le disque solaire est

l'objet de ses préoccupations ; ils obéissent, d'un seul cœur, il n'y a plus de rebelles parmi eux ; ils se précipitent sous ses pieds comme font les chiens, afin que leur soient donnés les souffles de la vie.

O roi fort, qui protèges l'Égypte, en écrasant les étrangers, qui repousses les pays en leur territoire, ainsi que les chefs qui ne connaissaient pas encore l'Égypte et qui s'étaient rebellés contre Sa Majesté [allusion vraisemblable, étant donné l'emplacement de cette stèle rupestre, à la révolte soudanaise] ; ils avaient franchi en force tes limites, mais ils virent ta gloire, et la frayeur que tu inspires parcourut leur pays, car ils avaient méprisé tes desseins.

O beau prince, tu as détruit le pays du Nègre grâce à ton bras puissant. Tes frontières, désormais, vont du pays du Sud jusqu'aux limites des vents du Nord et aux extrémités de la Très-Verte.

Le roi de Haute et Basse Égypte, Menmaâtrê, fils de Rê, Séthi aimé de Ptah, aimé d'Amon-Rê, le roi des dieux, doué de vie pour des temps infinis et éternels [42]. »

Une autre stèle rupestre, datée de l'an 9 du règne, a été retrouvée près de la première cataracte du Nil. Dans le cintre du monument, Séthi Ier brûle l'encens pour les divinités Khnoum, Satis, Anoukis, la triade locale. Le texte loue la prospérité revenue et les bienfaits du roi, providence de son peuple :

« ... Le dieu parfait, fils d'Amon, qui frappe des multitudes et ramène des prisonniers vivants. Il aime les fantassins et les charriers, lui, le personnage sacré et grandiose qui protège les jeunes gens et fait prospérer les générations du Pays bien-aimé, lui qui emplit les magasins, élargit les greniers, donne des biens à celui qui en est dépourvu et témoigne son amitié à l'homme opulent, lui dont les desseins fortifient les hommes, lui qui cultive l'épeautre, l'aimé du blé et le seigneur du pain. Il « emplit » tous les corps, personne ne s'allonge, mourant de faim, en son temps ; le pays entier est dans l'allégresse à cause des nourritures qu'il prodigue... [43] »

Roi nourricier, « aimé du blé et seigneur du pain », Séthi I va consacrer les dernières années de son règne à la mise en valeur de ses possessions, pour assurer à l'Égypte une plus grande richesse[44].

La prospérité revenue ne sera plus troublée et le pays vivra, paisiblement, de son grand Empire jusqu'à la fin du règne de Séthi Ier.

Sur le mur oriental du grand temple d'Amon-Rê à Karnak est sculpté un vaste **chant impérial** ; il reproduit certains versets du chant de Thoutmosis III et s'inspire de celui d'Aménophis III[45], mais il revêt une signification politique plus précise et une valeur plus universelle.

« Paroles dites par Amon-Rê, maître des trônes du Double Pays : " O mon fils, qui appartiens à mon corps, mon bien-aimé, Seigneur du Double Pays, Menmaâtrê, qui possèdes la maîtrise de chaque pays étranger, je suis ton père et je répands ton prestige dans le Retenou inférieur, les Asiatiques comme les Nubiens étant prostrés sous tes sandales.

Je fais que viennent vers toi les chefs des terres du Sud et que tu reçoives en tribut leurs enfants ainsi que tous les bons produits de leurs pays ; en échange tu leur donneras les souffles de la vie[46]. "

Je tourne mon visage vers le Nord et je fais merveille pour toi... Je fais que les rebelles deviennent comme des oisillons dans leurs nids, à cause de ta puissance. Je fais que viennent vers toi des pays qui jusqu'alors ignoraient l'Égypte, chargés de leurs tributs d'argent, d'or, de lapis-lazuli et de toutes sortes de pierres précieuses appartenant au Pays du Dieu.

Je tourne mon visage vers l'Orient et je fais merveille pour toi. Je le lie tout entier, à ton intention, l'unissant dans ton poing ; pour toi je rassemble tous les pays de Pount et leurs tributs de résine et d'encens sacré, ainsi que toutes les choses douces du Pays du Dieu.

Je tourne mon visage vers l'Occident et je fais merveille pour toi. Je châtie le pays entier des Tjehenou et je fais qu'ils viennent vers toi, humblement, sur leurs genoux, à cause des cris de guerre que tu as proférés, cependant que leurs chefs te prodiguent les acclamations.

Je tourne mon visage vers le ciel et je fais merveille pour toi. Les dieux de l'horizon céleste, à cause de toi, jubilent, ô celui qui est mis au monde à la pointe de l'aube, comme Rê et qui, comme lui, renaît toujours jeune, apportant chaque jour la rectitude.

Je tourne mon visage vers la terre et je fais merveille pour toi. Tandis que te sont annoncées tes victoires sur chaque pays étranger, les dieux en leurs temples pour toi se réjouissent. Tu accompliras un temps éternel en qualité de roi sur le trône de Geb, après que tu auras reçu la souveraineté et que ta massue blanche aura frappé les Neuf Arcs.

Je fais qu'ils voient Ta Majesté comme le Seigneur des rayons, tandis que tu brilles dans leurs visages comme mon image.

Je fais qu'ils voient Ta Majesté déjà vêtue de son équipement tandis que tu saisis les armes de combat sur ton char.

Je fais qu'ils voient Ta Majesté comme une étoile qui lance sa lueur en une flamme et qui donne sa rosée.

Je fais qu'ils voient Ta Majesté comme un taureau à l'éternelle jeunesse, au cœur ferme, aux cornes acérées, que l'on n'a pu attaquer.

Je fais qu'ils voient Ta Majesté comme un crocodile, Seigneur de la terreur *sur le rivage* et qu'on ne peut approcher.

Je fais qu'ils voient Ta Majesté *comme la chaleur d'une flamme, comme une forme de Sekhmet en sa fureur.*

Je fais qu'ils voient Ta Majesté comme un lion, tandis que tu les transformes en cadavres à travers leurs vallées.

Je fais qu'ils voient Ta Majesté comme un crépuscule[47]... ; *si grande est sa puissance qu'on ne peut l'attaquer ni dans le ciel ni sur la terre*[48]. »

Les images nouvelles (par rapport aux chants précédents), nées de la grande sensibilité poétique égyptienne, sont indiquées en italiques. Il est bon de lire les textes égyptiens ; on parlera moins, comme on le fait trop souvent par ignorance, de phraséologie officielle, de formules, de textes figés et inlassablement recopiés, de redites redondantes. Ce vaste chant s'inspire, certes, des précédents, mais il est adapté aux nouvelles réalités politiques : ainsi on ne *distingue* plus les terres d'Empire ; celui-ci forme déjà un tout unique, indifférencié, dont on n'énumère pas les parties constituantes, comme on le faisait sous Thoutmosis III. L'image mythique du roi-héros se développe également : être divin aux formes multiples, bénéfiques ou redoutables, qui coordonne et défend les conquêtes effectuées avec l'aide d'Amon. Un grand souverain va acheter l'œuvre matérielle et spirituelle commencée par Séthi Ier.

Le prince héritier, Ramsès

Fils divin

Séthi Ier avait épousé une dame Touy, qui n'était pas de sang royal ; elle était fille de Raya, lieutenant général de la charrerie, et de Thouia, femme de simple origine. Par son père et sa mère, Ramsès appartenait donc doublement à la caste militaire. Il eut deux ou trois frères et deux sœurs, dont Hentmirê, qu'il épousera (elle sera l'une de ses cinq « grandes épouses royales »).

Peut-être Ramsès éprouva-t-il le besoin de justifier ou d'affirmer d'une manière irréfutable ses droits au trône, ses ascendants maternels n'appartenant point à une famille éminente.

Il reprit donc à son compte les scènes et les textes des théogamies de Deir el Bahari et de Louxor[49]. En effet, on a retrouvé, réemployés dans plusieurs monuments postérieurs[50], notamment dans le temple funéraire de Ramsès III à Médinet Habou, et jusque dans des bâtiments d'époque ptolémaïque, des blocs datant de Ramsès II et sur lesquels sont représentés sa mère et lui-même, enfant, au cours de diverses scènes avec les dieux[51]. Ces blocs devaient, primitivement, appartenir à la chapelle que

Ramsès fit édifier pour sa mère sur le côté nord du Ramesseum (son propre temple funéraire, sur la rive gauche thébaine) ; sur l'un des blocs, en effet, est inscrite la dédicace habituelle : « Il a construit un monument pour sa mère, la mère royale Touy, une chapelle[52]... »

Ces blocs sont malheureusement très mutilés, mais on distingue encore les bas-reliefs célébrant notamment :

— l'union du dieu Amon-Rê et de la reine Touy, assis sur un lit que supportent deux déesses, jambes enlacées. Du discours divin on distingue encore les mots : « ... combien réjouissante est ma rosée ; mon parfum est celui du Pays du Dieu, mon odeur est celle de Pount. J'établirai mon fils en qualité de roi...[53] » ;

— l'allaitement du nouveau-né divin, à qui s'adresse la déesse Seshat, déesse de l'écriture, parèdre de Thoth ; son rôle nourricier (habituellement dévolu à Hathor) est remarquable : « J'allaite mon seigneur... j'établis fermement sa royauté... sur le trône de Rê, de sorte que la durée de vie de celui-ci est la sienne[54] » ;

— la présentation à Hathor, déesse céleste féconde et nourricière : le jeune prince Ramsès fait face à Hathor qui lui tend son collier *menat,* tandis qu'Amon-Rê, derrière lui, bras droit tendu, le protège et dit : « Alors que tu es encore un jeune enfant, déjà la durée de vie de Rê est la tienne[55] » ;

— les dons de l'Ennéade thébaine. On peut encore lire : « ... Montou, il donne la vie et la force ; Atoum, il donne la prospérité ; Shou, il donne la joie...[56] »

Descendant de militaires, mais aussi fils de dieu, le jeune prince Ramsès fut très tôt désigné pour succéder à son père Séthi Ier. Son « prénom » même soulignait cette préoccupation : il est Setep-en-Rê, « celui que Rê a choisi ».

Corégent

La corégence remonterait peut-être à l'an 7 de Séthi Ier. Si ce système de la corégence n'est pas une nouveauté

dans l'histoire égyptienne (déjà, notamment, Amenemhat Ier, vers l'an 2000, avait ainsi désigné son fils Sésostris
pour lui succéder), il est l'une des caractéristiques de
l'époque ramesside puisque, successivement, Ramsès Ier,
Séthi Ier, puis Ramsès II jugèrent bon de placer au pouvoir le fils de leur choix : sans doute pour éviter toute dis-
cussion ou intervention regrettable au moment de la succession, celle du clergé d'Amon notamment, mais aussi,
peut-être, pour mieux préparer le prince héritier à ses
futures responsabilités en lui permettant de suivre la gestion des affaires ; on pouvait espérer ainsi que, lors du
couronnement, il n'y aurait ni troubles ni rupture de la
ligne politique, ce qui était un autre moyen de préserver
l'Empire.

Les monuments de Séthi Ier témoignent, de diverses
façons, de ce souci d'associer au trône le jeune prince
Ramsès. A Abydos, à Qournah, à Karnak notamment,
bas-reliefs et textes attestent cette préoccupation.

Dans le temple construit par Séthi Ier à Abydos, une
scène figure le roi et Ramsès présentant ensemble des
offrandes aux dieux et aux cartouches de leurs ancêtres
royaux [57], moyen formel d'insister sur la continuité dynastique ; Ramsès est représenté comme un prince couronné,
mais son nom n'est pas encore placé dans un cartouche.
Ce fait apparaît avec évidence, également, dans l'inscription dédicatoire que Ramsès II fit sculpter dans ce même
temple :

« (Un jour que) mon père apparut en sa gloire au peuple, alors que j'étais encore un enfant dans ses bras, il dit à
mon propos : " Couronnez-le comme roi, afin que je
puisse voir sa perfection tandis que je suis vivant. " Il fit
appeler les courtisans afin que l'on plaçât le diadème sur
mon front. " Placez aussi l'uraeus sur sa tête ", dit-il à mon
endroit, alors qu'il était encore vivant sur la terre, " afin
qu'il assure l'union de ce pays, qu'il lie (les pays étrangers)
et qu'il prête attention au peuple... " car l'amour qu'il avait
pour moi était grand. Il me dota ensuite d'un harem royal,
empli des belles femmes du palais ; il choisit pour moi des

épouses... et des concubines... Voyez, j'étais semblable à Rê au-dessus du peuple et, déjà, la Haute et la Basse Égypte étaient sous mes sandales[58]. »

La carrière « amoureuse », extrêmement féconde, de Ramsès II, a commencé alors qu'il était très jeune. Cela sera aussi l'une des caractéristiques de ces rudes soldats, amateurs de plaisirs, que furent les Ramsès.

Réplique thébaine, dans le temple funéraire de Séthi Ier, à Qournah (sur la rive gauche du Nil), sur le mur nord du vestibule, Ramsès est représenté couronné par la triade divine, Amon-Rê, Mout et Khonsou, en présence de son père Séthi ; Amon-Rê prononce ces paroles :

« Que soit stable, que soit stable la couronne sur ta tête ; tourne-toi vers ton père Rê, afin qu'il maintienne pour toi dans la paix les terres égyptiennes, tandis que les pays étrangers sont sous tes sandales[59]. »

Sur ce même monument, au sud du portique, une scène en bas-relief figure Séthi Ier et Ramsès accueillant les barques sacrées des dieux thébains, sorties en procession. Un discours de bienvenue est placé dans la bouche de Séthi :

« Bienvenu, en paix, Amon-Rê, Seigneur des seigneurs, roi des dieux, père des pères, puissant des puissants, le primordial venu à l'existence avant toute chose, maître de la magnificence, qui déjà liait l'héritage du Double Pays alors qu'il était encore dans le Nouou[60] entre le Ciel-d'en-haut et le Ciel-d'en-bas[61]. Comme est belle ton apparition ! Comme est agréable ton visage ! lorsque ta barque rejoint mon temple...
Puisses-tu fermement maintenir mon héritier, après qu'il sera monté en paix sur mon trône, le Seigneur du Double Pays Ousermaâtrê Setep-en-Rê, alors qu'il est encore maintenant devant lui comme mon fils bien-aimé ; mais je sais ce dont est chargée la semence sortie de toi. Puisses-tu lui accorder un temps éternel, afin qu'il fasse revivre mon nom conformément à l'ordre que ta bouche a proféré[62]. »

Ce texte (établi par Ramsès II, il est vrai) confirme la reconnaissance de la filiation divine de celui-ci, l'association politique qui l'unit à son père encore régnant et la confusion bénéfique entre monarchie et religion.

Le prince Ramsès fit, très jeune, son apprentissage de soldat. Sur l'un des bas-reliefs de la salle hypostyle de Karnak (mur nord), il est représenté accompagnant son père lors d'une campagne en Asie[63] ; il s'initia donc, fort tôt, à l'art de la guerre et sans doute aussi eut-il connaissance des intrigues menées par les cours proche-orientales et des dangers latents qui menaçaient encore l'Égypte. Aussi, dès son avènement, nous le verrons, il agira avec intelligence et lucidité, pour la sauvegarde de l'Empire.

Une stèle trouvée à Kouban (site nubien) et datée de l'an 3 du règne de Ramsès II fait aussi allusion à la jeune carrière politique et militaire du corégent ; le texte est un discours des courtisans du roi :

> « Tu faisais des plans alors que tu étais encore dans l'œuf, en ta fonction d'enfant princier ; les affaires du Double Pays t'étaient rapportées alors que tu étais un petit, portant encore la boucle de l'enfance. Aucun monument n'était élevé qui ne fût sous ton autorité, aucune mission n'avait lieu sans ta caution. Adolescent de dix ans, tu étais déjà commandant en chef de l'armée[64]. »

Son père lui confia également la direction de certaines expéditions, aux carrières notamment. Le texte de la stèle de l'an 9, du roi Séthi, découverte près de la première cataracte[65], relate le fait suivant :

> « Sa Majesté ordonna que de nombreux travailleurs fussent chargés de faire de grands et magnifiques obélisques ainsi que de hautes et admirables statues au nom de Sa Majesté. Il fit construire de grands navires, que l'on attacha l'un à l'autre, ainsi que des chalands, semblablement, qui les tirèrent. Les Grands et les officiers se hâtaient, tandis que son fils aîné, placé devant eux, accomplissait pour Sa Majesté des actions bénéfiques. »

Il dirigea aussi en personne, alors qu'il avait 22 ans, en compagnie de deux de ses fils, Amenherounemef (5 ans) et Khâemouaset (4 ans) une campagne militaire en Nubie, campagne qui fut victorieuse. Pour commémorer cette victoire, il ordonna la construction d'un petit temple, en hemispeos, à Bet el Ouali, au sud de la première cataracte.

A la mort de Séthi Ier, vers 1296 av. J.-C., Ramsès est âgé de 25 ans. C'est déjà un prince expérimenté, qui est au courant de la gestion de l'Empire.

Il a deux épouses : Nefertari (« Sa belle »), noble dame dont les reliefs, les peintures et les textes exaltent la beauté et qui demeurera toujours la très aimée ; l'autre, Isisnofret (« la belle Isis ») était d'origine plus obscure. Cinq fils et deux filles ont été mis au monde pour lui, auxquels il faut ajouter les enfants nés des concubines, nombreuses déjà ; la nursery était bien remplie, la lignée dynastique fermement assurée.

D. — Ramsès le Grand

Horus : taureau puissant, aimé de Maât, seigneur des jubilés comme son père Ptah-ta-tenen.

Les deux Maîtresses : celui qui protège l'Égypte et qui lie les pays étrangers.

Horus d'or : riche en années, aux victoires grandioses.

Roi de Haute et Basse Égypte : Ousermaâtrê-Setepenrê (« Puissantes sont la vérité et la justice de Rê, celui que Rê a choisi. »)

Fils de Rê : Ramsès (« celui que Rê a mis au monde ») aimé d'Amon.

Vers 1296 av. J.-C. Ramsès II monte donc sur le trône d'Égypte, roi couronné pour un long règne de 67 ans, l'un des plus longs et des plus prestigieux de l'histoire de la vallée du Nil, un règne prédestiné.

« Les couronnes avaient été liées pour toi, alors que tu étais encore dans le sein de ta mère Isis. On a fait reverdir pour toi la part des deux Horus et tes années sont comme celles d'Atoum [66], *prince du Nord,* roi de la Haute et de la Basse Égypte comme Ptah-Ta-Tenen ; la Terre noire et la Terre rouge sont sous tes sandales [67], la Syrie et le pays de Koush réunis dans ton poing ; le Pays Bien-aimé est joyeux depuis que tu le gouvernes, car tu as étendu ses frontières [68]. »

Soixante-sept ans de victoires et de longue paix, soixante-sept ans pour un Empire triomphant, résultat d'une pensée et d'une action délibérées.

L'an 67 est attesté sur un papyrus trouvé par Sir Flinders Petrie à Gourob [69], et ce temps concorde aussi avec les 66 ans et deux mois indiqués par Manéthon et rapportés ensuite par Josèphe [70]. Ce long règne était demeuré un modèle dans la mémoire des Égyptiens ; ainsi, cent quarante ans plus tard, Ramsès IV inscrira sur une stèle d'Abydos, dédiée à Osiris et datant de la quatrième année de son règne :

« Plus grands sont les bienfaits que j'ai accomplis pour ton domaine, afin d'entretenir tes divines offrandes et rechercher toutes choses utiles et toutes choses bénéfiques qui puissent être faites pour ton sanctuaire chaque jour, au cours de ces quatre années, que ce qu'a fait pour toi le roi Ousermaâtrê-Setepenrê, le grand dieu, durant ses soixante-sept ans. Aussi puisses-tu me donner le long temps de vie et la glorieuse royauté que tu lui as accordés [71]. »

Devoirs de piété filiale

Avant toute action politique, Ramsès voulut rendre un dernier hommage à son père. Fils respectueux, Ramsès semble avoir été très attaché à ses parents. Ainsi, les monuments dédiés à la reine Touy datent, presque tous, de son règne.

Pour son père, il voulut des funérailles solennelles.
Séthi était mort dans son palais d'été, près de Tanis. La
nouvelle avait été envoyée par des messagers à Thèbes,
afin que l'on ouvrît la sépulture creusée et préparée au
secret de la Vallée des Rois, à Cheikh abd el Qournah.
Après soixante-dix jours, lorsque la préparation de la
momie royale fut achevée et le corps du restaurateur de
l'Empire protégé pour l'éternité, un long convoi de
bateaux, emmené par Ramsès, fait voile vers le Sud. A
Héliopolis, à Memphis, sur le chemin, le nouveau roi se
fait connaître. Après un lent voyage, d'une quinzaine de
jours, on débarque sur la rive gauche, face à Louxor, son
palais et le temple d'Aménophis III. Un cortège suit le
long chemin sableux qui mène à la falaise de l'Occident :
le sarcophage d'or placé sur un traîneau, accompagné du
mobilier et des objets précieux, le roi, debout, encensant
la dépouille de son père, au milieu des cris des pleureuses
et des gémissements du peuple.

Désormais Séthi reposera en sa maison d'éternité,
jusqu'à ce que des vandales l'en chassent. Chaque jour,
dans le temple funéraire de Qournah, des prêtres célébre-
ront les rites de la renaissance, et les offrandes nourri-
cières entretiendront la vie infinie du roi, dans le monde
de l'au-delà, auprès de son père Rê et d'Osiris.

Pour une capitale d'Empire

Ramsès II s'installe aux marches de l'Asie. Premier
geste politique. Memphis et Thèbes furent les capitales de
l'Égypte qui avait *annexé* des territoires africains et asiatiques, fédérés en quelque sorte sous son hégémonie : ce fut,
semble-t-il, la pensée de Thoutmosis III. Désormais, la
capitale sera une ville nouvelle, aux limites de l'Égypte et
de l'Asie, une ville mi-égyptienne mi-asiatique, une véritable capitale pour un vaste Empire cosmopolite ; Empire
conçu, maintenant, comme un ensemble de terres unique,

rassemblées dans la main d'un seul chef, Pharaon, et dont les activités politiques et spirituelles seront désormais coordonnées par lui. Le jeune souverain avait peut-être, dès longtemps, songé à cet empire nouveau, qui ferait de l'Égypte le centre rayonnant d'un vaste monde, et divers ; rompu très jeune à l'art de la guerre, au jeu des intrigues, il avait sans doute, pour mieux assurer la grandeur et la prospérité de sa patrie, conçu cette pensée politique nouvelle qui, déjà, s'annonce dans le chant impérial de Séthi Ier.

La ville s'appellera « La maison de Ramsès-aimé d'Amon — ses victoires sont grandioses », souvent abrégé en Per-Ramsès.

Autour du palais d'été construit par Ramsès I, où Séthi I avait résidé, Ramsès II fait construire une vaste agglomération, avec villas et jardins, bâtiments administratifs et temples ; là seront cantonnées armée de terre et marine, proches des terrains d'opérations asiatiques. Les terres du Delta étaient fertiles, gibier et poissons abondants, l'approvisionnement de la ville était aisé.

La pensée qui a présidé à son établissement apparaît avec assez d'évidence dans un hymne chanté en l'honneur de la ville même :

« Sa Majesté a bâti une résidence fortifiée. "Ses victoires sont grandioses" est son nom. Elle s'étend entre la Phénicie et le Pays bien-aimé, et elle est emplie d'aliments et de nourritures. Elle ressemble à la ville d'Hermonthis[72] et sa durée sera celle de Memphis. Le soleil[73] brille en ses deux horizons, et il se repose en elle. Tous les hommes abandonnent leur demeure et viennent s'établir dans son territoire. Son Occident est un temple d'Amon, sa partie méridionale un temple de Soutekh, Astarté se manifeste en son Orient et Ouadjit en son Septentrion[74]. Le palais de la ville est semblable aux deux horizons du ciel et Ramsès-aimé-d'Amon est en lui tel un dieu ; Montou-dans-le-Double-Pays est son héraut, le Soleil-des-Princes est son vizir, Joie-de-l'Égypte-aimé-d'Atoum est son nomarque. Le pays vient vers cette place[75]. »

Une capitale d'Empire, donc, dont les limites sont établies par les temples des grands dieux d'Égypte (Amon et Ouadjit) et ceux des grands dieux d'Asie (Soutekh et Astarté), unis pour protéger la ville. Là, règne Ramsès, l'égal du dieu-soleil dans son palais-horizon ; il est le seul maître puisque les plus éminentes fonctions de l'État (héraut, vizir, nomarque) sont en fait des formes ou des épithètes royales divinisées (Montou-du-Double-Pays, Soleil-des-Princes, Joie-de-l'Égypte). Ce texte souligne la nouvelle pensée du règne : l'union politique et spirituelle des terres d'Empire autour de la personne de Ramsès. Une pensée orgueilleuse pour un souverain jeune et ambitieux.

Une description plus prosaïque, mais instructive, de la nouvelle capitale est donnée dans une lettre adressée par le scribe Pabasa, en voyage à Per-Ramsès, à son maître le scribe Amenemopet :

« Je suis arrivé à la Maison-de-Ramsès-aimé d'Amon, et l'ai trouvée extrêmement prospère. C'est un endroit très beau, qui n'a pas son pareil, ressemblant toutefois à Thèbes ; c'est Rê lui-même qui l'a fondée. La vie dans la Résidence est agréable ; ses champs regorgent de toutes sortes de bons produits ; elle est bien pourvue, chaque jour, en aliments. Ses canaux sont pleins de poissons et ses étangs d'oiseaux ; ses prairies abondent en herbages verdoyants, qui atteignent une coudée et demie (de hauteur) ; ses fruits ont le goût du miel dans les champs cultivés. Ses greniers sont emplis d'orge et d'épeautre, dont la hauteur touche au ciel ; les oignons et les poireaux s'amassent ; les fleurs dans les jardins s'amoncellent, ainsi que les grenades, les pommes et les olives, et les figues dans les vergers ; la douceur du vin de Kaou-en-Kemet surpasse celle du miel ; les poissons rouges du lac de la Résidence (nagent) parmi les lotus » — [Suit une énumération des différents poissons que l'on peut trouver] — « Le lac-d'Horus est chargé de sel et le canal de Peher de natron. Les navires quittent le débarcadère et y reviennent.

Une grande abondance de nourriture se trouve chaque jour dans la ville ; aussi tous ceux qui y résident se réjouissent, ils n'ont même plus de désirs à émettre. En elle, les petits sont comme les grands.

Viens, afin que, pour elle, nous célébrions ses fêtes du ciel et celles du début des saisons. Les marécages fournissent les papyrus et le lac d'Horus les roseaux. Il y a les plantes des vergers, les guirlandes de fleurs des jardins... des volailles et les oiseaux des marais...

Les jeunes gens de la ville " Ses-victoires-sont-grandioses " sont, chaque jour en habit (de fête) ; l'huile d'olive douce est répandue sur leur tête, dont la chevelure est nouvellement coiffée. Ils se tiennent là, debout, à côté de leur porte, tenant en leurs mains des fleurs, avec des papyrus provenant du temple d'Hathor et des bouquets du canal de Peher [76]. »

Per-Ramsès est une ville prospère, dans un site heureusement choisi, entourée à l'ouest et au nord par les « Eaux-de-Rê » (l'une des branches orientales du Nil), au sud et à l'est par un canal appelé « les Eaux d'Avaris » ; ainsi une défense naturelle entourait la cité. Au sud, le port, facile d'accès depuis la Méditerranée (grâce aux bras du Nil et aux canaux) permettait l'ancrage des navires. Les cantonnements militaires étaient répartis aux quatre points cardinaux, prêts à assurer une éventuelle défense, d'où que vînt le danger. Vers le nord-ouest était le palais royal (considérablement agrandi par Ramsès II) ainsi que les résidences officielles. Le quartier des artisans se trouvait au sud-ouest et le reste de la ville s'échelonnait au sud et à l'est [77].

La localisation précise du site de Per-Ramsès a prêté à de nombreuses discussions : est-ce Tanis, Avaris, Péluse, Goshen, El Kantara ? Ce devait être non loin de Tanis, en tout cas, si l'on songe au grand nombre de colosses de Ramsès II découverts dans cette ville.

Per-Ramsès est une capitale politique, éloignée de Thèbes, qui jouera désormais le rôle de capitale religieuse. L'éloignement du pouvoir temporel par rapport au puissant clergé d'Amon est un geste heureux accompli par

Ramsès, mais déjà amorcé par ses prédécesseurs, depuis Horemheb.

Per-Ramsès, enfin, vigilante, assurait la garde de l'Empire et la défense de la vallée du Nil. Le dieu Ptah, dans un long discours adressé au roi, dit :

> « Tu as construit une résidence auguste *pour fortifier la frontière du Double Pays,* la " Maison-de-Ramsès-aimé-d'Amon " ; puisse-t-elle prospérer sur terre comme les quatre piliers du ciel, Ta Majesté étant fermement établie dans son palais [78]. »

Le temps des héros. — L'épopée de Kadesh

Lorsque Ramsès II devint roi, la situation en Asie était de nouveau fort menaçante.

Mouwatalli n'avait cessé de nouer de nouvelles alliances avec les peuples de l'Asie mineure et ceux de la Syrie du Nord, constituant, face à l'Égypte, un redoutable bloc soumis à son hégémonie politique. D'autre part le Hatti, de plus en plus, se tournait vers la mer, commerçant avec les peuples du littoral et les îles de la mer Égée, à laquelle la puissance mycénienne avait donné une importance économique nouvelle, et rivalisant ainsi avec la politique d'hégémonie égyptienne en Méditerranée. L'affrontement entre l'Égypte et le Hatti était inévitable. Les deux souverains s'y préparèrent.

Ramsès renforça son armée, développant la quatrième division, patronnée par Seth (assimilé au dieu asiatique Soutekh), chaque division comprenant désormais 5 000 hommes ; des troupes coloniales furent levées en Nubie, des mercenaires recrutés parmi les prisonniers de guerre ramenés d'Amourrou et parmi les Shardanes immigrés sur la côte phénicienne.

Il est possible que, dès l'an 2 de son règne, Ramsès ait bataillé sur plusieurs fronts. Le texte d'une stèle provenant d'Assouan mentionne en effet :

« Les Asiatiques sont défaits et leurs territoires pillés, car il a foulé aux pieds les étrangers du Nord ; les Timhiou tombèrent à cause de la crainte qu'il inspire ; les Nubiens furent privés des souffles (de la vie) [79]. »

Est-ce simple assurance formelle de domination. Ou, plus vraisemblablement, allusion à des engagements militaires en Asie, préliminaires au grand conflit égypto-hittite ? Il se peut aussi que des combats aient eu lieu sur les frontières libyques et nubiennes pour établir fermement l'hégémonie égyptienne sur ces régions, ce qui permit ensuite à Ramsès, suivant une tactique raisonnable et prudente, d'engager toutes ses forces dans la guerre contre le Hatti.

En l'an 4 de son règne, Pharaon se trouvait encore en Asie ; nous disposons de peu de témoignages sur son action, mais une stèle très mutilée a été retrouvée dans l'actuelle Palestine, près de Nahr el Kelb (entre Beyrouth et Byblos) ; elle atteste le passage du souverain égyptien en ces lieux. De même un bol, avec une inscription en hiératique et mentionnant l'an 4, a été découvert à Tell el Duweir (en Palestine également) ; la paléographie permet de préciser la date : XIXe dynastie, Ramsès II sans doute. Donc, il semble que celui-ci ait soigneusement préparé la grande offensive qu'il allait lancer l'année suivante, remontant le long de la côte, vraisemblablement jusqu'à Byblos, comme l'avaient fait avant lui Thoutmosis III et son père Séthi I, afin d'aménager les bases maritimes.

Durant ce temps, Mouwatalli organisait avec les princes d'Asie mineure et de Syrie du Nord une très vaste coalition. Achetant parfois les alliances, il groupa autour de lui plus de vingt peuples, parmi lesquels notamment les Pédasiens, les Dardaniens, les Mysiens, les Lyciens, le pays d'Arzawa et Kodé (entre la Lycie et le Taurus), le royaume de Naharina, des cités phéniciennes : Ougarit et Mesheneth, des citadelles des pays de Haute Syrie : Karkhémish (sur l'Euphrate), Harran (au sud-est), Alep, Kadesh (sur l'Oronte).

C'est, une fois encore, devant cette dernière ville que la rencontre allait avoir lieu. Mais Mouwatalli devait trouver devant lui un jeune prince héroïque.

« Sa Majesté était alors un jeune seigneur, un héros sans égal ; ses bras étaient puissants, son cœur était vaillant, sa force était comparable à celle de Montou en son heure, sa forme était parfaite comme celle d'Atoum, et l'on se réjouissait de voir sa beauté.

Grandes sont ses victoires sur tous les pays étrangers ; on ne sait pas quand il s'apprête à combattre. Il est une muraille efficace auprès de ses soldats, leur bouclier au jour de la bataille ; il est un archer sans pareil, plus fort que des centaines de milliers réunis. Lorsqu'il s'avance, son visage divin pénètre des multitudes nombreuses, car son cœur est plein de sa force. Puissante est sa poitrine à l'heure de la mêlée, telle une flamme au moment où on l'attise ; ferme est son courage, semblable à celui d'un taureau prêt au combat ; il connaît l'ensemble des pays. Un millier d'hommes ne saurait tenir durablement devant lui et des centaines de mille s'évanouissent quand ils le voient. Il est le seigneur de la crainte, dont les cris de guerre pénètrent au cœur de toutes les terres, si grand est son prestige, si puissante la terreur qu'il inspire, tel le dieu Soutekh sur la montagne[80]... Efficaces sont ses plans, parfaits ses ordres, et sa parole est toujours trouvée la meilleure.

Il secourt son infanterie le jour du combat, protège grandement sa charrerie ; il ramène ses compagnons, aide ses soldats ; son cœur est comme une montagne de cuivre, lui, le roi de Haute et de Basse Égypte, Ousermaâtrê-Setepenrê, le fils de Rê, Ramsès-aimé-d'Amon, doué de vie pour des temps éternels et infinis comme son père Rê[81]. »

Ainsi s'exprimait le scribe Pentaour au début d'un long poème consacré à la relation de la bataille. On croit parfois entendre des accents homériques ; mais Homère, dont une tradition place la vie quatre siècles plus tard, a pu connaître ces textes égyptiens. Il est permis, en tout cas, de l'imaginer.

Nous pouvons suivre les différents événements survenus au cours de cette bataille, de grande importance pour l'avenir de l'Égypte et du Proche-Orient, grâce à plusieurs documents : tout d'abord le texte d'un rapport officiel sculpté sur les murs de plusieurs temples ainsi que les bas-reliefs qui l'illustrent[82], mais aussi ce grand poème épique écrit par le scribe Pentaour pour célébrer les hauts faits du souverain. Nous en possédons des copies sur papyrus et le texte en fut également reproduit sur les murs de quelques-uns de ces temples[83].

En l'an 5 de son règne, le deuxième mois de la saison sèche, le neuvième jour — donc vers la fin du mois de mai — après que l'orge, le blé et le lin de l'année eurent été récoltés, Ramsès, avec son infanterie et sa charrerie, ses légions et ses mercenaires, ses services d'intendance et de ravitaillement, plus de vingt mille hommes, se met en marche vers le Nord, « en vaillance, en puissance et en gloire ». Il passe El Kantara, qui marque la frontière et s'engage sur les chemins d'Horus, la voie royale des conquérants :

« Tous les pays tremblent à son approche ; les princes lui offrent leurs tributs, les rebelles viennent, courbés, à cause de la crainte que sa gloire inspire. Son armée marche en d'étroits défilés aussi aisément que sur les routes de l'Égypte. »

Le lent cheminement des quatre divisions, longuement échelonnées (dans l'ordre, celle d'Amon, celle de Rê, celle de Ptah, celle de Seth) est donc sans histoire jusqu'aux abords de Kadesh.

Les Hittites étaient déjà « cachés, prêts à combattre, au nord-ouest de la ville de Kadesh », « une formidable multitude, sans pareille. Ils recouvraient les collines et les vallées ; ils ressemblaient à des sauterelles à cause de leur grand nombre ».

Une ruse de Mouwatalli faillit perdre l'Égypte ; à Shabtouna, à quelques kilomètres de Kadesh, deux Bédouins Shasou, émissaires secrets de Mouwatalli, mais se faisant

passer pour des transfuges, font croire à Pharaon que le
roi du Hatti est encore près d'Alep. Sans méfiance réelle,
Ramsès installe son camp sur la rive de l'Oronte, où il est
parvenu avec l'armée d'Amon ; l'armée de Rê est à sept
kilomètres environ, n'ayant pas encore franchi le gué du
fleuve. Les armées de Ptah et de Seth sont très en arrière.
Enfin, une compagnie d'élite attendait « sur le rivage du
pays d'Amourrou ». Le roi se repose, assis sur un trône
d'or fin, un lion à ses cotés, « le lion vivant, compagnon
de Sa Majesté, qui triomphe de ses ennemis » ; les Ramsès
se font souvent représenter en compagnie d'un lion ;
est-ce un lion apprivoisé ? Peu importe, car roi et lion sont
de même nature.

Soudain on amène deux soldats hittites faits prisonniers
par des éclaireurs égyptiens et qui, convenablement fusti-
gés « pour leur faire dire où se trouvait le vil chef du
Hatti », dénoncent la supercherie. En hâte Ramsès tient
un conseil de guerre avec ses officiers ; le vizir a ordre de
précipiter la marche vers le nord de l'armée de Rê. Mais
l'attaque-surprise des Hittites préviendra cette manœuvre ;
les ennemis défont l'armée de Rê, attaquent la division
d'Amon et pénètrent jusque dans le camp de Ramsès.
L'Empire d'Égypte va-t-il succomber ?

> « Alors Sa Majesté se lève, tel son père Montou ; après
> avoir saisi sa parure de combat, il revêt sa cotte d'armes ; il
> est comme Baal [84] en son heure. Le grand attelage qui porte
> Sa Majesté s'appelle " Victoire-dans-Thèbes " et appar-
> tient à la grande écurie de Ousermaâtrê-Setepenrê, aimé
> d'Amon. Il se lance au galop et pénètre au milieu des enne-
> mis venus du Hatti. Il est complètement seul, personne
> d'autre n'est avec lui. Il s'avance pour regarder derrière lui
> et découvre alors que 2 500 chars l'encerclent, barrant le
> chemin vers l'extérieur, des chars montés par les guerriers
> de ce vil ennemi venu du Hatti et ceux de nombreuses
> autres contrées qui sont avec lui, venant de l'Arzawa,
> d'Alep, d'Ougarit, de Kadesh, de Lycie ; ils étaient trois
> hommes réunis sur un char. »

Dans une émouvante et orgueilleuse prière, Ramsès requiert l'aide du dieu Amon, qui le mènera au comble de la victoire :

« Aucun chef n'est avec moi, aucun charrier, aucun commandant d'infanterie, aucun porteur de bouclier. Mon infanterie et ma charrerie sont comme un butin devant eux, aucun de mes soldats ne se tient ferme pour combattre.

Sa Majesté dit encore : Que t'arrive-t-il donc, ô mon père Amon ? Est-ce qu'un père peut oublier son fils ? Est-ce que ce que je fais est chose que tu ignores ? Est-ce que je n'ai pas marché ou fait une pause selon ton ordre, sans jamais désobéir au dessein que tu m'as assigné ? *Combien est grand le Seigneur de l'Égypte, trop grand pour permettre à des étrangers d'apparaître à l'orée de son chemin. Que sont pour toi ces Asiatiques, ô Amon ? Des êtres vils qui ne connaissent pas Dieu.*

N'ai-je pas construit pour toi de nombreux et grands monuments et empli ton temple de captifs ? Pour toi je bâtis mon monument de millions d'années[85], te donnant aussi tous mes biens en propriété. Vers toi je conduis toutes les terres rassemblées pour nourrir tes divines offrandes. Je fais en sorte que l'on t'apporte des dizaines de milliers de bœufs, en même temps que toutes essences de fleurs aux douces senteurs... Pour toi j'ai construit de grands pylônes en pierre et j'ai moi-même érigé leurs mâts. A toi j'ai apporté des obélisques d'Eléphantine et c'est moi qui ai convoyé la pierre. Pour toi, des bateaux voguent sur la Très-Verte afin de t'apporter les tributs des pays étrangers...

Je t'appelle, ô mon père Amon. Je suis au milieu d'ennemis innombrables, que je ne connais pas ; tous les pays étrangers sont unis contre moi et je suis seul, absolument, sans personne d'autre avec moi. Mon infanterie m'a abandonné et aucun des soldats de ma charrerie n'a regardé vers moi. Je crie vers eux, mais aucun d'eux ne m'entend lorsque je les appelle.

Mais Amon vaut mieux pour moi que des millions de soldats, plus que des centaines de milliers de chars, plus que dix mille hommes, des frères et des enfants, réunis en un même cœur. L'effort d'hommes nombreux ne sert à rien, Amon est plus utile qu'eux... Je fais cette prière aux confins des terres étrangères, mais, déjà, ma voix roule vers Hermonthis.

Je m'aperçois qu'Amon vient à mon appel ; il me donne sa main, et je suis joyeux ; derrière moi il s'écrie : « Face à face avec toi, Ramsès-aimé-d'Amon ! Je suis avec toi, c'est moi ton père, ma main est avec la tienne. Je vaux plus que des centaines de milliers d'hommes, moi, le maître de la victoire, qui aime la vaillance. »

Je découvre alors que mon cœur est fort, ma poitrine joyeuse, tout ce que j'entreprends se réalise. Je suis comme Montou. Je lance des flèches de la main droite, j'empoigne de la gauche. Je suis comme Soutekh devant eux. Soudain je m'aperçois que les 2 500 chars, au milieu desquels j'étais, gisent, renversés, devant mes chevaux. Aucun parmi eux n'a trouvé d'aide pour combattre, et leurs cœurs, en leurs corps, a faibli, à cause de la crainte que j'inspire ; leurs bras défaillent, ils ne savent même plus tirer à l'arc et ils ne trouvent pas la force nécessaire pour se saisir de leurs lances. A cause de moi, ils plongent dans l'eau comme plongent les crocodiles ; ils tombent sur leurs visages, l'un sur l'autre, et je tue, parmi eux, qui je veux. Aucun ne regarde derrière lui, aucun autre ne se retourne, aucun de ceux qui sont tombés ne se relèvera.

Le roi du Hatti, qui se tenait au milieu de son infanterie et de sa charrerie, regardait le combat que Sa Majesté menait seul, sans infanterie ni charrerie. Il se tenait là, se retournant, déconcerté, apeuré. Il fit alors venir d'autres princes nombreux, chacun avec sa charrerie, équipés de leurs armes de combat : le prince d'Arzawa, celui de Mysie, le prince d'Harran, celui de Lycie, celui des Dardaniens, le prince de Karkhémish, le prince de Kerkhesh, celui d'Alep et les frères du roi du Hatti, formant un tout unique ; au total, 2 500 chars, qui se précipitent droit contre le feu [86].

Je charge (à nouveau) contre eux ; je suis semblable à Montou, je fais qu'ils éprouvent la force de ma main, durant l'accomplissement d'un instant ; je les massacre, je les tue à l'endroit où ils se trouvent.

Chacun d'eux dit à son compagnon : Ce n'est pas un

homme qui est parmi nous, c'est Soutekh à la grande vaillance, c'est Baal lui-même. Ce n'est pas l'action d'un
homme qu'il accomplit mais celle d'un être unique, qui a le
pouvoir de défaire des centaines de milliers, sans l'aide
d'une infanterie ni d'une charrerie. Allons, vite, fuyons
devant lui, afin de rechercher pour nous la vie et de sentir
(à nouveau) les brises. Voyez, celui qui s'avance pour
l'approcher, sa main devient faible et tout son corps se
paralyse ; on ne sait plus se saisir d'un arc ni d'une lance
lorsqu'on le voit s'avançant au galop sur le chemin. »

Le soir venu, tandis que les corps des ennemis abattus
parsèment la terre de Kadesh, l'armée en fuite revient et
Ramsès lui adresse des reproches.

Après le repos de la nuit, à l'aube du second jour de la
bataille, Pharaon prépare ses soldats au combat.

« J'étais prêt au combat, tel un taureau impatient. Alors
je me levai contre eux, semblable à Montou, bien pourvu,
cette fois, de soldats et d'hommes vaillants. Je pénétrai
dans la mêlée, me battant comme un faucon qui fond sur
sa proie. Le serpent de mon front terrassait pour moi les
ennemis... J'étais comme Rê à la pointe de l'aube et mes
rayons consumaient les corps des rebelles. Chacun d'eux
criait à son compagnon : " Gardez-vous ! Protégez-vous !
Ne vous approchez pas de lui ! Voyez, c'est Sekhmet[87] la
Grande qui est avec lui, elle est auprès de lui sur ses chevaux, et sa main est avec la sienne. " Quiconque marchait
pour s'approcher, la chaleur de la flamme venait brûler
son corps. »

Ce poème est le premier grand texte lyrique de la littérature pharaonique, d'un lyrisme « à l'égyptienne », qui
confond images sensibles et magie verbale, relation des
faits et mythes. La distinction n'est pas faite entre le
monde réel et l'univers mythique (ils se mêlent intimement), ni entre l'héroïsme de fait et son exaltation
sublime. L'épopée de Kadesh et le courage personnel
dont fit preuve Ramsès II marquèrent la conscience égyptienne ; désormais les récits de guerre seront souvent

conçus comme des *gestes* poétiques, au cours desquelles les dieux et les forces de l'univers s'unissent dans la personne royale pour lui donner une pleine efficience.

C'est le temps des héros. C'est le temps où, vers le Nord, la flotte achéenne, portant les ambitions des Atrides, fait voile vers Troie, emmenée par Agamemnon et les princes de Mycènes, de Sparte et de Pylos.

Kadesh, Troie, lieux de sang et de gloire dans le légendaire de l'humanité. Ramsès, Achille, Ulysse, héros contemporains, dont les hauts faits d'armes hantent toujours les mémoires, quand l'histoire rejoint la légende. Ces héros qui croyaient aux dieux.

Le roi du Hatti abandonne le combat ; il dépêche un messager, avec une lettre, à Ramsès. Le poète lui prête ces mots :

> « O souverain protecteur de son armée, vaillant grâce à son bras puissant, muraille pour ses soldats le jour du combat, roi de Haute et Basse Égypte, prince de la joie, Seigneur du Double Pays, Ousermaâtrê-Setepenrê, fils de Rê, lion maître de la puissance, Ramsès-aimé-d'Amon, doué éternellement de vie, ton serviteur parle, afin de faire connaître que tu es le fils de Rê, issu de son corps et qu'il t'a donné tous les pays réunis en un seul. Le pays d'Égypte et le pays du Hatti sont tes serviteurs ; ils sont sous tes pieds ; Rê, ton père auguste, te les a donnés. Ne sois pas violent envers nous. Vois, ta gloire est grande et ta puissance est lourde sur le pays du Hatti... Ne rends pas tes paroles trop sévères, ô roi victorieux, la paix est plus utile que la guerre, donne-nous les souffles de la vie[88]. »

La victoire égyptienne est certaine, mais peut-être moins complète qu'il n'apparaît dans sa transposition poétique. Kadesh n'a pas été investie. Simplement, chacun des adversaires retourne dans son pays, Ramsès, triomphant, conduisant un long défilé de prisonniers et chargé d'un abondant butin, est accueilli en Égypte par un peuple en grande liesse ; on sort les statues des dieux sur son passage ; on l'acclame. Arrivé à Per-Ramsès, il ordonne un sacrifice, en grande pompe, à la triade thébaine : Amon-Mout-Khonsou et à Rê-Horakhty, les dieux de la victoire et de la paix retrouvée.

Le duel égypto-hittite

Cette paix était factice. La victoire de Kadesh ne fut qu'une pause dans la rivalité politique et économique qui opposait l'Égypte et le Hatti.

De l'an 6 à l'an 18 de son règne, Ramsès II va guerroyer en Asie.

Mouwatalli, vaincu à Kadesh, reprend l'offensive en nouant de nouvelles intrigues. Il fomente une révolte en Canaan, à la frontière nord-est de l'Égypte, selon une tactique déjà utilisée. Dès l'an 6, les Bédouins Shasou se livrent à de nombreux pillages dans la région, cependant que deux nouveaux royaumes refusent de reconnaître la suzeraineté égyptienne : Moab (au-delà de la mer Morte) et Edom (au sud de celle-ci).

Nous possédons quelques témoignages sur ces campagnes en Asie de Ramsès II, mais parfois peu explicites et non toujours datés. Il s'agit notamment des bas-reliefs sculptés sur le premier pylône du Ramesseum, dans le temple d'Amon-Rê à Karnak (sur la partie sud du mur oriental de la grande salle hypostyle) et sur la partie extérieure du mur est de la cour de Ramsès II dans le temple de Louxor[89]. Ce sont essentiellement des scènes d'attaque et de prise de places fortes, ainsi légendées : « la ville que Sa Majesté a défaite, N » ; les Asiatiques sont représentés criblés de flèches, sur les remparts, implorant la grâce de Pharaon vainqueur.

L'an 8 du règne (vers 1288 av. J.-C.) fut une année d'importante activité militaire.

A ce moment, en effet, Mouwatalli meurt et des querelles dynastiques affaiblissent la puissance du Hatti — des querelles qui mettent aux prises Ourhitesoup (le fils

du roi défunt) et Hattousili (son frère). Ramsès, naturellement, profite des difficultés momentanées de son puissant
rival ; tout en soutenant les prétentions d'Ourhitesoup, il
mène ses armées vers le Nord.

Huit villes, certainement, furent conquises, peut-être
quinze — à moins qu'il n'y ait eu une campagne précédente, entre l'an 5 et l'an 8, ainsi que pourrait l'indiquer
une autre stèle découverte au nord de Nahr el Kelb et qui,
elle aussi, est extrêmement mutilée. Parmi les villes fortes
capturées figurent Ascalon (un peu au nord de Gaza), des
cités galiléennes et libanaises (Satouna) ; continuant vers
le Nord, Ramsès s'empara de l'importante forteresse de
Dapour, en pays d'Amourrou : les bas-reliefs montrent
cinq des fils royaux qui accompagnaient leur père (Ramsès fait de la guerre une affaire de famille) grimpant vaillamment sur des échelles jusqu'aux créneaux.

C'est peut-être au cours de cette campagne, en revenant
vers l'Égypte, qu'il batailla dans les royaumes de Moab et
d'Edom, s'emparant notamment de la ville moabite de
Dibon, à l'est de la mer Morte, — ou bien ces engagements dans l'actuelle Transjordanie furent-ils l'objet
d'une autre expédition ? Il est difficile d'en décider.

La domination de Ramsès, vers 1288, s'étendait alors
assez largement dans le Proche-Orient asiatique, pratiquement jusqu'à l'Oronte, ou peut-être un peu plus au sud,
Damas formant alors la frontière entre les deux zones
d'influence, égyptienne et hittite.

La situation extérieure, à ce moment, s'aggrava. L'équilibre international fut une nouvelle fois rompu. En effet, tandis que l'armée égyptienne enlevait d'assaut la place forte de
Dapour, Adad-Nirari, roi d'Assyrie, profitant, lui aussi, des
difficultés intérieures du Hatti et s'affirmant ainsi comme la
troisième grande puissance du monde oriental, pénètre dans
le Mitanni : le royaume de Ninive atteint l'Euphrate.

Mais Hattousili III, qui avait enfin succédé à Mouwatalli, s'allia à Babylone et mit fin, temporairement, aux
prétentions assyriennes en chassant du Mitanni les
troupes d'Adad-Nirari.

En l'an 10 de son règne, il est vraisemblable que Ramsès eut quelque activité militaire en Phénicie, ainsi que semble en attester une troisième stèle découverte près de Nahr el Kelb, au Sud. Peut-être est-ce à ce moment que Ramsès mit le siège devant la grande ville de Tounip (au nord de Kadesh), à laquelle le roi hittite jugea utile d'envoyer quelques secours militaires pour briser les ambitions égyptiennes.

L'attention de Ramsès fut quelque temps détournée de l'Asie car, entre l'an 15 et l'an 18, une nouvelle révolte eut lieu au Soudan, au pays de Irem ; la première avait été écrasée par Séthi Ier, en l'an 8 de son règne, et une seconde expédition victorieuse avait été menée par le prince Ramsès, alors corégent.

Le roi décide donc d'aller, avec son armée, assister le vice-roi qui semblait avoir quelque difficulté à percevoir les tributs. Quatre fils royaux l'accompagnent, dont Seth-em-ouia (son huitième fils) et Merenptah (son treizième fils, qui deviendra aussi son successeur), tous deux dans leur vingtième année. On ramena 7 000 captifs et dans la nouvelle capitale provinciale, appelée « Ville-de-Ramsès », à Amarah-ouest, les murs du temple furent sculptés de scènes triomphales, reproduites également sur les murs de la porte principale de la ville, annonçant ainsi *urbi et orbi* la puissance de Pharaon, et procurant aux éventuels rebelles d'utiles sujets de réflexion. Quelques scènes, également, relatant cette campagne nubienne, se trouvent sur les murs du temple de Ramsès II à Abydos.

En l'an 18, Ramsès II est de nouveau en Asie. Une stèle, découverte à Beith Shan, en témoigne. Le texte qu'elle porte ne mentionne pas d'événements précis, mais affirme la nouvelle idéologie triomphante, lyrique, caractéristique de l'époque ramesside, et qui mêle admirablement les images sensibles et les mythes en une poésie du cœur et de l'esprit, parfois émouvante :

« Lorsqu'il saisit son arc sur son char et qu'il empoigne sa flèche, il est comme une étoile au cœur des multitudes,

homme fort qui fend les ennemis tombés aux marches de
la terre après qu'eurent été abattus leurs chefs et leurs
armées. Sa Majesté, dans leur dos, est comme un taureau
d'or, comme le faucon au cœur du ciel pour les oiselets,
comme un lion sauvage dans l'étable du petit bétail,
comme une flamme que l'on alimente de plantes dangereuses, tandis qu'une tempête, un ouragan, attise le feu.
Ils sont comme les plumes des oiseaux, face aux souffles
des vents. Personne, jamais, n'a accompli ce qu'il a accompli contre les pays étrangers [90]. »

Mais, peu après l'avènement de Salmanasar Ier en Assyrie, celui-ci envahit à nouveau le Mitanni et installe définitivement sa frontière sur l'Euphrate.

Devant ce nouveau danger, et peut-être lassés par plus
de treize ans de guerre, Égypte et Hatti, pour sauvegarder
la paix, vont chercher à s'allier.

Ramsès II a sauvé l'Empire par son intelligence et son
courage personnel. A Karnak, il fait sculpter une partie
des premiers versets du vieux **chant impérial** de Thoutmosis III, mais sans mentionner aucun nom de pays ou
d'État, contrairement à ce qu'avait fait le Thoutmoside
dans un souci *fédératif.* Désormais, les pays étrangers, rassemblés et confondus, mais *indifférenciés,* forment un tout
unique dans l'allégeance de Ramsès-dieu, aux formes
multiples. Amon-Rê parle une fois encore à son fils, dans
un discours plus bref :

« Je fais qu'ils voient Ta Majesté comme le seigneur des
rayons, tandis que tu brilles dans leurs visages comme mon
image.
Je fais qu'ils voient Ta Majesté déjà vêtue de son équipement, tandis que tu saisis les armes de combat sur ton char.
Je fais qu'ils voient Ta Majesté comme un taureau à
l'éternelle jeunesse, au cœur ferme, aux cornes acérées, que
l'on n'a pu attaquer.
Je fais qu'ils voient Ta Majesté comme un crocodile, seigneur de la terreur sur le rivage et qu'on ne peut approcher.

Je fais qu'ils voient Ta Majesté comme la chaleur d'une flamme, comme une forme de Sekhmet en sa fureur[91]. »

Le chant est plus court que celui de Séthi Ier[92]. Conformément à la nouvelle mythologie royale ramesside[93], le roi, redoutable guerrier, est assimilé aux astres et aux formes animales de l'univers. On a repris au chant de Thoutmosis III les versets qui étaient en accord avec l'idéologie nouvelle.

Traité de paix et alliances matrimoniales

Entente cordiale

Il semble que ce soit Hattousili III, le plus directement menacé par les ambitions assyriennes, qui ait pris l'initiative d'un rapprochement avec l'Égypte. Les bases du traité avaient sans doute été établies à Hattousa. Un projet aurait été rédigé en langue akkadienne, sur une tablette d'argent, scellée par le roi lui-même et portée à Per-Ramsès par un ambassadeur hittite. Légèrement amendé par Ramsès II, un autre texte du traité fut rapporté à Hattousa.

L'exemplaire hittite fut déposé, à Héliopolis, aux pieds d'une statue du dieu solaire et sculpté, en traduction égyptienne, sur les murs de plusieurs temples, en Égypte même : à Karnak (face sud de l'aile orientale du 9° pylône) et à Eléphantine (sur le quai) — en Nubie et au Soudan : à Amarah-ouest (cour extérieure devant le temple), Abou Simbel (côté sud de la façade du grand temple), Aksha (situé à 25 kilomètres au nord de Ouadi Halfa).

L'exemplaire contenant le serment de Ramsès II fut déposé aux pieds d'une statue du dieu hittite Teshoub et recopié sur des tablettes d'argile placées dans les archives officielles du Hatti, où elles furent retrouvées au début de ce siècle, lors des fouilles menées en 1906 par le Dr Hugo Winckler, à Bogaz-Khöy, en Turquie.

Le traité est daté avec précision de la « vingt et unième année de règne, le premier mois de la saison de la germination, le vingt et unième jour » (donc dans la première quinzaine de décembre) « sous la Majesté du roi de Haute et Basse Égypte Ousermaâtrê-Setepenrê, le fils de Rê, Ramsès-aimé-d'Amon ».

C'est le premier traité de l'histoire du monde dont le texte nous soit parvenu.

Le préambule reconnaît officiellement la responsabilité de Mouwatalli dans la rupture de l'accord précédemment signé par Aménophis IV et Souppilouliouma, et peut-être renouvelé par Séthi Ier et Mouwatalli lui-même. Pour la première fois, alors que, jusqu'à ce jour, les alliances se contractaient entre souverains et devaient donc être renouvelées, éventuellement, par leurs successeurs, ce texte engage aussi les descendants des deux rois.

> « Au commencement, et depuis le temps éternel, existaient des relations entre le grand chef de l'Égypte et le grand chef du Hatti, et Dieu ne permit pas que des ennemis surviennent pour les séparer, en vertu d'un traité. Mais au temps de Mouwatalli, mon frère, celui-ci combattit avec le grand chef de l'Égypte.
>
> Maintenant, à dater de ce jour, vois, Hattousili, le grand chef du Hatti, a rédigé un traité pour permettre que soient fixées les relations qu'a créées Rê et qu'a créées Soutekh, (les relations) du pays d'Égypte avec le pays du Hatti, et pour éviter que des ennemis ne les séparent — (ceci) pour l'éternité.
>
> Vois, c'est Hattousili, le grand chef du Hatti, qui l'a établi avec Ousermaâtrê-Setepenrê, le grand chef de l'Égypte, afin de permettre que, à dater de ce jour, la paix existe et une bonne fraternité entre eux, pour toujours. Il fraternisera avec moi et il sera en paix avec moi ; je fraterniserai avec lui et je serai en paix avec lui, pour toujours...
>
> Et les enfants des enfants du grand chef du Hatti fraterniseront et seront en paix avec les enfants des enfants de

Ramsès-aimé-d'Amon, le grand chef de l'Égypte. Cela fait partie de nos relations de fraternité et de nos relations de paix que le peuple d'Égypte soit en paix et fraternise avec le pays du Hatti, tout entier, et pour toujours [94]. »

Ce traité comporte, notamment, des clauses de non-agression et de respect du territoire de chacun, une alliance défensive réciproque assurant une lutte commune contre les rebelles, la promesse d'extradition des réfugiés politiques, en même temps que d'amnistie pour ceux-ci. Le traité est placé sous la garantie sacrée des dieux des deux pays :

> « Quant à ces mots du contrat qu'a établi le grand chef du Hatti avec Ramsès-aimé-d'Amon, le grand chef de l'Égypte, ils sont inscrits sur cette tablette d'argent.
> Pour ces mots, un millier de divinités parmi les dieux et les déesses du pays du Hatti et un millier de divinités parmi les dieux et les déesses du pays d'Égypte sont avec moi, comme témoins de ces mots : le Soleil Seigneur du ciel... la reine du ciel, les dieux maîtres du serment, les déesses maîtresses de la terre... Ishara, la maîtresse des montagnes et des rivières du pays du Hatti, les dieux du pays de Kizzouwatna, Amon, Rê, Soutekh, les dieux et les déesses des montagnes (!) et des rivières du pays d'Égypte, le ciel, la terre, la grande mer, les vents, les nuages.
> Les mots qui sont sur cette tablette d'argent sont pour le pays du Hatti et le pays d'Égypte.
> Celui qui ne les observerait pas, un millier de dieux du pays du Hatti et un millier de dieux du pays d'Égypte détruiraient sa maison, son pays, ses sujets.
> Quant à celui qui observera les mots qui sont sur cette tablette d'argent, qu'il soit du Hatti ou qu'il fasse partie du peuple d'Égypte, et qui ne les négligera pas, un millier de dieux du pays du Hatti avec un millier de dieux du pays d'Égypte feront en sorte qu'il soit prospère et feront en sorte qu'il vive avec sa maisonnée, ses enfants, ses sujets. »

Dans la correspondance retrouvée à Bogaz-Khöy, et échangée par Ramsès II et Hattousili III, deux lettres confirment cet engagement réciproque des souverains et la garantie sacrée accordée par les dieux.

Ramsès écrit :

> « Vois le document concernant le serment que j'ai fait au grand roi, le roi du Hatti, mon frère, est déposé aux pieds de (?)... et devant les grands dieux, qui sont aussi les témoins des mots de ce serment.
>
> Et vois, le document contenant le serment que le grand roi, le roi du Hatti, a prononcé à mon intention, est déposé aux pieds du dieu solaire d'Héliopolis et devant les grands dieux, qui sont ainsi les témoins des mots de ce serment. »

Hattousili répond :

> « J'ai prêté grande attention à ce serment. Vois, le tableau du serment que j'ai fait pour toi » [il s'agit d'une tablette d'argent accompagnant le texte du traité et décoré de scènes sur les deux faces, représentant Soutekh et la déesse-mère du Hatti enlaçant respectivement le roi et la reine] « est déposé devant le dieu solaire d'Arinna [95] et devant les grands dieux du pays du Hatti, ils seront les témoins des mots de ce serment que, pour toi, j'ai fait.
>
> Et vois, le tableau du serment que tu as fait pour moi est déposé devant le dieu solaire d'Héliopolis et devant les grands dieux du pays d'Égypte ; ils seront les témoins de ce serment que tu as prononcé à mon intention...
>
> Vois, les grands dieux de nos deux pays sont ainsi les témoins de ce serment que nous avons échangé. Dans la suite des temps, je ne l'oublierai pas, je lui prêterai grande attention et le préserverai bien [96]. »

Le Proche-Orient retrouve la paix, l'Empire égyptien le calme et la prospérité.

Certes, les frontières ne sont pas définies précisément, elles le sont tacitement. Pendant cinquante ans, désormais, l'Oronte demeurera la limite reconnue entre les deux États les plus puissants du moment, qui ne chercheront qu'à développer paisiblement leurs richesses. L'Égypte, le Hatti et Babylone vivront alors une des périodes les plus heureuses de leur histoire.

Une amitié, entachée parfois de quelque susceptibilité, naît entre les deux souverains.

Ramsès écrit à Hattousili :

> « Puisses-tu te bien porter, ainsi que tes résidences, ta femme, tes fils, tes armées, tes chevaux, tes chars ; puissent également prospérer tous tes pays.
>
> Je viens juste de lire les mots que mon frère m'a écrits, disant : " Pourquoi, mon frère, t'es-tu adressé à moi comme si j'étais l'un de tes sujets ? " Ce que tu me dis ainsi, ce mot que tu m'écris, m'afflige. Je te prête beaucoup d'attention ainsi qu'aux grandes choses que tu as accomplies dans tous les pays. Certes, le grand roi des régions du pays du Hatti, c'est toi. Le dieu-soleil et le dieu de l'orage ont permis que tu sièges à la place de ton grand-père. Pourquoi t'écrirais-je en pensant à toi comme à un sujet ? Tu peux être assuré que je me considère comme ton frère [97]. »

Duel épistolaire, amitiés orgueilleuses — cela n'entraîne pas de graves conséquences.

Les échanges, nombreux, entre les deux pays, sont pacifiques. Ramsès envoie au Hatti un architecte égyptien, Perimakhou, pour construire le palais d'un prince vassal de Hattousili. Il demande à celui-ci de lui envoyer du fer ; ce métal, dont l'usage a été introduit en Asie au moment des invasions indo-européennes, est de plus en plus utilisé pour la fabrication des armes ; or les rois du Hatti en constituent des réserves dans le royaume du Kizzouwatna, leur allié ; le minerai y est raffiné et des ateliers d'armes, royaux, y sont établis.

Hattousili écrit à Ramsès :

> « Pour le fer, au sujet duquel tu m'écris, je n'ai pas de fer, dans mes réserves, à Kizzouwatna. Le moment n'est pas favorable pour le fabriquer ; pourtant j'ai écrit de faire du fer pur. Jusqu'à maintenant il n'est pas terminé, mais, dès qu'il le sera, je te l'enverrai. Aujourd'hui, je ne puis t'envoyer qu'une dague de fer [98]. »

Les épousailles du printemps

L'amitié, durable, est confirmée, douze ans plus tard, en l'an 34 du règne de Ramsès, par une alliance plus étroite : heureux dénouement d'un long duel d'influences, Ramsès épouse la fille du roi du Hatti.

Longue préparation diplomatique, négociations, voyage officiel et cérémonie grandiose soulignent le caractère exceptionnel de cette union.

Parmi les nombreuses lettres échangées alors, celle de Ramsès II à la reine du Hatti, Poudouhepa, est très suggestive de ces longues tractations matrimoniales, suggestive aussi du rôle politique joué par Poudouhepa, fille d'un prêtre de la déesse Ishtar (ou Astarté), et qui, comme les autres reines du Hatti, eut une influence certaine sur la gestion des affaires. Elle avait apposé son sceau sur le texte du traité, et Ramsès lui adresse une lettre fort semblable à celle qu'il envoya à Hattousili lui-même :

« Ainsi parle Ousermaâtrê-Setepenrê, le grand roi, le roi d'Égypte, le fils de Rê, Ramsès-aimé-d'Amon. A Poudouhepa, la grande reine, la reine du Hatti, je dis : " Vois, en ce qui me concerne, ton frère " [c'est-à-dire Ramsès lui-même] " est en bonne condition, ainsi que mes résidences, mes fils, mes armées, mes chevaux, mes chars et la situation intérieure de mes pays est très, très prospère.

En ce qui te concerne ma sœur, puisses-tu être aussi en bonne condition, ainsi que tes résidences, tes fils, *tes armées, tes chevaux, tes chars,* tes dignitaires, et puisse la situation intérieure de tes pays être très, très prospère.

Ainsi parlè-je à ma sœur : " Vois, mes messagers sont arrivés auprès de moi en même temps que les tiens ; ils m'ont fait rapport sur la prospérité du grand roi, du roi du Hatti, mon frère ; ils m'ont fait également rapport sur la prospérité de ma sœur, de ses enfants et de vos pays. Mon cœur se réjouit au plus haut point lorsque j'entends de la prospérité de mon frère, de celle de ma sœur et de celle de vos pays. Puissiez-vous être en bonne santé et joyeux de la meilleure façon ! "

J'ai vu le tableau que ma sœur m'a fait porter, et j'ai entendu de toutes les affaires concernant la reine du Hatti ma sœur, qui m'a écrit de manière très, très agréable.

Ainsi dis-je encore à ma sœur : " Vois, le grand roi, le roi du Hatti m'a (également) écrit ceci : 'Fais venir des gens, avec de la bonne huile fine, que l'on puisse épandre sur la tête de ma fille, afin que, ensuite, on puisse l'emmener vers la résidence du grand roi, le roi d'Égypte. ' " Ainsi m'a écrit mon frère. Vois, cette décision est très, très bonne ; c'est le dieu-soleil qui l'a causée, et le dieu de l'orage, et les dieux de l'Égypte et du Hatti qui l'ont entraînée ; ainsi cette résolution a été prise par les deux grands pays [99]. »

Si le style n'est pas toujours élégant, la diplomatie qui conduit ces échanges est assurée.

A la fin de l'automne de l'an 1262 environ av. J.-C., la jeune princesse hittite quitte Hattousa, accompagnée d'une brillante escorte de soldats, de dignitaires, et d'ambassadeurs des deux pays ; sa dot la précède : caravanes porteuses de bijoux précieux et de richesses. La petite princesse franchit les passes du Taurus, traverse le Kizzouwatna et parvient à Alep. Suivant les prières de Ramsès, la saison, pour elle, se fait clémente, la pluie et la neige l'épargnent. Gage vivant de la plus importante alliance dans l'histoire du Proche-Orient, elle arrive à Kadesh, à la *frontière* des deux États. Là, sa mère Poudouhepa la quitte, tandis que l'accueillent l'armée et les notables égyptiens venus à sa rencontre. Soldats égyptiens et hittites, mêlés désormais, paradent ensemble. La princesse, suivie de sa longue escorte, traverse Canaan, longe la côte du Sinaï et parvient enfin à Per-Ramsès, la ville capitale, où l'attend son prestigieux fiancé. Ramsès reçoit sa princesse lointaine ; elle s'appellera maintenant Maathorneferourê « celle qui voit Horus et la beauté de Rê », allusion à la royale intimité. De grandes réjouissances ont lieu.

Des textes commentent ce grand événement ; des stèles commémoratives, notamment, sont érigées à Karnak (devant l'aile orientale du 9e pylône), devant le temple d'Amarah-ouest (dans la cour extérieure), à Aksha, à

Abou-Simbel (devant la façade méridionale du grand temple) ; dans le temple de la déesse Mout, à Karnak, figure aussi une version abrégée du texte.

L'inscription, qui comporte 41 lignes, commence par les longues louanges d'usage, puis commente le voyage :

> (1. 32) « Alors le grand roi du Hatti permit que soit emmenée sa fille aînée, précédée de nombreux tributs (comprenant) or, argent, bronze en grande quantité, serviteurs, chevaux, dont le nombre était sans limite, bétail, chèvres, béliers innombrables — tributs apportés au roi de Haute et Basse Égypte Ousermaâtrê-Setepenrê, fils de Rê, Ramsès-aimé-d'Amon, doué de vie.
>
> On vint dire à Sa majesté, pour lui réjouir le cœur : " Vois, le grand roi du Hatti a permis que soit amenée sa fille aînée, en même temps que des tributs nombreux et toutes sortes de produits (si nombreux) qu'ils recouvrent (entièrement) le chemin ; la princesse et les hauts dignitaires du pays du Hatti les apportent. Ils ont traversé de multiples montagnes et des défilés redoutables. Ils ont maintenant atteint la frontière de Sa Majesté. Permets donc que l'armée et les Grands se mettent en route pour les recevoir. "
>
> Alors Sa Majesté se réjouit et entra dans son palais le cœur en liesse, après qu'il eut entendu cette nouvelle, (tenue) secrète, et dont on n'avait pas eu connaissance jusqu'alors en Égypte. Il dépêcha l'armée et les Grands pour se porter à leur rencontre, rapidement.
>
> Sa Majesté médita ensuite cette pensée en son cœur, disant : " Comment feront-ils ceux que je viens d'envoyer et qui sont maintenant sur le chemin, mes messagers vers le pays de Djahi, en ces jours et cette saison de vent et de neige ? " Alors il offrit une grande oblation à son père Soutekh et s'approcha de lui, disant : " Le ciel est en tes mains, la terre est sous tes pieds, c'est ce que tu commandes qui arrive ; fais que cessent la pluie, les vents froids et la neige jusqu'à ce qu'arrive auprès de moi la merveille que tu m'as assignée. " Son père Soutekh entendit toutes ces paroles et le ciel fut en paix et les jours d'été survinrent en la saison d'hiver. Pour son armée et pour ses dignitaires, alors, le corps parut léger et le cœur fut dilaté par la joie.

Lorsque la fille du roi du Hatti arriva en Égypte, les fantassins, les charriers et les dignitaires de Sa Majesté l'escortèrent, se mêlant aux fantassins et aux charriers du Hatti, formant une seule armée faite de soldats asiatiques et égyptiens ; ils mangeaient et buvaient ensemble, ils n'avaient qu'un seul cœur comme des frères ; aucun ne repoussait l'autre, la paix et la fraternité demeurant entre eux, selon les desseins du dieu lui-même, le roi de Haute et Basse Égypte, Ousermaâtrê-Setepenrê, le fils de Rê, Ramsès-aimé-d'Amon, doué de vie.

Tous les grands chefs des pays que traversait le cortège, déconcertés, se détournaient, faiblissant, après qu'ils avaient vu les hommes du Hatti mêlés à l'armée du roi de Haute et Basse Égypte, le Seigneur des Deux Terres, le monarque au bras puissant, protecteur de l'Égypte, Ousermaâtrê-Setepenrê, le fils de Rê, maître des apparitions radieuses, Ramsès-aimé-d'Amon, doué de vie...

L'an 34, le troisième mois de la saison de la germination... la fille aînée du roi du Hatti fut amenée devant Sa Majesté, ainsi que les multiples tributs (qui l'accompagnaient). Le cœur du roi la trouva très belle ; il lui donna son nom : « L'Épouse royale, Maathorneferourê, fille du grand roi du Hatti et fille de la grande dame du Hatti. »

C'était une merveille cachée, dont on ne savait pas qu'elle arriverait en Égypte, dont on n'avait pas entendu parler. C'est le père du roi, le dieu Ptah-Ta-tenen qui avait décidé cela. Alors le pays du Hatti, d'un seul cœur, fut sous les pieds de Sa Majesté — [cela ne dut pas être, certainement, du goût du roi du Hatti, mais l'Égyptien aime à magnifier toute chose pour créer une réalité plus efficiente]. La jeune reine se reposa à l'intérieur du palais, elle suivit le roi chaque jour, son nom brillant dans le pays entier [100]. »

Le rôle important dévolu à Ptah dans cet événement apparaît aussi dans un autre texte ; c'était, là encore, un moyen d'écarter les clercs d'Amon de toute initiative touchant à la vie politique. Cet autre texte, un décret du dieu Ptah, daté de l'année suivante, la 35e année du règne, fut également reproduit dans plusieurs temples. Ptah dit à Ramsès :

« J'ai fait, à ton intention, le pays du Hatti en son entier pour être sujet de ton palais. J'ai placé dans le cœur de ses habitants (le désir) de se diriger vers ton *ka*, chargés de tous les tributs dont leurs chefs se sont emparés, ainsi que de tous leurs biens (ceci) comme apport à la gloire de Ta Majesté. La fille aînée (du roi du Hatti) s'avance en tête (du cortège) pour satisfaire le cœur du Seigneur du Double Pays... ; grande merveille cachée, elle ne connaît pas encore l'acte avisé que j'ai accompli pour que ton cœur soit en paix [101]. »

Quelque temps après, le frère de la jeune reine, le prince héritier du Hatti (qui succédera à Hattousili III sous le nom de Toudhalija IV) vient rendre visite à son royal beau-frère. Il passa en Égypte la saison d'hiver. Il est possible que le prince ait préparé une visite officielle de Hattousili lui-même ; le projet en tout cas exista. En effet, une lettre envoyée par Ramsès au roi du Hatti invite celui-ci à venir à Per-Ramsès, pour connaître « son frère » et son pays. La réponse de Hattousili étant un peu brève et dilatoire, Ramsès renouvelle l'invitation :

« Le dieu-soleil de l'Égypte et le dieu de l'orage du Hatti permettront à mon frère de voir son frère ; et puisse mon frère accepter cette suggestion de venir me voir. Ainsi nous nous verrons, face à face, assis à la place où je trône. J'irai en avant jusqu'à Canaan pour rencontrer mon frère, le voir et l'accueillir *au milieu de mon pays* [102]. »

Expression révélatrice de la pensée impériale de Ramsès II : l'Empire s'étendant, sans distinction de pays ou de région, du Soudan à l'Oronte, formant un tout unique.

Hattousili se méfia-t-il ? Pensa-t-il que ce voyage pourrait apparaître comme la reconnaissance d'une allégeance envers l'Égypte ? Fut-il malade ? Il semble que la visite n'ait pas eu lieu. Toutefois, quelques témoignages, fort minces il est vrai, sembleraient prouver que cette rencontre au sommet s'est peut-être déroulée, mais assez secrètement. Ainsi, dans une lettre de Hattousili au prince de

Kode, le roi hittite demande à celui-ci de se préparer à venir avec lui en Égypte ; une allusion à ce même voyage est faite dans une lettre rédigée par Ini-Teshoub, le puissant prince de Karkhémish.

Ce sont de bien modestes indices, pour un événement aussi considérable. La réponse à ce qui demeure encore un mystère sera peut-être donnée dans les années à venir, grâce à la découverte d'un document nouveau plus révélateur.

Ce mariage hittite frappa si vivement l'imagination populaire que des légendes naquirent à son propos ; l'une d'elles est parvenue jusqu'à nous dans un conte sculpté sur une stèle conservée au musée du Louvre, à Paris (C 284), et postérieure de 7 à 8 siècles aux événements réels. Neferourê serait venue (pour épouser Ramsès) d'un si lointain pays qu'il fallait dix-sept mois pour y parvenir ; la sœur de la princesse aurait été atteinte d'un mal mystérieux et Ramsès aurait envoyé, en dépit des difficultés du voyage, un médecin égyptien et une statue divine pour exorciser la jeune possédée.

Le dernier avatar de la jolie Hittite date du XIXᵉ siècle, en France, et prit naissance chez les poètes parnassiens. Leconte de Lisle, dans les *Poèmes barbares*, dédie un poème à Neferourê, dont il fait la fille de Ramsès II :

> « Hier Neferou-Ra courait parmi les roses,
> La joue et le front purs polis comme un bel or,
> Et souriait, son cœur étant paisible encor,
> De voir dans le ciel bleu voler les ibis roses. »

Un peu d'histoire, beaucoup de légende, et des notions très personnelles sur la flore et la faune de l'Égypte ancienne...

Ramsès II, de toute façon, impressionna et impressionne toujours l'esprit des hommes, épris d'héroïsme et d'aventures lointaines, et le sort de la petite fiancée hittite, qui franchit les montagnes et les déserts pour rejoindre l'époux qui lui était destiné, ne peut que toucher les âmes sensibles.

Noces hittites, encore

L'entente était si étroite désormais que Hattousili proposa à Ramsès II, semble-t-il, une autre de ses filles en mariage. L'affaire eut moins de retentissement. Cela devenait un usage.

Deux stèles, en Égypte, attestent l'événement : l'une a été découverte dans le grand temple de Koptos, l'autre en Abydos (dans le temple de Séthi Ier, contre le mur méridional de la première cour).

« Le grand roi du Hatti fit apporter au roi de Haute et Basse Égypte, Ousermaâtrê-Setepenré, fils de Rê, Ramsès-aimé-d'Amon, de très riches et nombreux tributs provenant du Hatti, du pays des Gasga, de l'Arzawa et du pays de Kode, (si nombreux) qu'on ne pouvait en faire la liste par écrit, ainsi que des troupeaux de chevaux en grand nombre, des troupeaux de bétail, beaucoup de troupeaux de chèvres et de petit bétail ; ils précédaient *son autre fille,* que l'on amenait pour Ramsès, en Égypte ; *c'était la seconde fois.*

Ce n'étaient pas des fantassins qui les conduisaient, ni des charriers, c'étaient les dieux du pays d'Égypte et les dieux de chaque contrée étrangère qui avaient fait en sorte que les grands princes de chaque pays apportent d'eux-mêmes leurs tributs à Ramsès : leur or, leur argent, leurs vases de pierre verte, leurs troupeaux de chevaux, leurs troupeaux de bétail, leurs troupeaux de chèvres et de petit bétail, en même temps que les enfants des princes du pays du Hatti, offrant aussi leurs propres biens jusqu'aux limites des terres de Ramsès ; ils étaient venus de leur propre initiative.

Ce n'était pas un chef qui marchait en les emmenant, ce n'était pas des fantassins, ni des charriers, c'était Ptah-Tatenen, le père des dieux, qui avait placé tous les pays et toutes les contrées étrangères sous les pieds de ce dieu parfait, pour un temps infini, infini [103]. »

C'est Ptah, une fois encore, qui préside aux noces royales — Ptah, dont le culte, très ancien, prend alors beaucoup d'importance[104].

L'Empire d'Égypte prospérait ainsi dans la paix, gouverné par un souverain héroïque et orgueilleux.

CHAPITRE III

L'empire des Ramessides et la « Pax aegyptiaca »

A. — LA PENSÉE DE L'EMPIRE

L'Empire des Ramessides fut conçu par eux comme un pays unique, une grande unité politique, spirituelle, religieuse, où peuples et croyances devaient s'intégrer dans un ensemble sans faille. C'est là une conception nouvelle et orgueilleuse, qui fait de l'Égypte le centre du monde. Les Ramsès étaient des militaires ambitieux, conscients de la grandeur de leur patrie, des diplomates habiles, des hommes d'État lucides, qui, pourtant, n'échappèrent pas à certaines difficultés intérieures propre à la gestion égyptienne.

Après les grandes conquêtes de Séthi Ier et de Ramsès II, les guerres asiatiques et africaines, l'Empire des Ramsès connut son âge d'or — un demi-siècle de paix et de grande richesse, durant lequel les souverains s'efforcèrent d'unifier politiquement et spirituellement leurs terres diverses. Le pouvoir des monarques d'Égypte n'était plus contesté, tant leur prestige était immense, et grande la crainte de leurs armes.

Aux limites de la terre

Dans la louange pour Séthi Ier, sculptée sur la stèle découverte à Qasr Ibrim, la domination égyptienne semble universelle ; elle s'étend, en tout cas, aussi loin que l'imagination peut découvrir de terres, entre les vents et la mer :

> « Sa frontière méridionale va jusqu'à la limite des vents, et l'on dit de sa frontière septentrionale qu'elle atteint la Très-Verte[1]. »

Le dieu Rê-Horakhty, dieu solaire des jours paisibles, louant Ramsès, son fils, considère l'Égypte comme le pivot d'un Empire qui s'étend aux quatre points cardinaux :

> « Je te loue à cause de ce que tu as fait, ô mon fils bien-aimé, que je connais et que j'aime. Je suis ton père et te donne le temps éternel et infini en qualité de roi du Double Pays ; ta durée de vie sera égale à la mienne, sur mon trône terrestre ; tes années seront semblables à celles d'Atoum. Tu étincelles comme l'Horus de l'horizon et tu illumines le Double Pays.
>
> Tu protèges l'Égypte, et tes frontières sont lointaines ; tu te saisis de la Syrie et du pays de Koush, des Tjehenou et des Shasou, et des îles qui sont au cœur de la Très-Verte, grâce à la victoire de ton bras vaillant[2]. »

Les très anciens Tjehenou demeurent, pour les Égyptiens, l'ethnie typique de la Libye, à l'Ouest, tandis que les Shasou représentent les peuples asiatiques de l'Est.

Particulièrement remarquable, un texte sculpté dans le grand temple d'Abou-Simbel (mur méridional de la première salle) définit parfaitement la pensée impériale ramesside :

> « Ramsès, vaillant comme Montou, qui emmène le pays

du Nègre jusqu'au Nord et les Asiatiques en Nubie ; il a placé les Shasou dans le pays de l'Occident et établi les Tjehenou sur les montagnes du Nord [le Liban][3]. »

Les peuples cités sont, avant tout, les peuples de l'*Empire*, et ils appartiennent à celui-ci avant d'être ressortissants de telle ou telle région de l'univers. C'est la plus précise définition donnée par les Égyptiens de cet *imperium aegyptiacum*, dont rêvèrent et que réalisèrent les Ramsès, bien avant que n'existent les Césars. Mais un trait rapproche Égyptiens et Romains : ils furent, à l'origine, les uns et les autres, un peuple d'agriculteurs, profondément attachés à leurs terres et qui, pour les défendre, en sont venus peu à peu, de pays en pays, à conquérir une grande partie du monde.

Pour une spiritualité universelle

En ces temps anciens, où le spirituel avait autant d'importance que le temporel, l'intégration des peuples devait s'accompagner d'une harmonieuse intégration des croyances, dans laquelle la tolérance et le respect de toutes les idéologies jouaient un rôle essentiel. Le désir d'imposer une pensée unique, fût-elle élevée, ne sera ressenti que tardivement — mise à part la brève période *hérétique* d'Aménophis IV, hérétique car violente et intolérante.

Si les peuples sont conquis par la force, les esprits doivent demeurer libres ; ils savent alors aisément et heureusement s'unir dans un même souci de préserver les croyances de chacun. Dans l'Empire des Ramsès, elles constituent une vaste spiritualité païenne, au sein de laquelle les dieux sont les forces du monde, dont les noms seuls diffèrent.

L'œuvre idéologique des Ramsès, elle aussi, fut importante.

Voulant unifier les croyances, ils commencèrent par simplifier, officiellement, le panthéon égyptien. Un syncrétisme étroit s'établit entre les divinités.

Le texte d'un hymne dédié à Amon-Rê, actuellement conservé au musée de Leyde, et rédigé sur papyrus, au temps de Ramsès II, est très révélateur de ce souci :

> « Trois sont tous les dieux : Amon, Rê et Ptah ; ils n'ont pas leur pareil. *Son* nom est caché en tant qu'Amon[4], *son* visage est celui de Rê, *son* corps est celui de Ptah[5]. »

dieu tripartite, qui unit en lui les trois grandes personnalités divines de l'histoire égyptienne. La puissance du nom, c'est-à-dire du Verbe créateur, appartient à Amon ; la radiance de son visage est celle de Rê ; son corps est celui de Ptah, dieu gainé, dont le corps est ainsi, symboliquement, enserré dans l'écorce d'un arbre et possède donc toutes les forces du renouveau végétal. Cette trinité sacrée représente donc les grandes forces existantes et toujours renaissantes de l'univers, et le pouvoir de créer.

Le texte poursuit :

> « Leurs villes sur la terre sont fondées pour un temps éternel : Thèbes, Héliopolis, Memphis, pour un temps infini. Si l'on envoie du ciel un message, on l'entend à Héliopolis, on le répète à Memphis, la ville du dieu au beau visage[6], on l'écrit en caractère de Thoth » [c'est-à-dire en hiéroglyphes] « pour la ville d'Amon, qui traite des affaires. On émettra un avis à Thèbes... — Amon, Rê, Ptah : ensemble, trois ».

Héliopolis, ville de Rê, est en liaison directe avec le ciel ; le message est enregistré à Memphis ; mais c'est de Thèbes que viendra l'ordre à exécuter.

Dans d'autres passages de ce texte, les dieux de l'Ogdoade d'Hermopolis sont considérés comme la forme primitive du dieu Amon — Amon, dont les autres dieux sont des hypostases ou des avatars.

Cet essai de syncrétisme donne naturellement à Amon

une place éminente ; sous l'influence des clercs thébains ? Mais Amon n'est-il pas le dieu des victoires, garant de la puissance des rois ? La présence de Ptah apporte la preuve d'une volonté royale dans cette tentative pour regrouper le panthéon égyptien ; les Ramsès furent en effet des fervents du dieu de Memphis ; l'onomastique royale en témoigne : ainsi, le treizième fils et successeur de Ramsès II s'appellera Merenptah, « l'aimé de Ptah ». Est-ce là désir, politique, de faire contrepoids au trop grand pouvoir du clergé d'Amon ? Ou bien le besoin de se rattacher aux plus anciennes traditions de la pensée égyptienne, les premiers temps du royaume, où Memphis était capitale, demeurant dans l'esprit des Égyptiens une sorte d'âge d'or — et les Égyptiens furent les plus conservateurs des hommes.

La place importante dévolue à Ptah dans la vie de l'État apparaît, notamment, dans un grand texte, composé comme un dialogue entre Ptah et Ramsès II, et sculpté sur les murs de plusieurs temples : à Karnak (mur sud de la cour extérieure), à Aksha (aile méridionale du pylône), à Abou-Simbel ; le texte en sera repris par Ramsès III, sur son temple funéraire de Medinet Habou.

Ptah dit à Ramsès II :

> « Quand je te vois, mon cœur s'exalte. Je te prends dans un embrassement d'or ; je t'enlace dans la durée, la stabilité et la force ; je m'unis à toi dans la prospérité et la joie du cœur ; je me lie à toi dans l'exaltation, la réjouissance, le plaisir et les délices. Je fais que ta pensée soit divine comme la mienne. Je te choisis, je te pèse, je te prépare, afin que ton cœur soit heureux et tes paroles efficaces. Il n'y a rien que tu doives ignorer, rien du tout. Je t'enveloppe de conseils de vie, afin que tu fasses vivre les autres selon ton dessein. Je t'ai placé en tant que roi du temps éternel, régent de la durée pour un temps infini. J'ai forgé tes membres dans l'or fin et tes os dans le cuivre [7]. »

La beauté de ce discours est émouvante ; il établit entre le dieu et le roi un lien charnel et spirituel, presque une connivence amoureuse, en tout cas une fusion totale.

Ptah dit encore :

> « Je te donne la vaillance et la force, la puissance de ton bras est en chaque pays ; j'ai lié pour toi les désirs de toutes les terres, plaçant celles-ci sous tes sandales. Lorsque tu apparais, rayonnant, chaque jour, on t'offre les tributs des Neuf Arcs, tandis que les grands princes de chaque pays te présentent leurs enfants, que j'ai assignés à ton bras vaillant, pour que tu fasses d'eux ce que tu désires. J'ai placé ton prestige dans tous les cœurs, et l'amour de toi dans chaque corps. J'ai répandu la frayeur que tu inspires à travers les pays étrangers, tandis que ta crainte parcourt les montagnes et que tremblent les princes à ton souvenir. Puisse Ta Majesté prospérer, fermement établie à leur tête ; ils viennent à toi en criant pour implorer la paix, car tu fais vivre qui tu veux et tu massacres comme tu le souhaites[8]. »

Ptah deviendrait-il le rival d'Amon dans le domaine jusqu'alors spécifique du dieu de Thèbes : la guerre et la domination sur les puissances étrangères ? Il est vraisemblable que les dieux de la nouvelle et sainte trinité, qui avaient officiellement force commune, possédaient également des attributions analogues, presque interchangeables. La fusion, sans doute voulue par Ramsès II, est ainsi complète et plus efficace pour la protection de l'Égypte.

Évidemment, ce syncrétisme officiel, qui n'entraînait aucune contrainte, n'empêcha pas la poursuite des services cultuels rendus aux dieux locaux : Montou à Hermonthis notamment, Min à Koptos, Hathor à Denderah, Horus à Edfou, Khnoum à Éléphantine, par exemple. Simplement, ces dieux étaient des avatars locaux de la trinité officielle. Cet essai pour organiser le panthéon n'est pas, à vrai dire, le premier : déjà Amenemhat Ier, huit siècles auparavant, mais en de moindres proportions, avait tenté de construire un système qui subordonnait les divinités locales au dieu de Thèbes[9].

Seul, Osiris demeure hors de ces *mouvements* et de ces tentatives de rassemblement. Sans pouvoir politique, il est le dieu qui continue à enseigner aux hommes les voies de la résurrection.

Mais l'œuvre la plus remarquable des Ramsès, dans le domaine spirituel, est la préoccupation constante qu'ils eurent d'accueillir les divinités étrangères, tandis que les dieux égyptiens trouvaient, en d'autres pays, de *nouveaux lieux de culte*. Ainsi fut véritablement créée une grande religion d'Empire.

Le culte de Baal, le grand dieu sémitique de l'orage et, en conséquence, maître et protecteur de la navigation, est attesté en Égypte dès le règne d'Aménophis II, à Perounefer (« La bonne sortie »), le port de Memphis. Baal, qui est aussi dieu de la guerre, fut particulièrement vénéré sous les Ramsès ; les monarques, dans le combat, aiment à se confondre avec lui. Ramsès II, à Kadesh, était « Baal lui-même » pour les Hittites terrifiés. Baal est également, maintes fois, assimilé à Seth ; un culte à Baal-Seth fut institué dans l'un des temples de la capitale nouvelle, Per-Ramsès.

La déesse guerrière sémitique, Astarté — souvent appelée aussi Anat en Égypte (en tout cas, les deux formes, souvent, s'assimilent) — fut véritablement incluse dans la mythologie égyptienne. Elle peut être dite « fille de Rê », « fille de Ptah » ou « compagne de Seth ». Les Ramsès l'adoptèrent. Ramsès II est appelé le « nourrisson d'Anat » (dans la version abrégée de la *Stèle du mariage*) ; elle est la vache qui allaite le roi-enfant, remplissant ainsi le rôle traditionnellement dévolu à Hathor. Elle peut être aussi celle qui assure la victoire guerrière du souverain ; le pilier dorsal d'un groupe statuaire provenant de Tanis, actuellement conservé au musée du Louvre et représentant Ramsès II et Anat, porte l'inscription suivante :

> « Paroles dites par Anat :
> O Seigneur du Double Pays, Ousermaâtrê-Setepenrê, maître des apparitions radieuses, Ramsès-aimé-d'Amon, je suis ta mère Anat et je te mets en fête au moyen de la vie, de la stabilité et de la force.

O Seigneur du Double Pays, Ousermaâtrê-Setepenrê, maître des apparitions radieuses, Ramsès-aimé-d'Amon, tu as conquis toutes les terres, car je suis avec toi et les massacres (que tu infliges) sont comme une flamme dans le cœur des princes.

O Seigneur du Double-Pays, Ousermaâtrê-Setepenrê, maître des apparitions radieuses, Ramsès-aimé-d'Amon, aimé d'Anat, la dame du ciel [10]. »

Sur un fragment de bas-relief provenant également de Tanis (et actuellement au musée de Brooklyn) Ramsès II et Anat sont face à face ; la déesse est appelée « Anat, dame du ciel, *pour* Ramsès-aimé-d'Amon [11] ».

Sur une stèle dédiée à Astarté et placée dans le temple de Ptah à Memphis, on voit Merenptah offrant l'encens aux deux divinités — Astarté étant appelée « maîtresse du ciel, qui préside à tous les dieux [11bis] ».

L'onomastique témoigne aussi de la large diffusion du culte d'Anat-Astarté en Égypte. On connaît, sous le règne de Séthi Ier, un « supérieur de l'écurie d'Amon, chef des archers, Astarty » — ou « celui d'Astarté [12] ». On a retrouvé à Kanais (ou Redisiyeh), dans le désert nubien, une stèle de ce haut fonctionnaire ; il rend hommage, dans le texte du monument, à tous les grands dieux d'Égypte et s'est fait représenter, à la partie supérieure, faisant offrande à sept divinités : Amon, Mout, Rê, Osiris, Isis, Horus et Astarté, celle-ci figurée, selon l'une de ses formes traditionnelles, en déesse cavalière [12]. Autre preuve de la fusion étroite des cultes qui se produit alors.

Un dieu-faucon, appartenant au domaine sémitique et méditerranéen, adoré notamment en Canaan et au Liban, le dieu Houroun, fut particulièrement vénéré en Égypte à cette époque. Déjà populaire sous Thoutmosis III, dans la région memphite, il reçut un temple (sans doute sous Aménophis II) près du Sphinx de Giza, confondu alors avec le dieu solaire sous le nom de Hor-em-akhet (Harmakhis, pour les Grecs), « Horus dans l'horizon ». La proximité des lieux de culte, le même appel à la forme du faucon firent que les deux divinités fusionnèrent. Peut-être est-ce, à l'origine, une colonie asiatique venue travailler en Égypte qui établit à cet endroit le culte d'Houroun. Celui-ci devait rapidement être adopté par les Ramsès, et une chapelle lui fut sans doute consacrée dans la nouvelle capitale ; de nombreuses stèles lui furent dédiées [13].

Particulièrement remarquable est un groupe statuaire de granit découvert à Tanis, actuellement au musée du Caire, et représentant Ramsès II protégé par le faucon Houroun. Ce thème statuaire de la protection *rapprochée* du souverain par un dieu est classique : déjà les ailes d'Horus enserraient la tête de Khephren ; Aménophis II fut représenté protégé par la vache Hathor : la statue royale se loge alors entre les pattes de l'animal, sous son mufle puissant ; Aménophis III, entre les pattes du bélier d'Amon est dominé par la bête divine, qui l'écrase presque de sa taille grandiose, suivant une très savante et suggestive composition statuaire. Le groupe Houroun-Ramsès II est plus particulier : entre les pattes du faucon dominateur, que coiffe le pschent, est placée une statuette de Ramsès figuré comme un enfant accroupi, le chef surmonté du disque solaire, l'index droit dans la bouche (geste enfantin traditionnel) et tenant dans la main gauche une tige de roseau ; c'est une « statue-charade », à lire comme un cryptogramme. Le nom du petit roi se lit *Rê* (voir l'image du soleil), *mes* (mot nommant l'enfant et désignant le fait de mettre au monde), *sou* (le phonogramme du roseau servant à écrire le pronom objet) : Rê-mes-sou, « Rê est celui qui l'a mis au monde » = Ramsès. Ainsi Houroun joue, dans ce cas, le rôle ailleurs dévolu aux grands dieux égyptiens : Horus, Hathor ou Amon. Le socle de la statue porte l'inscription : « Le dieu parfait Ousermaâtrê-Setepenrê, fils de Rê, Ramsès-aimé-d'Amon, aimé de Houroun, de la ville de Per-Ramsès. » Houroun est devenu un dieu *égyptien*.

Le culte d'une autre divinité sémitique, Resheph, dieu de la guerre, primitivement attesté à Mari et Ougarit, est établi en Égypte à la fin de la XVIIIe dynastie ; il se déve-

loppe sous les Ramsès et se poursuivra jusqu'à l'époque
ptolémaïque. Le dieu est reconnaissable à sa haute tiare
conique, du sommet de laquelle pendent, vers l'arrière,
deux rubans ; la coiffe est parfois ornée d'une tête de
gazelle, dont la présence souligne, peut-être, la nature originelle du dieu, divinité des déserts. Ces diverses attributions valurent à Resheph d'être assimilé à Seth. Cette
confusion montre que les dieux égyptiens peuvent
s'imprégner aussi de caractères asiatiques ; en effet, Seth
est parfois figuré portant la même tiare conique que
Resheph [14].

Les dieux étrangers sont alors totalement adoptés et se
fondent dans le panthéon égyptien, conformément au
souci d'universalité qui anime la pensée religieuse.

Les associations sont nombreuses, alors, sur les monuments, entre des dieux de toutes origines. Ainsi, une stèle
actuellement conservée au musée du Caire et provenant
de la région d'El Kantara, présente, sur deux registres :
Amon-Rê suivi de Resheph devant une table d'offrandes
et, sur le même registre, Houroun, homme à tête de faucon, coiffé du pschent, recevant l'adoration du dédicant [15].
Sur une autre stèle d'époque ramesside, actuellement à
l'université de Strasbourg [16] et provenant aussi du Delta,
sont figurés, dans le cintre, Resheph, Horus *ou* Houroun
et Ptah ; le fait que, en l'absence de texte, on ne puisse distinguer, d'après leur seule apparence, Horus et Houroun
témoigne de ce profond syncrétisme religieux. Et, de la
même manière, on hésitera à reconnaître soit Seth, soit
Resheph, sur une représentation, si le dieu n'est pas
expressément nommé dans une inscription.

Les dieux africains sont également inclus dans ce grand
rassemblement des croyances. L'adoption de Dedoun est
très ancienne [17]. Sous les Ramsès sont fréquemment mentionnés aussi d'autres dieux-faucons vénérés en Afrique,
notamment les trois Horus de Bouhen (capitale administra-
trative du vice-roi d'Égypte), de Miam (nom ancien de la
ville d'Aniba, qui fut un temps capitale de la Nubie) et de
Bak (autre ville importante du Sud) ; dans le cintre d'une

stèle découverte à Kouban et datant de l'an 3 de Ramsès II, le roi adore « son père Horus de Bak », qu'il encense et qui, pour le remercier, lui tient ce discours : « Je place pour toi les pays étrangers sous tes sandales, et je te donne le temps éternel en tant que roi[18] », suivant le plus pur style égyptien.

Les Ramsès semblent avoir voulu établir, pour mieux lier et unifier l'Empire, une religion universelle où tous les cultes se fondraient harmonieusement.

Peut-être même ont-ils essayé, avec orgueil, d'adjoindre à ce panthéon composite leur propre personne. Que les rois d'Égypte ait été l'objet d'un culte n'était pas alors chose nouvelle : Sésostris III est adoré en Nubie, Amenemhat III et IV au Sinaï, notamment, et l'on adorait partout les statues royales. Mais sous Ramsès II, il semble que le fait ait atteint son paroxysme.

Des fouilles clandestines ont amené la découverte, vers 1920, d'une série de stèles qui, selon les dires du « fouilleur » indigène, proviendraient de Horbeit (localité sise dans l'Est du Delta, la Pharbaithos des Grecs). Ces stèles (d'après leurs inscriptions) ont été sculptées pour des militaires en garnison dans l'une des places fortes situées à la frontière orientale de la Basse Égypte et destinées à éviter les incursions de nomades pillards. L'adoration et les offrandes du dédicant s'adressent non aux dieux du panthéon mais au roi régnant, Ramsès II, « qui était vénéré sous différents aspects, matérialisés par des statues colossales » [figurant sur ces stèles] « le représentant avec des attributs et dans des attitudes variés. Les colosses [eux-mêmes] qui faisaient l'objet d'un culte populaire, étaient au nombre de quatre, répartis en deux paires dont chacune était caractérisée par une même attitude de la statue et comprenait un colosse nommé d'après le nom d'intronisation du roi, Ousermaâtrê, et un autre nommé d'après son nom personnel, Ramsès. Deux colosses représentaient le roi debout, portant la couronne blanche de la Haute Égypte » ; ils avaient pour noms Ousermaâtrê-Montou-

dans-le-Double-Pays (auquel est jointe, une fois, l'épithète : « le grand dieu qui écoute les prières », caractéristique des cultes populaires) et « Ramsès-aimé-d'Amon-le-
dieu ». Les deux autres colosses figuraient le roi trônant,
coiffé du pschent ; l'un s'appelait « Ousermaâtrê-Sete-
penrê-aimé-d'Atoum » et l'autre « Ramsès-aimé-d'Amon-
Soleil-des-princes ».

« Si l'on en juge par la fréquence avec laquelle chacun
de ces colosses est mentionné sur les stèles, c'est " Ouser-
maâtrê-Setepenrê-Montou-dans-le-Double-Pays " qui était
de loin le plus populaire. Plus de quarante stèles le représentent... [19]. » En tout, plus de soixante-cinq ont été
retrouvées.

Il s'agit bien de statues *colossales,* auxquelles un culte
était rendu. Sur la stèle de Mose (« Il est né ! ») Ramsès II
est représenté au registre inférieur distribuant des récompenses à ses troupes, en présence de sa statue, figurée
deux fois plus grande (car divine) que le roi lui-même. Sur
une autre de ces stèles, la statue royale est qualifiée de
« grande statue », épithète qui, par exemple, sert à désigner les colosses d'Aménophis III, dits « de Memnon »,
dans la plaine occidentale de Thèbes.

Il est probable que des colosses étaient, originellement,
placés devant le pylône d'un temple, selon l'usage. Peut-
être à Per-Ramsès ?

Que ce culte fût populaire ne fait pas de doute. Ce qui
semble prouver que nous avons affaire aussi à un culte
officiel, c'est que, sur l'une des stèles, Ramsès lui-même
est représenté faisant offrande à sa propre statue. De
même, le registre supérieur de stèles découvertes en
Nubie, à Ouadi es Seboua, est orné de scènes figurant
Ramsès, muni d'attributs variés et accompagné de différentes divinités, s'adorant lui-même [19bis].

Que le puissant monarque se soit préoccupé de la fabrication même de ces monuments grandioses, nous en
avons la preuve grâce au texte d'une stèle découverte, en
1907, à Manshiyet es Sadr, près d'Héliopolis :

« An 8, deuxième mois de la saison de la germination, huitième jour, du roi de Haute et Basse Égypte Ousermaâtrê-Setepenrê, fils de Rê, Ramsès-aimé-d'Amon. Ce jour-là, Sa Majesté se trouvait à Héliopolis accomplissant la louange rituelle pour son père Rê-Horakhty-Atoum, Seigneur du Double Pays, l'Héliopolitain. Sa Majesté se promenait dans le désert d'Héliopolis, au sud du temple de Rê, au nord du temple de l'Ennéade et juste en face du temple d'Hathor, maîtresse de la Montagne Rouge [20]. Soudain Sa Majesté aperçut un grand bloc monolithe de grès rouge [21] ; on n'en avait jamais vu de semblable depuis le temps de Rê ; sa hauteur était supérieure à celle d'un obélisque de granit. Ce fut Sa Majesté elle-même qui le découvrit, grâce à son étincellement, semblable à celui de l'horizon. Sa Majesté le remit à des artisans d'élite, particulièrement habiles, en l'an 8, le troisième mois de la saison sèche, le vingt et unième jour. En l'an 9, le troisième mois de la saison sèche, le dix-huitième jour — ce qui fait une année — fut achevée une grande statue de Ramsès-aimé-d'Amon-le-dieu. » [On retrouve dans ce texte le nom de l'un des quatre colosses, mentionné sur les stèles d'Horbeit]. « Alors, Sa Majesté récompensa l'intendant des travaux au moyen d'une grande quantité d'argent et d'or, et gratifia les vaillants artisans, qui avaient travaillé pour façonner la statue, de faveurs royales. Sa Majesté leur assurant, chaque jour, sa protection, ils travaillaient pour lui d'un cœur aimant [22]. »

Il n'est donc pas impossible que Ramsès II, empereur en Afrique et en Asie, ait voulu magnifier son propre culte. Il était ainsi le lien naturel et sacré qui unissait les terres de l'Empire, le dieu vivant sur terre, dont l'existence, en légitimant la conquête, rendait cette union juste, stable et sans appel. Il est possible, également, que Ramsès II, très conscient de sa grandeur et de son pouvoir, populaire et redouté, ait jugé normal de joindre sa propre personne à ce vaste panthéon qu'il voulait rassembler, et dont il serait ainsi, désormais, la charnière essentielle.

César aussi fut un dieu.

Avec Ramsès II, l'Empire égyptien parvient au sommet de son prestige.

B. — PAX AEGYPTIACA

Richesse et prospérité

Les tribus affluent de toutes parts. Avec la paix, l'activité commerciale reprend et la prospérité revient. Les rois, ayant déposé leurs armes, se consacrent à la mise en valeur de leurs possessions.

Les textes exaltent la grandeur bénéfique des Ramsès. On dit de Séthi Ier : « en son temps nul n'est affamé[23] » — de Ramsès II : « le dieu parfait, le *ka* de l'Égypte, la nourrice du pays entier[24] » ; il est « celui qui fait que Thèbes est inondée de toutes sortes de belles et bonnes choses, d'aliments et de nourritures[25] ».

Ramsès II est le souverain de l'abondance, le grand monarque nourricier, richement doté par le dieu Ptah, qui, dans le discours déjà cité[26], s'adresse à lui en ces termes :

> « Je te donne un grand Nil, les Deux Terres, pour toi, étant emplies de richesses, d'aliments abondants, de nourriture, en tout lieu où tu marches. Je te donne des céréales en permanence, pour nourrir les Deux Rives en toute saison ; le blé est aussi abondant que le sable des rivages, les greniers touchent au ciel et les tas de grains sont comme des montagnes. On se réjouit et l'on se rassasie en te voyant, car, sous tes pieds, sont les nourritures, les poissons et les volailles ; la Haute et la Basse Égypte se nourrissent des aliments qui t'appartiennent. Le ciel t'est donné ainsi que ce qu'il contient ; Geb[27] t'est amené avec ce qui est en lui ; les eaux fraîches viennent vers toi, porteuses de leurs volailles. Horsekhayt apporte les choses nourricières des quatorze *kas* de Rê[28], Thoth les a placées sur tous tes chemins. Si tu ouvres la bouche, tu enrichis qui tu veux, car tu es un Khnoum vivant et ta royauté est forte et puissante comme celle de Rê quand il gouvernait le Double Pays, ô roi de Haute et Basse Égypte Ousermaâtrê-Setepenrê, fils de Rê, Ramsès-aimé-d'Amon.

Je fais que les montagnes façonnent pour toi des monuments beaux, grands et prestigieux. Je fais que les pays étrangers créent pour toi toutes sortes de riches pierres précieuses afin qu'elles soient heureusement placées dans les monuments bâtis en ton nom. Je fais que tous les travaux (entrepris) soient pour toi bénéfiques et que, pour toi, travaillent tous les artisans, tout ce qui marche sur deux pieds ou sur quatre pieds, tout ce qui vole et prend son essor. Je place dans le cœur de chaque pays (le désir) de te faire offrande et de travailler pour toi, les princes, grands et petits, n'ayant qu'un seul cœur pour t'être agréable, ô roi de Haute et Basse Égypte, Ousermaâtrê-Setepenrê, fils de Rê, Ramsès-aimé-d'Amon [29]. »

Ce véritable chant impérial du temps de paix ne vante pas une prospérité mythique. Tout concourt, en effet, à faire de l'Égypte alors l'un des pays les plus riches du monde.

Tributs de soumission ou d'amitié

Ramsès II a voulu que les hommages rendus à sa grandeur fussent transcrits pour l'éternité. Dans la cour du temple de Louxor, il fit sculpter une longue procession composée de trente et un personnages [30]. Ce défilé est précédé par une divinité androgyne — une forme du Nil sacralisé — présentant sur un plateau les dons du fleuve ; la légende l'appelle Nouy, « qui vient et apporte... ? ... en monceaux ». Nouy est, soit l'eau fécondante, soit une forme de l'Océan primordial d'où, au premier jour, jaillit la vie, en tout cas une puissance nourricière de la Nature. Thoth, « maître des paroles divines, scribe de l'Ennéade », fait un discours malheureusement presque illisible en raison des mutilations du texte. Quant aux trente figures qui suivent, ce sont des personnifications des « régions minières » du monde, toutes les « montagnes et les collines » recelant des trésors ; chacune dit au grand roi : « Je viens et je t'apporte... », et les apports sont nombreux et précieux. Beaucoup, parmi ces régions donatrices, sont situées au Sud, en Nubie et à Koush (jusqu'à la quatrième cataracte) ou dans le désert arabique. Mais, d'Égypte même, « la colline d'Edfou » apporte de l'or, celle de Koptos « de l'antimoine, de l'or et des pierres précieuses par centaines et dizaines de mille » ; Edfou et Koptos sont situées au débouché d'importantes pistes caravanières venant de l'Arabie et de la mer Rouge. De Pount arrivent « les pierres précieuses en tas » et la résine de térébinthe ; des oasis du désert libyque (Khargeh, Farafrah, Dakhleh), « toutes sortes de pierres précieuses en monceaux » ; du Sinaï, la turquoise. De tous les points de l'horizon la procession converge vers Louxor.

D'autres apports sont des témoignages d'amitié... ou de prudence craintive. Viennent de Chypre « l'argent et le cuivre par centaines de millions et dizaines de mille » — de Sangar (peut-être le Djebel Sinjar, au nord de la Mésopotamie), de « l'argent et des pierres précieuses » — de Crète, « toutes sortes de pierres précieuses en grands monceaux » ; les mots désignant les apports des Cyclades, du Naharina et de la Phénicie sont illisibles ; enfin, venant des « marécages » (de la terre), vraisemblablement les pays de l'Euphrate, pour terminer le long cortège, sont offertes « toutes sortes de pierres précieuses véritables, en sacs nombreux ».

Même si les quantités sont magnifiées, demeure le fait que l'Afrique et l'Asie, dans l'ensemble, comme une partie de la future Europe, contribuent, pour diverses raisons, à la richesse de l'Égypte impériale.

Marchands et voyageurs

L'Égypte s'ouvre alors, largement, au commerce.

La domination retrouvée sur les ports phéniciens lui donne la première place dans le trafic commercial méditerranéen, en même temps que le contrôle de la voie économique essentielle qui va de la mer Méditerranée jusqu'à l'Empire de Babylone.

A ce moment, un port maritime nouveau (l'Égypte

jusqu'alors avait eu principalement des ports fluviaux, et notamment Memphis) va devenir un relais essentiel pour les voiliers de la Méditerranée : Pharos, à l'ouest du Delta du Nil, lieu d'escale privilégié pour les navires commerçant avec l'Égypte. Les bateaux venus des îles ioniennes et égéennes y étaient naturellement poussés par les vents étésiens, les vents soufflant du Nord durant l'été. Pharos se trouvait également sur le passage des navires phéniciens faisant voile depuis Tyr ou Sidon vers les ports d'Afrique, ceux de Cynéraïque, puis Carthage. C'était aussi un poste d'observation unique, qui permettait de surveiller à la fois la haute mer, la côte du Delta et les confins libyques.

On a retrouvé, au nord-ouest et au sud de l'île de Pharos, les restes submergés de travaux maritimes gigantesques, les plus anciens datant de Thoutmosis III (le souverain qui avait eu une première conscience de l'Empire), mais la plupart datant de Ramsès II. En 1916, à la demande du Khédive d'Égypte, la France envoya des hommes-grenouilles et un ingénieur, Jondet, pour faire des fouilles sous-marines. On découvrit ainsi une jetée de 700 mètres, lancée dans la mer et protégée par un brise-lames de 2 kilomètres, qui donnait accès à une rade où des quais de débarquement de 14 mètres de large s'étendaient sur soixante hectares de bassins[31].

Alexandre le Grand ne fera que reprendre le site déjà utilisé, un millénaire avant lui, par les Ramsès.

On dit aussi, parfois, que durant le règne de Séthi Ier, les relations maritimes de l'Égypte s'étendirent jusqu'à la mer Noire, parce que, dans cette région, on a retrouvé une statuette du dieu Amon datant du temps de ce roi[32]. Mais il se peut qu'elle ait été convoyée là par quelque caravane de marchands. Les échanges commerciaux, à base de troc, étaient extrêmement actifs et nombreuses les caravanes qui transportaient des richesses depuis les contrées les plus lointaines.

Le trafic sur le Nil, aussi, se développa considérablement. Des bateaux phéniciens et achéens remontent le fleuve jusqu'à Thèbes où des marchands achéens se lient

d'amitié avec des familles égyptiennes, non sans avoir
commencé les relations dans des conditions moins idylli-
ques[33]. Il se peut que des bateaux venus de la mer Égée
soient remontés jusqu'au Soudan, suivant ainsi l'exemple
des dieux grecs, qui aiment se rendre chez les Éthiopiens
(c'est-à-dire les hommes au visage noir)[34]. Des marchands
égéens, semblables peut-être à celui dont on a retrouvé la
maison à Tell el Amarna, s'installent en Égypte pour y
faire fortune en vendant orfèvrerie, onguents, parfums et
objets de luxe[35]. Le Nil devient le grand passage, le grand
couloir de communication commerciale entre l'Hellespont
et le cœur de l'Afrique. Avec les marchandises circulent
les idées, les contes, les légendes ; les pensées, ainsi,
s'échangent et se mêlent, créant un vaste légendaire où les
civilisations qui vinrent ensuite puisèrent des mythes.
Marins et caravaniers furent, dans le monde antique, les
grands colporteurs de la pensée.

Attirés par la richesse du pays, les voyageurs y font
escale. Ménélas, arrivé sur la côte de l'Égypte après la
prise de Troie, y demeure quelque temps, « pour faire son
plein d'or et de provisions, croisant et cabotant chez ces
gens d'autres langues[36] ». Peut-être est-ce alors qu'il
reçoit d'un riche Égyptien dix talents d'or, deux bai-
gnoires d'argent et deux trépieds d'or[37]. Ulysse raconte
qu'il a passé sept ans en Égypte, amassant de grands
biens, pour se rendre ensuite en Phénicie avec une cargai-
son qu'il voulait réaliser[38]. Les héros ont déposé les armes
et commercent pour s'enrichir.

L'Égypte est la plus grande nation commerçante du
temps ; dans la paix et la prospérité, les hommes ont
retrouvé « un cœur bien lisse ».

Les mines d'or

Particulièrement remarquable, alors, est l'intense circu-
lation de l'or dont l'Égypte est le centre. Séthi Ier et Ramsès II s'efforcèrent de mettre en valeur les régions aurifères du désert nubien et arabique. La difficulté était que

les pistes qui conduisaient dans ces régions étaient totalement dépourvues de points d'eau et que la plupart des caravanes de « laveurs d'or » ne pouvaient y parvenir, mourant de soif sur le chemin.

Séthi Ier, en l'an 9 de son règne, se rendit dans le désert nubien, près de l'Ouadi Mia, à une soixantaine de kilomètres à l'est de l'actuelle ville de Redisiyeh (à cent kilomètres environ au sud de l'antique piste du Ouadi Hammamat), à la latitude nord d'Edfou :

> « En ce jour, Sa Majesté inspectait le désert, à côté des montagnes [les avancées de la falaise arabique] lorsque son cœur désira voir les mines d'où était extrait l'or fin. Après qu'il fut monté et qu'il eut reconnu les lits desséchés de nombreuses rivières, il fit halte sur le chemin pour délibérer avec son cœur. Et Sa Majesté dit : " Combien est pénible le chemin sans eau ! Comment les voyageurs peuvent-ils subsister ? Ils doivent périr, la gorge desséchée... L'homme assoiffé pousse pour lui seul sa plainte dans ce pays fatal. Que je me hâte donc ! Je vais d'abord me renseigner sur leurs besoins, puis je créerai pour eux un bras d'eau, afin qu'ils reprennent vie... ; les générations viendront pour faire ma louange, à cause de ma puissance, certes, mais aussi parce que je suis compatissant, préoccupé par le sort des coureurs de pistes. "
>
> Après que Sa Majesté eut prononcé ces paroles en son cœur, il se mit à parcourir le désert afin de rechercher un emplacement pour faire un puits. Voyez donc, c'est Dieu qui le guida, afin de lui permettre d'atteindre ce qu'il désirait. Des ouvriers-carriers furent alors chargés de creuser sur la montagne un puits qui redonnerait vigueur au voyageur fatigué et rafraîchirait, en été, son cœur brûlant. L'ouvrage bâti, on lui donna le grand nom de « Que soit stable la justice de Rê » et l'eau l'inonda, une eau surabondante comme celle des deux cavernes d'Éléphantine. Sa Majesté dit alors : « Voyez, Dieu a exaucé ma prière et, pour moi, il a amené de l'eau sur les montagnes[39] ". »

Séthi, ensuite, suivant « le dessein venu dans son cœur sur l'ordre de Dieu », crée une ville qui accueillera les

chercheurs d'or et construit, « en creusant la montagne,
un temple où résideront Amon et Rê ; Ptah y sera aussi en
son château, et Horus, Isis, le roi Séthi et l'Ennéade divine
auront également leur demeure en ce temple ».

Séthi vient en personne inaugurer celui-ci, lorsqu'il est
terminé, et fait un discours après avoir adoré « ses pères,
tous les dieux ». En réponse, au « bon berger, père et
mère de tous les humains », se fait entendre le chœur des
chercheurs d'or reconnaissants :

> « O Amon, donne-lui l'éternité, redouble pour lui le
> temps infini. O les dieux qui résidez en ce puits, donnez-lui
> votre durée de vie, de même que pour nous il a ouvert le
> chemin sur lequel maintenant nous pouvons marcher,
> alors qu'auparavant il était fermé [40]. »

Mais l'or est chose fort tentante ; pour éviter le vol,
Séthi place les mines sous la sauvegarde des dieux qui,
eux-mêmes, condamneraient le voleur. Il s'adresse aux
ouvriers sur un ton mi-sérieux, mi-plaisant :

> « L'or est la chair des dieux ; il ne vous appartient pas.
> Aussi prenez bien garde à ne pas dire ce qu'a dit Rê au
> commencement des paroles : ma peau est faite d'or fin et
> pur ! Quant à Amon, le seigneur de mon temple, ses deux
> yeux sont sur ses possessions. Et ils ne veulent pas être
> dépouillés de leurs biens [41]. »
>
> « Quant à quiconque détournerait sa face de ce qu'a
> commandé Osiris, Osiris le poursuivra, Isis poursuivra sa
> femme, Horus poursuivra ses enfants... et ils exécuteront
> leur jugement en ce qui le concerne [42]. »

La défense était rude. On ne saurait voler les dieux.

Et l'or du désert, près de Redisiyeh, vint enrichir le trésor égyptien.

Ramsès II se préoccupa des mines d'or du Ouadi Akita,

dans la région du Ouadi Allaki, très anciennement exploité par les Égyptiens — ce qui n'avait pas toujours été bien accueilli par les indigènes. Aussi, au débouché de la piste qui partait du Nil, à l'entrée même du Ouadi Allaki, les Égyptiens avaient bâti la forteresse de Kouban, chargée tout à la fois de protéger cette région aurifère et d'emmagasiner l'or recueilli. Mais, par suite des difficultés du voyage (manque d'approvisionnement en eau), l'activité du site avait été beaucoup ralentie.

L'histoire de Ramsès II et des mines d'or est contée sur une stèle qui fut découverte en 1843 par Prisse d'Avennes, dans les ruines de la forteresse de Kouban. Louis de Saint-Ferriol en fit l'acquisition et la transporta d'Égypte jusqu'à son château d'Uriage-les-Bains. Elle fut ensuite transférée au musée de Grenoble. L'affaire se passe en l'an 3 de Ramsès, le premier mois de la saison de la germination, le quatrième jour :

> « Sa Majesté était dans Memphis, accomplissant les louanges rituelles pour ses pères, les dieux de Haute et de Basse Égypte, qui lui avaient donné la victoire et un long temps de vie de millions d'années. Un jour il arriva que Sa Majesté, assise sur un trône d'or fin et couronnée du diadème aux deux hautes plumes, se souvint des pays désertiques d'où l'on apportait l'or ; alors il se mit à dresser des plans pour faire creuser des puits sur les pistes dépourvues d'eau ; il avait en effet entendu des paroles selon lesquelles d'abondantes mines d'or se trouvaient dans le désert d'Akita, mais la piste qui y menait était absolument sans eau. Et si un petit nombre seulement de caravaniers laveurs d'or s'y rendaient, c'est que la moitié d'entre eux pouvaient y parvenir, les autres mourant de soif sur le chemin en même temps que les ânes qui devançaient la caravane ; soit qu'ils aillent, soit qu'ils reviennent, ils ne pouvaient faire de provisions d'eau suffisantes dans leurs gourdes. C'est pourquoi, à cause du manque d'eau on ne rapportait plus d'or de cette région. »

Ramsès prend conseil des princes et des grands personnages de la cour. Le vice-roi de Koush lui dit :

« Ce pays est privé d'eau depuis le temps du dieu et l'on
y meurt de soif. Chaque souverain a voulu y forer un puits,
mais on n'a jamais réussi à le faire. Le roi Menmaâtrê
[Séthi Ier] a fait un forage de cent vingt coudées de profondeur, mais celui-ci est maintenant abandonné sur la route,
car aucune eau n'en a jailli. Mais si tu dis toi-même à ton
père Hâpi, le père des dieux : " Fais en sorte que l'eau
vienne sur cette colline ", il agira conformément à ce que
tu as commandé et selon tes desseins ; ceux-ci alors se réa-
liseront en notre présence, même en l'absence de discours
[par une prière muette de Ramsès], car tes pères les dieux
t'aiment plus qu'aucun roi venu à l'existence depuis Rê. »

Ramsès écoute et sa résolution est vite prise ; s'adres-
sant aux princes il dit :

« Très justes sont toutes vos paroles. Il est regrettable
que l'on n'ait pu faire jaillir l'eau dans le désert depuis le
temps du dieu, ainsi que vous l'avez dit. Moi, je serai celui
qui creusera, là, un puits qui fournira de l'eau chaque
jour... conformément à l'ordre que donnera mon père
Amon-Rê, seigneur des Trônes du Double Pays et les *trois
Horus, seigneurs de la Nubie,* car ils " lavent le cœur " [don-
nent la joie] au moyen des choses désirées. »

Une expédition est aussitôt envoyée ; les ouvriers indigènes
rechignent un peu, prétextant qu'il faudra aller chercher l'eau
« jusque dans le monde de l'au-delà ». Enfin, grâce aux prières
de Ramsès II, le succès est atteint, et le vice-roi de Koush écrit
au souverain : « [Le puits est terminé.] Une eau de douze coudées, en lui, a jailli sur quatre coudées de profondeur[43]. »
Et l'or du désert de Kouban va enrichir aussi le trésor
égyptien.
Ainsi l'Égypte, grâce à son vaste Empire, grâce aussi à
l'intelligence politique et à la lucide prévoyance des Ramsès, regorge de richesses. *L'Iliade* en témoigne[44].

Cette prospérité va permettre les jours paisibles chers aux Égyptiens. A Per-Ramsès la cour vivra dans le luxe et la facilité ; les temples divins, et notamment celui d'Amon, le dieu garant des victoires, posséderont de grands biens temporels ; enfin les Ramsès veilleront également à améliorer les conditions de vie du peuple, suivant en cela la voie déjà tracée par Horemheb.

Les grandes villes et la Cour des Ramsès

Les trois « reines »

Elles étaient trois, essentiellement : Memphis, l'antique capitale du royaume, qui vénérait Ptah depuis les temps les plus anciens — Thèbes, la capitale de l'Empire fédératif des Thoutmosides et le lieu saint du grand Amon — Per-Ramsès, la capitale du grand Empire unifié des Ramessides, au panthéon cosmopolite.

Memphis, la plus vieille ville d'Égypte, peut-être créée par Narmer, conserve le prestige de son ancienneté. Elle représentait pour les Égyptiens, la ville de l'âge d'or, la ville où résidèrent les souverains divins, qui reposent en leurs pyramides proches. Mais elle était aussi une ville *moderne,* où les Ramsès résidèrent assez souvent, et qu'ils développèrent. Son port était très actif, son arsenal et ses industries prospères. Une ville résidentielle, avec ses jardins et ses villas. Une ville sacrée, au centre de laquelle s'élevait le temple de Ptah ; à l'ouest de ce temple, Ramsès II et son fils Khâemouaset firent construire un magnifique palais des Jubilés.

Thèbes, la grande, la riche, la prestigieuse est une capitale spirituelle dont le rayonnement est immense. Thèbes, c'est aussi la ville dont les princes, à deux reprises, ont libéré des invasions le territoire national et rétabli l'ordre monarchique.

Sur la rive droite s'étendent l'immense aire sacrée de Karnak (où les pharaons de toute époque multiplièrent les témoignages de ferveur envers Amon) et le temple de Louxor, successivement construit par Aménophis III et Ramsès II. A Louxor aussi s'élèvent le palais royal et des résidences luxueuses entourées de jardins. La rive gauche du fleuve, entre les terres cultivées et la falaise libyque, est occupée par les grandes nécropoles des rois, des reines et des princes royaux (enterrés au cœur de la montagne depuis Aménophis Ier), les « châteaux de millions d'années » : temples funéraires où, chaque jour, était célébré le culte des souverains, et les tombeaux des hauts fonctionnaires ; là, se retrouvaient, à jamais figés dans une mort qui n'était qu'apparence, les membres de la Cour impériale.

Thèbes, ville égyptienne, mais cosmopolite aussi. Son port accueillait des navires venus des lointains pays, de Crète, d'Égée, de Grèce.

Ville vivante, dont les Ramsès voulurent faire essentiellement un grand lieu saint.

Un hymne, datant du temps de Ramsès II, lui rend hommage :

> « Elle est la reine des villes, la divine, l'œil d'Atoum et l'œil de Rê. Thèbes est plus forte que toute autre ville. Elle a donné le Pays à un seul maître, grâce à ses victoires ; lorsqu'elle empoigne l'arc et saisit la flèche, personne ne saurait combattre dans son voisinage, à cause de la grandeur de sa puissance. Toutes les autres villes exaltent son nom, elle est leur régente, plus forte qu'elles toutes...
>
> Thèbes est le modèle de toute ville. L'eau et la terre étaient en elle au commencement des temps [45] ; puis le sable survint, qui entoura les champs et créa le sol sur la colline primordiale, quand la terre vint à l'existence. Des hommes arrivèrent ensuite, qui l'habitèrent et fondèrent toute ville d'après son vrai nom ; ainsi, toutes les autres villes sont sous l'autorité de Thèbes, l'œil de Rê [46]. »

Thèbes, l'orgueilleuse, que veut promouvoir le puissant clergé de son dieu.

Mais la ville *voulue* par Ramsès II pour constituer le centre géographique et politique de son grand Empire est Per-Ramsès, une ville sans passé, entièrement tournée vers le nouvel avenir impérial de l'Égypte, tel que l'imaginaient ses puissants monarques.

Ville bigarrée et riche où se mêlaient les peuples et les dieux de l'Empire, où se côtoyaient des hommes de toutes langues et de toutes races. Ville de palais et de grandes résidences, de jardins, de fêtes, de loisir. C'est à Per-Ramsès que résidait la Cour, la famille royale et les grands du roi.

Palais, villas et jardins

Ramsès II a beaucoup développé et enrichi le palais d'été de Ramsès Ier et de Séthi Ier. Vaste, il comportait de nombreuses pièces ; on peut comprendre son plan d'ensemble d'après celui du palais que Ramsès II fit adjoindre à son temple funéraire, dit Ramesseum, sur la rive gauche de Thèbes.

La partie centrale comprenait une salle hypostyle, dont les colonnes portaient les noms de Ramsès, peints en blanc et bleu — couleurs du soleil et du ciel, confondant ainsi étroitement le souverain et le milieu céleste. Au sud, un large couloir menait à la salle du trône, également hypostyle, qui accueillait les audiences. Les murs des deux salles, en enfilade, étaient peints en blanc tandis que le sol, fait de tuiles brillantes, étincelait de couleurs vives : jaune et brun, bleu, rouge et blanc. Au sud de la seconde salle, sous un dais, était le trône royal, d'or fin, auquel on accédait par quelques marches ; celles-ci, comme le dais, étaient décorées au moyen de figures de sujets étrangers soumis ; sur la dernière marche, la scène représentait le lion royal dévorant un ennemi ; sur le piédestal, un décor fait de plantes des marais était peint en bleu. Au nord de

l'hypostyle centrale, un petit escalier menait au « balcon
d'apparitions » qui permettait au roi, dans les occasions
officielles, d'apparaître en majesté au regard des courtisans et du peuple. Au sud de la salle du trône, une suite
de pièces constituait les appartements privés et ceux de la
famille royale ; le décor était, là, plus intime et plus
chaud : sur les murs, aux riches couleurs, étaient représentés les oiseaux et les animaux du Nil, ainsi que les beautés
du harem.

Au nord du palais s'étendait le quartier résidentiel. Les
villas, entourées de jardins, étaient des constructions
importantes ; chacune comprenait : une salle de réception
à colonnes — une salle de plaisance, orientée vers le nord,
avec divan, dalle de lustration et brasero central — enfin
les appartements intimes : chambres à coucher, salle de
bains (avec une pierre plate pour les ablutions et des
rigoles d'évacuation, des cabinets munis de sièges fixes ou
mobiles, dans un retrait). Les sols, souvent, étaient formés
de briques plates, recouvertes de décors floraux aux vives
couleurs. De la salle de plaisance, on pouvait accéder à la
terrasse, naturellement tournée aussi vers le nord, d'où
soufflaient les brises rafraîchissantes. Parfois, dans les
plus grandes de ces villas, les appartements étaient situés
dans un premier étage. Cuisines, habitations des domestiques, étables se trouvaient hors de la maison proprement
dite.

Jardins, pergolas et pièces d'eau entouraient la villa,
close par un mur. La flore était luxuriante et variée,
d'autant que, depuis Thoutmosis III, les jardiniers du roi
avaient acclimaté des essences syriennes. Un ou plusieurs
bassins, où flottaient les lotus bleus et blancs, où
nageaient les canards bleus et les poissons multicolores,
étaient ombragés d'arbres divers : palmiers doum, syco-
mores, acacias sauvages, caroubiers, grenadiers, figuiers,
saules. Ces bassins étaient l'orgueil de tout jardin égyptien. Soigneusement alimentés, depuis le Nil, par des
canaux qui quadrillaient la campagne, ils étaient le symbole de la vie et de la fécondité dans ce pays cerné par les

déserts. Des jardins potagers, des jardins d'agrément (où croissaient chrysanthèmes, bleuets, pois de senteur, marguerites, mandragores, roses trémières, coquelicots), des vignes sur treille, constituaient, autour des maisons, des oasis de fraîcheur, colorées, harmonieuses et belles. Les sages vantent le rôle du jardin dans le bonheur de l'homme ; le scribe Anii écrit dans son enseignement :

> « Fais à ton intention un jardin entouré de parterres, en plus des terrains de labour. Là, plante des arbres, qui seront un abri pour les alentours de ta maison ; emplis ton regard de toutes les fleurs que ton œil peut contempler, car on ne doit être privé d'aucune d'entre elles ; c'est chose heureuse de ne pas les quitter[47]. »

La famille royale

Les femmes ne manquaient pas à la cour de Per-Ramsès ; parentes ou alliées, elles formaient, autour de Ramsès II, une pléiade de jeunes beautés, amenées là par l'amour, la politique ou les liens du sang (auxquels les Pharaons furent toujours très attachés). Ramsès, il est vrai, avait été initié très jeune aux plaisirs amoureux, puisque, nous l'avons vu[48], son père, Séthi Ier, avait constitué pour lui un harem alors qu'il était âgé de dix ans !

La femme à laquelle Ramsès témoigna beaucoup d'égards fut sa mère, la reine Touy, qui vivait encore en l'an 21 du règne, puisque nous avons retrouvé une lettre adressée par Touya à la cour hittite et datée de cette année précise. Elle mourut sans doute en l'an 22 de Ramsès, âgée d'une soixantaine d'années. Le roi avait préparé pour elle une grande et belle tombe dans la Vallée des Reines (Biban el Harim) ; seule, auparavant, Satrê, épouse de Ramsès Ier et mère de Séthi Ier, avait été ainsi enterrée dans la montagne occidentale de Thèbes ; un sarcophage de granit rose recueillit les deux cercueils précieux qui entouraient le corps momifié de la mère du grand roi.

Ramsès avait deux sœurs ; l'aînée, Tya, était « chanteuse d'Amon » et fut attachée au culte du dieu à Per-Ramsès ; après son mariage, son époux fut nommé par le souverain « intendant du trésor et des troupeaux du Ramesseum ». Quant à la plus jeune, Hentmirê, Ramsès l'épousa et en fit une « grande épouse royale ».

Les épousées

Pour la première fois, en effet, Pharaon disposa de plusieurs épouses *officielles,* dites « grandes épouses royales ». Il en eut quatre, peut-être cinq : Nefertari, la bien-aimée ; Isis-nefret, la mère de Merenptah, successeur de Ramsès ; Hentmirê, sa sœur ; Maathorneferourê, la fille du roi du Hatti, et, sans doute, Bent-Anat, sa propre fille, née de Isis-nefret. Scandaleuse liberté de mœurs, dira-t-on. Non. Ramsès était un dieu, et ce qui semblait naturel pour un monarque divin n'aurait pas été toléré dans la vie familiale des hommes, pour qui ce qu'il est convenu d'appeler la « morale » était très stricte.
Quant aux beautés du harem, aux simples concubines, elles étaient innombrables, venues d'Égypte et de tous les pays de l'Empire.

Nefertari, pour laquelle Ramsès témoigna toujours d'une grande affection, et qui demeura jusqu'à sa mort l'épouse principale, était déjà reine en l'an 1. Elle n'était pas d'ascendance royale, mais c'était une « noble dame » de haut lignage, peut-être d'origine thébaine ; elle est souvent appelée « l'aimée de Mout ». Est-ce en rapport avec Thèbes, où Mout était la parèdre d'Amon, ou bien cette épithète constitue-t-elle seulement le parallèle, recherché, du titre « aimé d'Amon », qui est celui de son époux ? Dès l'an 1, en effet, elle accompagne Ramsès II à Thèbes pour les funérailles de Séthi Ier et elle assiste à l'intronisation du grand prêtre d'Amon, Nebounenef. En l'an 3, sur le nouveau pylône du temple de Louxor (placé devant la construction antérieure d'Aménophis III), les bas-reliefs la représentent, fine et gracile, auprès du souverain ; elle est également auprès de lui dans les groupes statuaires de granit de la première cour du temple. Dans la Vallée des Reines, pour elle, Ramsès commence la construction de la plus belle tombe du site. Les peintures aux couleurs délicates multiplient et éternisent l'image gracieuse et la silhouette élancée de la reine aimée, vêtue de fines et transparentes robes de lin blanc aux plissés savants et divers, parée de joyaux précieux dont les couleurs chatoient encore — la reine qu'accompagnent les dieux, multipliant les rites qui la rendront immortelle. Ramsès lui consacre, ainsi qu'à la déesse Hathor, le petit temple qu'il fait creuser dans la montagne à Abou Simbel, en Nubie, près du temple grandiose dédié à sa propre personne et à celle d'Amon-Rê : « Il a fait ce temple, creusé dans la montagne, œuvre éternelle, pour la grande épouse Nefertari, aimée de Mout, pour le temps éternel et infini, Nefertari, pour l'amour de qui brille le soleil. » Ramsès veut immortaliser son amour pour elle.

Elle dut mourir en l'an 24 du règne, en tout cas pendant la décoration du petit temple d'Abou Simbel, c'est-à-dire entre l'an 24 et l'an 34.

A-t-elle joué un rôle politique ? Cela n'est pas impossible.

Certains des titres qui lui furent donnés permettent de le penser ; ce sont « au féminin » les titres de Pharaon : « maîtresse du Double Pays », « présidant à la Haute et à la Basse Égypte », « maîtresse de toutes les terres », « celle qui satisfait les dieux ». Le rôle important qu'elle joua peut aussi être déduit du fait qu'elle accompagne souvent le monarque dans les cérémonies officielles.

D'autre part, un certain nombre d'inscriptions (notamment celles qui furent sculptées sur les murs de sa tombe) font participer pleinement la reine au cycle éternel solaire et osirien, copiant les devenirs du roi, selon une confusion certainement voulue ; ainsi, sur les murs nord et ouest de la salle extérieure de sa tombe, on lit :

« Paroles dites par Osiris, qui préside à l'Occident,

Ounennefer, seigneur de la Terre Sacrée, dieu grand, roi des vivants, Seigneur du Pays du Silence : " Je viens vers ma fille bien-aimée, la maîtresse des Deux Terres, la grande épouse royale, Nefertari-aimée-de-Mout, puisse-t-elle vivre ! Je lui donne la meilleure résidence du Pays du Silence, *tandis qu'elle fait son apparition dans le ciel à l'instar de son père Rê, et qu'elle rejoint (sa) place à l'intérieur de la Terre Sacrée.* Joyeux est son cœur dans la Place de la Vérité, après qu'elle s'est jointe à la Grande Ennéade [49]. " »

Le texte sculpté sur un *shaouabti* de stéatite noire, actuellement conservé au musée du Caire, dit plus brièvement : « Osiris *illumine* la grande épouse royale qu'il aime, Nefertari-aimée-de-Mout [50] » (texte qui témoigne également du syncrétisme religieux de cette époque : l'acte essentiel de Rê, la radiance, pouvant devenir également celui du dieu Osiris).

Dans ce discours d'Anubis, encore, le noir chacal funéraire représenté couché sur son pavillon, Nefertari apparaît accomplissant les actions traditionnelles du roi mort ressuscitant :

« Viens vers moi. Je te donnerai une place dans la Terre Sacrée. *Tu te lèveras, glorieuse, dans le ciel, comme ton père Rê,* après que tu auras reçu les ornements sur ta tête [les couronnes] et que t'auront rejointe ta mère Isis avec Nephthys ; elles façonneront ta beauté comme celle de ton père Rê, ainsi tu apparaîtras radieuse, dans le ciel, selon sa forme. *La nécropole sera illuminée de tes rayons,* tandis que la grande Ennéade divine qui est dans la Terre Sacrée te fera une place. *Nout, ta mère,* te rendra hommage comme elle l'a fait pour Horakhty ; les esprits de Pe et les esprits de Nekhen accompliront pour toi le rite de la jubilation, comme ton père qui préside à l'Occident. La grande Ennéade divine assurera aussi la protection de ton corps. Viens vers ta mère Isis, *tu te reposeras sur le trône d'Osiris,* tandis que les dieux de la Terre Sacrée te recevront. Ton cœur sera joyeux devant l'éternité, ô Grande Épouse royale, maîtresse du Double Pays, qui présides à tous les pays, Nefertari-aimée-de-Mout [51]. »

La belle se confondra avec le soleil et s'assiéra sur le trône d'Osiris, comme Pharaon. L'assimilation de la reine et de Rê, suivant diverses modalités, est une idée persistante ; dans l'inscription sculptée sur le couvercle de son sarcophage, actuellement conservé au musée de Turin, il est dit encore (c'est la reine qui parle) :

> « Rê lui-même me rend pure, tandis que *ma mère Nout* se tient là, joyeuse, et que je suis conduite sur le chemin des deux horizons [52]. »

Autre avatar posthume de Nefertari : elle pourra devenir une des « Étoiles Impérissables » qui scintillent au ciel ; mais c'était là, semble-t-il, un devenir plus ordinaire, puisqu'il est aussi celui qui est demandé pour Isis-nefret : « Puisse-t-elle vivre en tant que Sothis (Sirius). Puisse-t-elle s'élever vers le ciel parmi les astres ! Puisse-t-elle veiller devant Khepri ! étoile unique auprès des cuisses de Nout [53]. »

Nefertari fut-elle donc une « tête politique » ? l'égérie de l'Empire ? Ou bien n'est-ce pas plutôt un étrange dialogue amoureux, qui nous est parvenu après des millénaires ? Le parallélisme évident entre les épithètes, certains actes officiels et les devenirs éternels de Ramsès et de son épouse favorite semble recherché, voulu, peut-être pour mieux immortaliser une union qui se voulait totale. Nefertari fut une reine très aimée, à qui son royal époux entendit donner, durant sa vie et après sa mort, de grands privilèges, jusque-là réservés aux monarques.

Ramsès devait épouser l'une des filles que lui avait données Nefertari, la princesse Meryt-Amon (« l'aimée d'Amon »). Ramsès, il est vrai, épousa au moins trois de ses propres filles, dont il eut des enfants. Il était donc, tout à la fois, pour ceux-ci, leur père et leur grand-père. Seul un dieu pouvait agir ainsi.

A la mort de Nefertari, Isis-nefret devint la reine principale, en même temps que Hentmirê, la sœur du roi, qui joua, semble-t-il, un rôle plus effacé.

Intéressante et curieuse est la figure de Bent-Anat, fille aînée d'Isis-nefret et de Ramsès, et que celui-ci épousa. Son nom signifie en cananéen : « la servante d'Anat » (ou Astarté) — témoignage encore de ce cosmopolitisme de la religion égyptienne voulu par Ramsès. Sa place à la cour est assez remarquable, puisqu'elle semble avoir été « Grande Épouse royale », en même temps que sa mère. Sur une stèle rupestre découverte à Assouan et datant de l'an 24 ou de l'an 30 du règne, Isis-nefret est figurée avec Bent-Anat, toutes deux portant ce même titre. Quelques années plus tard, sur une stèle, rupestre également, des carrières du Gebel Silsileh, les « deux reines » sont auprès de Ramsès II [54], lors de la célébration du second jubilé.

Vers l'an 34 du règne, il est vraisemblable qu'Isis-nefret mourut et rejoignit à son tour sa « maison d'éternité », dans la Vallée des Reines. Le rôle principal reviendra alors aux deux filles-épouses : Meryt-Amon et Bent-Anat — une manière, peut-être, pour Ramsès, de rester fidèle à l'affection qui le liait à leurs mères !

Harem et concubines

Le roi disposait également d'un très important harem de concubines, Égyptiennes ou filles de princes étrangers. Si les épouses officielles résidaient à Per-Ramsès, ainsi, peut-être, que quelques concubines de marque, ou privilégiées, un vaste harem avait été aménagé à Miour, à l'entrée du Fayoum. C'était une sorte de « réserve », commode, un peu éloignée de la capitale (Ramsès ne voulait sans doute pas trop mêler les affaires de l'État et les jeux amoureux), où l'on envoyait également celles qui, plus âgées, par exemple, ou pour toute autre raison, avaient cessé de plaire. Le site avait été choisi, vraisemblablement, parce que l'on pouvait aisément, dans cette oasis fertile, pratiquer les sports favoris qu'étaient la chasse et la pêche. Tous les plaisirs, en somme, se trouvaient réunis pour le délassement d'un souverain puissant. Miour était le repos du guerrier.

Ce harem était géré par un « intendant du harem », lui-même surveillé, parfois, par un délégué du pharaon. Cette véritable institution royale possédait des terres, des troupeaux et requérait le service de nombreux scribes, de fonctionnaires et d'ouvriers.

Les jeunes personnes rassemblées là ne demeuraient pas oisives, attendant la visite de leur royal seigneur ; elles filaient et tissaient, surveillaient aussi les travaux domestiques. On ne saurait dire leur nombre, mais il devait être grand. L'Empire était vaste et les rois et les princes souhaitaient se concilier les bonnes grâces du puissant pharaon ; une jolie fille constituait un cadeau appréciable. On peut aisément imaginer l'atmosphère qui devait régner à Miour : cosmopolite, caquetante et affairée, pleine d'intrigues et de jalousies. Mais peu de témoignages sont parvenus jusqu'à nous sur la vie intime du harem royal.

Une abondante descendance

Ramsès eut, naturellement, de très nombreux enfants. La tâche de l'égyptologue qui tente de pénétrer dans l'intimité de ce lointain passé se fait alors ardue. Les seuls « registres » de naissances que nous possédions sont constitués par les bas-reliefs des temples et des stèles ou les peintures des tombes ; des listes de princes royaux ont notamment été sculptées dans les temples d'Égypte et de Nubie, et donnent au moins un ordre de naissance, mais elles ne sont jamais complètes : trente princes sont nommés à Ouadi es Seboua, vingt-neuf à Abydos, vingt-trois au Ramesseum, dix-huit à Louxor, huit à Abou Simbel et à Derr, cinq à Tanis. L'égyptologue moderne s'affaire ; on dresse, non sans difficultés, des listes synoptiques de cette abondante progéniture, on discute et, finalement, on se met d'accord pour dénombrer, officiellement, cinquante fils et cinquante-trois filles — c'est-à-dire uniquement ceux qui sont représentés sur les monuments. Pour le reste, l'imagination s'égare.

Nefertari donna au roi quatre fils et deux filles ; ils figu-

rent, tous les six, sur la paroi extérieure du petit temple
d'Abou Simbel, se tenant de part et d'autre de l'entrée,
entre les statues du roi et de la reine : un tableau de
famille, en somme.

Il semble que les fils de Nefertari soient, presque tous,
morts jeunes ; en tout cas, à notre connaissance, aucun ne
semble avoir joué un grand rôle, sauf, peut-être, l'aîné,
Amenherkhepeshef (« Amon est sur son bras »), qui s'intitule « l'aîné du roi, né de son corps, le premier fils royal,
né de son corps » ; il figure toujours le premier, en effet,
dans les listes de princes. Si, comme on peut le supposer,
son nom fut changé en Sethherkhepeshef (« Seth est sur
son bras ») — la substitution de Seth à Amon est interve-
nue, aussi, sûrement, dans le nom du huitième fils de
Ramsès, Sethemouia — alors ce prince aîné était encore
vivant en l'an 21 du règne. En effet, une lettre adressée
par ses soins au roi hittite a été retrouvée à Bogaz-Khöy.
Peut-être même vivait-il encore en l'an 53 de Ramsès ; un
ostracon, actuellement conservé au musée du Louvre,
mentionne un prince Sethherkhepeshef, portant le titre de
repât, qui, peut-être, était celui qui était donné, parfois, au
corégent. Il aurait donc pu être encore considéré comme
l'héritier du trône (?). Mais il ne semble pas avoir tenu
une place importante dans la vie politique, en tout cas
aucun témoignage concluant ne nous est parvenu à cet
égard.

En revanche, deux des trois fils de Isis-nefret ont eu un
grand destin.

L'aîné, Ramsès, n'a guère non plus laissé de témoignage. Mais, sur les parois d'une chapelle rupestre du
Gebel Silsileh, Ramsès II et Isis-nefret sont représentés
avec leur second fils Khâemouaset et Bent-Anat, devant
les dieux memphites Ptah et Nefertoum ; l'inscription, qui
date peut-être de l'an 36 du règne, mentionne « son [à propos de Khâemouaset] frère aîné, le *repât,* scribe royal,
général en chef et *fils aîné* du roi, Ramsès ». On dit : c'est
donc que Sethherkhepeshef était mort — ce qui contredit
les témoignages précédents. Sans doute faut-il considérer

ce terme de « fils aîné » comme appartenant en propre, dans ce cas, à la descendance d'Isis-nefret. Quant au titre de *repât,* appliqué au prince Ramsès, on le retrouve dans une inscription qui légende une scène semblable à Assouan, datée de l'an 39 du règne. Ce qui semblerait prouver que ce titre ne désigne pas toujours le corégent officiel (comme voudrait l'établir une théorie récente), mais un fils particulièrement distingué et qui, donc, dans certains cas, peut s'appliquer aussi au corégent.

Il reste en tout cas possible que, successivement, les fils aînés de Nefertari et d'Isis-nefret aient été d'abord considérés comme les héritiers du trône. Mais il semble que Ramsès II ait modifié ce choix premier, qui correspondait à l'ordre de naissance.

En effet, beaucoup plus évident, au moins pour nous, est le rôle joué par le quatrième fils des listes princières, Khâemouaset (« celui qui apparaît rayonnant dans Thèbes »), qui tint une grande place auprès de son père, qui, très vraisemblablement, désira faire de lui son successeur choisi.

Deuxième fils d'Isis-nefret, sans doute naquit-il pendant la corégence de Ramsès. Il participa avec lui , nous l'avons vu[55], alors qu'il était âgé seulement de quatre ans, à la campagne de Nubie conduite par son père. A l'âge de vingt ans, il est fait prêtre *sem* de Ptah[56]. Fort proche de Ramsès II, il est — dans une inscription du temple de Bet el Ouali « le fils royal, appartenant à son corps, son aimé, la semence divine issue du taureau puissant, Khâemouaset[57] ». Dans le texte sculpté sur une stèle naophore découverte au Sérapeum[58] il est « le *repât* qui est à la tête du Double Pays, celui qui est à la place de Geb[59] », et, sur une statue du musée de Vienne, « l'image d'Horus[60] » — titres qui font de lui le successeur désigné de Ramsès II.

C'est lui qui, de l'an 30 à l'an 42, organisera les cinq premiers jubilés royaux. A cette occasion, dans les chapelles rupestres d'Assouan et de Silsileh, on voit ensemble Ramsès et Khâemouaset faire offrande aux dieux.

Ses rôles furent multiples, et son importance certaine. Il

fut désigné par le roi pour être grand-prêtre de Ptah à Memphis et, à ce titre, eut la garde de la sépulture des taureaux Apis. Une grande inscription dédicatoire vante ses talents et l'œuvre accomplie dans l'ancienne capitale :

> « Le prêtre sem, le fils royal Khâemouaset dit : " Je suis un *héritier* vaillant, un protecteur vigilant, un sage excellent en ses tâches, *déjà aimé et choisi alors qu'il était un enfant,* celui qu'a élevé l'Apis vivant en présence de Ptah et qui fut exalté en son office de Iounmoutef[61], alors qu'il était un jeune homme avisé... " Le prêtre sem, fils royal, Khâemouaset, dit encore : " O prêtres sem et grands prêtres de Memphis, hauts dignitaires du temple de Ptah, pères divins et prêtres purs, supérieurs des temples, serviteurs du dieu et prêtres-lecteurs... ô tous les scribes connaissant le grand dieu... (vous tous) qui serez en présence du dieu quand vous pénétrerez dans le temple, où j'ai œuvré pour l'Apis vivant, vous contemplerez alors ce que j'ai fait pour lui et qui est gravé sur le mur de pierre, telle une chose bénéfique et grande, unique et sans pareille, fermement établie par écrit dans la grande salle des fêtes, face à ce temple, pour les dieux qui résident en lui... J'ai fait une statue d'or et de toutes sortes de pierres précieuses. J'ai établi pour lui une offrande divine quotidienne, lors des fêtes du ciel et pendant les jours du début de l'an, chaque année, en plus des offrandes qui lui sont faites habituellement. Je lui ai donné des prêtres purs et des prêtres-lecteurs... J'ai fait pour lui un grand siège de pierre en face de son temple, afin qu'il s'y repose, dans la journée, après qu'il s'est uni à la terre. J'ai fait pour lui un grand autel, auprès de ce grand siège, en beau calcaire de Toura, (un autel) sur lesquel sont sculptées des offrandes divines et toutes sortes de belles et bonnes choses... Tout cela sera bénéfique pour vous, et vous considérerez ce qui avait été fait auparavant comme un pauvre travail[62]. »

L'activité du prince fut donc, semble-t-il, très grande à Memphis.

L'égyptologue Auguste Mariette, fouillant le Sérapeum, trouva un graffito inscrit sur le mur d'une chambre funéraire d'un Apis, donnant une date : an 55, qu'il assigna à Ramsès II[63]. Dans cette chambre était un sarcophage où fut retrouvé un corps humain. Mariette conclut, un peu vite, qu'il s'agissait du corps de Khâemouaset, mort effectivement en l'an 55. Mais il est peu probable qu'un prince fût enterré dans le Sérapeum, fût-ce Khâemouaset, étroitement associé, en sa fonction de prêtre *Sem,* aux sépultures des Apis. Le problème s'est trouvé résolu depuis lors par la découverte d'une tombe lui appartenant, à Kafr el Batran, non loin de la grande pyramide[64]. Toutefois, une chapelle funéraire a pu lui être dédiée dans la nécropole des taureaux sacrés. Sur une fausse porte de granit, découverte sur le site, on lit les vœux funéraires suivants, en forme de répons :

— A droite : « Que vive le prêtre sem, le fils royal Khâemouaset, de même que vivent les étoiles dans le corps de Nout, et puisse-t-il voir Hathor, maîtresse du ciel. »
— A gauche : « Que vive le prêtre sem, le fils royal Khâemouaset, de même que vit en Nout le ciel étoilé[65]. »

Ainsi les devenirs stellaires semblent promis au prince, comme à sa mère Isis-nefret et aux personnages particulièrement distingués de l'entourage royal.

Si la tombe de Khâemouaset fut retrouvée près de la grande pyramide, c'est, bien sûr, parce que ses activités à Memphis étaient importantes, mais aussi parce que le prince s'intéressait, en historien averti de la grandeur de son pays, aux monuments anciens ; sur l'ordre de son père, il fit restaurer les textes inscrits dans les pyramides royales des Ve et VIe dynasties ; c'est pourquoi, dans celle d'Ounas (dernier souverain de la Ve) on découvre la titulature de Ramsès II, au-dessus du texte suivant :

« Sa Majesté ordonna que soit assigné au grand prêtre de Ptah, le prêtre sem, le fils royal Khâemouaset, de rétablir le nom du roi de Haute et de Basse Égypte Ounas, car on ne découvrait plus son nom devant la pyramide — de

rendre durables les monuments des rois de Haute Égypte
et ceux des rois de Basse Égypte, et de faire en sorte que
soient restaurés ceux qui étaient tombés en ruines[66]. »

Des inscriptions analogues furent sculptées et des travaux identiques accomplis dans les pyramides des rois
Djoser (IIIe dynastie), Shepseskaf (IVe dynastie), Ouserkaf, Sahourê, Neouserrê (V[e] dynastie).

Cette activité particulière d'historien, de philologue,
d'archéologue — d'égyptologue, en somme — s'étendit à
beaucoup d'autres monuments du passé, sur lesquels il
porta sa marque : ainsi, sur l'une des nombreuses statues
du prince Kaouab, fils de Khéops (actuellement conservée au musée du Caire), on peut lire encore, sur le devant
du siège, l'inscription antique, tandis que, sur les trois
autres côtés du socle, Khâemouaset a sculpté la sienne.
Ramsès II fut le créateur d'un véritable « Service des antiquités », dirigé par son fils ; il s'intéressait à tout ce qui
concernait la grandeur, présente ou passée, de sa patrie.

Khâemouaset fut le fils préféré, l'héritier choisi de longue
date et préparé au pouvoir. Mais, en l'an 55 du règne de son
père alors âgé de près de quatre-vingts ans, il meurt. Cette
mort dut certainement beaucoup attrister les dernières
années du souverain — du moins peut-on le supposer !

Le prince était populaire ; sa réputation de savant fut
durable et, peu à peu, une légende naquit autour de sa
personne. Beaucoup plus tard, en effet, les textes de deux
papyri datant de l'époque romaine content les *Aventures
merveilleuses de Satni-Khâemouaset,* « contemporain » de
Ramsès II et grand prêtre de Ptah à Memphis. Le héros,
avec l'aide d'un magicien, et au cours de multiples aventures, retrouve un livre sacré, un « manuscrit rédigé par le
dieu Thoth lui-même », et qui est un recueil de charmes
puissants. Puis, avec son fils, Senosiris, magicien expert
également, il accomplit une « descente aux Enfers » — la
première.

Ce texte témoigne de la pérennité de son souvenir dans
l'esprit des Égyptiens, qui semblent avoir fait de lui un

personnage avisé, intelligent, savant et donc détenteur des secrets de la magie.

A la mort de Khâemouaset, c'est son frère Merenptah qui fut considéré, tant à Per-Ramsès qu'à Memphis, comme l'héritier. Il était le deuxième fils d'Isis-nefret, le treizième prince mentionné sur les listes des temples, le troisième successeur choisi par Pharaon (après Amonherkhepeshef et Khâemouaset).

Il aidait déjà son père dans certaines tâches administratives en la capitale. Ses titres prouvent alors le choix que fit de lui Ramsès : il est « *repât*, présidant au Double Pays, scribe royal, gardien du sceau, général en chef de l'armée, fils royal, Merenptah » [67]. Il fut chargé, comme son frère, de s'occuper de la sépulture des Apis.

Ramsès lui ayant conféré l'épithète de « fils aîné du roi », Merenptah jugea bon, pour annoncer cette décision royale, de faire une émission de scarabées [68], portant cette inscription :

> « Le *repât*, celui qui est à la place de Geb, son héritier, semence divine issue du taureau puissant, les terres égyptiennes et les pays étrangers étant rassemblés dans son poing, celui qui veille à faire l'offrande de Maât [69] à tous les dieux, l'unique, le sans pareil qui s'est emparé des princes de tous les pays étrangers, le premier du Double Pays... qui conduit les Deux Rives, scribe royal, général en chef de l'armée, fils royal, Merenptah, puisse-t-il vivre pour un temps infini [70] ! »

Sur une stèle découverte au Sérapeum, datant de la fin du règne de Ramsès II, et au nom du prince, celui-ci est appelé « scribe royal, *repât*, général en chef de l'armée, *fils royal aîné*, qui appartient à son corps, Merenptah [71] ».

Ainsi, celui-ci hérita des titres qui avaient été successivement ceux de Amonherkhepeshef et de Khâemouaset, et s'y ajoutent des épithètes qui sont celles mêmes des souverains. L'influence de Merenptah sur son père vieillissant fut sans doute grande. Pendant les douze dernières années du règne, il fut, en fait, le véritable gestionnaire de l'Empire. Il avait presque soixante ans.

Si Nefertari fut la femme la plus aimée, il semble que la volonté du souverain ait été d'associer plutôt au pouvoir les fils d'Isis-nefret.

Parmi les quatre fils de Nefertari, un autre (mis à part Amonherkhepeshef) fut distingué : Mery-Atoum (« l'aimé d'Atoum »), qui eut une carrière assez comparable à celle de Khâemouaset. Mais les liens qui l'unissaient à son père semblent avoir été plus affectifs que politiques. Dans l'inscription sculptée sur le pilier dorsal d'une statue (conservée au musée de Berlin), le prince est nommé : « les deux yeux du roi, celui qui est en tête de la Haute et de la Basse Égypte et des paroles duquel on se réjouit, le grand prêtre de Rê aux mains pures, Mery-Atoum[72] ». Mery-Atoum fut grand prêtre de Rê à Héliopolis. Ainsi les fils du souverain sont titulaires de deux des trois grandes prêtrises de l'Égypte, Memphis et Héliopolis.

Les autres, tous les autres, furent, bien sûr, pourvus de charges à la cour.

Quant aux filles de Ramsès, des listes semblables à celles qui ont été établies pour les princes existent également, mais elles sont plus brèves. Sur les cinquante-trois filles répertoriées par les historiens modernes sur l'ensemble des monuments, vingt-six seulement sont nommées dans la liste d'Abydos (temple funéraire de Séthi Ier), seize à Louxor, onze à Ouadi es Seboua, neuf à Abou Simbel et à Derr, trois au Ramesseum ; un ostracon conservé au musée du Louvre en cite quinze. Mais, mises à part celles que leur père épousa, nous les connaissons mal.

La famille de Ramsès fut une grande famille, généreuse et riche. En ce qui la concerne, la tâche de l'égyptologue n'est pas encore achevée. La découverte de documents nouveaux permettra, peut-être bientôt, d'avoir une meilleure connaissance de tous ces personnages, qui constituent la très abondante descendance du grand roi, de leurs vies et de leurs tâches.

Les « Grands du roi »

Pour les hauts dignitaires de l'Empire, la vie semble agréable et facile à Per-Ramsès.

Textes et images la décrivent plaisamment. Ainsi, sur un ostracon, est représenté un homme en char, inspectant ses domaines, précédé de ses coureurs nègres. Le texte dit :

« Apaise le cœur d'Amon au moyen de ton cœur. Il te donnera une vieillesse heureuse ; tu passeras une vie de plaisir jusqu'à ce que tu atteignes l'état d'*imakhou*[73], tes lèvres étant saines, tes membres vigoureux, tandis que ton œil verra encore de loin. Vêtu de lin fin, tu monteras sur ton char, une canne d'or en main, tenant ta canne neuve et les harnachements de cuir des Syriens ; des Nègres courront devant toi, pour réaliser tes désirs. Tu descendras dans ton bateau de cèdre, bien équipé de la proue jusqu'à la poupe. Tu rejoindras la résidence que tu as construite à ta propre intention. Tu seras empli de vin et de bière, de pains et de viandes, des bœufs seront abattus, des jarres de vin ouvertes ; des chants agréables seront " dans " ton visage. Le chef de tes parfumeurs t'oindra d'huile douce, ton chef vigneron t'apportera des pampres, l'intendant de tes champs t'offrira des volailles et ton chef-pêcheur des poissons. Tes navires reviendront de Syrie chargés de toutes sortes de choses belles et bonnes. Ton étable sera pleine de veaux. Ta domesticité sera prospère. Tu dureras, tandis que ton ennemi tombera. Ton accusateur sera impuissant ; tu seras introduit devant l'Ennéade et tu seras justifié[74]. »

Cette vie de richesse et de luxe (due à la prospérité de l'Empire), il suffit aussi, pour la comprendre... ou l'envier, de regarder les scènes peintes sur les murs des tombes privées situées sur la rive gauche de Thèbes. Nous assistons alors aux tâches et aux loisirs de ceux qui formaient l'entourage royal.

Les Grands étaient nombreux, et leurs fonctions diverses. Administrateurs, chefs d'armées, « Africains »,

tous, dans la Maison du roi, contribuaient à gérer le vaste
Empire.

Vizirs au pouvoir

Le personnage essentiel de l'administration demeure le
vizir, ou plutôt les vizirs, puisque Thoutmosis III jugea
nécessaire de dédoubler la charge, en nommant un vizir
pour la Haute Égypte, l'autre ayant pouvoir sur la Basse
Égypte. La fonction était importante. Thoutmosis III,
dans le discours qu'il adressa au vizir Rekhmirê le jour de
sa nomination, insiste sur la grandeur et la diversité de la
tâche à accomplir et la nécessité, en particulier, de gouverner selon la justice :

> « Vois, le vizir est le cuivre qui protège l'or de la maison
> de son maître[75] ; il ne baisse pas son visage devant les
> hauts fonctionnaires et les juges, et il ne fait pas ses clients
> de n'importe qui... Toi, tu veilleras à ce que toutes choses
> soient faites conformément à ce qui est la loi, conformé-
> ment aussi à leur droit, en assurant la justice pour chaque
> homme. Un juge doit (vivre) à visage découvert, car l'eau
> et le vent rapportent tout ce qu'il fait, et personne n'ignore
> ses actes[76]. »

A ce devoir moral, se joignent maintes tâches matérielles.

Le vizir reçoit un rapport sur toute plainte parvenue au
roi, à condition qu'elle soit présentée par écrit. Il envoie
les messagers du roi aux nomarques et aux maires, pour
toute inspection utile.

C'est lui qui crée tout commissaire pour la Haute et la
Basse Égypte ; ils lui font un rapport sur tout ce qui arrive
entre leurs mains, tous les quatre mois, et lui remettent
tout document venant des tribunaux de leur circonscrip-
tion.

C'est lui qui rassemble l'armée, pour escorter le roi,
quand celui-ci descend ou remonte le Nil. Il donne ses
instructions aux troupes, et reçoit en audience tous les
chefs, du premier au dernier.

C'est lui qui fait tailler les arbres, selon la demande de la Maison du roi ; c'est lui qui envoie aux nomarques l'ordre pour labourer ou moissonner.

C'est lui qui fait la police de chaque nome ; c'est lui qui y crée les fonctions, qui crée aussi tous les biens des temples et établit tous les contrats.

C'est lui qui compte les recettes des impôts dus aux magasins royaux. C'est lui qui ouvre la porte de la Maison de l'or, avec le gardien du sceau. C'est lui qui assiste à l'arrivée des tributs venus de la terre entière. C'est lui qui fait le recensement de tous les troupeaux de gros bétail. C'est lui qui inspecte les réservoirs d'eau potable, tous les dix jours, et les provisions d'aliments solides pareillement.

On lui fait rapport sur le lever de Sothis et la crue du Nil ; on lui fait rapport sur la pluie du ciel.

C'est lui qui dépêche tout messager du palais royal ; c'est lui qui administre les Deux Terres quand le roi est en campagne avec l'armée ; c'est lui qui fait alors rapport à Sa Majesté sur le Double Pays. C'est lui qui scelle tout décret du roi [77].

Le vizir tient donc en main tous les rouages de l'État, mais demeure en liaison étroite avec le souverain.

L'un des personnages les plus importants de l'Empire, sous Séthi Ier, fut le vizir Paser, qui resta encore en fonction au début du règne de Ramsès II, pendant une vingtaine d'années environ.

Il était fils du grand prêtre d'Amon, Nebneterou. Sa mère, mal connue de nous, semble avoir été d'origine memphite. Par sa famille, Paser avait donc des liens avec deux des grandes villes de l'Égypte, et, d'autre part, avec la grande prêtrise thébaine : un personnage, dès l'abord, intéressant. D'après les inscriptions retrouvées, il semble avoir été très proche de Séthi Ier, qu'il connaissait de longue date ; il adresse un hymne au souverain, au couronnement duquel il assistait déjà, et c'est durant ce premier jour du règne qu'il fut promu aux plus hautes dignités :

« Salut à toi, roi de l'Égypte, soleil des Neuf Arcs ! Tu

es le dieu qui vit de la vérité et de la justice, qui connaît ce qui est dans les cœurs et qui pèse les corps, sachant ce qui est en eux, sage comme le Maître des huit [80], savant comme Ptah qui a créé les métiers des artisans.

Le cœur de Sa Majesté connut le bonheur après que la joie se fut unie à lui, tandis que l'exultation était dans le palais ; il ressentait le même plaisir que le dieu Rê au cœur de ses deux horizons. Se mère Maât protégeait ses membres, tandis qu'il apparut avec la Grande Magicienne [l'uraeus royal] : celle-ci était à sa place entre ses deux sourcils, le serpent Mehen [81] sur sa tête ; il reçut, avec le sceptre et le flagellum, la fonction de son père Geb. (Les dieux) criaient dans le ciel, la Cour était en fête ; les seigneurs d'Héliopolis ne cessaient de proclamer leur joie ; Karnak exultait, Amon-Rê surtout, lorsqu'il vit son fils sur son trône ; il se plaça devant lui, le cœur joyeux, accomplissant des merveilles pour Sa Majesté ; il fit reverdir (pour lui) la Haute et la Basse Égypte, l'Ouest et l'Est étant unis.

Sa Majesté ordonna alors que « le serviteur que voilà » [Paser] devienne le premier Ami du palais royal et qu'il fût promu intendant du domaine, grand prêtre de la Grande Magicienne, et que l'on *renouvelât* pour lui les fonctions de Maire de la Ville [Thèbes] et de vizir [82]. »

Il ne semble donc pas impossible, d'après ce texte, que Paser ait été déjà vizir pendant le court règne de Ramsès Ier.

Il a fait représenter dans sa tombe, située sur la rive gauche de Thèbes (comme son lointain prédécesseur Rekhmirê) les cérémonies qui marquèrent son accession officielle au vizirat ; au cours d'une scène, on lui offre une statuette de Séthi Ier, et l'un des dignitaires de la Cour lui dit :

« Sa Majesté se réjouit de chacune de tes paroles. Tu es les yeux du roi de Haute Égypte et les oreilles du souverain de Basse Égypte, un homme bénéfique pour son maître. Tu " ouvres le cœur " de chaque fonction [tu connais parfaitement les affaires] et ton enseignement se répand dans les ateliers d'artisans[78] ».

Il est le lien vivant entre les hommes et Pharaon :

> « On lui dit ce qui est dans le cœur, rien n'est caché pour lui qui emplit les deux oreilles d'Horus [le roi] de toute vérité ; on se réjouit de ses paroles[79]. »

Bien que résidant à Per-Ramsès, Paser vient souvent à Thèbes pour surveiller les travaux de construction de la tombe royale... et de la sienne propre. Il semble avoir effectivement pratiqué la justice et gouverné avec équité, car il était très populaire parmi les ouvriers du chantier thébain de Deir el Medineh.

Serviteur loyal, homme de confiance du roi, il fut un courtisan avisé. Il semble qu'en dépit de ses attaches avec le clergé de Thèbes, il ait suivi le courant religieux nouveau qui entendait redonner un lustre officiel aux cultes héliopolitains et memphites. Deux des monuments retrouvés, qui le concernent, sont intéressants à ce sujet :

L'un est une statue représentant Paser en orant, offrant une stèle (thème traditionnel depuis le début de la XVIIIe dynastie), sur laquelle est sculpté un hymne. Cette offrande n'est pas faite à Amon, comme c'était fréquemment le cas, mais à Rê-Horakhty, le dieu d'Héliopolis :

> « Adorer Rê-Horakhty lorsqu'il se lève en l'horizon oriental du ciel, par l'Osiris, Maire de la Ville, le vizir Paser, juste de voix, qui dit : " Salut à toi, dieu de l'horizon, en tes aubes radieuses, qui renais toujours jeune chaque jour, bélier vivant, commencement de tout ce qui existe, primordial, père des dieux ; tu as illuminé la terre grâce aux rayons de tes membres divins, ô grande puissance qui réside au ciel. Puisses-tu faire en sorte que j'aille et que je vienne dans la nécropole, tout au long de chaque jour ; permets que je puisse te contempler lorsque tu te lèves et que je te satisfasse quand tu te couches dans (ton) horizon ; puissé-je aller (de nouveau) vers la maison des

vivants, mon cœur demeurant avec moi, qu'il ne me quitte pas durant toute la durée du temps infini [83]. »

Ainsi le dieu d'Héliopolis est requis pour satisfaire les vœux funéraires essentiels : liberté de mouvement dans l'au-delà, possibilité de revenir sur terre, compagnonnage avec l'astre de lumière et de vie.

L'autre monument est une statue de granit gris (actuellement au musée du Caire) représentant également le vizir Paser. Sur le côté du socle est sculpté l'habituel proscynème, c'est-à-dire la formule selon laquelle le roi est censé faire une offrande aux dieux afin que ceux-ci, en retour, accordent quelque bienfait au personnage représenté. Ici, et cela vaut d'être remarqué, l'adresse est faite d'abord aux trois dieux de la trinité ramesside : « *Amon-Rê,* seigneur des trônes du Double Pays, *Rê-Horakhty-Atoum,* maître des Deux Terres, l'Héliopolitain, *Ptah,* qui est au sud de son mur, seigneur de la vie du Double Pays [84] ». Sont nommées ensuite d'autres divinités du panthéon : Thoth, Neith, la Grande Magicienne, Osiris, Sokaris...

On comprend que Ramsès ait souhaité garder auprès de lui, à son avènement, un homme déjà rompu aux usages politiques, connaissant bien les affaires, compagnon fidèle de son père et courtisan engagé dans le mouvement spirituel qui marqua l'Empire.

De très nombreuses statues de cet important personnage ont été retrouvées sur les sites thébains et memphites.

La fonction était si importante qu'il n'est pas impossible que Ramsès II, lorsqu'il fut privé des services de Paser, ait ensuite confié le vizirat à l'un de ses fils : Khây (« celui qui apparaît radieux »). On sait qu'un prince de ce nom a été chargé d'organiser le sixième jubilé du souverain, et l'on a toute raison de penser que ce jubilé fut notamment célébré à El Kantara, où ont été retrouvés des moules de terre cuite le mentionnant. Dans cette même ville on a découvert également un linteau de calcaire sur lequel est représenté le vizir Khây adorant les cartouches de Ramsès II. On en a déduit que le prince royal Khây et le vizir du même nom auraient été un seul et même personnage[85].

On sait aussi, par une inscription du Gebel Silsileh, que le vizir Khây avait également participé à la célébration du cinquième jubilé en même temps que le prince Khâemouaset, dont il aurait ensuite assumé la charge dans la conduite des fêtes royales. Il est donc fort possible que ce vizir ait bien été un prince du sang, puisqu'il est ainsi associé, mis en parallèle, avec le fils favori, Khâemouaset.

Parmi les autres vizirs qui servirent Ramsès II et l'Empire la figure de Rêhotep (« Puisse Rê être satisfait ! ») est assez remarquable par l'importance de ses titres (c'était un très grand et noble personnage) et la description qu'il donne de ses activités — d'après le texte sculpté sur une stèle conservée au musée du Caire :

> Il est « le noble qui préside au Double Pays, le père divin, l'aimé, le supérieur des secrets dans le temple de Neith, celui qui emplit le cœur d'Horus dans les deux horizons, bouche du roi dans le pays tout entier, juge attaché à Nekhen, grand prêtre de la déesse Maât, flabellifère à la droite du roi, le Maire de la Ville, le vizir, Rêhotep[86] ».
>
> Il est aussi « *grand prêtre de Rê et d'Atoum, grand prêtre et prêtre Sem de Ptah,* directeur des fêtes de celui-qui-est-au-sud-de-son-mur [Ptah], grand intendant du domaine du Seigneur du Double Pays dans le palais... grand maître d'œuvres, chef des artisans, gardien des écrits du dieu parfait dans la Salle de Vérité, bouche du roi de Haute Égypte, héraut du roi de Basse Égypte, celui qui réjouit son maître dans l'auguste palais, celui qui offre à son seigneur la Vérité-Justice, prince à la tête du peuple des hommes et des serviteurs dans le pays tout entier, le Maire de la Ville, le vizir, Rêhotep[87] ».

C'est là une liste bien impressionnante, qui mêle les titres, les qualités personnelles et l'œuvre. Mais ce qui est particulièrement remarquable c'est que ce vizir, de par son office même grand prêtre de Maât, ait assumé encore la charge de deux autres grandes prêtrises, celle de Rê-Atoum à Héliopolis, celle de Ptah à Memphis — fait plutôt rare. Il semble que cet important personnage ait cumulé, à lui seul, les fonctions qui avaient été celles de deux fils royaux : Meryatoum et Khâemouaset, auxquels il a peut-être succédé.

Il décrit complaisamment son œuvre et sa personne :

> « Je suis loyal et juste de cœur, mon abomination est le mensonge et je vis chaque jour de pratiquer l'équité. Je suis un homme sage, sans pareil, qui sais expliquer tous les travaux de Thoth. »

Tout cela souligne peut-être l'importance excessive (?) prise par certains hauts dignitaires, détenteurs des plus hautes charges temporelles et spirituelles, dans la seconde moitié du règne de Ramsès II.

Mais Rêhotep semble être demeuré dans l'obédience de Pharaon. On le voit, en effet, sur l'une des stèles de la « trouvaille de Horbeit [89] » adorer le souverain. Il « prodigue des louanges au *ka* du seigneur des apparitions glorieuses Ramsès-aimé-d'Amon, le dieu grand qui écoute les prières des hommes, afin que celui-ci accorde vie, santé, force, louanges, intelligence et amour au *ka* du noble, prince... Rêhotep [90] ».

Ce fut un grand courtisan, peut-être un homme dans la main du roi et qui, ayant sa confiance, fut ainsi distingué, ou bien un ambitieux ? La découverte de monuments nouveaux pourrait permettre, un jour, de mieux connaître le destin de Rêhotep.

Les maires

Parmi les administrateurs royaux figurent aussi les maires des grandes villes, Thèbes et Memphis notamment.

Le vizir Paser fut maire, à Thèbes, où son père était grand prêtre d'Amon. La Ville du Sud était donc alors dans la main d'amis et de fidèles du roi.

Parmi les gestionnaires de la ville de Memphis, deux personnages retiennent notre attention à cause des monuments leur appartenant qui ont été retrouvés, car — et c'est là un fait assez habituel dans notre science — les grands de la Cour comme les administrateurs provinciaux sont connus de nous essentiellement par leurs tombes thébaines, leurs statues et les stèles qu'ils dédièrent aux dieux ou au souverain ; de sorte que nous connaissons mieux leur vie dans l'au-delà (tout au moins celle à laquelle ils se préparaient et qu'ils espéraient) que leurs actes administratifs accomplis « du temps où ils étaient vivants sur la terre » ; toutefois les scènes peintes sur les murs de leur « maison d'éternité » peuvent nous apporter quelques précisions sur leurs activités officielles.

Du maire de Memphis, Houy (ou plutôt Amenhotep, dit Houy) on a retrouvé le très beau sarcophage de granit rouge (2,70 m de long) et le sarcophage anthropoïde intérieur de granit rose (2,25 m de long sur 1,07 m de haut)[91]. Sur l'intérieur du lourd couvercle du premier de ces sarcophages est gravée, selon l'usage, une grande figure de la déesse céleste Nout, qui protège ainsi, étendue au-dessus de lui, le corps momifié du défunt — de même que, allongée au-dessus de la terre, elle protège celle-ci — Nout, mère du soleil, au corps constellé d'étoiles.

> « Paroles dites par Nout : Je m'étends sur mon fils, le scribe royal véritable, le maire de Memphis, Houy... en mon nom de Nout. Je ne m'éloignerai pas de ce fils qui est mien, pas plus que de Geb, l'aimé des dieux, l'Ancien de l'Ennéade[92]. »

Un parallèle flatteur est ainsi établi entre Houy et le dieu de la terre, flatteur et rassurant pour la vie à venir, bien établi par l'image et par le texte

Provenant de la tombe du maire Ptahmose (« Ptah l'a mis au monde », nom prédestiné pour qui veille aux destinées de Memphis), quatre piliers carrés, compris, autrefois, dans un ensemble monumental unique, sont actuelle-

ment conservés au musée de Leyde ; sur leurs faces sont
sculptés des hymnes aux dieux[93]. Sur chacun de ces
piliers, Ptahmose, en longue robe de lin blanc plissé, est
représenté : sur l'une des faces, adorant Rê, Osiris (deux
fois) et Rê-Horakhty ; sur chacune des faces latérales figurent le pilier *djed,* symbole osirien de la stabilité et de la
durée, et une invocation à Osiris ; enfin, sur la quatrième
face de chaque pilier est sculpté un hymne aux grands
dieux créateurs ou de la renaissance :

— « Louanges à toi, ô celui qui est venu à l'existence
en tant que Rê, et qui maintenant brille radieux en qualité
de Horakhty, image sacrée aux formes multiples, seigneur
du ciel et régent du temps infini. Puisse-t-il accorder
d'aller et venir dans la nécropole et de contempler le disque de la vie lorsqu'il étincelle au *ka* de... Ptahmose. »

— « Louanges à toi, ô celui qui est venu à l'existence en
tant que Ptah-Osiris, régent du temps infini, roi de Mendès
et seigneur d'Abydos, souverain qui préside l'Ennéade.
Puisse-t-il accorder d'aller et venir dans Ro-Setaou[94], de se
reposer en la nécropole et d'accomplir ses transformations
au *ka* de... Ptahmose. »

— « Louanges à toi, ô doux d'amour, Osiris, maître de
et du Désert, bélier divin qui est dans le ciel, ivre de
justice. Puisse-t-il faire que mon cœur demeure florissant
durant le temps éternel, pour le *ka* de... Ptahmose. »

— « Louanges à toi, Tatenen-Ptah, seigneur de la joie,
dont le cœur demeure et qui se satisfait de la vérité et de la
justice. Puisse-t-il accorder d'aller et venir dans la nécropole et de contempler le disque solaire lorsqu'il apparaît
radieux dans le ciel, au *ka* de ... Ptahmose, possesseur
d'une belle sépulture[95]. »

En une composition équilibrée, conforme au goût des
Égyptiens pour l'harmonie et l'heureux parallélisme des
motifs graphiques ou des phrases, ces quatre textes
d'hommages aux dieux et de requêtes de faveurs posthumes sont révélateurs du syncrétisme religieux voulu
officiellement par Ramsès. Trois dieux sont nommés,

Amon n'est pas invoqué ; il est vrai que nous sommes à Memphis. Mais on constate aussi que les formes et les épithètes divines se mêlent et s'échangent entre Rê et Ptah, les grands dieux *régionaux,* et Osiris, dieu indépendant de la résurrection. Bon courtisan, Ptahmose suit le mouvement religieux de l'époque.

... Et autres grands dignitaires

Leurs tombeaux parfois, ou bien, ici une statue, là une stèle portant des inscriptions, permettent de connaître, plus ou moins bien, d'approcher plutôt, le nombreux personnel de hauts fonctionnaires attaché à la cour ramesside et dont dépendait, pour une part, la gestion de l'Empire : intendants du Seigneur du Double Pays, chefs du trésor, directeurs du Double Grenier, et les multiples scribes royaux, personnages d'importance, rouages essentiels de la lourde machine administrative, appartenant souvent à la classe noble. Il en va ainsi, par exemple, sous Séthi Ier, de Iouni, fils du médecin-chef Amenhotep et qui fut « noble, prince, Ami unique, scribe royal, bouche du roi, important dans sa grande fonction, emplissant les oreilles de l'Horus [le roi] de vérité et de justice, prêtre-lecteur en chef, intendant des domaines royaux[96]... », charges temporelles et spirituelles pouvant être confiées à un seul personnage indistinctement.

Les militaires

Les militaires, naturellement, jouèrent un grand rôle à la cour de Ramsès : les généraux en chef, les lieutenants de la charrerie, les chefs d'écuries, les messagers royaux, les porte-étendards... C'est le vizir qui avait la charge administrative de tout ce monde, qui veillait au recrutement, à la bonne tenue de l'armée, et de qui dépendaient les hommes en garnison dans les forteresses ; mais, en cas de guerre, c'est le roi qui établissait le plan de campagne et menait les hommes au combat.

Quelques figures sont remarquables, ou tout au moins le sont à nos yeux, en raison de trouvailles archéologiques inattendues, curieuses. Il en est ainsi de Souti (forme du nom Séthi, assez commun à l'époque), qui fut, sous Ramsès II, « Grand du roi, son aimé, grand chef de l'armée, premier charrier de Sa Majesté », mais aussi « chef du trésor du Seigneur du Double Pays et maître d'œuvre dans la place d'éternité [97] » [la tombe royale]. Ce commandant d'armée s'occupait donc aussi des finances de l'État et de la construction de l'hypogée du souverain. Souti était peut-être l'un de ces hommes que Ramsès avait distingués au combat et qu'il avait alors chargés de dignité.

A son propos l'on peut parler vraiment du hasard des fouilles. Un jour d'octobre 1899, un habitant du village d'El Khawaled, en face d'Abou Tig, dans la province d'Assiout, était pieusement occupé à creuser un tombeau pour sa famille, près de la petite localité, lorsque, sans le chercher, certes, il mit au jour un hypogée qui lui parut antique. Les paysans égyptiens sont habitués à ce que leurs bêches, leurs pioches ou leurs charrues découvrent soudain dans leurs terres les richesses ensevelies depuis des millénaires. L'Égypte et Rome ont partout *semé* des monuments. Le brave homme avertit le magistrat local et l'on alerta le Service des Antiquités. On découvrit alors, au nord et au sud du village, une nécropole datant de la XIXe dynastie, cachée sous un cimetière moderne [98]. La tombe de Souti était creusée dans un endroit argileux et humide, aussi l'on avait dû appuyer son « ciel » sur des piliers en calcaire, à cause de la fragilité du sol ; elle était constituée d'un puits fermé par une dalle, menant à la salle hypostyle comportant six piliers en calcaires inscrits de proscynèmes, puis à une deuxième chambre qui, par une tranchée, communiquait avec le caveau.

Souti nous réservait encore d'autres surprises. En juillet 1918, dans le voisinage de Deir el Chelouit, à l'extrémité méridionale de la nécropole thébaine (là où fut construit, à l'époque romaine, un petit temple) un paysan trouva, au milieu de ses champs, une statue de granit noir parsemé de taches roses, représentant un homme assis à terre, enveloppé dans un grand manteau, les bras croisés sur les genoux — attitude statuaire traditionnelle, dérivée de celle du scribe. La tête manquait [99], mais une inscription avait été sculptée sur le devant du manteau et sur le dossier :

> « Celui que loue le dieu parfait, le général en chef de l'armée du Seigneur du Double Pays, chef de la maison d'argent et de la maison d'or, Souti. Il dit : " Je viens vers toi, Seigneur de la terre sacrée, ô Osiris, qui présides à l'Occident, je pénètre en ta présence, le cœur chargé de vérité et de justice [100] "... »

Souti entre dans la grande salle où il va être jugé par Osiris et ses quarante-deux assesseurs divins, son cœur pesé dans la balance de l'équité.

C'est donc dans un champ thébain que gisaient les espoirs posthumes de ce grand personnage de la cour de Ramsès II, dans cette terre sacrée où il reposait depuis plus de trois mille ans. L'archéologie est une aventure parfois imprévisible, et l'égyptologie est faite de surprises et d'émerveillements sans cesse renouvelés.

Souti, qui cumulait donc des fonctions militaires et administratives, était sans doute un homme du Sud, venu à la cour, peut-être après quelque action d'éclat sur le champ de bataille, aux côtés de Ramsès. En effet, une statue d'albâtre (actuellement conservée au musée du Caire) le figure agenouillé, présentant, suivant un geste rituel, trois divinités sur un socle. Ces trois divinités étaient Khnoum, Satis et Anoukis, et l'on peut penser que la dévotion de Souti à la triade de la ville d'Éléphantine est une indication d'origine.

On aimerait, certes, pouvoir décrire, analyser des vies d'officiers, de soldats. Les documents font défaut. Nous connaissons des noms, des titres, des vœux funéraires dans les tombeaux ; nous connaissons parfois leur image ou quelque scène importante de leur vie, immortalisée sur une paroi de leur chapelle funéraire, quelques allusions aussi, éparses. Nous pouvons imaginer leur nombre et leur importance dans la ville de Per-Ramsès. Là, aux quatre points cardinaux, étaient installés les cantonnements de l'armée-des-victoires. Mais seules les gloires de Pharaon valaient d'être rendues éternelles.

On connaît, toutefois, l'histoire de Menna, le charrier de Ramsès II, le jour de la bataille devant Kadesh, en l'an 5 du règne. Menna qui, seul de toute l'armée, n'abandonna pas son maître, malgré sa grande frayeur. Dans le poème de Pentaour, ces paroles sont prêtées à Ramsès :

« Lorsque Menna, mon charrier, eut vu qu'une grande multitude de chars m'encerclait, alors il se sentit faiblir, son cœur devint lâche et une très grande frayeur pénétra en son corps. Il dit alors à Ma Majesté : " O mon seigneur parfait, prince de la vaillance, grand protecteur de l'Égypte au jour du combat, nous sommes là seuls, au milieu des ennemis ; vois, l'infanterie et la charrerie nous ont abandonnés. Ah ! Pourquoi demeures-tu là, pour qu'ils enlèvent les souffles de notre bouche ? Permets que nous soyons saufs, sauve-nous, ô Ousermaâtrê-Setepenrê ! » Alors Ma Majesté lui dit : " Affermis-toi ! Affermis ton cœur, mon charrier ! Je vais charger les ennemis, tel le faucon qui fond sur sa proie. Je vais tuer, massacrer, terrasser. Que sont devant toi ces Asiatiques ? Que peuvent-ils contre Amon, ces lâches qui ne connaissent pas Dieu ? Mon visage ne pâlira pas de crainte, même devant des millions d'entre eux [101] ". »

Moyen, bien sûr, moyen magique d'exalter par le truchement des mots la vaillance de Pharaon, mais moyen aussi de rendre hommage au seul compagnon fidèle que Ramsès ait trouvé dans le combat, et dont le souvenir, ainsi, avec le sien, devait demeurer pour l'éternité.

Des scribes, il y en eut aussi, en grand nombre, dans l'administration militaire : qu'ils soient scribes de l'armée, scribes de la charrerie, scribes de l'écurie, ils étaient vigilants et enregistraient soigneusement les ressources en chevaux, en hommes et en vivres. D'eux dépendait, pour une part, l'efficacité de l'armée égyptienne.

Récemment, à l'angle sud-ouest du mur d'enceinte qui limitait le *temenos* du grand temple de Ptah à Memphis, a été retrouvé dans la salle hypostyle d'un sanctuaire, construit à cet endroit par Ramsès II et dédié également à Ptah, un autel à libations. C'est un monument votif, consacré au dieu de Memphis par Amenemhat, scribe des chantiers navals de la ville [102]. La statue du scribe occupait un des petits côtés de l'autel, mais elle est fort mutilée ; le torse demeure encore lié à l'autel : il était délicat d'évider en cet endroit le bloc de pierre. Fait remarquable — et qui souligne l'atmosphère guerrière de l'époque — l'ensemble du monument se présente sous la forme, plus ou moins stylisée, d'un mur de forteresse comportant trois redans et quatre saillants, deux tours d'angle et deux tours centrales ; des créneaux couronnent le mur, sculptés en haut-relief contre le bord du récipient rectangulaire. Il s'agit là d'un document pratiquement unique, qui veut vraisemblablement reproduire le grand mur de l'enceinte de Ptah, dont la construction fut commencée par Ramsès II et poursuivie par son fils Merenptah. Autour de trois des côtés du monument est sculpté un hymne en forme de litanie, genre littéraire très en honneur à l'époque :

« Louanges à toi, Ptah, qui soulèves le ciel et crées la subsistance des hommes et des dieux.

Louanges à toi, Ptah, *lorsque tu étincelles dans ta barque des millions d'années.*

Louanges à toi, Ptah, seigneur du temps éternel, qui fais vivre tous les hommes de ta beauté.

Louanges à toi, Ptah, au cœur doux, être sacré qui dévoiles la vérité et la justice.

Louanges à toi, dieu au beau visage, dieu bien-aimé.

Louanges à toi, seigneur de la vérité et de la justice, qui écoutes ceux qui te satisfont.

Louanges à toi dans Memphis, la plus auguste de toutes les cités.

Louanges à toi, *auprès du grand rempart,* à cette place où la prière est entendue [103]. »

Trois aspects du dieu sont ainsi loués : le dieu universel (qui, selon certaines épithètes, semble se confondre avec Rê) — le dieu de la région memphite — le dieu plus populaire qui écoute les prières, « auprès du grand rempart », car le peuple pouvait aisément accéder à cet endroit où Ptah, compatissant, était censé écouter les requêtes de ses fidèles.

Cette étude, aussi fragmentaire soit-elle, des grands dignitaires de la cour de Per-Ramsès, laisse pressentir l'existence de très puissantes familles, comblées par Pharaon d'honneurs et de charges très importantes.

Très révélateur à ce sujet est le texte d'une stèle (au musée de Naples) dédiée par Ameneminet (« Amon est dans la vallée »), fils de Ounennefer, grand prêtre du dieu de Thèbes, et compagnon d'enfance de Ramsès II. Ameneminet recense vingt-quatre de ses parents qui, tous, occupent un poste élevé dans l'administration, l'armée ou le clergé ; il veut ainsi démontrer l'importance de cette parentèle [104]. D'autres de ces familles, nous allons le voir, jouirent ainsi d'un pouvoir politique certain, qui pourra, finalement, être dangereux pour le roi vieillissant.

Les Africains

Il y avait encore, à la cour de Ramsès, les Africains. Nubie et Soudan, sous contrôle égyptien, étaient administrés, gérés par la métropole. Les fonctionnaires coloniaux étaient nombreux.

Amenemopet (« Amon-est-dans-le-harem »), le fils du vizir Paser, fut, sous Séthi Ier et au début du règne de Ramsès II, « gouverneur des pays du Sud, fils royal de Koush ». Ce titre de « fils royal » n'implique pas nécessairement, dans ce contexte, une parenté avec le souverain ; il est traditionnellement porté par les vice-rois, depuis que le premier d'entre eux fut véritablement un prince du sang. La famille de Paser occupait donc tous les postes de grande responsabilité dans l'Empire. Pharaon savait récompenser ses amis et ses loyaux serviteurs.

Iouny fut « fils royal de Koush » sous Ramsès II, mais il figure déjà dans une inscription datant de Séthi Ier. Ce fut encore un grand serviteur de la famille royale.

Ce fut lui, sans doute, qui, en tant que « maître d'œuvre dans le temple d'Amon », commença la construction des temples d'Abou Simbel. Il fit tailler une stèle rupestre près du petit temple de Nefertari : dans le cintre, on voit Iouny offrant un éventail de plumes à Ramsès assis sur son trône. Le texte, bref, est un hymne au roi :

> « Puisse ton père Amon-Rê te protéger et t'accorder toute vie, stabilité et force. Puisse-t-il te donner le temps éternel en tant que roi et le temps infini en qualité de régent des Neuf Arcs [105]. »

Suivant un procédé stylistique très fréquent, la personnalité du roi est dédoublée, comme est double le temps sans limite qui doit lui être accordé ; or ces deux aspects du souverain laissent clairement apparaître la distinction que faisaient les Égyptiens entre *nesout* — « celui qui appartient au jonc », plante symbolique de la Haute Égypte, d'où étaient venus à plusieurs reprises les rois unificateurs (le roi d'Égypte, par conséquent) et l'Empereur : c'est-à-dire « le régent des Neuf Arcs » ou, comme il est dit aussi, avec un accent plus religieux, « le Soleil des Neufs Arcs ». Ces deux titres déjà rencontrés dans un texte de Paser [106] affirment la volonté de Ramsès II de lier, en sa personne, les deux gouvernements : celui de l'Égypte et celui des pays sous hégémonie égyptienne, ne constituant plus qu'un seul territoire.

De l'an 25 à l'an 34 du règne de Ramsès II, un autre Paser (que nous appelons Paser II) assuma la fonction de vice-roi des pays du Sud. Il n'avait, semble-t-il, aucune parenté avec le vizir — le nom de Paser est assez commun, il signifie « le dignitaire ». Mais il était le cousin de cet Amenemīnet à qui l'amitié de Ramsès, depuis leur enfance, valut de grands honneurs pour lui-même et pour l'ensemble de sa famille. Un oncle de Paser II, Panesettaoui, fut commandant de l'armée, charge reprise par son fils Nakhtmin.

En l'an 31, un tremblement de terre eut lieu à Abou Simbel, détruisant les fondations du temple ainsi que des piliers et des statues ; on crut à une colère des dieux. Ramsès fut prévenu mais le travail put reprendre ensuite jusqu'à son achèvement, sans autre incident. Abou Simbel, sauvé d'abord des agitations de la terre, vient maintenant d'être sauvé des eaux. Amon, Rê-Horakhty et Ptah, la sainte trinité ramesside, qui figure, avec Ramsès, au cœur du sanctuaire du temple, protègent leur « maison ».

C'est encore une belle aventure, heureuse et surprenante, de l'archéologie que la découverte des stèles de Paser II à Abou Simbel. Au cours d'une de ses missions en Nubie, Baraize, directeur des fouilles à Abou Simbel, en février 1932, rencontra sur le site une touriste de New York, Mme Anne Archbold, qui lui demanda quelques explications. Devant elle, il émit l'hypothèse que, peut-être, un troisième sanctuaire pouvait, entre les deux temples, être encore recouvert d'un amas de sable — les rêves des égyptologues ne connaissent pas de limite et, pour eux, le moindre tas de sable masque des trésors enfouis. Ayant poursuivi son voyage vers le Sud, Mme Archbold adresse, le 11 février, de Ouadi Halfa, un télégramme à Baraize, aux termes duquel elle déclarait mettre à la disposition du Service des Antiquités une somme de deux mille dollars pour que l'on opère le déblaiement de la zone comprise entre les deux temples d'Abou Simbel. Le ministre égyptien de l'Instruction publique et le Service des Antiquités donnent leur accord. On adresse à Mme Archbold de chaleureux remerciements. Mais le rêve de Baraize ne se réalisa pas. Toutefois, au cours des travaux, on découvrit trois grandes stèles de Paser II, deux mobiles et la troisième taillée dans le roc[107].

Dans le centre de la stèle rupestre, *Paser est représenté adorant Ramsès II* assis sur un trône, dont le socle est sculpté des figures de deux ennemis terrassés : image qui, en évoquant la victoire sur les hommes d'Afrique d'une part, la divinité de Pharaon, d'autre part, était bien faite pour créer la terreur dans le cœur des Nubiens qui remontaient ou descendaient le Nil et, donc, entraîner leur soumission. C'était, comme nous le dirions de nos jours, un monument « dissuasif » en même temps qu'un hommage de Paser à son maître.

Les deux stèles mobiles, transportées et conservées au musée du Caire et dans le cintre desquelles Paser est représenté adorant le dieu Amon, sont sculptées d'un texte établissant une donation de terres. Celle-ci est constituée à perpétuité par Paser, agissant sur ordre et au nom de Ramsès II. Les revenus de ces terres serviront à assurer le culte du « support auguste du dieu Amon de Faras ». Ce « support » est en relation avec l'un des quatre piliers qui soutiennent le ciel et en rapport avec la forme sous laquelle le dieu Amon était adoré dans ce site nubien. La gestion de ces terres et de leurs revenus est confiée hérédi-tairement à la famille d'un fonctionnaire local, le scribe Khaï — au total environ deux hectares. Ces dons de terre au temple, en vue d'assurer, grâce à leurs revenus, l'entre-tien du sanctuaire et l'accomplissement des rites, sont habituels et fréquents.

En l'an 34 succède à Paser II un personnage qui, très âgé, se retirera assez vite, mais à qui Ramsès avait voulu témoigner sa reconnaissance, car ce Houy, qui fut com-mandant de la charrerie, avait conduit l'escorte de la prin-cesse hittite Maat-Hor-neferourê jusqu'à Per-Ramsès pour son mariage avec le roi.

Le plus puissant, semble-t-il, de tous les vice-rois rames-sides fut sans doute Setaou, qui occupa la charge de l'an 38 à l'an 63 de Ramsès II.

Était-ce un fils du souverain ? Il ne figure pas, en tout cas, dans les listes officielles de princes du sang. Il porte, certes, le titre de « Fils royal », mais ce titre était parfois décerné, nous l'avons vu, à des personnages que le roi voulait ainsi distinguer. Son origine demeure incertaine.

Homme jeune et énergique, il eut une activité très importante. Nous possédons un bref récit de sa vie, sculpté sur une stèle, malheureusement souvent mutilé :

« J'honore le dieu parfait, l'Horus aimé de la Vérité-Justice. Je suis un homme que Sa Majesté a instruit à l'intérieur du Palais... J'ai grandi dans la Maison du roi depuis que je suis un petit enfant... J'étais pourvu de bons aliments provenant des repas royaux, et je sortis de la Maison de l'Enseignement en qualité de scribe... Je fus promu Ami Unique de Sa Majesté et, alors que j'étais encore très jeune, je fus nommé scribe principal du vizir. Je fixai les impôts pour le pays tout entier sur un grand rouleau de papyrus, j'étais conforme à la grandeur de cette tâche... Mon maître put constater que j'étais efficace lorsque j'augmentai la quantité des offrandes divines offertes à tous les dieux, dont les trésors débordaient de toutes choses diverses, tandis que leurs greniers touchaient au ciel et que leurs troupeaux étaient innombrables. Il put encore découvrir mon efficience, car je faisais transporter les moissons dans les greniers (royaux)... par millions et je fis qu'ils regorgent de blé... Je ne permis pas que le pays soit lésé d'aucune façon, et j'agis pour que les jeunes honorent Sa Majesté. Celui-ci me nomma alors grand intendant du domaine d'Amon-Rê, le roi des dieux ; j'étais le directeur du trésor divin et le conducteur de la fête d'Amon, tenant en mains, embrasés, deux autels d'or pour les présenter à son visage, afin d'honorer Sa Majesté et de magnifier le Seigneur du Double Pays... A nouveau mon maître s'aperçut que mon nom était grand et bénéfique. Alors il me nomma " Fils royal dans ce pays de Koush "... J'emmenai les impôts de Koush en les ayant doublés, et je fis que les tributs de ce pays soient aussi abondants que les sables des rivages — ce à quoi n'était jamais parvenu aucun Fils royal de Koush depuis le temps du dieu, malgré les captures du bras puissant de Pharaon, mon maître parfait. Alors le vil pays de Irem (vint en soumission) ainsi que le chef de Ikouyata, avec sa femme, ses enfants, sa famille et ses gens ; je liai son arc, en suivant le chemin à la tête de son armée. Des tributs innombrables furent ensuite rassemblés et emmenés en Égypte.

Puis je bâtis le temple de Ramsès-aimé-d'Amon dans le domaine d'Amon, en creusant la montagne, accomplissant un travail destiné à durer pendant le temps éternel ; j'emplis le temple d'un personnel nombreux, formé par les captifs de Sa Majesté, tandis que ses magasins étaient emplis de provisions jusqu'à toucher le ciel : de l'orge, de l'épeautre, du blé, en grande quantité ; il est dans le voisinage du temple d'Amon de Ramsès-aimé-d'Amon, mon maître... Je reconstruisis entièrement tous les temples du pays de Koush qui étaient tombés en ruines et qui furent établis de nouveau au grand nom de Sa Majesté... Mon maître me loua pour ce que j'avais fait, qui l'exaltait.

Il fit alors que je devienne un personnage auguste dans le tribunal, pour juger des affaires du Double Pays ; je fus aussi le premier des Amis, à la tête des courtisans... Ils s'inclinaient devant moi, tous... car je dis toujours la vérité et ne commets point de mensonge. Je sais, en effet, que Sa Majesté aime la Vérité-Justice... et je suis le serviteur de la déesse [108]. »

Jeune enfant, donc, Setaou fut éduqué dans le palais royal, soit qu'il fût fils de Ramsès, soit que, peut-être par amitié pour sa famille, l'enfant ait été ainsi distingué [109] ; sans doute était-ce aussi un moyen de former royalement les futurs grands administrateurs. Il reçut la formation encyclopédique des scribes. Sa carrière fut ensuite ce qu'il est convenu d'appeler « brillante » : d'abord percepteur zélé des impôts du pays, au service des temples et du roi, il fut ensuite affecté, plus particulièrement, au domaine d'Amon-Rê. Ayant constaté sa valeur, Ramsès II le nomme « Fils royal de Koush » ; il semble qu'alors notre personnage ait quelque peu pressuré les Soudanais soumis, ce qui expliquerait la révolte évoquée (on ne peut écrire ou prononcer ouvertement le mot révolte, ce serait lui conférer une réalité dangereuse, on l'évoque seulement) du pays méridional d'Irem (comme sous Séthi I) et d'une région sans doute voisine. L'activité de constructeur du vice-roi fut surtout importante, avant qu'il ne devienne l'un des juges augustes du tribunal de l'État.

C'est lui qui contribua, pour une grande part, à l'érection des temples nubiens d'Abou Simbel, Gerf Hussein et Ouadi es Seboua (sur ce dernier site existait déjà un temple élevé par Aménophis III, mais ruiné) ; la main-d'œuvre, outre celle procurée par les indigènes, fut en partie fournie par une razzia effectuée dans une oasis libyenne (Kourkour, Dounkoul ou Selima).

En février-mars 1909, lors du déblaiement de l'allée de sphinx et des constructions de briques qui précèdent le temple de Ramsès II à Ouadi es Seboua, on découvrit, sous le sable où elles étaient enfouies depuis plusieurs millénaires, onze stèles, probablement contemporaines de la construction du temple ; sept d'entre elles étaient encore en place : adossées, l'une à côté de l'autre, au mur en briques formant l'enceinte septentrionale de l'allée de sphinx, à l'intérieur de cette enceinte, la face tournée vers le sud [110]. Elles furent transportées et sont actuellement conservées au musée du Caire.

La plus grande, datée de l'an 34 du règne, portait le texte de la *Vie* de Setaou. Toutes, de formes et de dispositions diverses, sont dédiées aux divinités locales du site et à Ramsès II. Setaou a consacré lui-même trois de ces stèles ; les autres ont été dédiées, en faveur de ce même vice-roi, par plusieurs de ses adjoints, surtout des militaires (porte-étendards principalement). Tous ces monuments témoignent du culte de « Ramsès-dans-la-maison-d'Amon », c'est-à-dire du roi lui-même tel qu'il était adoré au temple de Ouadi es Seboua [111].

Le site réservait encore quelques surprises. Très récemment, en 1959, lors d'un voyage dans cette localité, Labib Habachi, visitant les ruines du temple d'Aménophis III, questionna le gardien indigène afin de savoir « si rien d'important ne demeurait dans le monument ». L'homme lui répondit qu'une statue devait être encore là, cachée par le sable [112]. On dégagea alors le socle et la partie inférieure d'un groupe statuaire (à l'origine, de grandeur nature), en grès, représentant Setaou et son épouse Mout-nefert (« Mout-la-Belle »), « Supérieure du harem d'Amon ». Tant de monuments restent encore à découvrir !

Les inscriptions de Setaou permettent aussi de connaître quelques autres événements de sa vie, qui fut particulièrement active. Ainsi, il est vraisemblable que lors de la célébration d'un jubilé royal, le cinquième (en l'an 42 du règne), il soit monté en Égypte. A cette occasion, en effet, comme le prince Khâemouaset, il fit tailler à El Kab (en Haute Égypte) une stèle rupestre assez remarquable. Elle fut retrouvée à côté d'un hemispéos de l'époque ptolémaïque, sculptée sur un pan de rocher légèrement proéminent ; devant elle était construite une terrasse d'époque hellénistique, terrasse certainement établie en rapport avec la stèle précédente, sans que nous puissions comprendre dans quelle intention précise[113], la stèle comportant les représentations et les textes d'usage.

Nombreux étaient les fonctionnaires qui aidaient le vice-roi dans l'administration des provinces du Sud. Les plus proches étaient le « lieutenant *(idenou)* de la région de Ouaouat » et le « lieutenant de la région de Koush ». Les maires des grandes villes comme Miam (ou Aniba) étaient égyptiens et ils assuraient en même temps le culte des dieux locaux. Les fonctions étaient parfois cumulables ; ainsi Hornakht (« Horus-est-fort »), lieutenant de Ouaouat, fut également maire de Miam, fils, d'ailleurs, du maire précédent (l'hérédité des charges tendant à s'établir dans ces provinces lointaines de l'Empire) et il est en même temps grand prêtre de l'Horus local. Il existait aussi, coordonnant les cultes, un « directeur des prêtres de tous les dieux des pays du Sud ».

Contribuant à la prospérité du pays, et à celle de l'Égypte, le « chef du grenier de l'Horus de Miam », le « chef du grenier de l'Horus de Bouhen »... et d'autres, recensent les moissons, le cheptel. Le « chef des archers, chef des déserts de l'or d'Amon en Nubie » veille à l'extraction du métal précieux...

Les *Africains* étaient nombreux : ils défendaient les

limites les plus méridionales de l'Empire et assuraient
l'exploitation du pays.

Les fêtes royales — Les jubilés

Périodiquement le roi était censé renouveler sa royauté
en même temps que ses forces vives, au cours de cérémonies rituelles, dont certaines parties étaient publiques,
d'autres ayant un caractère plus intime. Les Égyptiens
appelaient *fêtes Sed* ces jubilés à l'antique [114].

La célébration d'un jubilé, grande fête du pays entier,
requérait une longue préparation et un maître d'œuvre.

Une nombreuse assistance — choisie — devait être rassemblée. C'étaient d'abord les dieux et les déesses, dont
les statues s'en venaient par bateau, sur le Nil, jusqu'au
lieu prévu pour la fête. C'étaient aussi les princes et hauts
dignitaires de la Cour, des représentants des pays de
l'Empire, et des ambassadeurs des pays étrangers. Le lieu
et le jour choisis on proclamait officiellement la célébration de la fête *Sed*.

Les cérémonies commençaient par une procession dans
la cour publique du temple, où avait été installé, sur un
piédestal, un pavillon (kiosque léger), dans lequel avait
été placé un trône. Le roi avec les princes, les deux vizirs
et les hauts personnages de l'État quittait le palais pour se
rendre au temple. Le souverain coiffé de la double couronne (le *pschent*) s'asseyait sur le trône ; parfois le pavillon comportait deux compartiments dans lesquels, successivement, le roi apparaissait, coiffé, dans l'un, de la couronne blanche de Haute Égypte, dans l'autre de la couronne rouge de Basse Égypte. Il tournait alors son visage
vers chaque direction cardinale, prenant ainsi possession
de la terre. A ce moment, quatre groupes, constitués chacun par deux dieux (statues ? rôles mimés par des prêtres ?) élevaient leurs mains au-dessus de lui : c'étaient
Tatenen et Seth, qui représentaient le Sud, Atoum et
Horus (?) le Nord, Khepri et Geb, l'Ouest, Isis et Nephthys, l'Est. Des prêtres montaient les marches du piédestal

et présentaient au roi divers objets sacrés : par exemple
une enseigne terminée par la tête du bélier d'Amon ou par
une représentation d'Atoum, une statuette de sphinx, tandis qu'un autre prêtre récitait la formule : « Horus apparaît sur son trône du Sud, survient alors l'union du ciel et
de la terre » — formule répétée quatre fois, vers chacun
des quatre points cardinaux, et évoquant peut-être le
temps où ciel et terre n'étaient pas séparés, les dieux étant
les premiers rois du monde. C'était assurer ainsi au souverain, par la magie des gestes et des mots, une royauté et
une destinée divines, ainsi que la maîtrise de l'univers.

Ensuite, la procession quittait la cour du temple et se
rendait vers le lieu du palais choisi pour la célébration des
autres rites. La reine, alors, pouvait se joindre au cortège,
mais ne pénétrait pas dans l'édifice. A l'entrée du palais le
roi portait la couronne blanche, le sceptre et le flagellum,
attributs de la royauté. Il fait une grande offrande aux
dieux, ses hôtes. Puis il s'assied sur un trône portatif, soulevé par six prêtres, et pénètre dans le palais.

Il apparaît ensuite vêtu du manteau jubilaire : vêtement
collant, descendant jusqu'aux genoux, à encolure échan-
crée en V sur le devant et d'où sortent seulement les
mains. Le roi, ainsi, en sa forme, semble s'apparenter aux
dieux créateurs gainés, tels Ptah, Osiris ou Min, détenteurs de forces éternellement renouvelées comme celles de
la végétation [115] — ce que semble confirmer l'un des épisodes suivants de la fête, tel que le montrent encore les
scènes sculptées sur les parois du temple funéraire de
Séthi Ier à Abydos. Le rite devait se dérouler soit dans la
tombe soit dans une petite chapelle qui en imitait la
forme. Le roi est figuré allongé sur un lit, les chairs
peintes en vert ; sur le dais, au-dessus du lit, est écrit :
« Éveille-toi » ; à côté de la couche royale sont disposés
les insignes du pouvoir, vêtements et armes, que le roi
revêtira après sa renaissance. C'est là le point culminant
des rites : le roi va renaître, comme le fit Osiris, pour un
nouveau règne. Les dieux sont là, guettant la vie nouvelle :
à gauche Amset, Hapi (deux des fils d'Horus, génies des

canopes, à tête d'homme et à tête de babouin) et Anubis ;
par devant est figuré Osiris ; à droite, vingt autres divinités, parmi lesquelles Douamoutef et Kebehsennouf (les
deux autres fils d'Horus, dont les têtes de chien et de faucon ornent également les couvercles des vases canopes),
Shou, Thoth et Isis. On procède à l'ouverture rituelle de la
bouche avec une herminette (petite scie) de cuivre, on
offre l' « Œil d'Horus » (l'offrande que le fils pieux avait
donnée à son père, Osiris, ressuscité), on présente une
cruche de lait, celui de la déesse Isis *lactans,* à ce nouveau-né particulier.

Et les dieux, tous les dieux, se pressent pour voir le roi,
aux forces renouvelées, rajeuni, revigoré, se rendre à nouveau au palais où l'attend le trône qu'il avait quitté, souverain « sans forces ».

Ainsi Pharaon, durant son temps de vie, célébrait, en
fait, pour son compte le mystère d'Osiris — grand jeu dramatique de la vie, de la mort et de la renaissance, assimilable au destin de la végétation. La ressemblance, à effet
magique, des attitudes et des formules devait contribuer à
l'éternelle jeunesse du souverain. La fête *Sed* était une
recharge de forces vitales, comportant trois moments
dominants : dans le temple, où Pharaon était assimilé aux
dieux, premiers rois de la terre — dans la tombe : pour la
renaissance à une nouvelle vie — dans le palais : souverain épuisé, puis revigoré et commençant un nouveau
règne.

Deux rites encore, significatifs, vont clore la fête :
l'érection du pilier *Djed,* image d'un arbre ébranché, symbole de dieux agraires (donc funéraires) comme Sokaris et
Osiris. Le souverain, à l'aube, redresse, à l'aide de cordes,
le pilier qui gisait sur le sol, évoquant ainsi le double
renouveau des forces de la vie : l'apparition de l'astre au
matin et l'éveil de la végétation. Le roi renaît, comme le
soleil et les arbres... Ce rite est une confirmation du précédent, qui avait appelé Pharaon à une nouvelle vie.

La reine et la famille royale pouvaient, lors de cette
cérémonie, accompagner le souverain.

Enfin venait le rite de la course. Il s'agissait même de quatre courses successives, qui permettaient au *nouveau* roi (vêtu d'un simple pagne d'où pendait une queue d'animal et précédé par l'enseigne d'Oup-Ouaout, le dieu chacal « qui ouvre les chemins », de reprendre possession de son domaine terrestre, aux quatre points cardinaux. Ces deux rites étaient accomplis, sans doute, non loin du palais.

Ensuite, pour terminer cette longue série, avaient lieu les cérémonies, renouvelées, du couronnement royal.

Puis la ville s'abandonnait à la liesse et la fête populaire commençait.

Ces rites de « recharge » des forces royales ne sont pas particuliers à l'Égypte, dans le monde antique ; ils interviennent dans d'autres civilisations, suivant des modalités différentes. La régénération par le feu, notamment, se pratiquait dans de grandes villes phéniciennes, comme Tyr ; on brûlait le roi en effigie et il renaissait de ses cendres pour une vie *nouvelle* [116].

De l'an 30 à l'an 67 de son règne, Ramsès II célébra treize jubilés — tous les trois ans environ, après le premier, celui de l'année 30.

Les quatre premiers (années 30, 34, 37 et 40) furent annoncés et préparés par le prince Khâemouaset, ainsi qu'en témoignent les inscriptions et les scènes sculptées dans le grand speos du Gebel Silsileh, en Haute Égypte :

> « Année 30, première fête *Sed* du Seigneur du Double Pays, Ousermaâtrê-Setepenrê, doué de vie pour le temps infini. Sa Majesté ordonne que soit annoncée la fête *Sed* dans le pays tout entier (par) le fils du Roi, le prêtre Sem, Khâemouaset [117]. »

Le texte est sculpté dans une niche ménagée sur la façade du speos, et devant une représentation du prince.

A Bigeh également, au niveau de la première cataracte du Nil, peut se lire cette inscription rupestre :

> « Année 30, première fête Sed. Année 34, renouvelle-

ment de la fête Sed. Année 37, troisième fête Sed du Seigneur du Double Pays Ousermaâtrê-Setepenrê, maître des apparitions glorieuses, Ramsès-aimé-d'Amon, doué de vie pour le temps infini. Sa Majesté a assigné (littéralement : « placé devant le visage ») au prêtre Sem, fils du Roi, Khâemouaset, d'annoncer les jubilés dans le pays tout entier [118]. »

Il est vraisemblable que le premier, au moins, de ces jubilés se déroula à Memphis, l'antique capitale, où les premières de ces fêtes royales avaient vraisemblablement été célébrées. Ramsès dit au dieu Ptah, lors d'un discours conservé par le papyrus Harris :

> « J'ai fait pour toi, du premier jubilé de mon règne, une grande et immense fête pour Tatenen... J'ai restauré ton temple et les chapelles du palais du Jubilé, depuis longtemps ruinées [119]. »

Ramsès, de diverses manières, veut se rattacher au passé lointain et glorieux de l'Égypte.

Le second jubilé fut célébré en famille. Une stèle provenant encore du speos d'Horemheb, au Gebel Silsileh, est un bon témoignage de l'importance respective des membres de la parenté royale, dont le premier personnage féminin était alors Isis-nefret (la belle Nefertari avait rejoint sa « maison d'éternité »).

Dans la scène centrale, sculptée en bas-relief, on voit, devant les dieux Ptah et Nefertoum, Pharaon, accompagné du « fils du Roi, son aimé, le prêtre sem, Khâemouaset », de la « grande épouse royale Isis-nefret », de la « première princesse, la grande, la fille du Roi, la grande épouse royale Bent-Anat » — (les noms des deux reines, mère et fille, sont inclus dans un cartouche). A la partie inférieure sont représentés deux princes, Ramsès et Merenptah [120]. La descendance d'Isis-nefret est à l'honneur.

Que ces fêtes royales, accompagnées de largesses du

souverain, aient été populaires ne fait aucun doute. Sur un ostracon on lit :

> « Haut est le Nil pour la première fête Sed de Ouser-maâtrê-Setepenrê, le fils de Rê Ramsès-aimé-d'Amon, doué de vie ; il apporte une coudée (d'eau), aucune digue ne tient devant lui, il atteint les collines, possesseur d'innombrables poissons et de volailles... et de toutes choses bénéfiques que l'on peut manger. Les cœurs sont heureux, les dieux font la fête et l'esprit de l'Égypte est paisible en son temps. Il recele (?) chaque jour des poissons et des volailles, on ne manque d'aucune chose, et le pays est revenu à sa place. L'Ennéade divine a rassemblé la Haute Égypte pour multiplier tes aliments, aussi abondants que les sables ; ton trésor est empli à déborder de toutes sortes de bonnes choses : huile d'olive, encens, vin, sans limites ; tes greniers touchent au ciel, ils regorgent aussi de nourritures abondantes comme les grains de sable.
> Après que ton père Amon a conçu en son cœur ta perfection, les cœurs de tous les dieux et de toutes les déesses sont satisfaits de celle-ci et passent le jour à la proclamer : "Tu es le Roi, qui œuvre totalement de ses mains, qui connaît sa puissance, un vaillant...[121]. " »

Pour la célébration du quatrième jubilé (en l'an 40) il semble qu'il y ait eu quelque discordance entre Khâemouaset et le vizir Khây, qui avait succédé au fidèle Paser.

Au Gebel Silsileh, il est dit, sur la stèle royale du speos d'Horemheb : « Sa Majesté a assigné au prêtre Sem, fils du Roi, Khâemouaset, d'annoncer la quatrième fête Sed dans le pays tout entier à travers la Haute et la Basse Égypte » — et sur une stèle déposée dans le même speos par le vizir Khây : « Sa Majesté a assigné au noble, au prince, père divin, l'aimé, bouche de Nekhen, premier serviteur de la déesse Maât, juge Maire de la Ville, le vizir Khây, d'annoncer la quatrième fête Sed dans le pays tout entier, à travers la Haute et la Basse Égypte[122]. » Est-ce une querelle d'influence? Ou peut-être simplement une répartition des tâches entre deux personnages éminents de l'État : l'un jouant un grand rôle dans la ville de Memphis, l'autre étant maire de Thèbes — la formule habituellement utilisée demeurant inchangée? En tout cas, le même fait se reproduit pour l'annonce du cinquième jubilé. Mais le sixième sera proclamé par le seul Khây.

On ne connaît pas toujours la ville choisie pour le déroulement de ces fêtes. Il semble que Ramsès, après la célébration du neuvième jubilé (en l'an 54 du règne) ait confié à des Thébains le soin d'annoncer et de préparer les cérémonies, qui eurent lieu peut-être à Hermonthis (?), l'antique capitale du nome thébain. En 54 ce fut Youpa, « scribe royal, grand intendant du Ramesseum et du temple d'Amon » ; en 57 et 60, le vizir Neferrenpet, maire de Thèbes. Est-ce le signe de nouvelles ambitions du clergé d'Amon, dont on sait par ailleurs, nous le verrons, qu'il reprenait quelque puissance ?

Ramsès fut, plus qu'aucun autre roi, le « Seigneur des jubilés », comme l'était son « père » Ptah.

Les temples, les clercs et les fêtes sacrées

La « paix ramesside », qui dura plus de cinquante ans, permit aux souverains de construire des temples, de les doter richement, tandis que les fêtes des dieux étaient célébrées dans le faste, au milieu des réjouissances d'un peuple que n'endeuillaient plus les guerres étrangères.

Les lieux saints — Structure et philosophie

Ce qu'était alors un temple divin, Karnak et son grand temple d'Amon-Rê nous l'enseignent. Laissant de côté les variantes secondaires, nous pouvons déceler les éléments permanents qui constituent la structure fondamentale du « château du dieu ».

Son dispositif d'abord : selon un cheminement plus ou moins long, d'ouest en est, on procède du profane au sacré, de la lumière à l'ombre.

Depuis le fleuve, une grande allée bordée de sphinx mène jusqu'au pylône, qui constitue l'entrée du lieu saint. Les dieux, alors, s'incarnaient dans la forme du sphinx, se faisant ainsi les gardiens de leur propre maison. Devant les temples consacrés au dieu Amon, ils avaient une tête de bélier, animal sacré de la divinité thébaine : à Karnak, ils étaient quarante, sur deux rangées se faisant face ; mais à Ouadi es Seboua, par exemple, les sphinx au corps de lion avaient une tête de faucon (fait très rare), car la demeure divine était consacrée à Rê-Horakhty, l'Héliopolitain.

Le pylône était constitué par deux grands massifs de pierre, étirés en largeur, à fruit prononcé, flanquant la porte d'entrée (13 m de long, 15 m d'épaisseur pour le premier pylône de Karnak). L'intérieur du pylône était creux ; on y ménageait parfois un escalier qui montait jusqu'au sommet et des chambres servant de logement pour les prêtres ou de magasins (?). La façade du pylône était ornée de mâts en bois, encastrés dans l'épaisseur de la construction, au sommet desquels flottaient des banderoles, qui annonçaient de loin la présence d'une maison divine. Devant les pylônes se dressaient deux obélisques (souvent monolithes), parfois des statues colossales du roi (ainsi, il y en avait six, figurant Ramsès II, en compagnie de Nefertari, à Louxor). Sur les pylônes, comme sur les murs extérieurs du temple, des bas-reliefs relataient les hauts faits d'armes du souverain.

Franchissant le pylône, on entrait dans une cour à portiques, partie publique du temple, où la foule attendait, notamment, le défilé des processions ; elle était souvent pourvue de statues royales et d'autels.

Dans la salle hypostyle, qui faisait suite, s'accomplissaient des cérémonies rituelles, auxquelles n'assistaient que les prêtres et quelques privilégiés. Immense nef de colonnes, celle de Karnak (œuvre, essentiellement, de

Séthi Ier et Ramsès II) mesurait 102 m de long sur 53 m de profondeur, avec 134 colonnes colossales (23 m de hauteur). Des scènes religieuses y étaient sculptées et peintes, suivant les thèmes traditionnels de l'offrande, de l'encensement, de la purification et de l'adoration du dieu.

Enfin, en arrière (à l'est) de l'hypostyle étaient les appartements privés du dieu, où n'étaient admis que des prêtres « aux mains pures » ou le souverain ; il s'agissait d'un naos, petite chapelle carrée à toit pyramidal (rappelant par sa forme les sanctuaires primitifs), où la statue divine était gardée dans un tabernacle de pierre dure. La barque de processions y était placée, parfois, aussi, ou dans une salle annexe. Des chapelles secondaires pouvaient abriter d'autres divinités : ainsi, dans le sanctuaire de Ptah, à Memphis, fut alors accueillie Astarté, considérée comme la « fille » du dieu, conformément au grand mouvement de rassemblement spirituel voulu par les Ramessides. Des chapelles latérales, faisant office de sacristies, contenaient les objets nécessaires au culte.

Auprès du temple était un « lac sacré », évocation des eaux initiales qui recouvraient l'univers encore incréé, et d'où jaillit au premier jour, de par sa propre volonté, le créateur divin. Le lac sacré était une réserve potentielle de forces d'où, à chaque aube, devait ressurgir la création, en un cycle éternel de vie constamment renouvelée. Des cérémonies rituelles s'y déroulaient à date fixe et les prêtres y trouvaient l'eau lustrale nécessaire aux ablutions purificatrices.

Des constructions annexes complétaient le temple proprement dit : habitations des prêtres, greniers et magasins, « maisons de vie » pour les scribes, les artisans et les décorateurs. Une vaste enceinte de briques cernait le domaine sacré. A Karnak, des portes en grès étaient percées axialement.

Depuis les Thoutmosides, les temples funéraires des souverains présentaient la même ordonnance d'ensemble que les temples divins. Situés près du Nil, sur la rive gauche thébaine, à la lisière des terres cultivées et des déserts, ils précédaient la tombe creusée dans la falaise de l'Occident.

Le temple égyptien relevait d'une philosophie particulière. Il n'était pas un lieu de prière et de recueillement, où chacun peut assister au culte, comme le sont nos églises, nos mosquées ou nos synagogues.

Le temple est un endroit fermé, où un personnel privilégié, rigoureusement choisi, doit veiller sur la divinité et, ce faisant, aider à maintenir la cohésion du monde. En effet l'œuvre ordonnée du créateur est, depuis le premier jour, constamment menacée par les forces du chaos, rejetées, mais toujours dangereuses ; seuls les dieux peuvent préserver l'ordre. Or, manifestes en de nombreuses formes perceptibles, humaines, animales ou végétales, ces dieux, sur terre, avaient leurs « châteaux » ; immanents dans leurs statues, ils devaient être protégés de toute atteinte hostile ou de toute souillure, qui amoindriraient leur efficience. C'est pourquoi la divinité est logée au plus profond du temple, protégée par des salles successives, dont l'accès est interdit aux hommes, et plongée dans une obscurité peu révélatrice. Le service des dieux requiert l'adoration, mais aussi une garde vigilante.

Les divers éléments de la construction elle-même sont symboliques. Le pylône évoque la montagne de l'horizon, aux deux collines , du sein de laquelle jaillit le soleil à chaque aube, moment d'une création éternellement renouvelée ; l'entrée du temple est assimilée au début du jour qui, quotidiennement, appelle à une vie nouvelle : c'est l'entrée du chemin que suit l'astre de vie.

Les Égyptiens « montaient » au temple ; en effet, le sol du lieu saint s'élève assez régulièrement depuis l'entrée jusqu'au Saint des saints, tandis que le plafond, inversement, s'abaisse ; ainsi, l'univers, avant la création, était dominé par la butte initiale émergée des eaux, sur laquelle le créateur allait œuvrer : le naos, contenant l'image divine, vers lequel convergent le sol et le plafond du temple, est une évocation de cette butte — comme les eaux du lac sacré font allusion au monde encore incréé, mais contenant déjà une puissance de lumière et de vie.

La salle hypostyle évoque l'univers égyptien : le plafond peint en bleu est le ciel, constellé d'étoiles jaunes (jaunes, car le cuivre, dans la pensée égyptienne, est le matériau des étoiles) ; il est parfois décoré de cartes stellaires ou de zodiaques. Du sol jaillissent les plantes des marais, dont l'image décore le soubassement des murs, cependant que la *forêt* de colonnes végétales, au chapiteau évoquant la forme des lotus, des papyrus ou des palmes, représente la fécondité de la terre.

Microcosme, chargé de puissance magique, le temple était destiné à assurer la sauvegarde des dieux et, donc, le maintien de la cohésion de l'univers.

Cette sauvegarde et cette cohésion, le roi en était le premier des garants, lui qui construisait pour les dieux des châteaux[123], les pourvoyait de richesses et en assurait le bon fonctionnement. Dieux et rois, liés par des services réciproques, contribuent à l'équilibre du monde et à la paix des hommes.

Deux grandes inscriptions, datant du règne de Séthi Ier, témoignent longuement de cette idéologie. L'une, mutilée par endroits, est sculptée sur le mur sud du portique du Speos Artemidos (« la caverne d'Artémis », nom donné par les Grecs à cette « maison divine de la vallée »), en Moyenne Égypte, légèrement au sud de Beni Hasan et consacré à la déesse (chatte ou lionne, les deux animaux étant souvent confondus) Pakhet. Dans un grand tableau, on voit, à gauche, Séthi Ier agenouillé entre Amon-Rê, qui tend la main vers lui, et Pakhet qui le regarde, auprès de Thoth ; à droite, Pakhet donne au roi les insignes de la royauté, tandis que Thoth prononce le discours d'usage. Le texte dit notamment :

« Le dieu parfait, fils de Bastet, qu'a allaité Sekhmet, dame du ciel[124], œuf de Rê, qu'a mis au monde Pakhet, qu'a élevé la Grande Magicienne, semence divine issue d'Atoum, qu'a nourri Ouadjit... Roi vigilant, qui accomplit des choses bénéfiques, fils aîné de l'Ennéade au grand complet, qui bâtit les temples, qui restaure, en les faisant plus grands qu'avant, les sanctuaires qui étaient tombés et que la terre recouvrait... qui permet aux images sacrées d'être au repos dans leurs chapelles, et qui alimente les autels d'offrandes quotidiennes... Des monuments sont inaugurés, plus beaux que ceux qui existaient auparavant ; innombrables sont leurs tables d'offrandes faites d'or et d'argent... leurs encensoirs d'or et d'argent ; leurs greniers débordent de blé, leurs trésors sont surchargés de multiples richesses, des domestiques sont attachés aux temples, les champs et les jardins pourvus... de personnel... Ainsi les demeures sacrées sont équipées " au-delà du meilleur ", et l'on ne dira plus dans l'avenir : " Ah ! si j'avais ! ", grâce à la vie, la prospérité et la force du roi de Haute et Basse Égypte, Menmaâtrê, fils de Rê, Séthi-aimé-de-Ptah... »

Pakhet, maîtresse de Djou-des, dit à Thoth, le seigneur des mots divins :

« Viens, regarde ce très grand et superbe monument qu'a fait pour moi mon fils bien-aimé, le Seigneur du Double Pays, Menmaâtrê, conformément à ce que tu as ordonné la Première fois, après que tu eus dit de ta propre bouche : " Mon fils se lèvera sur le trône et demeurera sur le siège royal pour un temps infini, le fils de Rê, Séthi-aimé-de-Ptah. C'est lui qui bâtira des monuments pour les dieux, selon ce que lui ordonne le roi du temps éternel. Il érigera un monument pour Pakhet et façonnera les (images) des dieux, seigneurs de

Il a agi selon ce que tu lui as commandé, ô Seigneur du temps éternel. Aussi accorde-lui vie, stabilité et force, et que toute joie soit auprès de lui.

Donne-lui une Éternité semblable à (celle de) Ta Majesté et l'Infini dans lequel tu résides.

Donne-lui victoire sur victoire, comme Min... que nombreux soient les tributs qu'ils [les pays de l'Empire] lui apportent, assemblés en un seul cœur.

Donne-lui des troupeaux nombreux et prospères et des herbages aussi innombrables que les sauterelles.

Donne-lui de grands Nils heureux, pourvus de toutes sortes de choses.

Donne-lui des pays en paix... et que son cœur habite en tout lieu où il souhaite d'être !

Accorde que tous les dieux placent autour de lui leur protection magique, avec la vie, la stabilité et la force, selon la prière de ta fille, la grande. Que l'on n'oublie pas ce que je dis. "

Paroles dites par Toth, seigneur des mots divins : " Combien agréables sont tes paroles, ô Pakhet, dame de Djou-des. J'établirai fermement mon fils, le Seigneur du Double Pays, Menmaâtrê, le fils de Rê qui satisfait les dieux, le maître des apparitions glorieuses, Séthi-aimé-de-Ptah, en qualité de roi éternel ; à cause du monument qu'il a construit pour sa mère Pakhet, la grande dame de Djou-des pour le temps éternel et le temps infini [125]. " »

L'expression de cet heureux échange de services entre les dieux et les rois se retrouve dans un autre texte datant également de Séthi Ier, plus récemment découvert, à Nauri, au Soudan (35 km au nord de la troisième cataracte). Il est sculpté sur une grande stèle rupestre (de 2,80 m sur 1,56 m de haut), comportant cinquante-neuf lignes de texte. A gauche de la stèle, une inscription de soixante-neuf lignes est taillée dans le rocher même. Ici, c'est le domaine sacré d'Osiris, à Abydos, qui est pourvu par le souverain. Le texte dit, notamment, lors d'une adresse au roi :

« Tu as permis qu'Abydos soit protégée à nouveau et que son personnel soit florissant, grâce à ce que tu as décrété. Tu as construit son château divin pour qu'il ressemble à l'horizon du ciel, sa radiance illuminant tous les visages ; car les images des seigneurs de la Grande Terre [126] ont été recouvertes d'or ; quant aux figures divines reposant sur leurs trônes, leurs formes sont vraies et justes comme au temps de Rê, tandis que des pierres précieuses ont été incrustées dans leurs barques. Tu leur offres Maât [127] chaque jour, car c'est ce dont elles vivent ; tu leur donnes aussi des libations, des plantes et des fleurs, et les pains d'offrandes ; tu leur apportes " l'eau qui coule vers le Nord ", à la place où Il [Osiris] le désire, afin de nourrir les seigneurs de la Terre Sacrée.

Le palais divin a été orné d'or, en grande quantité, de l'or véritable des déserts. Lorsqu'ils le voient, les cœurs sont dans l'exultation et les hommes poussent des cris de louange. C'est sa valeur qui lui confère son prestige, semblable à celui de l'horizon de Rê, en sa jeune aube. L'estrade dans le temple est comme une étendue d'argent, étincelante lorsqu'on la regarde. Les très grandes portes du château divin sont en cèdre des forêts, leurs vantaux sont recouverts d'or fin, leurs rainures (?) de cuivre à la partie postérieure ; on retrouve vigueur à voir leurs formes. Les grands pylônes sont en calcaire de Toura, leurs portes en granit ; leur beauté rejoint le Pilier du ciel, et ils fraternisent avec Rê dans son horizon.

Le lac qui s'étend devant le temple paraît semblable à la Très-Verte, dont on ne connaît même pas tout ce qu'elle entoure ; lorsqu'on le regarde, il scintille, semblable à la couleur du lapis-lazuli. En son centre il y a des papyrus et des roseaux ; il déborde chaque jour de lotus en fleurs..., il est entouré d'arbres qui rejoignent le ciel, aussi vigoureux que les cèdres sur leurs montagnes. La grande barque Neshmet [128] rejoint le lac pour assurer la navigation du père de ce monument ; (à voir tout cela). Il exulte, et son équipage se réjouit...

Les magasins sont chargés de nourriture, les offrandes divines multipliées par millions. Les domestiques employés là sont les enfants des chefs que le roi a capturés dans le pays de Retenou ; et il fait que chacun connaisse son devoir en ce qui concerne les règles de la pureté. Il Lui a offert aussi des oisel leries dans ses marais, où la quantité des oiseaux est comparable à celle des sables du rivage... ; on fait rôtir pour Lui des volailles en Son temple. Les étables sont remplies de bœufs gras, de vaches et de veaux, de chèvres et d'oryx ; le nombre des jeunes veaux atteint des centaines de millions ; il n'existe plus de règles pour calculer leur grande quantité. Il multiplie pour Lui tous les troupeaux, appartenant à toutes les espèces qui parcourent la terre ; et les taureaux qui couvrent les vaches en accroissent encore le nombre. Les jeunes plantes abondent dans les herbages, les roseaux viennent en la bonne saison, de nouveau, par millions... Les bergers veillent sur leurs troupeaux, ils en auront la charge de fils en fils pour le temps

éternel et infini. On leur donne des prés, à l'entrée des
oiselleries (?) dans les marais, des feuilles et des fleurs ; la
terre leur est abandonnée comme un terrain de parcours, et
personne n'y pénètre, les taureaux et les bœufs se promenant dans les marécages et sur les rivages... tandis que les
vaches vêlent sur le sol et que les jeunes veaux suivent
leurs mères, dont ils ne sont pas séparés.

Des flottilles de navires ont aussi été créées, afin
d'apporter dans le temple davantage de plantes [plantes
sacrées ? arbres à encens ?] ; leur nombre était si grand
qu'ils couvraient la Très-Verte, tandis qu'il n'y avait plus
de bateaux aux embouchures du fleuve ; les navires, pourvus d'un équipage, mesuraient cent coudées et leurs cargaisons comprenaient les plantes du Pays de Dieu [pays de
Pount] ; ils amarraient au port, afin de nourrir jusqu'à ses
limites la Grande Terre.

Il a fait pour Lui, encore, un recensement, par millions,
des terres basses, des îles, des terres hautes, de tous les
champs aux moissons bénéfiques qu'il compte offrir à son
ka[129]. »

Ce texte, qui prend parfois des apparences d'églogue
(mais les Égyptiens, paysans, ont toujours observé et aimé
la vie des champs) donne de la richesse des constructions
monumentales et des donations aux temples une idée
quelque peu précise, en tenant compte, bien sûr, de la glorification habituelle, dans les écrits, des actes du souverain.

Vient ensuite le texte d'un décret de Séthi Ier, qui
accorde des privilèges au domaine d'Osiris à Abydos :
exemptant, notamment, du recrutement militaire et des
habituelles corvées agricoles le personnel du temple,
accordant la liberté de navigation sur le Nil, interdisant à
quiconque de prélever sur les terres du lieu saint aucune
personne, aucun animal du cheptel, ni aucun champ. Ce
texte sera reproduit, un siècle plus tard environ, en faveur
du dieu Khnoum d'Éléphantine, par Ramsès III.

Pourquoi avoir sculpté ce décret dans les terres lointaines du Soudan ? C'était, encore, un moyen — écrit,

donc créateur d'une réalité concrète — de faire valoir la puissance du roi d'Égypte auprès de ces populations promptes à la rébellion et de souligner, d'une manière assez précise, la grande prospérité dont il était le dispensateur.

En échange, les dieux d'Abydos et Osiris, reconnaissants, donneront au souverain « la durée de vie de Rê, et une royauté terrestre stable et permanente sur le trône d'Horus, pour un temps infini[130] ».

Ramsès II, aussi, en ses années de paix, pourvoira les lieux saints de grandes richesses matérielles.

Les prêtres et les rites

Le temple était donc ce lieu privilégié où le dieu maintenait l'équilibre du monde, avec l'aide des rois. Mais, présent en sa statue, dans le naos, il était alors un être vulnérable qu'il fallait protéger, aider à vivre (en le lavant, le vêtant, le nourrissant), préserver de toute souillure, afin de lui conserver son efficience sacrée.

En théorie, le roi seul était habilité à célébrer le culte divin ; sur les bas-reliefs, c'est toujours le souverain qui officie. Mais ne pouvant être présent dans tous les temples du pays, il déléguait ses pouvoirs à des prêtres choisis. L'administration des biens temporels et l'accomplissement des rites requéraient dans chaque temple l'existence d'un nombreux personnel, tant laïc que religieux.

Les gens du temple

Nous donnons, pour des raisons de commodité, le nom de « grand prêtre » au pontife suprême de chaque culte, mais les Égyptiens l'appelaient le plus souvent « premier serviteur de Dieu » ; ou, plus particulièrement, « le Grand parmi les contemplateurs de Rê » désignait le grand prêtre d'Héliopolis, « le chef des artisans » le grand prêtre de Ptah, ou « le Grand des Cinq de la maison de Thoth », le grand prêtre d'Hermopolis (allusion au premier système théologique élaboré dans cette ville, selon lequel le monde était l'œuvre de cinq êtres divins). Le grand prêtre, chef religieux représentant du roi, était aussi un administrateur, assumant des fonctions temporelles importantes : la gestion des biens appartenant au temple. Le clergé d'Amon, à Thèbes, sous Ramsès II, disposera même d'une milice.

Désigné en principe par le dieu (au moyen d'un oracle), le grand prêtre était en fait nommé par le roi qui, souvent, le choisissait parmi les grands personnages de l'époque, dont il appréciait les loyaux services, et qu'il voulait honorer ; ce pouvait être un haut dignitaire ou un commandant d'armée, nous en avons vu des exemples. Il n'existait pas, à proprement parler, de filière sacerdotale ; sous Ramsès II, deux grands prêtres d'Amon, seulement, parviendront au pontificat suprême en ayant gravi tous les échelons de la hiérarchie des clercs.

Celle-ci était importante. Les clercs du rang le plus élevé étaient admis à « contempler toutes les transformations du dieu », c'est-à-dire s'approcher du Saint des saints, voir la statue divine ; ils étaient, selon les lieux, « pères divins » ou, plus souvent, « serviteurs de Dieu » ; les Grecs les appelaient « prophètes » car ils les considéraient essentiellement comme les interprètes de l'oracle sacré, ce qui était réduire beaucoup leur rôle. Ils étaient souvent répartis en quatre classes successives. Le « second serviteur de Dieu » pouvait parfois remplacer le grand-prêtre dans ses tâches diverses.

Le temple étant un lieu de pureté (où, par conséquent, le public n'était pas admis) les serviteurs de la divinité avaient pour obligation essentielle la pureté physique. Ils devaient faire leurs ablutions « deux fois pendant le jour, deux fois pendant la nuit » ; ils devaient avoir le crâne rasé, être tondus et épilés, être circoncis ; ils devaient s'abstenir de toute relation sexuelle durant leur période de service dans le temple, et ne pas enfreindre l'interdit religieux spécial au dieu de la ville (tabou alimentaire, action prohibée) ; ils ne devaient être vêtus que du lin le plus fin, l'usage de la laine et du cuir étant absolument défendu, car provenant l'un et l'autre d'un animal doué de vie.

Ces obligations, très strictes, étaient également imposées aux prêtres d'autres rangs. Les prêtres-lecteurs (en égyptien : « ceux qui portent le rouleau » — où sont inscrites les formules rituelles) étaient les *savants,* qui connaissaient donc les formules requises pour les rites et l'ordonnance de ceux-ci. Ils organisaient les cérémonies, veillaient à la stricte observance du rituel et récitaient les hymnes liturgiques. Le prêtre-lecteur en chef était le grand magicien, dont la présence anime bien des contes merveilleux de la littérature égyptienne.

Parmi ce personnel savant du temple il y avait aussi les prêtres-astronomes, qui déterminaient le moment le plus favorable pour les cérémonies — les prêtres-horoscopes, qui savaient distinguer le caractère faste ou néfaste des jours de l'année. Grands connaisseurs des signes que les divinités adressent aux hommes, ils prêtaient aussi leurs services comme exorcistes ou comme médecins.

Les « prêtres purs » (première catégorie, semble-t-il, de la hiérarchie), ou « les prêtres aux mains pures », étaient plus particulièrement chargés de la toilette du dieu ; dans les processions, ils précédaient la barque sacrée ou la portaient ; ils accomplissaient aussi quelques besognes matérielles dans le sanctuaire — « chapelains » indispensables du temple.

Mais, en Égypte, le culte divin n'était pas, tout au long de l'année, assuré par le même personnel. Chaque mois une *phylè* (il y en avait quatre, de composition identique) prenait en charge la gestion matérielle et le déroulement rituel des cérémonies du culte. Les prêtres de chaque *phylè* n'étaient donc de service, théoriquement, que trois mois par an. Pendant leur temps libre, ils avaient, s'ils le souhaitaient, la possibilité de retourner dans leur village et de mener la vie de tout Égyptien. Aucun cloisonnement strict n'existait entre la vie des clercs et celle des laïcs ; mais, pendant leurs périodes de service, les prêtres étaient tenus à des obligations très sévères, dont l'observance était exigée afin que les actes liturgiques puissent se dérouler selon les rites sacrés. Il fallait à ces hommes un haut idéal moral pour ne pas céder à certaines tentations de la vie laïque, qu'ils retrouvaient périodiquement, et demeurer les serviteurs « aux mains pures », qui ne devaient enfreindre aucun tabou matériel ou spirituel. Si la *religio* est le lien qui unit les dieux et les hommes, et permet à ceux-ci de comprendre les puissances surnaturelles, éventuellement d'agir sur elles, les prêtres, par leur discipline personnelle, contribuaient aussi à en assurer la sauvegarde et le maintien.

De nombreux laïcs assistaient les clercs. Il y avait les « horaires », qui offraient sans doute bénévolement leurs services et qui accomplissaient dans le temple les tâches matérielles ; il est vraisemblable que, à l'origine, d'après le nom qui leur est donné, leur service ne devait pas dépasser la durée d'une heure.

Il y avait encore les chanteurs et les musiciens : harpistes, joueurs de flûte ou de trompette, pour les réjouissances du dieu. Ils étaient des auxiliaires indispensables, mais sans fonction religieuse proprement dite.

De même que le roi était le supérieur naturel du clergé masculin, de même la reine dirigeait, en théorie, le personnel féminin des temples. Elle était alors « l'épouse du dieu », à la tête du harem sacré ; elle sera, un peu plus tard, « la divine adoratrice ». Le harem divin n'était pas constitué, semble-t-il, de courtisanes recluses, mais cette appellation théorique groupait les grandes dames de la cour, pour une fonction purement honorifique. Parmi les femmes véritablement attachées aux temples, il y avait naturellement des prêtresses, pour certains cultes de déesses, notamment celui d'Hathor — bien que cela ne fût pas une règle. Des laïques prêtaient aussi, bénévolement, leur concours : musiciennes, chanteuses et danseuses, qui égayaient de leurs ébats et de leurs chants les cérémonies sacrées.

Enfin, des administrateurs, adjoints au grand prêtre, veillaient sur l'économie du château du dieu, la gestion de ses terres et de ses troupeaux, et contrôlaient les rentrées d'impôts. Les scribes, indispensables auxiliaires, tenaient les comptes et rédigeaient les écrits sacrés.

La liturgie

Dans tous les temples d'Égypte, à l'aube, à midi et au crépuscule, les trois grands moments de la vie des hommes, se déroulaient des cérémonies dont le rituel quotidien était soigneusement fixé. Destiné à entretenir la vie du dieu en sa maison, ce rituel reproduisait les actes humains, sublimés souvent par des interprétations mythiques, empruntées fréquemment à la théologie solaire et à la théologie osirienne, toutes deux symboliques de la vie renaissant de manière immuable.

Les bas-reliefs sculptés dans les sept sanctuaires du temple construit par Séthi Ier à Abydos, notamment, décrivent les scènes liturgiques de ce rituel, inlassablement répété chaque jour. La version écrite de ce même rituel a été retrouvée inscrite sur un papyrus actuellement au musée de Berlin et qui provient du sanctuaire d'Amon-Rê à Karnak.

Au lever du soleil, quand la vie renaît, les prêtres, vêtus de lin blanc, sortaient de leurs habitations situées auprès du temple. En longues files processionnelles, ils se dirigeaient vers le Lac sacré, pour leurs premières ablutions purificatrices dans l'eau originelle. Puis, dans l'aube rouge encore du premier soleil, ils se rendaient au temple où, dans la « Maison du matin », ils achevaient leurs ablutions.

D'abondantes nourritures étaient alors déposées sur une table dans la salle qui précédait le sanctuaire. Le roi (sur les bas-reliefs c'est l'image du roi qui figure toujours, mais, dans la réalité, c'était le grand prêtre qui officiait) à son tour se purifie ; deux prêtres, tenant les rôles d'Horus et de Thoth, versent sur lui le contenu de deux aiguières, dont le liquide devient un long filet de signes de vie et de prospérité. L'encensoir à la main, il

monte ensuite, lentement, vers le sanctuaire ; celui-ci, à
Abydos, comprend deux parties dont la séparation fictive
est accusée par l'image d'un pilastre : d'une part le reposoir de la barque sacrée, d'autre part le naos monolithe
qui abrite la statue du dieu, reposant dans la pénombre.

A coups de silex, le roi allume les lampes à huile ; puis,
promenant celles-ci, il projette la lumière sur la porte et
les parois extérieures du naos. Ainsi, l'aube lumineuse se
levait aussi pour le dieu enclos dans sa maison de granit et
l'appelait au réveil. La lumière, génératrice de vie, chas-
sait aussi les esprits mauvais et malfaisants.

La fumée des pastilles d'encens qui brûlent monte, puri-
fiante et parfumée, et l'on commence à réciter, en les psal-
modiant, les formules consacrées.

Puis, et l'on retrouve ici la conception dualiste fondamentale de l'Égypte ancienne, le naos est ouvert par deux
fois : théoriquement, donc, par le roi de Haute Égypte et
le roi de Basse Égypte successivement. Le roi brise le
sceau d'argile qui scellait le lieu saint, il fait glisser le verrou — celui-ci est parfois assimilé au doigt de Seth, le
malveillant, car il constituait un obstacle à la sortie du
dieu tiré de son sommeil nocturne. Pharaon ouvre les
portes du naos (« les deux portes du ciel sont ouvertes, les
deux portes de la terre sont décloses ») et Dieu apparaît
dans la lumière (« on découvre son visage ») ; le roi se
prosterne et le chant des hymnes s'élève, en longues litanies de reconnaissante ferveur :

« Salut à toi Amon-Rê, seigneur de Thèbes, en ton adolescence, parure des dieux, à la vue de qui tous les hommes
exultent, maître du prestige, qui apaises les terreurs, souverain de toutes les divinités, dieu grand, vivant d'amour, des
paroles duquel se satisfont les autres dieux, roi du ciel,
créateur des étoiles, qui fais que les divinités deviennent
d'or fin, qui engendres le ciel, ouvres l'horizon et fais venir
à l'existence les dieux lorsque tu parles. O Amon Rê, seigneur des Trônes du Double Pays, résidant à Karnak, ô
Amon-Rê, taureau de sa mère, assis sur son grand trône,
maître des rayons de lumière, qui crée les multitudes, dieu

aux deux hautes plumes, souverain des dieux, grand faucon qui mets en fête la poitrine [le cœur], tous les hommes t'adorent, afin de pouvoir vivre[131]. »

Et, de nouveau, s'élève la fumée de l'encens.

Le roi pénètre dans le naos et embrasse la statue divine, dans un enlacement à vertu magique, puis il lui fait offrande.

Ce rituel est donc répété deux fois, mais, chaque fois, l'offrande diffère. Dans le premier cas il s'agit de l'œil d'Horus : symbole de la piété filiale du dieu-fils envers Osiris et du retour à une situation *juste* (Seth ayant semé le désordre et rappelé le chaos), qui veut, sans doute, traduire l'équilibre normal du monde sur lequel veillent les dieux et les rois. La seconde offrande, complémentaire, est celle de Maât : Pharaon élève vers le visage divin une petite statuette de la déesse, garante de la Vérité et de la Justice, et par conséquent de la cohésion de l'univers. Maât, par son essence même, ne peut que se confondre totalement avec la divinité :

> « Ta fille, Maât, tu rajeunis rien qu'à la voir, elle te vivifie grâce au parfum de sa rosée ; Maât se place telle une amulette sur ta gorge, elle se place sur ta poitrine ; les dieux t'offrent ton bien, Maât, car ils connaissent sa sagesse. Vois, les dieux et les déesses qui sont en toi[132] t'apportent Maât, car ils savent que tu vis d'elle. Ton œil droit est Maât, ton œil gauche est Maât, tes chairs et tes membres sont Maât ; les souffles de ton corps et ton cœur appartiennent à Maât ; tu parcours le Double Pays, chargé de Maât ; l'onction de ta tête est Maât, et tu vas, les deux mains portant Maât ; tes vêtements sont Maât. Ce que tu manges est Maât, ce que tu bois est Maât, les souffles de ton nez sont Maât...[133]. »

La coexistence absolue ne peut s'exprimer plus étroitement ni avec plus de précision. Ainsi, dès son réveil, le dieu est assuré de la juste et heureuse harmonie du monde qui l'entoure.

Alors, satisfait, il déjeune dans la fumée des encensoirs — apportant à son *ka* les réserves magiques d'énergie contenues dans les aliments.

Il fallait ensuite procéder à sa toilette. Le roi (ou, dans la réalité, le « prêtre pur »), purifié à nouveau par l'eau et par l'encens, prend la statue, la sort du naos et la pose sur du sable, c'est-à-dire la terre d'Égypte. Puis il apporte quatre coffres contenant des étoffes et des onguents et, par l'encens, les consacre à la divinité ; le corps de celle-ci est lavé deux fois avec de l'eau, une fois avec de l'encens, après que l'officiant ait, à quatre reprises, tourné autour d'elle. Le dieu est habillé de tissus blancs, verts et rouges, couleurs symboliques, bien sûr. Le blanc est la couleur de la lumière solaire, le vert celle de la végétation et d'Osiris, le rouge celle du sang. La divinité est ainsi en contact avec tous les éléments de l'univers, générateurs de vie. On l'enduit encore d'huiles fines, d'onguents et de parfums, on la pare de bijoux. Puis la statue est replacée dans le naos, tandis que l'on répand du sable sur le sol. Une ultime purification est accomplie, par le natron, l'eau et l'encens. Enfin, on referme le naos ; le verrou est tiré, un nouveau sceau apposé, et, en se retirant, l'officiant, à l'aide d'un balai, efface la trace de ses pas, pour que rien ne viennent troubler la pureté du lieu saint, où Dieu veille sur le monde.

Les offrandes dont s'était nourrie la divinité peuvent alors être déposées soit devant les autels des dieux secondaires, soit devant les statues des rois et des hommes qui avaient obtenu la faveur d'être placées dans le temple. Puis, elles étaient emportées pour être distribuées aux membres du clergé et au personnel laïc du lieu saint.

A midi, les rites consistaient seulement en aspersions et en fumigations, mais ne comportaient point de repas.

L'office du soir était la répétition d'une partie des cérémonies du matin, mais le naos restait fermé. Il semble même que les scènes liturgiques se soient déroulées dans une chapelle secondaire voisine du naos.

Alors le dieu, comme les hommes, s'endormait.

Le lieu saint était, une dernière fois, purifié par des fumigations d'encens. Les prêtres, dans la nuit, en longues files processionnelles, regagnaient leurs habitations situées près du temple. Dieu et hommes, dormant, allaient attendre le retour du soleil pour que renaisse leur vie.

Le rituel, dans les temples funéraires royaux, était célébré selon des modalités fort analogues ; le service était théoriquement assuré par le fils aîné du roi, qui déléguait ses pouvoirs à des prêtres — de même que Pharaon, fils de Dieu, célébrait le culte de son père par l'intermédiaire d'un personnel spécialisé.

Grands pontifes et autres prêtres

Les pontifes d'Amon furent, à l'époque ramesside, de grands et puissants personnages.

Durant la fin du règne de Séthi Ier, Nebneterou, grand prêtre à Karnak, joua un rôle important. Père du vizir Paser, il appartenait à une famille de privilégiés du roi.

Lorsque mourut Séthi Ier, son fils, suspendant momentanément toute activité politique, accompagna pieusement le corps momifié de son père jusqu'en sa résidence d'éternité de la Vallée des Rois. Les cérémonies terminées, et après la célébration de la fête d'*Opet,* à Louxor [134], l'un des premiers actes de Ramsès II, demeuré en Haute Égypte, fut de nommer un autre grand prêtre d'Amon, Nebneterou venant de mourir. Il semble qu'un conseil se soit tenu, auquel assistait la belle Nefertari. Le choix royal se porta sur Nebounenef, déjà grand prêtre d'Onouris et de la déesse Hathor à Dendérah, et dont l'autorité sacerdotale s'étendait sur une part de la Moyenne Égypte et du nome thinite. Ce choix fut ratifié par Amon.

Nebounenef a fait sculpter dans sa tombe thébaine un texte décrivant son intronisation, en présence de Pharaon, de la reine et des dignitaires de la Cour :

« An 1, troisième mois de la saison de l'inondation, premier jour, Sa Majesté navigua vers le Nord, venant de la

Ville du Sud, où il avait accompli les louanges rituelles pour son père Amon-Rê, maître des Trônes du Double Pays, grand taureau, chef de l'Ennéade, pour Mout la grande, dame d'Isherou, pour Khonsou-Neferhotep et pour l'Ennéade qui réside à Thèbes, lors de la belle fête d'Opet. Lorsqu'on arriva, on reçut des souhaits de vie, prospérité et santé pour le roi de Haute et Basse Égypte, Ousermaâtrê-Setepenrê, puisse-t-il vivre un temps infini ! On débarqua donc dans le nome thinite. On fit venir le grand prêtre d'Amon, Nebounenef, en présence de Sa Majesté. Il était alors grand prêtre d'Onouris[135], grand prêtre d'Hathor, maîtresse de Denderah, et chef des serviteurs de tous les dieux, au Sud, jusqu'au lieu dit " Mon-visage-est-sur-Amon ", au Nord jusqu'à Thinis.

Sa Majesté lui dit : " Tu seras désormais grand prêtre d'Amon ; ses trésors et ses greniers seront sous ton sceau. Tu seras le supérieur de son temple ; tous ses approvisionnements seront placés sous ton autorité. Quant au temple d'Hathor, maîtresse de Denderah, sa charge sera dorénavant confiée à (ton fils[136]), ainsi que les autres fonctions de ses pères et le siège que tu occupais. Je jure, aussi vrai que Rê m'aime et que me loue mon père Amon, que j'ai, en présence de celui-ci, nommé l'ensemble des courtisans, la « bouche supérieure » de l'armée ; on répéta aussi, pour lui, les noms des prêtres-serviteurs des dieux, celui des dignitaires de son temple, qui pouvaient contempler son visage. Aucun parmi eux ne le satisfit, sauf lorsque je prononçai ton nom.

Accomplis donc pour lui des choses utiles, car il te désire ; moi je savais que tu étais un homme efficace et bénéfique. Aussi puisses-tu accroître encore la somme des louanges décernées à son *ka* et renouveler celles qui sont destinées à mon propre *ka*. Alors, il te maintiendra à la tête de son temple et il t'accordera une (heureuse) vieillesse ; il te permettra d'aborder sur le sol de sa Ville et te confiera la corde de proue et la corde de poupe (de son château divin), car il te désire, toi seul ; il n'en a nommé aucun autre. Il te donnera l'Occident, car mon père Amon est un dieu, grand, sans pareil, qui sonde les corps et ouvre les cœurs, un sage qui connaît ce qui est dans chaque être. Aucun autre dieu n'est assez puissant pour accomplir ce qu'il a fait ; on ne saurait négliger ses conseils, on doit faire confiance à ses paroles, car il est le seigneur de l'Ennéade — lui qui t'a choisi... et qui t'a attiré à lui à cause de ton efficacité. "

Alors les courtisans et les Trente[137] se rassemblèrent pour adorer la perfection de Sa Majesté, pour se prosterner maintes et maintes fois devant ce dieu parfait et pour lui prodiguer les acclamations[138], satisfaisant (l'uraeus qui est sur son front), honorant son visage, exaltant sa puissance jusqu'à la hauteur du ciel, et ils dirent :

" Ô régent d'Amon, qui dureras un temps éternel, ce temps que le dieu a créé depuis des générations, puisses-tu célébrer des jubilés par milliers, puissent tes années être aussi nombreuses que les grains de sable. Puisses-tu, à chaque aube, renaître, puisses-tu, pour nous, rajeunir comme le disque solaire et la lune... Tu gouvernes en tant que roi du Double Pays, les Neuf Arcs étant à tes ordres. La limite de ta frontière va jusqu'aux limites du ciel, tout ce qu'il recouvre est sous ton autorité, et ce qu'encercle le disque sous ton regard, ce que baigne la Très-Verte t'est soumis, tandis que tu es sur terre, sur le trône d'Horus, radieux, en tant que roi des vivants. Tu recrutes les jeunes générations du Pays bien-aimé et tu terrasses tes ennemis — toi, le possesseur de la stabilité et de la royauté sur terre comme ton père Amon-Rê ; tu gouvernes de la même façon que lui, tu es sur la terre semblable au disque dans le ciel, ta durée de vie est égale à la sienne, puisqu'il t'accorde le temps éternel et le temps infini, la vie et la force, ô roi parfait, aimé d'Amon... "

Alors Sa Majesté (remit à Nebounenef) ses deux anneaux d'or et sa canne d'or fin, et il fut promu grand prêtre d'Amon, directeur des deux maisons de l'argent et de l'or, intendant du Double Grenier, chef des travaux et directeur de tous les corps de métier dans Thèbes. On fit en sorte qu'un messager royal allât annoncer à toute l'Égypte (que l'on avait remis à Nebounenef) la maison d'Amon, tous ses biens et tous ses gens[139]. »

Après les discours et les cérémonies d'usage, il semble que Ramsès, pour honorer le personnage (?), ou pour le placer plus étroitement sous sa dépendance, lui ait aussi accordé de hautes charges temporelles dans l'État. Il apparaît aussi que l'hérédité des charges sacerdotales tend à s'instaurer : la fonction de grand prêtre d'Hathor, que Nebounenef tenait lui-même de son père, est remise à son fils.

Nebounenef assuma la charge pendant douze ans. A sa mort, le roi désigna, pour lui succéder, Ounennefer, le père de son ami d'enfance Ameneminet, que nous avons déjà rencontré et qui, intronisé donc en l'an 12 du règne, conservera la prêtrise jusqu'en l'an 27.

A cette date, le fidèle Paser, vizir depuis Séthi Ier (et même, peut-être, Ramsès Ier ?) se vit offrir une très honorable fin de carrière avec le pontificat d'Amon, dont son père, autrefois, avait eu la responsabilité. Bien que très âgé, il fut grand prêtre à Thèbes jusqu'en l'an 38, assisté des deuxième et troisième serviteurs de Dieu : Roma, et son fils Bakenkhonsou.

C'est ce dernier qui allait être, à partir de l'an 39, le pontife le plus remarquable du règne de Ramsès II. L'homme nous apparaît, d'après les inscriptions parvenues jusqu'à nous, orgueilleux et en même temps charitable, intelligent, fidèle au souverain, et d'une touchante ferveur envers Amon qu'il servait depuis son enfance. Il avait alors environ soixante ans et il exerça sa charge pendant vingt-sept ans. Il dut mourir centenaire. Lui-même décrit sa longue carrière dans un texte sculpté sur le pilier dorsal d'une statue, actuellement au musée de Munich :

> « Le noble, le prince, le grand prêtre d'Amon, Bakenkhonsou, dit :
> " Je fus un homme juste et équitable, utile à son maître, qui respecta le dessein de son dieu et marcha sur son chemin, qui accomplit fort bien les cérémonies à l'intérieur de son temple. Je fus un grand maître d'œuvre dans le temple d'Amon, jouissant de la parfaite confiance de son maître.
> O, vous, tous les hommes capables de jugement, et vous qui demeurerez sur la terre et qui viendrez à la suite de millions et de millions d'années, après mon grand âge et ma faiblesse, et dont les cœurs seront assez déliés pour recon-

naître la valeur, à vous tous je vais faire connaître mon personnage, alors que j'étais sur la terre, en chaque fonction que j'ai remplie depuis que j'ai été mis au monde.

J'ai passé quatre années étant un tout petit enfant.

Puis je passai douze ans d'adolescence, étant chef de l'écurie de dressage du roi Menmaâtrê[140].

Je fus ensuite ' prêtre pur ' pendant quatre ans.

Puis père divin du dieu Amon, pendant douze ans.

Ensuite je fus troisième serviteur d'Amon durant quinze ans.

Puis deuxième serviteur d'Amon pendant douze ans.

Alors il [le roi Ramsès] me loua, car il reconnut mes qualités, et me nomma grand prêtre d'Amon pendant vingt-sept ans.

Je fus un bon père pour mes gens, aidant à l'éducation de la jeunesse, donnant la main à celui qui était dans le besoin, faisant revivre qui était dans la misère et agissant excellemment dans le temple d'Amon.

Je fus grand maître d'œuvre devant Thèbes, pour son fils, issu de son corps, le roi de Haute et Basse Égypte, Ousermaâtrê-Setepenrê, le fils de Rê, Ramsès-aimé-d'Amon, doué de vie. Je construisis les monuments de son père Amon, qui l'avait placé sur son trône ; je fus l'assistant du roi, le grand prêtre d'Amon, Bakenkhonsou, qui dit encore ceci.

J'agis excellemment dans le temple d'Amon, alors que j'étais maître d'œuvre pour mon maître. Je construisis pour lui un temple appelé ' Ramsès-aimé-d'Amon-qui-écoute-les-prières[141]', sis à la porte supérieure du temple d'Amon[142]. J'érigeai, dans son enceinte, des obélisques en granit, dont la beauté avoisinait le ciel ; devant elles était un bâtiment de pierre, face à Thèbes ; des jardins furent irrigués et plantés d'arbres. Je fis aussi deux grandes portes d'or, dont la beauté rejoignait le ciel. Je taillai de très grands mâts et les érigeai dans la cour sacrée qui est devant le temple. Je construisis également deux grandes barques, pour aller sur le fleuve, à l'intention d'Amon, de Mout et de Khonsou[143] ". »

La partie la plus émouvante, la plus humaine, de cette inscription se lit sur le socle :

« Je fus un homme silencieux, juste, utile à son dieu, un

homme qui, maintenant, se penche sur tout ce qu'il a accompli..., ses deux mains réunies sur la corde qui manœuvre son gouvernail, en vie.

Je suis heureux aujourd'hui plus qu'hier. Chaque aube nouvelle me donne un surcroît de bonheur, cela depuis que j'étais un petit enfant, jusqu'à ce jour où mon grand âge est survenu, à l'intérieur du temple d'Amon, tandis que je le suis partout où mes yeux peuvent encore voir sa face sacrée. Puisse-t-il me récompenser et faire que je sois toujours debout, heureux, après l'âge de cent dix ans. »

Bakenkhonsou fut certainement un homme d'une grande sagesse et d'une foi profonde. Il fut le témoin de tous les grands événements de l'Empire. Né, vraisemblablement, sous Horemheb, il commença sa carrière sous Séthi Ier. Ce fut encore un grand serviteur de la famille ramesside.

Il eut aussi une grande activité architecturale ; on lui doit la plus grande partie du temple que Ramsès II fit élever à Louxor. A Paris, place de la Concorde, le souvenir de Bakenkhonsou est présent aussi, avec le grand obélisque monolithe de granit rose qu'il avait lui-même fait ériger devant le château du dieu. Depuis trois mille ans, il repose dans sa tombe thébaine de Drah aboul Neggah, mais, comme il le souhaitait, son souvenir, « son renom » est toujours vivant. Il est celui des grands prêtres que nous connaissons le mieux, ou le moins mal.

Ce qui est particulièrement remarquable dans l'installation de ces grands prêtres, c'est, d'abord, qu'ils sont, en fait, choisis par le roi. On peut aussi noter que, en Haute Égypte, les charges, confiées à de hauts dignitaires locaux, semblent avoir été plus souvent transmises de père en fils ; ceci apparaît un peu moins en Basse Égypte ; là, les vizirs, les princes ou les guerriers du roi semblent plus fréquemment appelés à la grande prêtrise de Memphis ou d'Héliopolis, villes plus proches de la capitale et du pouvoir central.

Ainsi, en Haute Égypte, la grande prêtrise d'Hathor, à Denderah, est passée des mains de Bakenkhonsou (un autre !) à celles de son fils. De même à Abydos, Ounennefer (un autre !), grand prêtre d'Osiris, déjà en fonction sous Séthi Ier, poursuit son pontificat sous Ramsès II et, avec l'accord de celui-ci, transmet sa charge à son fils Hori.

Il se constitue ainsi des familles de grands prêtres : Minmose, grand prêtre d'Onouris à Thinis, est un parent de ce même Ounennefer.

En Basse Égypte, à Memphis, Houy, puis Pahemneter, assument la charge de grand prêtre de Ptah, charge qui passera ensuite aux mains du fils aîné de Pahemneter, Didia, puis reviendra au prince Khâemouaset. A la mort de celui-ci, la fonction sera confiée au plus jeune fils de Pahemneter, le vizir Rêhotep (qui aura en même temps que son vizirat la charge héliopolitaine de grand prêtre de Rê). Dans les dernières années du règne de Ramsès II, c'est le petit-fils du souverain, Hori, fils de Khâemouaset, qui sera grand prêtre à Memphis.

A Héliopolis, au début du règne de Ramsès II, celui-ci confie la grande prêtrise au chef de ses charriers, Bak, qu'il voulait honorer pour le remercier de ses loyaux services. Puis ce fut Amenemopet (de la famille d'Amememinet), un chef des auxiliaires nubiens de l'armée. Mery-Atoum, ensuite, sixième fils du souverain, né de Nefertari, assuma la charge, de l'an 26 à l'an 46 du règne. C'est le vizir Rêhotep qui lui succéda.

Ainsi, mis à part quelques princes royaux et quelques militaires que le roi voulait récompenser, on constate que de grandes familles accaparent peu à peu toutes les charges religieuses importantes. Ce sera l'un des éléments qui accuseront la faiblesse de la fin du règne. D'autant que les fonctions féminines essentielles du temple seront souvent attribuées par les grands prêtres à leurs parentes.

Une tombe, plus ou moins bien conservée, une stèle ou une statue témoignent encore pour nous de la multiplicité des prêtres et gens du temple que nous apprenons, peu à peu, et comme par bribes, à connaître.

Nous disposons des mêmes sources d'information, malheureusement limitées, en ce qui concerne les prêtres des temples funéraires royaux, délégués par le roi pour assurer quotidiennement le culte de ses pères et gérer son propre domaine funéraire.

Dans ces cas aussi nous connaissons beaucoup de noms de personnages et les fonctions assumées par ceux-ci, ainsi que les vœux qu'ils formulaient pour leur vie éternelle, mais très peu de renseignements sur leur vie ou leur carrière.

On parvient cependant à distinguer, parfois, le caractère de l'homme, son origine ou sa famille.

Il arrive que la décoration même de la tombe révèle un peu de la personnalité de son possesseur. N'avait-il pas une nature assez bucolique, ce Khonsou, grand prêtre du temple funéraire de Thoutmosis III (sous Ramsès II), qui a fait peindre sur un plafond de sa tombe, à Sheikh abd el Gournah, des envols de papillons roses et de criquets bleus, et des essors d'oiseaux autour de leur nid ?

N'était-il pas fidèlement monarchiste, cet Ameneminet, père divin du temple funéraire d'Aménophis III, qui, comme pour prolonger éternellement son service et distraire les souverains défunts, a fait peindre sur les murs de sa tombe (à Gournet Mouraï) la promenade des statues d'Aménophis III et de la reine Tii sur le lac sacré — représentation extrêmement rare — à la suite d'une longue procession et après que les prêtres eussent pieusement déposé les statues dans la barque ?

Parfois, les fonctions dans les temples funéraires se cumulent avec les offices dans le temple divin : Panehesy, « serviteur » d'Aménophis Ier (sous Ramsès II), est également chef des chanteurs de la table d'Amon — le repas du dieu pouvant s'effectuer en musique. Attiré sans doute par le rafraîchissant et vivifiant spectacle des jardins, comme beaucoup d'Égyptiens, il a fait peindre sur le plafond, dans la partie nord de sa tombe, une grande vigne qui éploie largement, sur fond jaune et dessin de lattis rouges, ses pampres vert sombre, d'où pendent, très stylisées, des feuilles vert pâle et de lourdes grappes de raisin bleu sombre, en une douce et claire harmonie de couleurs. Au centre du plafond, lumineuses, s'étalent de larges fleurs rouges à quatre pétales, sur fond jaune pâle.

L'emplacement actuel de cette tombe, dans la nécropole de Drah aboul Neggah, est curieux : le plafond est sensiblement au niveau de la route actuelle, et il s'encastre au milieu de maisons enfouies, comme lui, dans le même terrain, mais situées un peu au-dessus. Panehesy partage de très près la vie des hommes d'aujourd'hui.

Nedjem était « grand intendant du Ramesseum » (temple funéraire de Ramsès II), du vivant du souverain, et il était, plus particulièrement, chef des greniers du temple. Une statue le représente, assis sur un coussin, le corps enveloppé dans un large vêtement, les mains posées sur les genoux, la droite tenant un épi de blé mûr[144] ; entre ses pieds se dresse une statue de Ptah-Tenen. Un double hommage est ainsi rendu : au dieu de Memphis, dont Nedjem devait être l'un des fidèles, puis au dieu du blé et à la fertilité des terres du Ramesseum dont il présente fièrement l'un des produits, définissant ainsi la charge qui était la sienne. Ce devait être un homme de la terre, épris de paix, ce qu'indique peut-être aussi son nom, Nedjem, « le doux » ; et le proscynème, sculpté sur le pilier dorsal de la statue, déclare :

« Daigne le roi accorder une offrande à Ptah afin que celui-ci donne une durée de vie sur terre accompagnée des faveurs royales, un ensemble d'années (si nombreuses) qu'on ne puisse les calculer, (une vie) dépourvue de malheurs, dont la terreur sera exclue, au *ka* de... Nedjem[145]. »

Parfois, les textes inscrits sur les monuments de ces prêtres témoignent de quelque originalité.

Ouserhat, grand prêtre du temple funéraire de Thoutmosis Ier (durant le règne de Séthi Ier), demande aux dieux et aux déesses, dans un proscynème sculpté sur les murs de sa tombe :

> « Puissent-ils donner la fraîcheur des étoiles et le par-
> fum des brises, sans que son *ba*[146] soit repoussé jamais ;
> puisse son nom être appelé et se trouver dans toutes les
> fêtes de chaque jour... pour le *ka* de... Ouserhat[147]. »

Se comparant à Thoth, dont il dit être le sosie pour
toutes les actions bénéfiques de ce dieu envers Osiris,
Nekhtamon, supérieur de l'autel du Ramesseum (sous
Ramsès II), tente de forcer ainsi les bonnes grâces éternelles du dieu de la résurrection :

> « Je viens vers toi, ô maître de la Terre Sacrée, régent du
> temps infini, fils aîné qu'a engendré Geb, le premier qui ait
> appartenu au corps de Nout ; je touche la terre du front
> devant le maître de la nécropole, qui a soulevé le ciel de
> ses bras. Je suis *le semblable de Thoth,* et me réjouis de tout
> ce qu'il a fait : il t'a apporté les brises pour ta narine, la vie
> et la force pour ton beau visage... ô régent de l'Occident ; il
> permet que la lumière brille sur ta poitrine, il illumine le
> chemin obscur et, pour toi, repousse les maux attachés à
> ton corps[148]... »

L'origine ou la famille de ces hommes est parfois
connue.

Ainsi Tjia, directeur du trésor du Ramesseum et scribe
royal, avait épousé une sœur de Ramsès II (fille de
Séthi Ier et de la reine Touy), qui portait d'ailleurs le
même nom que son époux. Ramsès, sans doute, avait
voulu le distinguer en lui confiant la gestion des finances
de son temple funéraire. Tjia a laissé plusieurs monuments, dont un pyramidion sculpté d'hymnes aux dieux[149]
et une curieuse stèle « à quatre faces » (en fait, un bloc de
section carrée, aux quatre sommets arrondis comme les
stèles[150]) présentant aussi, sur chacune de ses faces, des
hymnes à Rê, Atoum, Osiris et Sokaris. De l'hymne à Rê :

> « Salut à *toi,* Rê-Khepri-Atoum-Horus, qui traverses le
> ciel, divin faucon des dieux, beau de visage avec ses deux
> hautes plumes ! Puisse-t-il accorder de contempler le dis-

que, de voir la lune, et d'honorer le dieu grand sur son trône, par... Tjia [151]. »

Le syncrétisme religieux caractéristique notamment de l'époque ramesside apparaît ici avec évidence : *la* divinité invoquée regroupe les personnalités de Rê (le disque solaire), Khepri et Atoum (formes extrêmes du cycle de l'astre, au matin et au soir), Horus, image ancienne du faucon céleste, à laquelle s'ajoute encore celle, plus récente, d'Amon, que coiffe traditionnellement le mortier aux deux hautes rémiges. On obtient ainsi, par l'union étroite des noms et des formes, une divinité solaire *totale*. Ce texte semble témoigner aussi du culte rendu au roi : Pharaon forme une trinité sacrée avec le soleil et la lune, dans l'énoncé des devenirs éternels souhaités par son beau-frère.

Parfois, des étrangers pouvaient, pour des raisons que nous ignorons, accéder à des charges importantes. Ainsi Ramsès-em-per-Rê (« Ramsès est dans le temple de Rê »), gardien-chef du Ramesseum sous Ramsès II et Merenptah, fut, à l'origine, un certain Benazen (« fils de Izen »), nom sémite qui indique l'origine cananéenne de ce dignitaire [152]. On sait, d'autre part, qu'il venait, comme son père, Youpa, de la localité de Ziri Bashan, toponyme cananéen connu des Égyptiens (il est mentionné dans les tablettes d'Amarna) et situé dans le nord de l'actuelle Transjordanie. Il avait dû, lors des guerres victorieuses de Ramsès II dans ces régions, être emmené et peut-être même élevé en Égypte, dans le harem de Miour, par exemple, comme d'autres prisonniers étrangers. Il était devenu égyptien, avait pris un nouveau nom et semble s'être attaché au culte solaire : l'un de ses surnoms était en effet : « Celui qui aime Héliopolis. » Une destinée que l'on aimerait mieux connaître et qui correspond bien à la conception que Ramsès II avait de l'Égypte : un ensemble cosmopolite unifié.

Multiple et varié, incontestablement, apparaît à nos yeux ce personnel de clercs. La découverte de documents nouveaux, sans cesse espérée, nous aidera peut-être à mieux le comprendre.

Les fêtes sacrées

A l'époque ramesside, les fêtes furent célébrées avec faste. Des fêtes, il y en avait de toutes origines en Égypte : fêtes nationales ou locales, fêtes des saisons ou fêtes religieuses — fêtes funéraires aussi, où l'on se rendait en famille jusqu'à la tombe du parent défunt, pour lui apporter des nourritures choisies.

Les panégyries des grandes divinités pouvaient arrêter l'activité du pays pendant plusieurs semaines et entraîner de vastes déplacements de pèlerins et de curieux. Un calendrier précis des fêtes a été sculpté dans le temple de Ramsès II, à Abydos.

Les textes et les représentations d'époque ramesside insistent, semble-t-il, sur l'importance de trois fêtes : la fête du harem d'Amon, à Thèbes, ou fête d'Opet (du nom donné au harem) : les scènes principales en ont été sculptées sur les colonnes de la grande salle hypostyle de Karnak — puis la fête de Min, dont la procession et les rites sont figurés au Ramesseum — enfin la « Fête de la Vallée », représentée sur les murs du temple funéraire de Séthi Ier, à Sheikh abd el Gournah, sur les parois du Ramesseum et sur les colonnes de la grande salle hypostyle de Karnak.

On sait que, pour célébrer la première fête d'Opet de son règne, Ramsès II, après l'enterrement de son père, demeura à Thèbes. Nebneterou étant mort et Nebounenef non encore intronisé, c'est le roi lui-même qui dirigea les cérémonies à la place du grand prêtre. Assumant ainsi l'une des prérogatives royales fondamentales, il s'affirmait comme le nouveau maître du pays et, en même temps, prenait possession des cultes thébains.

La fête commençait le dix-neuvième jour du deuxième mois de la saison de l'inondation, c'est-à-dire au cours de la première quinzaine d'octobre, avant que le Nil ne se retirât, laissant la terre fertilisée. Elle durait pendant vingt-quatre jours, parfois vingt-sept. Le thème en était la visite qu'Amon de Karnak rendait à son harem de Louxor. C'était donc une double fête de la fécondité — celle de la terre et celle des dieux — une fête de la renaissance, du maintien des forces vitales et de l'énergie créatrice.

A Karnak, à l'aube, on ouvre le naos contenant la statue d'Amon ; le roi lui-même fait déposer devant lui les offrandes : nourritures et fleurs, qui s'amoncellent devant l'image sacrée. Dans sa chapelle, la barque du dieu, Ouserhat (« celle à la proue puissante »), est là, faite en bois de cèdre, « travaillée en or, du meilleur des déserts, étincelante de toutes sortes de pierres précieuses[153] », prête au départ. Au dehors, trois barques, celles de Mout (déesse mère), de Khonsou (dieu fils) et du roi, accompagnant le dieu en son voyage, sont posées sur un socle.

La procession commence, sur le chemin qui mène au Nil. En tête s'avancent un soldat, dont la trompette a sonné le départ, et un joueur de tambour, dont les roulements scandent la marche du cortège. Fait exceptionnel, Ramsès II lui-même précède celui-ci, « ouvrant les chemins d'Amon ». Il porte, sur ses habits royaux, le costume sacerdotal à la peau de panthère ; il est nommé, association de termes unique, « grand prêtre d'Amon, roi de Haute et Basse Égypte, doué de vie ». Les quatre barques, portées sur les épaules des « prêtres purs », arrivent au bord du fleuve ; là, elles sont placées sur de grands bateaux, propres à la navigation. Et la flotille, barque d'Amon, étincelante, en tête, glisse sur la rivière vers Louxor. Sur les bords même du fleuve, un long cortège les accompagne : des prêtres, bien sûr, tous les prêtres, dont c'est le jour de fête, mais aussi des soldats, des musiciens, des chanteuses et des danseuses. Des mercenaires nègres et libyens, voulant marquer leur enthousiasme, exécutent les danses de leur pays, tandis que des ballerines légères suivent le rythme de la musique. Un grand concours de peuple et de pèlerins, massés non loin des rives, pousse des cris de joie. Toutes ces clameurs de fête, se mêlant aux sonneries des trompettes, au roulement des tambours, au bruit plus aigre des sistres agités, à la douceur harmonieuse des luths, montent vers le puissant Amon, en hommage à sa grandeur.

Louxor vit des heures de fiévreuse attente. De chaque côté de la route qui conduit du Nil jusqu'au temple, on a élevé de petits édifices en bois, semblables à des chapelles et ornés d'un auvent soutenus par deux colonnes en forme de papyrus ; dans chacune d'elles, les victuailles de toutes sortes s'accumulent — autre témoignage de la fécondité, thème de la fête. Des sacrificateurs immolent les bœufs gras, que l'on dépèce sur place et des serviteurs affairés transportent en hâte les morceaux de viande vers le temple. Tout cela parmi les cris, le soleil, la poussière et les mouches.

Amon arrive ; les barques sacrées sont aussitôt conduites au temple et déposées dans leurs sanctuaires. Pendant onze jours, dans la pénombre et le silence du lieu saint, se dérouleront les épousailles du dieu et le mystère de la vie qui se reproduit, assurant ainsi, dans le secret, la régénération des forces de la vie, au moment même où le Nil a fertilisé la terre d'Égypte.

Dehors c'est la fête des hommes, dans les bombances et les ripailles.

Le retour à Karnak s'accomplira suivant les mêmes rites, au milieu de semblables réjouissances.

Une scène de ce retour mérite de retenir l'attention. Près du pylône de Karnak, précédant le cortège, est représentée une suite de bœufs gras, les cornes ornées de fleurs, prêts pour le sacrifice. A Louxor, le thème est développé dans l'angle sud-ouest de la première cour : « derrière dix-sept fils de Ramsès II s'avance une théorie de prêtres et de *bœufs* ; d'une façon générale, chaque élément de cette suite consiste en un personnage tirant par une longe un bœuf que flanque un second prêtre. Le premier personnage de chaque groupe porte perruque et s'avance dans une attitude d'adoration, buste légèrement courbé en avant, tenant le long de son corps un grand bouquet monté. Le second personnage, tête rasée, présente en plusieurs cas des pains triangulaires. Bien engraissés, marchant pesamment sur leurs sabots déformés, les bœufs ont été richement parés pour la fête. Ils portent au cou des fleurs ou des pendants vraisemblablement tressés. Aux oreilles de certains sont suspendus des plaques ou des anneaux. Les quatre premiers *taureaux* présentent entre leurs cornes le motif habituel des grandes plumes montées, à moins que ce ne soient des tiges de lotus. Le cinquième taureau porte une tête postiche de Nègre. Le sixième bovidé semble être une sorte de zébu, avec une bosse... ; au-dessus de sa tête se dresse la figure d'un Asiatique, reconnaissable à son profil et à sa longue barbe pointue ; il a été pourvu dc deux bras serrés l'un contre l'autre et dressés en avant dans l'attitude de l'adoration [154] ».

La différence établie entre l'Africain et l'Asiatique, de prime abord, est notable : dans le premier cas, l'homme fait corps avec la bête, dont les cornes sont assimilées aux bras du Nègre ; dans le cas de l'Asiatique, celui-ci ne présente que des éléments humains, il est seulement placé sur le front de l'animal, d'où il semble émerger. Ce détail dans le traitement des deux figures révèle la différence profonde que les Égyptiens établissaient entre les peuples du Sud et ceux du Nord.

Le thème, certainement politique, venait affirmer, sans doute, au milieu des festivités religieuses de la Ville du Sud, dédiées à la pérennité de la vie, la pérennité de l'Empire. Cela explique la présence, en tête du cortège, des fils de Ramsès II, présence qui veut souligner la continuité potentielle de la dynastie. L'existence des têtes de Nègres et d'Asiatiques entre les cornes des animaux, bras levés, en imploration, selon le geste traditionnel, et qui vont être sacrifiés en même temps que la bête, peut paraître insolite ; mais si l'on songe que le sacrifice d'un animal est souvent assimilé à celui d'un ennemi, la symbolique ici

242 HISTOIRE D'UN EMPIRE

est double et, donc, l'efficience de l'image plus grande. Ce rite affirme donc la domination de l'Égypte sur les terres lointaines ainsi que la perpétuité de la monarchie. Or, il apparaît essentiellement à l'époque ramesside, plus particulièrement sous Ramsès II. Il a été figuré dans les temples de Karnak, de Louxor, d'Abydos, et aussi dans les temples de Nubie : à Bet el Ouali et à Kawa, parmi les populations africaines ainsi invitées à la soumission. Il ajoute donc, à ce moment, un aspect politique à la fête d'Opet, fête célébrant à la fois la fécondité de la terre fertilisée pour de prochaines moissons, la fécondité divine et la pérennité de la vie, enfin la pérennité de l'Empire. Cette adjonction est tout à fait conforme à la pensée de Ramsès II.

Cette scène finale, du retour, peut d'ailleurs constituer une sorte de *réponse* harmonieuse à une autre scène, préliminaire celle-là, intervenant au moment où l'on sort les divinités de leurs naos, tandis que la Grande Ennéade adore Amon, Mout et Khonsou. Les paroles sont les suivantes :

ATOUM : « Puisses-tu te lever bellement, ô Amon-Rê ! Puisses-tu donner *vie et force* au Seigneur du Double Pays, Ousermaâtrê Setepenrê. »
SHOU : « Puisses-tu apparaître bellement, ô maître des dieux ! Puisses-tu donner la *santé* au maître des apparitions en gloire, Ramsès-aimé-d'Amon. »
TEFNOUT : « Puisses-tu te lever bellement, ô Amon-Rê ! Puisses-tu donner la *vaillance* au Seigneur du Double Pays, Ousermaâtrê Setepenrê. »
GEB : « Puisses-tu apparaître bellement, ô maître des dieux ! Puisses-tu donner la *victoire* au maître des apparitions glorieuses, Ramsès-aimé-d'Amon. »
[NOUT : Nout donne la vie et la force.]
OSIRIS : « Puisses-tu apparaître bellement, ô maître des dieux ! Puisses-tu donner la *royauté* au maître des apparitions glorieuses, Ramsès-aimé-d'Amon. »

ISIS : « Puisses-tu te lever bellement, ô Amon-Rê !
Puisses-tu donner la *durée de vie de Rê* au Seigneur du Double Pays, Ousermaâtrê Setepenrê. »

SETH : « Puisses-tu apparaître bellement, ô régent de l'Ennéade ! Puisses-tu donner les *années d'Atoum* au maître des apparitions glorieuses, Ramsès-aimé-d'Amon ! »

NEPHTHYS : « Puisses-tu te lever bellement, ô Amon-Rê ! Puisses-tu donner *ton trône* au seigneur du Double Pays, Ousermaâtrê-Setepenrê. »

Hathor encore donnera le temps infini et d'autres divinités, suivant les mêmes stances harmonieusement équilibrées, doteront richement Ramsès de qualités matérielles et spirituelles [155].

Ainsi, peut-être, Ramsès II aurait prolongé la fête d'Opet et l'aurait en quelque sorte encadrée de scènes politiques, destinées à assurer, par la grâce d'Amon-Rê, la réalisation et la durée de cet Empire dont il rêvait.

Les monuments de Ramsès II présentent également des images appartenant à d'autres panégyries divines.

Dans la deuxième cour du Ramesseum sont figurés les divers épisodes de la fête du dieu Min : dieu ithyphallique, gainé, créateur ; peut-être originaire des bords de la mer Rouge, antique divinité des caravaniers, son lieu saint essentiel était Koptos, au nord de Thèbes ; mais, dans la Ville même, il avait une chapelle. Il semble que sa personnalité ait « impressionné » la forme d'Amon adoré à Louxor, figuré également ithyphallique, gainé, bras levé, tenant le flagellum comme Min.

Cette « Sortie de Min » attirait également un grand nombre de pèlerins et un peuple nombreux. Elle avait lieu le premier mois de la saison sèche, c'est-à-dire vers la fin du mois de mars, au temps des moissons. Fête d'Opet et fête de Min marquaient donc les deux grands moments de la vie des champs, que se devaient de célébrer les dieux et le roi.

A Thèbes, au jour choisi, un premier cortège se formait

à la sortie du palais royal. Le roi, portant un costume d'apparat, s'asseyait sur un fauteuil, placé sous un dais et porté sur un brancard par douze hommes ; parasols et chasse-mouches assuraient le confort royal [156].

En tête du cortège marchaient des musiciens et des prêtres ; puis, les fils royaux et les hauts dignitaires ; un prêtre-lecteur maître des cérémonies lisait un papyrus largement déployé, tandis que, précédant immédiatement le palanquin royal, un autre prêtre, tête rasée, nu jusqu'à la ceinture, encensait le souverain. Derrière Pharaon d'autres dignitaires et des soldats s'avançaient.

Parvenu devant la chapelle de Min, le roi mettait pied à terre et faisait face à la statue du dieu ; encensement, libation, offrandes devaient assurer à celui-ci les hommages essentiels. Ainsi débutaient les cérémonies religieuses. Dans la chapelle de Min, auprès de lui, figuraient deux de ses attributs importants : une hutte conique, dont l'image reproduisait peut-être celle de son sanctuaire primitif dans le désert arabique — et deux plantes, peut-être des « romaines », dont les Anciens pensaient qu'elles avaient des vertus aphrodisiaques.

Des « prêtres purs » plaçaient alors la statue divine sur un pavois, et une autre procession commençait, menant au reposoir où serait déposée l'image sacrée.

En tête, marchent, sur deux files, des prêtres, dont chacun porte sur l'épaule droite, en la soutenant de sa main gauche, une statuette de roi : les rois ancêtres de Ramsès. Au Ramesseum, ces statuettes sont rangées suivant l'ordre des règnes, en commençant par Ramsès II et en remontant jusqu'à Narmer. Tous les rois, naturellement, ne figurent pas ; il y en a, en fait, seulement quatorze (cinq sur une file, neuf sur l'autre) : Narmer, Montouhotep, Ahmosis, Aménophis I er, Thoutmosis I er d'une part et, d'autre part, Thoutmosis II, Thoutmosis III, Aménophis II, Thoutmosis IV, Aménophis III, Horemheb, Ramsès I er, Séthi I er, Ramsès II — c'est-à-dire seulement deux rois parmi les plus anciens (les deux souverains qui ont inauguré, après des périodes de division, une nouvelle unité monarchique et restauré le système pharaonique) et tous les souverains de la XVIIIᵉ Dynastie (sauf l'usurpatrice Hatshepsout et les trop faibles Aménophis IV et Toutankhamon) et les premiers Ramsès. Ce choix semble bien indiquer une réflexion sur l'histoire de l'Égypte. Ainsi Ramsès apparaissait comme le juste héritier de ses ancêtres, la continuité de la monarchie, comme celle de la vie, étant assurée « de père en fils », suivant une filière continue, qui veut souligner le renouvellement, permanent et nécessaire, des forces génératrices. La reine aussi figurait dans le cortège — la reine féconde, en qui s'incarne le roi et qui assurait, pour sa part, la poursuite de la lignée dynastique.

Élément central de la procession, s'en venait ensuite la statue de Min sur son pavois, suivie de Ramsès lui-même et d'un taureau blanc consacré au dieu. La présence du taureau symbolise la puissance sexuelle évidente de Min, tandis que sa couleur l'apparente au cycle solaire. Le culte du taureau blanc est bien connu dans le monde méditerranéen, en Crète notamment.

On dit alors au dieu : « Puisses-tu apparaître radieux pour les génies de l'Orient ! » Min s'assimile alors au soleil, tous deux compris dans le même cycle de force génératrice et de vie renaissante.

Un prêtre-lecteur, chantant un hymne, encense, dans un même hommage, le dieu, le roi et l'animal sacré, tous trois détenteurs des puissances génésiques.

Suivent dix-huit porteurs d'offrandes et d'enseignes divines.

A ce moment, dans le rituel de la fête, intervient un épisode très particulier, le « chant du nègre de Pount », dont les paroles rythmées sont les suivantes :

> « L'amour de toi, ô Min, est le monument que je t'offre. Salut à toi, Min, seigneur de Senout, maître d'Ipou, au corps de lapis-lazuli [156]. Combien puissant est ton visage, taureau venu des déserts, le cœur joyeux lorsque tu fus promu roi des dieux. »

Ce « nègre de Pount » était-il un prêtre ? un chanteur noir ? Min, dieu des caravaniers, peut-être, à l'origine, a toujours été associé par les Égyptiens aux contrées situées à l'est et au sud-est de l'Égypte, parmi lesquelles la plus célèbre était le pays de Pount (l'actuelle Somalie, peut-être même une partie du Soudan) ; les populations de Pount ne sont pas de race chamitique, mais, dans une légende, Min est censé avoir créé les Nègres, qui jouent un rôle certain dans son culte.

Le cortège, alors, parvenait au reposoir, qui s'élevait sur quatre marches et où l'on déposait la statue divine.

On effectue alors, en présence du roi, un lâcher d'oiseaux vers les quatre points cardinaux de l'horizon :

« O Amset, va vers le Sud et dis aux dieux du Sud,
    O Hapi, va vers le Nord et dis aux dieux du Nord,
    O Douamoutef, va vers l'Orient et dis aux dieux de l'Orient,
    O Kebehsennouf, va vers l'Occident et dis aux dieux de l'Occident,
que Horus, fils d'Isis et d'Osiris, a saisi la grande couronne blanche et la couronne rouge
que le roi de Haute et Basse Égypte, Ousermaâtrê-Setepenrê
    a saisi la grande couronne blanche et la couronne rouge. »

Les quatre fils d'Horus, prenant la forme de messagers ailés, vont annoncer à l'univers la domination de Ramsès II, qui a pris possession du trône d'Horus.

Ainsi cette fête de la moisson et du pouvoir fécondant de Min est aussi une panégyrie royale, Pharaon étendant son pouvoir sur la terre.

Avant-dernier acte : le souverain offre au dieu une gerbe d'épeautre, prémices de la récolte. L'ordre des officiants n'est pas indifférent : en tête, à nouveau, s'avancent les statues des rois-ancêtres, puis vient le taureau blanc, puis la reine Nefertari (les bras repliés sur la poitrine) et le roi, tous éléments qui, de façons différentes, évoquent l'idée de fécondité et la continuité de la lignée dynastique. Un prêtre tend à Ramsès une gerbe d'épis, que celui-ci élague et égalise avec une faucille :

> « Un prêtre du cortège apporte une faucille de cuivre, recouverte d'or, en même temps qu'une gerbe d'épeautre, qui sont toutes deux remises au roi ; une prêtresse, alors, récite sept fois les formules, en tournant autour du souverain. Puis celui-ci coupe la gerbe avec la faucille qu'il tenait dans la main ; elle est alors placée devant son nez, puis déposée devant le dieu Min, et un de ses épis est remis au roi. »

Cette fête de Min, comme celle d'Opet, est une grande panégyrie qui, en même temps qu'elle rend hommage au caractère géniteur du dieu — en qui les forces créatrices sont toujours vives, comme celles de la terre qui produit les moissons — affirme aussi la pérennité de la monarchie, par une assimilation qui se veut efficiente.

La scène finale ne figure pas au Ramesseum, mais elle a été représentée (ainsi que toute la fête) à Medinet Habou, dans le temple funéraire de Ramsès III.
Les festivités terminées, Min rejoint sa chapelle et, les puissances génitrices ayant été comblées, Pharaon accomplit une dernière fois les rites de l'encensement et de la libation.

Ces deux panégyries sont d'intenses appels aux puissances de vie, qui associent étroitement la royauté aux devenirs divins et éternels de la terre.

Une autre fête thébaine renouvelle cet appel, cette fois en faveur des défunts : la Fête de la Vallée. Elle a lieu à la nouvelle lune, dans le courant du mois d'avril et dure onze jours.

Le roi, sortant de son palais, se rend à Karnak, au temple d'Amon, et invite le dieu à venir, sur la rive gauche du fleuve, visiter les monuments funéraires de ses ancêtres, afin de les vivifier.

Amon, toujours à bord de sa barque de cèdre et d'or, précédé par la barque royale et suivi par les embarcations de Mout et de Khonsou, traverse le fleuve, vers l'Ouest ; il arrive sur la rive des nécropoles, poursuit sa navigation par les canaux jusqu'à l'orée du désert et fait halte au Ramesseum.

Le dieu dit à Ramsès :

> « O mon fils bien-aimé, mon cœur est plein de joie à cause de l'amour que tu me portes ; je m'unis à ta beauté, en vie et en force, mon visage s'émerveillant de ton beau visage, tandis que mes deux uraei s'unissent sur ton front. J'annoncerai, pour toi, tes victoires sur tous les pays étrangers ; vois, je place le Sud comme le Nord, l'Ouest et l'Est sous ton autorité.
>
> Je fais que viennent vers toi les chefs des plus lointains pays, qui, depuis le temps de Dieu, ignoraient les maîtres de l'Égypte ; ils sont chargés de tributs de toute sorte, provenant de leurs régions, pesant sur leurs dos, à cause de la peur que tu inspires.
>
> Je fais que tes cris de guerre parcourent tous les pays étrangers, la frayeur que tu causes étant dans leurs cœurs comme celle du dieu d'Ombos [Seth].
>
> Je fais que ton renom soit grand et grandes tes victoires, plus que celles d'aucun des autres rois de Haute Égypte, d'aucun des autres rois de Basse Égypte, maîtres de la puissance.
>
> Je fais que ton nom soit florissant à l'égal de la Région Supérieure ; tant que tu dureras durera le ciel, pour un temps infini — car tu es mon fils bien-aimé, qui demeures sur mon trône et qui fais la joie de mon cœur[158]. »

C'est un poème pour Ramsès II. On entend, en le lisant, un écho du long discours d'Amon à Thoutmosis III, ce chant impérial que tous les conquérants reprirent ; mais, si l'inspiration est certaine, le chant, ici, est abrégé, plus vigoureux, plus original, mettant l'accent sur l'étendue de l'Empire et l'éternelle divinité de Ramsès.

Arrivé donc, au Ramesseum, Amon recevra la visite des dieux de la nécropole (entendons leurs statues), ainsi que celle d'Aménophis Iᵉʳ, saint patron de la rive des morts (le premier des souverains à avoir été enterré sur la rive occidentale de Thèbes) ; l'image du roi défunt, sur une litière, est portée par des prêtres, entourée de flabellifères qui agitent les éventails et les parasols. La réunion des dieux devra entraîner un renouveau de vie pour tous ceux qui sont enterrés alentour.

Le soir, les grandes familles de Thèbes, traversant à leur tour le fleuve, viennent en procession, portant des torches allumées, jusqu'aux tombes de leurs parents. On apportait d'amples provisions, afin de célébrer « en famille » la visite d'Amon dans le « bel Occident ».
De Louxor, sur l'autre rive, on pouvait suivre du regard cette immense marche aux flambeaux dont la lumière scintillait dans la nuit du désert, apportant aux morts le feu régénérateur.

Les Égyptiens, de caractère paisible et joyeux, étaient gens de fêtes — ces fêtes qui, de diverses façons, allaient renouveler la vie du pays et des hommes. Ce n'étaient point de simples distractions stériles et passagères, n'ayant pour but que de réjouir le cœur, c'étaient aussi des *jeux* spirituels, élevés, dont les actes, souvent, avaient valeur mythique, de grandes professions de foi envers les puissances qui mènent le monde : les dieux et les rois. Ceux-ci, assimilés aux forces de la nature, devaient faire œuvre éternelle de renouveau.

Les trois grandes fêtes ramessides se célébraient à Thèbes, qui s'affirme ainsi comme une capitale religieuse de l'Égypte.

Un village auprès du Nil

Sur la vie du peuple d'Égypte, nous n'avons que peu d'informations et de rares témoignages archéologiques ; les maisons de terre battue n'ont pas résisté au temps.
Mais les vestiges d'un village d'artisans subsistent

encore, sur la rive gauche de Thèbes, à Deir el Medineh, près de la colline de Gournet Mouraï, au sud de la nécropole.

Le village avait été fondé par Thoutmosis Ier pour tous ceux, artisans et ouvriers, qui travaillaient pour les tombes et temples funéraires royaux ; il comptait, à ce moment, une quarantaine de maisons entourées d'un mur servant de rempart. La population était formée d'Égyptiens, essentiellement, mais aussi de quelques immigrés hyksos et de Nubiens, travailleurs libres. Le cimetière voisin révèle la grande pauvreté de ces gens.

Sous les Thoutmosides, les moyens de vie s'améliorent. L'administration organise un approvisionnement en eau ; près de la porte nord, un poste d'eau est installé, sous la surveillance d'un gardien, et des amphores sont placées le long des ruelles. Sous Aménophis III, le village compte une cinquantaine de maisons dans l'enceinte, mais commence à s'étendre au-dehors.

Les Ramessides vont rebâtir et réorganiser Deir el Medineh, abandonné sous Aménophis IV, lors de l'exode de la cour à Tell el Amarna. Des rues sont percées à travers d'anciennes maisons, des quartiers neufs construits. Sous Séthi Ier, soixante-dix maisons dans l'enceinte et cinquante au-dehors attestent du développement du village — les artisans habitant les maisons gardées par le rempart, les manœuvres logeant hors les murs. Sous Ramsès II le village est en pleine prospérité ; il semble même qu'un certain souci d'urbanisme ait présidé à la nouvelle organisation par les Ramsès : on distingue cinq rues rectilignes, le long desquelles s'alignent les maisons. Celles-ci étaient bâties en briques séchées, les murs crépis et blanchis à la chaux ; assez petites, elles sont plus profondes que larges. La plus grande pièce est la pièce d'entrée, qui contenait une sorte de tribune d'environ 2 m sur 1,20 m, à 90 cm du sol, à laquelle on accédait par trois ou quatre marches et qu'éclairaient des fenêtres à claire-voie. Une seconde chambre (chambre à coucher), plus petite, quelquefois deux, composaient le reste de la maison, qui se terminait par une cuisine à ciel ouvert, avec four et pétrin. Des départs d'escaliers subsistants permettent de penser que ces maisons avaient des caves, parfois même des terrasses. Les portes sont toutes peintes en rouge (la couleur qui chasse les esprits malfaisants), les murs sont blancs, parfois décorés de peintures, malheureusement très endommagées, à sujets religieux (Horus et Isis dans les marais du Delta) ou profanes (danseuses nues, femme à la toilette). Le sol des chambres était de terre battue, stuqué et peint en blanc et rouge dans les demeures les plus riches.

Près du village, des chapelles votives étaient élevées aux dieux et aux rois : Aménophis Ier, Thoutmosis III, Séthi Ier, Ramsès II.

Un peu à l'écart était le cimetière ; les caveaux étaient aménagés pour recevoir plusieurs membres de la famille ; les tombeaux étaient parfois de petits monuments comportant une chapelle surmontée d'un pyramidion sculpté, à laquelle des marches peintes en bleu ou en jaune (couleurs bénéfiques du milieu céleste) donnaient accès. Souvent des stèles aux couleurs vives ornaient la façade.

La vie, dans le village, est relativement aisée, l'alimentation convenable. La base en est le pain, parfois farci de graines ou de viande. On consommait de la viande de bœuf, de veau, mais aussi de gazelle, d'antilope et d'hyène, qui, après avoir été capturées, étaient engraissées. Les oiseaux et les volailles se mangeaient rôties à même le feu ou bouillies. Les poissons, de variétés très diverses, étaient également grillés ou bouillis. Les légumes étaient nombreux : oignons, ail, haricots, poireaux, lentilles, feuilles de lotus — ainsi que les fruits : dattes, figues, grenades, abricots, jujubes, caroubes, cumin. Certains de ces fruits étaient séchés et conservés pour l'hiver. On buvait de la bière, du vin, du lait.

Les ouvriers étaient placés sous l'autorité de deux chefs, assistés d'un conseil d'artisans et de manœuvres et disposant d'une petite administration avec des scribes et des surveillants. Il est vraisemblable que les deux chefs étaient les représentants du vizir et que les membres du conseil étaient élus (?).

Des associations particulières existaient, sortes de corporations du travail. L'*élite* était constituée par les directeurs de travaux, les contremaîtres, les sculpteurs, les peintres, les dessinateurs, les scribes ; puis venaient ceux qui effectuaient les besognes commandées : manœuvres et terrassiers ; enfin un petit peuple qui contribuait à la vie même du village : porteur d'eau, bouviers, pêcheurs, oiseleurs, blanchisseurs. Ces diverses corporations étaient affiliées à des confréries religieuses, possédant des chapelles où elles se réunissaient aux jours de fête pour célébrer offices et processions. Toutes avaient pour patron le saint roi Aménophis Ier et pour protecteur le souverain régnant. C'est le premier corporatisme d'État, à l'égyptienne.

Un contrat liait, en effet, pour un temps donné, ces travailleurs libres à l'État. Les mêmes droits semblent garantis à tous, même aux travailleurs étrangers, à qui l'on donne des noms égyptiens ; mais ils s'assimilaient plus ou moins bien aux gens du pays. Le salaire et la quantité de travail sont fixés par le contrat. Ainsi il arrive qu'un ouvrier briquetier, par exemple, doive mouler un certain nombre de briques par jour. Il arrive aussi que le mois, qui comportait trente jours, soit divisé en semaines de dix jours : l'ouvrier devait travailler huit jours, après quoi il prenait deux jours de repos ; des congés exceptionnels étaient donnés à l'occasion des grandes fêtes : quatre jours lors des grandes processions royales [159]. Ce sont les textes des ostraca, trouvés, nombreux, près du village, qui nous l'apprennent.

Un contremaître veillait à ce que soient rigoureusement observés les jours et les heures de travail ; un scribe notait les moments chômés. Datant de l'année 40 de Ramsès II, on a retrouvé une feuille de papyrus sur laquelle un scribe avait noté les absences de plusieurs ouvriers et les raisons invoquées pour celles-ci :

« Pendoua — premier mois de la saison de l'inondation, 14e jour : est sorti boire avec Khonsou.

Horemouia — 3e mois de l'inondation, 21 et 22e jours : était avec le contremaître — 2e mois de la saison d'hiver, 8e jour : brassait la bière — 3e mois de la saison d'été, 17e, 18e et 21e jours : malade.

Houynefer — 2e mois de la saison d'hiver, 7e et 8e jours : malade — 3e mois de l'été, 3e et 5e jours : troubles oculaires ; 7e et 8e jours : malade.

Amenemouia — 1er mois de la saison d'hiver, 15e jour : aidait à la momification de Hormes — 2e mois de l'hiver, 7e jour : absent ; 8e jour : brassait la bière ; 16e jour : travailla à renforcer la porte.

Seba — 4e mois de l'inondation, 17e jour : un scorpion l'a piqué — 1er mois de l'hiver, 25e jour : malade.

Khonsou — 4e mois de l'inondation, 7e jour et 3e mois de l'hiver, 25e et 28e jours : malade — 4e mois de l'hiver, 8e jour : servait son dieu — 1er mois de l'inondation, 14e jour : sa fête ; 15e jour : sa fête.

Anouy — 1er mois de l'hiver, 24e jour : est allé chercher de la pierre pour Kenherkhepeshef — 2e mois de l'hiver, 7e jour : la même chose ; 17e jour : absent[160]. »

Les congés de maladie étaient rares, mais les petits événements de la vie quotidienne, publics ou très personnels parfois, entraînaient, par moment, des absences soigneusement enregistrées.

Si les conditions de travail étaient jugées déplaisantes ou insuffisantes, les ouvriers pouvaient se mettre en grève, ils « se couchaient », selon la terminologie égyptienne.

Depuis Horemheb, le travail des artisans est protégé par le roi. Ils peuvent acquérir leur maison et, dans ce cas, doivent seulement l'impôt sous forme de corvées. Voler les outils d'un ouvrier est une faute grave, qui doit être sanctionnée par les dieux. L'ouvrier, en effet, celui qui travaille la pierre, ou qui peint, ou qui dessine, donne naissance à des formes ; celles-ci, dans la pensée égyptienne, sont de virtuels réceptacles de vie, susceptibles de s'animer ; par conséquent, l'ouvrier ou l'artisan est un *créateur,* donc un personnage important, qui mérite l'estime. Les ouvriers de Deir el Medineh jouaient un rôle particulièrement nécessaire et utile, puisqu'ils travaillaient pour construire, notamment, temple funéraire, tombe et statues royales et œuvraient donc pour la vie éternelle de Pharaon. Celui-ci d'ailleurs leur en est reconnaissant, ainsi qu'à tous ceux qui travaillaient pour ses monuments, comme en témoigne un texte daté de l'an 8 de Ramsès II sculpté sur une stèle découverte à Manshiyet es Sadr, déjà citée[161] :

« O travailleurs choisis et vaillants, je connais votre main qui, pour moi, taille mes nombreux monuments. O vous qui adorez travailler les pierres précieuses de toutes sortes, qui pénétrez dans le granit et qui vous joignez au quartzite, (hommes) braves et puissants lorsque vous construisez des monuments, grâce à vous je vais pouvoir garnir tous les temples que j'ai élevés, pendant toute leur durée. O vous, les bons combattants qui ignorez la fatigue, qui veillez sur les travaux durant toute leur durée, et qui les exécutez avec fermeté et efficience, ô vous à qui l'on dit : " Agissez " selon des plans, vous qui allez chercher des pierres dans la Colline Sacrée, j'ai entendu ce que vous vous disiez les uns aux autres ; je ne vous ménagerai pas mes bienfaits, et mes actions seront conformes à mes paroles.

Je suis Ramsès-aimé-d'Amon, celui qui permet aux jeunes générations de croître en leur permettant de vivre. Les aliments vous inonderont et il n'y aura plus de désir d'augmenter encore les nourritures autour de vous. Je pourvoirai à vos besoins de toutes les façons ; ainsi vous travaillerez pour moi d'un cœur aimant. Je suis le protecteur puissant et le défenseur de votre métier. Les aliments, dans vos mains, seront plus lourds que vos tâches, de telle sorte que vous pourrez vivre et croître. Je connais votre besogne, dure et utile, et (je sais) que le travail est chose réjouissante lorsque le ventre est plein.

Pour vous , les greniers seront gonflés de blé, afin que vous ne passiez pas un seul jour privé de nourriture vivifiante ; chacun d'entre vous aura des provisions pour un mois. J'ai aussi empli les magasins de toutes sortes de choses, pains, viandes, gâteaux pour vous protéger (de la faim), des sandales, des vêtements, de nombreux onguents, afin que vous puissiez oindre votre tête tous les dix jours, vous habiller (de neuf) chaque année, et que vos pieds soient fermes chaque jour. Aucun parmi vous *ne se couchera*, affligé par la disette.

J'ai aussi mis en place un nombreux personnel pour subvenir à vos besoins : des pêcheurs vous apporteront des poissons ; d'autres, des jardiniers, feront pousser des légumes ; des potiers travailleront au tour afin de fabriquer de nombreuses amphores, ainsi, pour vous, l'eau sera fraîche à la saison d'été.

Pour vous aussi, sans cesse, la Haute Égypte navigue vers le Delta et le Delta vers la Haute Égypte, avec (des cargaisons) d'orge, d'épeautre, de froment, du sel et des fèves, en quantité innombrable.

J'ai fait tout cela afin que l'on dise que vous prospérez, tandis que, d'un seul cœur, vous travaillez pour moi[162]. »

Ces largesses royales, qui s'adressaient, ici, précisément aux artisans de la région d'Héliopolis, étaient distribuées d'une façon semblable à Deir el Medineh, le grand chantier des souverains ramessides.

La corporation ouvrière du village avait ses propres tribunaux. Les litiges étaient soumis à une sorte de conseil de prud'hommes, formé d'artisans, présidé par un contremaître, conseil qui rendait sa sentence au nom du roi[163], mais sa compétence ne s'étendait qu'aux affaires courantes. La peine encourue d'ordinaire était la bastonnade. Les causes graves, notamment les causes criminelles, étaient du ressort du tribunal présidé par le vizir.

Pour les Égyptiens, qui aimaient à plaider, les occasions de procès étaient nombreuses. De multiples papyri ont transmis jusqu'à nous ces affaires de chicane locale. On connaît même un procès intenté pour une histoire de transmission de charge, qui dura, dans la même famille, depuis le règne d'Ahmosis jusqu'à celui de Ramsès II, c'est-à-dire pendant près de trois siècles.

La vie même du village et de ses habitants est contée dans les tombes et sur les ostraca.

Dans la tombe d'Ipouy, sculpteur sous Ramsès II, nous pouvons encore voir se dérouler les travaux des champs, la vendange, la pêche sur le fleuve, le marché et ses commerçants affairés, le retour de la chasse au désert et même des scènes de blanchisserie et de teinturerie.

Les artisans, parfois, peuvent faire carrière. On connaît un peintre qui devint scribe et termina sa vie comme flabellifère à la droite du roi[164], une brillante promotion, puisque ce dernier titre pouvait être celui des princes royaux.

Révélatrice aussi est la vie de Ramose. Il fut nommé scribe à Deir el Medineh, en l'an 5 de Ramsès II, quelques mois avant la bataille de Kadesh. Fils d'un messager royal, il avait d'abord été attaché au trésor du temple funéraire de Thoutmosis IV. Intelligent et avisé, il fut distingué par le vizir Paser, qui l'envoya à Deir el Medineh, où il s'enrichit très vite, si l'on en juge par le nombre, assez impressionnant, de monuments qu'il a laissés : de très nombreuses stèles et *trois* tombes. Il avait aussi des talents littéraires. Il rédigea notamment un manuel d'interprétation des songes et un livre de charmes magiques.

La chronique d'un village d'Égypte, c'est à Deir el Medineh qu'il faut aller pour la faire. A côté des événements officiels, on y trouvera les humbles faits de la vie populaire, émouvants après que des millénaires ont passé[165].

C. — Forces internes et premières menaces

A la fin du règne de Ramsès II, certains éléments de la société égyptienne, les clercs, les militaires, les ouvriers étrangers étaient susceptibles de menacer ou plutôt d'affaiblir, de manières diverses, l'autorité royale. Le grand âge du souverain (90 ans environ) le rendait aussi plus vulnérable.

A Thèbes, le grand prêtre d'Amon, Rome-Roy, avait succédé à Bakenkhonsou. Il devait exercer le pontificat suprême presque jusqu'à la fin de la XIXᵉ Dynastie. Toute sa famille participait à la grande prêtrise : son fils aîné, Bakenkhonsou, était « deuxième serviteur » d'Amon ; son second fils prêtre *sem* au Ramesseum, son premier petit-fils « quatrième serviteur du dieu », son second petit-fils était « prêtre aux mains pures » dans le temple d'Amon. La même famille, tout entière, détenait donc des charges officielles importantes. Ramsès ne semble pas s'être opposé à ce népotisme, dangereux, de Rome-Roy.

De plus, celui-ci put obtenir du roi vieillissant le titre de « chef des serviteurs de *tous les dieux* », ce qui conférait au clergé d'Amon une suprématie inquiétante.

Ainsi, tant par la constitution de familles sacerdotales puissantes que par la supériorité acquise — au moins en théorie — sur les autres cultes, la place des clercs d'Amon se développait considérablement dans l'État.

En même temps les terres et les propriétés des temples devenaient de véritables domaines seigneuriaux rivalisant avec le pouvoir temporel de Pharaon ; enrichis par les largesses royales et le butin rapporté des campagnes victorieuses, ils tendaient de plus en plus à former des entités administratives et économiques qui se détachaient de la tutelle du souverain. Une nouvelle étape fut franchie lorsque Ramsès accorda à ces domaines religieux le privilège d'immunité (exemption d'impôt).

Le clergé d'Amon dispose aussi de sa propre milice. Il possède des juridictions particulières, des tribunaux sacerdotaux qui rendaient des jugements, à force d'oracles.

Une puissance, thébaine essentiellement, se constitue donc, en marge de l'autorité royale et risque de devenir menaçante pour celle-ci. Ce danger se matérialisera, à la fin de la XXᵉ dynastie lorsque le grand prêtre d'Amon, Herihor, établira, en Haute Égypte, une monarchie théocratique (la XXIe Dynastie). Ce danger était déjà décelable à la fin du règne de Ramsès II.

Une autre caste, formée par les militaires, commençait également à présenter une menace pour le pouvoir central. Ramsès, pour récompenser ses capitaines courageux, leur avait donné des terres inaliénables, dont les possesseurs prirent assez vite l'allure de privilégiés. Bien pourvus de gratifications en or, d'honneurs, ils disposaient aussi d'un important personnel domestique constitué par les prisonniers qu'ils avaient ramenés de guerre, et que le roi leur avait donnés. Ils possédaient une richesse temporelle certaine.

Ainsi il semble que l'on assiste — d'une manière encore restreinte, mais susceptible de prendre de regrettables proportions — au démembrement du domaine royal en faveur des clercs et des militaires ; cependant que de puissantes familles, nous l'avons vu, accumulaient les hautes charges de l'État, lesquelles tendaient à devenir héréditaires, ce qui distrayait encore un peu plus du pouvoir absolu de Pharaon.

Une autre difficulté venait de la grande quantité de travailleurs étrangers implantés en Égypte. Dans ce domaine, la réaction de Ramsès fut plus ferme.

Ces travailleurs avaient une double origine : il y avait, d'une part, les hommes libres qui venaient chercher du travail en Égypte, où la vie était facile ; ils étaient considérés comme une main-d'œuvre utile, en ces temps où la prospérité de l'Empire permettait à Pharaon d'entreprendre de grandes constructions, depuis le cœur du Soudan jusqu'à la Méditerranée. Les travailleurs étrangers apportaient à la main-d'œuvre locale une aide appréciable.

Cependant un rigoureux contrôle aux frontières en tenait le compte ; des officiers notaient, pour chacun de ces immigrés, le jour de passage, le lieu d'origine, l'état civil et le nom du père. Leur statut était le même que celui des ouvriers égyptiens.

A ces travailleurs libres s'ajoutaient les prisonniers de guerre qui, eux, constituaient une main-d'œuvre servile.

Les étrangers demeuraient, le plus souvent, groupés par nationalités. Ainsi, autour de Karnak, depuis Thoutmosis III, vivaient des colonies syriennes ; des commerçants de même origine vinrent se fixer parmi eux. Près du temple d'Aménophis III, à Louxor, un quartier syrien avait été installé, sous l'autorité du fils d'un prince ramené de Syrie. Dans les carrières de Toura, sur la rive droite du Nil, face à Memphis, travaillaient encore des Hyksos. Des Phéniciens furent employés pour édifier le grand temple de Ptah à Memphis ; ils travaillaient aussi dans les chantiers de construction navale de la grande ville. Des Hébreux, à l'est du Delta, dans la région de Tanis, fabriquaient des briques, nécessaires à la construction, notamment à celle de la ville de Per-Ramsès. Certains, venus avec les envahisseurs hyksos, étaient sans doute établis là depuis plusieurs siècles, 430 ans, selon le livre de l'Exode [166].

Il arrivait que des tribus étrangères fussent chassées d'Égypte, à la suite de quelque insubordination ou de requêtes injustifiées. C'est dans ce cadre qu'il faut placer, peut-être, l'exode des Hébreux. Ce fait n'est mentionné dans aucun texte égyptien, car, dans l'histoire de l'Empire d'Égypte, c'était un événement mineur, qui s'apparente à d'autres, semblables. On hésite, d'ailleurs, à le placer sous Ramsès II ou Merenptah, son fils et successeur ; mais il est vraisemblable qu'il faille le situer sous Ramsès II [167].

Ces Hébreux installés en Égypte avaient conservé librement leurs coutumes, leur culte et leurs chefs, comme les autres ouvriers immigrés ; sous Ramsès II, Aaron les dirige. Moïse survient — Moïse (nom égyptien Mose) signifiant : « il est né » ou « un nouveau-né » !, qui rappelle peut-être le cri poussé par la fille du roi lorsqu'elle découvrit l'enfant flottant sur le Nil dans un berceau, abandonné par sa mère, qu'elle envoie chercher pour l'allaiter, ayant reconnu en lui un enfant hébreu [168]. Puis, adopté par la fille de Pharaon, il fut élevé au palais royal. Ce fait n'a rien d'extraordinaire. En effet, il était d'usage que les enfants des étrangers particulièrement doués, et dont les aptitudes avaient été reconnues, fussent éduqués dans les écoles égyptiennes ; ils entraient ensuite dans l'administration, où on les utilisait pour entretenir des rapports avec leur pays d'origine. Ce fut vraisemblablement le cas de Moïse, qui fut sans doute protégé, dans sa jeunesse, par le pharaon Horemheb, soucieux, comme le seront tous les Ramessides, du problème des Asiatiques en Égypte.

> « Moïse fut instruit dans toute la sagesse des Égyptiens ; il était puissant en paroles et en œuvres. Mais quand il eut quarante ans accomplis, il lui vint au cœur la pensée de visiter ses frères, les enfants d'Israël [169]... Il vit un Égyptien qui frappait un Hébreu d'entre ses frères ; alors il regarda çà et là, et, voyant qu'il n'y avait personne, il tua l'Égyptien et le cacha dans le sable. Il sortit le second jour, et voici, deux hommes hébreux se querellaient, et il dit à celui qui avait tort : " Pourquoi frappes-tu ton prochain ? " Mais il répondit : " Qui t'a établi prince et juge sur nous ? Est-ce que tu veux me tuer, comme tu as tué l'Égyptien ? " Et Moïse craignit [170]. »

La bastonnade, nous l'avons vu, était la peine usuellement édictée par les tribunaux d'ouvriers, en cas de faute. Mais les Égyptiens ne transigeaient pas avec le meurtre d'un homme. Et Moïse, maintenant recherché par Pharaon, qui l'avait fait élever et instruire, dut s'enfuir. Alors il va au pays de Madian, se marie et voici qu'un jour, tandis qu'il faisait paître les troupeaux de son beau-père, à Horeb, « l'ange de l'Éternel lui apparut », lui demandant de ramener le peuple hébreu en Terre sainte.

Moïse revient en Égypte — on ne sait exactement après combien de temps, suffisamment, en tout cas, pour que le crime qu'il avait commis fût oublié, car, en compagnie d'Aaron, il se rend auprès de Pharaon (Ramsès II ?) — ce qui montre bien la liberté dont jouissaient alors les étrangers :

> « Moïse et Aaron vinrent et dirent à Pharaon : " Ainsi a dit l'Éternel, le dieu d'Israël : laisse aller mon peuple, afin

qu'il célèbre pour moi une fête au désert. " Mais Pharaon
dit : " Qui est l'Éternel pour que j'obéisse à sa voix en laissant aller Israël ? " Et ils dirent : " Le dieu des Hébreux est
venu au-devant de nous ; permets-nous d'aller le chemin
de trois jours dans le désert, pour que nous sacrifiions à
l'Éternel notre dieu... " Le roi d'Égypte leur dit : " Moïse et
Aaron, pourquoi détournez-vous le peuple de son
ouvrage ? Allez à vos travaux... Le peuple est maintenant
très nombreux, et vous les faites chômer de leur travail [171] ! " »

On a vu avec quelle rigueur, mais sans intransigeance
toutefois, les jours chômés étaient accordés aux artisans et
ouvriers égyptiens.

Alors Pharaon, en punition, déclare que les Hébreux
devront, non seulement fabriquer des briques (leur occupation habituelle depuis plusieurs siècles), mais aussi aller
désormais chercher la paille qui leur est nécessaire pour
ce faire. — Il est tout de même curieux que ce soit le
grand roi lui-même qui se soit occupé de ces affaires de
briques et de paille... (?).

Nouvelle visite au roi d'Égypte :

« Les commissaires des enfants d'Israël vinrent implorer Pharaon en disant : " Pourquoi agis-tu ainsi à l'égard
de tes serviteurs ? On ne donne point de paille à tes serviteurs, et l'on nous dit : ' Faites des briques ! ' Et voici, tes
serviteurs sont battus et ton peuple est en faute. " Mais il
répondit : " Vous êtes des paresseux, des paresseux ! C'est
pour cela que vous dites : ' Allons sacrifier à l'Éternel. '
Maintenant, allez, travaillez ; on ne vous donnera point de
paille, et vous fournirez la même quantité de briques [172]. " »

Peut-être les Hébreux s'enfuirent-ils ? Mais il est fort
possible aussi que Ramsès ait finalement chassé ces
ouvriers devenus difficiles, surtout après l'escalade des

prodiges et des plaies. Cette dernière hypothèse est d'autant plus vraisemblable que les conditions de vie étaient bonnes dans la riche Égypte et les nourritures abondantes, ainsi qu'en témoignent les lourds regrets des Hébreux perdus dans le désert de Sin.

> « Toute l'assemblée des enfants d'Israël murmura dans le désert : " Ah ! Que ne sommes-nous morts par la main de l'Éternel au pays d'Égypte, quand nous étions assis près des pots de viande, quand nous mangions du pain à satiété. Car vous nous avez amenés dans ce désert pour faire mourir de faim toute cette multitude [173]. " Et la manne tombée du ciel ne pourra leur faire oublier les riches nourritures dont ils rêvaient encore. Les enfants d'Israël se mirent de nouveau à pleurer et à dire : " Qui nous fera manger de la viande ? Il nous souvient des poissons que nous mangions pour rien en Égypte, des concombres, des melons, des poireaux, des oignons et de l'ail. Et maintenant notre âme est desséchée ; il n'y a rien du tout. Nos yeux ne voient que la manne [174]. " »

Quant au passage de la mer Rouge, il évoque avec insistance un *tour* de magicien égyptien : le prêtre-lecteur Djadjaemankh savait couper en deux les eaux d'un lac, en rejeter une moitié sur l'autre, afin d'aller tranquillement quérir un bijou précieux tombé dans le fond de l'étang. Ce tour est décrit dans un vieux conte égyptien datant de 2200 av. J.-C. environ. Or, Moïse avait été instruit dans « toute la sagesse des Égyptiens » ; il connaissait sans doute ce récit, et il est très vraisemblable que le texte du *Livre de l'Exode,* comme beaucoup de textes antiques, mêle les faits réels et les interprétations mythiques.

Si cet événement (quelle qu'en fut l'histoire exacte) est certes très important pour le peuple d'Israël, il ne dut être en Égypte qu'un incident local parmi d'autres. Cela n'atteignit pas le pouvoir impérial mais priva les chantiers d'une main-d'œuvre utile.

Ainsi vécut l'Égypte, paisible et prospère, pendant près de cinquante ans.

Séthi Ier et Ramsès le Grand, après d'autres conquérants, avaient créé un vaste Empire, que protégeait une
alliance de dieux égyptiens, asiatiques et africains. Si certains éléments intérieurs au pays étaient alors susceptibles
de devenir dangereux, c'est surtout la situation extérieure
qui menaçait gravement la paix lorsque Merenptah succéda à son père.

CHAPITRE IV

Gloires et décadence
ou la défense de l'Empire

A. LES VICTOIRES DE MERENPTAH

Ayant déjà assuré la corégence[1], et peut-être même le gouvernement de l'Égypte durant les dernières années de Ramsès II, fort âgé, Merenptah, treizième fils du souverain, fut couronné roi vers 1229 av. J.-C. Il veillera pendant une dizaine d'années sur les destinées de l'Empire.

> Horus, « taureau puissant qui se réjouit avec Maât ».
> Les deux Maîtresses, celui dont la puissance est grande et les victoires grandioses ».
> Horus d'or, « le maître de la crainte, dont le prestige est grand ».
> Roi de Haute et Basse Égypte, Baenrê-Meryamon (« le bélier de Rê, aimé d'Amon »).
> Fils de Rê, Merenptah (« aimé de Ptah »), qui se satisfait de Maât.

Après le long règne de son père, celui de Merenptah, bien connu de la cour et du peuple, semble avoir été accueilli très favorablement. Un hymne vante — à l'égyptienne — ses qualités :

« O Baenrê-aimé-d'Amon, premier de tous les navires[2], bâton puissant, glaive qui massacre les peuples étrangers, javelot ! Il est descendu du ciel et naquit en Héliopolis tandis que l'on ordonnait, à son intention, des victoires sur tous les pays. Combien heureux est le jour durant tes années, combien douces ta voix et tes paroles tandis que tu construis Per-Ramsès-aimé-d'Amon, la cité qui précède les pays étrangers et qui marque les confins de l'Égypte[3], la ville aux belles terrasses, aux maisons brillantes de lapis-lazuli et de turquoise — où la charrerie est cantonnée, où l'infanterie est rassemblée, où la flotte est amarrée. Elles t'apportent tribut, (disant) : " Sois loué. " Tu es venu aussi avec tes régiments d'archers, au fier visage, aux doigts brûlants, qui s'avancent... lorsqu'ils voient le roi, debout en train de combattre. Même les montagnes ne peuvent devant lui se maintenir, car elles ont peur du prestige qui l'entoure. O Baenrê-aimé-d'Amon, tu demeureras tant que demeurera le temps éternel, et le temps éternel existera tant que tu existeras, car tu es fermement établi sur le trône de ton père Rê-Horakhty[4]. »

Nouveaux dangers pour l'équilibre international

L'armée, bientôt, devra sortir de ses cantonnements de Per-Ramsès, car, depuis la fin du règne de Ramsès II, de nouvelles menaces pèsent sur l'équilibre international, tel qu'il avait été établi par le traité égypto-hittite — menaces qui, maintenant, viennent à la fois de la terre et de la mer.

D'une part l'Assyrie, installée sur l'Euphrate et dominant la Mésopotamie, menée par les souverains ambitieux et puissants qui règnent à Ninive, constitue un danger permament pour les pays hittites et les régions de la Syrie du Nord, où elle cherche à étendre son influence.

D'autre part les Achéens, vainqueurs de Troie, exercent alors, dans toute l'Égée et l'Hellespont, une suprématie incontestée ; la civilisation achéenne est extrêmement florissante. Mais des Doriens, venus du Nord (Illyrie...), commencent à pénétrer en Grèce ; par vagues successives, ils envahissent tout le pays, commettant, sur leur passage, beaucoup de destructions ; toutes les grandes villes achéennes sont brûlées. L'Attique seule est épargnée. Du Péloponnèse, les Doriens passent en Crète, où ce qui restait de la civilisation égéenne fut anéanti. Rhodes est occupée. En Asie mineure, les envahisseurs atteignent les colonies achéennes du littoral. Mais les armées hittites, arrêtant leur progression, les empêchent d'atteindre l'île de Chypre.

Or, cette invasion de la Grèce par les Doriens semble avoir été précédée par celle d'une partie de l'Asie mineure, où de nouveaux peuples indo-européens auraient alors cherché à s'installer. Le royaume du Hatti tente courageusement, sur tous ces fronts, de repousser les envahisseurs ; mais la tourmente l'emportera.

Ces mouvements de peuples, venant de Grèce ou d'Asie mineure, entraînèrent deux conséquences redoutables pour le maintien de la paix en Orient et les destinées de l'Empire d'Égypte.

D'une part, en Grèce, les Achéens qui ne se soumirent pas s'embarquèrent avec femmes et enfants sur leurs navires. Certains purent trouver refuge en Attique et sur l'île d'Eubée ; mais le plus grand nombre fit voile les uns vers la Libye, les autres vers la Phénicie et le pays de Canaan.

D'autre part, chassées d'Asie mineure, les populations côtières de Mysie, de Lydie, de Carie, de Lycie s'embarquent vers la Lybie ; d'autres, par voie de terre, descendant le long de la côte méditerranéenne. Ce fut un immense exode.

Ces peuples, en quête d'un habitat nouveau, qui sillonnent alors les mers et les terres, sont appelés par les textes égyptiens, les Peuples du Nord et de la mer.

C'est dans ce contexte international redoutable que Merenptah succède à Ramsès II.

Les préliminaires de l'an 4

Agé alors de soixante ans environ, mais homme énergique, connaissant bien les affaires de l'Empire, Merenptah semble avoir voulu écarter le danger pressant qui bientôt menacerait l'Égypte — le pays le plus riche du moment, le plus attirant — vers lequel semblaient converger ces peuples de toutes origines qui, peu à peu, se rassemblaient en Libye et au pays de Canaan.

Il envoie des navires chargés de blé à Toudhalija IV, roi du Hatti qui, battu par les envahisseurs sur toutes ses frontières, tente encore, héroïquement, de résister. Cet envoi prouve que l'Égypte avait encore conservé la maîtrise en Méditerranée.

Il est possible aussi que des armes aient été adressées aux princes syriens pour leur permettre d'assurer leur défense et celle de l'Empire ; cette hypothèse ne repose, jusqu'ici, que sur des indices bien minces : on a notamment découvert à Ougarit une épée portant le cartouche de Merenptah[5].

Ces faits, en tout cas, les seuls que nous connaissions actuellement, prouvent que le nouveau pharaon avait pris une attitude fort active contre ces troubles venus du Nord et de la gravité desquels il avait parfaitement conscience.

Il semble bien, également, qu'il ait compris la prochaine nécessité d'un conflit armé et que, dans un premier temps, il ait voulu renforcer ses frontières de Libye et d'Asie, où les premières infiltrations d'étrangers avaient dû se produire. Peut-être alors le pays de Koush profita-t-il de la situation pour se révolter. C'est ce que semble bien indiquer un texte sculpté sur une stèle provenant du temple d'Amada :

« On vint dire à Sa Majesté que l'ennemi de la frontière [libyenne] avait franchi celle-ci, au sud. Cela arriva en l'an 4, au deuxième mois de la saison sèche, le premier jour. Alors, l'armée vaillante de Sa Majesté terrassa le vil Libyen, de telle sorte qu'il ne demeura rien du peuple de ce pays... par centaines de mille. Le reste fut exposé au haut des arbres, au sud de Memphis. Tous les biens capturés furent ramenés en Égypte, l'ensemble des chefs de ces régions ayant été mis en déroute, grâce à la gloire valeureuse de Sa Majesté, dont les cris de guerre demeuraient dans les cœurs.

Ils transformèrent le Retenou en un pays où le lion s'avance et piétine. Car la flamme de sa bouche était dirigée contre les frontières, défaisant (les ennemis) en une seule fois. Il ne restait plus de descendance dans ces pays. Les Medjai[6] furent emmenés en Égypte, le feu mis à leurs multitudes en présence de ceux qui restaient ; leurs mains furent coupées, parce qu'ils s'étaient révoltés ; on arracha les oreilles et les yeux des autres ; ils furent ainsi emmenés jusqu'au pays de Koush, et on en fit des tas dans leurs villes, afin que plus jamais Koush ne se rebellât, durant le temps éternel, pays devenu misérable.

Ainsi Baenrê-aimé-d'Amon... tel un lion, se lança sur sa frontière occidentale, puis se dressa, combattant, sur les confins de la terre, afin de rechercher tous les ennemis de ce pays, pour que jamais ne se renouvelle une semblable révolte.

O Merenptah, image vivante de Rê, la terreur que tu inspires a pénétré au sud du pays, tandis que tu fais trembler les Neuf Arcs et les pays du Retenou assemblés, jusqu'aux limites de l'obscurité. Baenrê-aimé-d'Amon les a entraînés grâce au souffle de sa bouche, en une seule fois il les a (tous) emmenés.

Il protège l'Égypte, rassure le Pays bien-aimé. Il néglige les Nubiens et fait que viennent sur leurs pieds, tels des chiens, les pays du Hatti. Ceux qui auparavant ignoraient l'Égypte viennent d'eux-mêmes, à cause de la force de la peur qu'il inspire, à cause de sa puissance. Il a lié les pays et donné la paix aux terres égyptiennes ; il réjouit l'Égypte, car il sait ce qui lui est bénéfique[7]. »

En l'an 4 du règne il y eut donc au moins deux campagnes, peut-être trois : destinées d'abord à repousser les envahisseurs sur les frontières libyenne et (peut-être) asiatique ; la mention du Hatti parmi les ennemis ne concerne pas le peuple hittite lui-même, mais les envahisseurs qui venaient de cette région, ou bien plutôt quelques Hittites isolés ayant fui leur pays et cherchant aussi une terre d'asile.

Quant à la cruauté, inhabituelle, avec laquelle fut réprimée la révolte du pays de Koush, elle souligne, sans doute, le désir qu'avait Merenptah d'avoir « les mains libres » au sud, afin de mieux concentrer toutes ses forces contre le danger principal.

Première victoire sur les Peuples de la mer

C'est en l'an 5 du règne de Merenptah que l'Égypte est envahie par l'Ouest — le deuxième mois de la saison sèche, au mois de mai.

Une grande inscription de quatre-vingts lignes a été sculptée, à ce propos, à Karnak ; ce texte est malheureusement lacunaire, notamment en son début :

> « Le vil chef, le vaincu de la Libye, Meriay, fils de Ded, descend du pays des Tjehenou, avec ses archers... des Shardanes [Shardan], des Sicules [Shakaroucha], des Achéens [Akawacha], des Lyciens [Roukou], des Étrusques [Tourousha][8], ayant ainsi entraîné l'élite des combattants et des guerriers de son pays. Il avait aussi emmené sa femme et ses enfants... et il avait atteint la limite occidentale (de l'Égypte) dans la campagne de Perirê[9]. »

En fait, l'armée des envahisseurs s'était approchée de la région de Memphis. Les peuples ici mentionnés (une lacune malencontreuse nous prive de deux noms : peut-être ceux des Philistins [Pelestiou] et des Libyens [les Libou qui donnèrent ensuite leur nom au pays]) sont tous originaires de la Grèce et du littoral de l'Asie Mineure. Un assez grand nombre d'émigrants était donc, à ce moment-là, déjà installé dans les steppes libyques, dont les terres pauvres ne pouvaient guère leur fournir de suffisants moyens de vivre, ce qui explique leur désir de pénétrer en Égypte, terre comblée par les dieux. Ils avaient déjà dû se donner quelque organisation ; en tout cas, ils avaient nommé un chef, Meriay, qui les conduisait à l'assaut de la terre dont ils espéraient qu'elle leur était promise.

Il semble donc que la réaction de Merenptah n'ait pas été immédiate. En effet, le texte d'une colonne découverte dans les ruines du temple de ce souverain, à Héliopolis [10], mentionne donc l'arrivée des envahisseurs au deuxième mois de l'été, alors que la bataille elle-même, selon l'inscription de Karnak, a lieu le troisième mois ; cela a laissé un mois à Meriay pour progresser dans le Delta (où la terreur ressentie fut grande après la longue période de paix du règne de Ramsès II) et, peut-être, commencer de s'installer, ce qu'indique bien la suite du texte de Karnak :

« Sa Majesté, alors, devint furieuse, tel un lion, à cause d'eux.

« Écoutez les paroles de votre seigneur royal et prenez connaissance de cela. [Le roi doit s'adresser aux courtisans hâtivement rassemblés et apeurés à l'annonce de la nouvelle de l'invasion.] Je suis votre chef qui vous guide comme un berger son troupeau. Je passe le jour à rechercher [ce qui peut vous être bénéfique] comme un père entretient la vie de ses enfants. Vous tremblez comme des oiseaux, car vous ne connaissez pas encore le bien que celui-ci peut faire... Déjà les Neuf Arcs ont dévasté les frontières et des rebelles chaque jour les traversent... A plusieurs reprises, ils ont pénétré dans les champs de l'Égypte et jusqu'au grand fleuve ; ils sont là, passant les jours et les mois, installés... Ils ont aussi atteint les collines de l'Oasis, coupant le district de Farafra [au sud-ouest du Fayoum]. La même chose arriva sous d'autres rois, en d'autres temps difficiles... Leurs chefs passent le jour à parcourir le pays, combattant quotidiennement pour emplir leur ventre. Ils se dirigent vers la terre d'Égypte afin de rechercher ce qui est nécessaire à leur bouche... Leur chef a l'attitude d'un chien, homme inférieur, dépourvu de cœur [11]. »

Au troisième mois de l'été, l'armée égyptienne, puissante et entraînée (en dépit de cinquante ans de paix), sort de ses cantonnements :

« ... le commandant des archers, en tête de l'armée qui s'en allait détruire le pays de Libye. Tandis qu'ils s'avancent, la main de Dieu est avec eux, et Amon auprès d'eux est leur bouclier[12]. »

Ptah envoie un songe à Pharaon pour l'exhorter au combat :

« Alors Sa Majesté vit en songe une chose semblable à une statue de Ptah se tenant devant lui... Et voici qu'elle lui tint ce discours : " Prends ", le dieu lui donne un glaive, " et repousse loin de toi un cœur tremblant[13]. " »

Au troisième jour du troisième mois de l'été (vers le 22 juin) :

« L'armée de Sa Majesté sort avec ses chars ; Amon-Rê était avec eux, et le dieu d'Ombos [Seth] leur prêtait sa main... dans leur sang, aucun n'en réchappa. Les archers de Sa Majesté tuèrent, parmi eux, pendant six heures ; ils furent aussi livrés au glaive... Et tandis qu'ils combattaient le vil chef de Libye se tenait debout, effrayé, puis à genoux... (rejetant) ses sandales, son arc, son bouclier en toute hâte... à cause de la frayeur qui submergeait son corps et de la grande crainte qui parcourait ses membres. Alors on massacra... (on s'empara) de ses biens, son équipement, son argent, son or, sa vaisselle de bronze, les biens de sa femme, son trône, ses arcs, ses flèches, tous les objets œuvrés qu'il avait amenés de son pays, en même temps que les bœufs, les chèvres, les ânes, (tout fut emmené) vers le palais royal, afin d'être offert en même temps que les captifs. Cependant, le vil chef de la Libye se hâtait de fuir vers son pays... (Le commandant de) la forteresse de l'Ouest envoya (ensuite) un rapport au Palais, disant : " Meriay, le vaincu, est venu, son corps fuyant à cause de sa lâcheté ; il est passé près de moi, au cœur de la nuit, sauf... mais il est vaincu car tous les dieux protègent l'Égypte. Toutes ses vantardises sont réduites à néant, et tout ce qu'il a dit retombe sur sa tête. On ne sait maintenant s'il est mort ou vivant... Mais s'il vit encore, il ne commandera plus, car il est déchu, devenu un ennemi pour sa propre armée... On a installé à sa place un autre (chef), choisi parmi ses frères, et qui le combattra s'il le voit [14]. " »

Sur le champ de bataille on coupe les mains des morts, trophées de victoire que l'on rapporte à Pharaon, dispensateur de récompenses. On coupe aussi le phallus des Libyens tués, et d'autres peuples incirconcis, comme les Achéens. Puis on met le feu au camp ennemi, après l'avoir soigneusement pillé, et on brûle les tentes de cuir.

Commence alors le long défilé, à travers les villes et les villages du Delta, de l'armée victorieuse ramenant prisonniers et butin au milieu de la liesse populaire.

« Les commandants des archers, de l'infanterie, la charrerie, tous les régiments de l'armée étaient chargés de butin ; des ânes, devant eux, portaient les " phalloi " incirconcis des hommes de Libye, en même temps que les mains de ceux de tous les pays qui étaient avec eux ; ils ressemblaient à des poissons dans l'herbe...

Alors le pays tout entier poussa jusqu'au ciel des cris de joie, les villes et les nomes acclamaient ces événements merveilleux qui étaient survenus...

Et (l'armée défila) sous le balcon (du palais royal) afin de permettre à Sa Majesté de contempler sa vaillance [15]. »

La liste même du butin est donnée par deux documents, essentiellement : le texte de Karnak et la colonne de la victoire à Héliopolis.

A Karnak, on détaille plutôt les prises humaines :

« Au total, 9 376 personnes, dont [notamment] :
Fils de chefs : 6 359.
Sicules : 222 hommes.
Étrusques : 742 hommes.
Libyens : 218 hommes.

Femmes du chef : 12.

mais aussi :

Épées de bronze des Mashaouash [16] : 9 111.

Chevaux ayant porté le vil chef de Libye et ses enfants emmenés vivants : 12.

Bétail divers : 1 308.

Vaisselle diverse : 3 174 [17]. »

Sur la colonne d'Héliopolis, on mentionne également 9 376 captifs — ce qui prouve que, en Égypte, les scribes faisaient consciencieusement leur travail. Mais le butin en animaux et en objets est plus précis :

« Bijoux d'or et d'argent : 531 ; vases de bronze : 3 174 ; chevaux : 44 [il est certain que les envahisseurs ne disposaient pas de charrerie, tout juste de chariots traînés par des bœufs, et qu'ils n'avaient pas de grandes réserves de chevaux] ; bœufs vivants, ânes, chèvres, béliers : 11 594 ; pièces de lin royal : 64 ; épées : 9 268 ; arcs : 6 860 ; carquois et flèches : 128 860 — ainsi que tous leurs biens. »

Dans la grande salle du palais royal, le roi apparaît aux courtisans.

« Les serviteurs de Sa Majesté poussaient, jusqu'au ciel, des cris de joie, et la suite était là, de part et d'autre...

Le roi. — (fin du discours) : " Rê est victorieux, sa force est dirigée contre les Neuf Arcs. Soutekh donne la victoire et la puissance à l'Horus qui se réjouit de la Vérité-Justice. Les Neuf Arcs sont frappés... Je suis le fils aîné sur le trône de Geb ; lorsque je pris ma fonction... ces Libyens complotaient de faire de mauvaises choses en Égypte. Voyez, maintenant ils sont tombés, je les ai massacrés... Mes bienfaits sont dans le corps des hommes, je suis bénéfique pour eux plus qu'un père et une mère... Je fais que l'Égypte progresse, tel un fleuve. Le peuple m'aime, de même que je l'aime ; je donne aux hommes les brises (de la vie) dans leurs villes. On acclame mon nom dans le ciel et sur les terres... On me donne des louanges à cause de ma puissance. Dans la bouche des jeunes générations, mon époque demeurera celle qui a accompli d'heureuses choses, selon les actions grandes et bénéfiques que, pour elles, j'ai faites... "

Les courtisans. — " Grand est ce qui est arrivé à l'Égypte... Ce sont d'importants événements qui sont devant nous, que n'avaient pu contempler nos pères, des merveilles dont d'autres hommes écouteront le récit. Le Libyen, désormais, est un suppliant, un captif que l'on a emmené. Tu as permis que les ennemis deviennent comme des sauterelles, dont les corps parsèment tous les chemins... Nous, en toute saison, nous dormons dans la joie [18]. " »

Il ne semble pas que Merenptah lui-même ait, dans ce cas au moins, participé au combat. Il était âgé et il pensait peut-être que la défaite des envahisseurs, peu entraînés à la guerre, dont les mouvements sur le champ de bataille étaient mal coordonnés et qui étaient insuffisamment équipés, ne faisait aucun doute. Que pouvaient faire les lourds chariots traînés par des bœufs contre les chars légers et les fringants coursiers de Sa Majesté ? Effectivement, il ne fallut que six heures à l'armée égyptienne pour les mettre en déroute — déroute importante, qui donna à l'Égypte une paix provisoire. Le premier assaut des Peuples de la mer avait été brisé.

Les monuments célèbrent cette victoire. On éleva peut-être d'autres colonnes triomphales, semblables à celle qui a été retrouvée à Héliopolis (actuellement au musée du Caire). Son texte raconte également le combat de l'an 5 ; les représentations en bas-relief qui y ont été sculptées sont très significatives de la pensée religieuse ramesside.

Sur l'un des côtés (en rapport avec le texte triomphal) sont figurées trois divinités présentant au roi le glaive de la victoire. Ce sont, de bas en haut, Amon, Astarté, Sekhmet. En parallèle absolu, de l'autre côté (en rapport avec des scènes représentant des captifs) trois autres divinités offrent aussi le glaive au roi. Ce sont, de bas en haut, Rê-Horakhty, Seth, Montou. Ce parallélisme est certainement voulu, qui place sur un même plan les deux grandes divinités solaires, les divinités étrangères ou assimilées et les divinités guerrières — les dieux égyptiens flanquant harmonieusement les dieux étrangers. Mais, ensemble, ils symbolisaient la puissance et la défense de l'**Empire**.

L'invasion et cette bataille, intervenant après un demi-siècle de paix, durent beaucoup impressionner les esprits.

Un grand chant triomphal est sculpté sur une stèle déposée à Karnak ; il fait de Merenptah un héros légendaire et se termine par un émouvant hymne à la paix :

« Une grande joie est advenue en Égypte et la jubilation monte dans les villes du Pays bien-aimé. Elles parlent des victoires qu'a remportées Merenptah sur les Tjehenou [les Égyptiens n'avaient pas encore appris à connaître les noms de ces peuples nouveaux et, pour eux, les confins de l'Ouest, la Libye, demeuraient le pays des très anciens Tjehenou]. Comme il est aimé, le prince victorieux ! Comme il est grand le roi, parmi les dieux ! Comme il est avisé, le maître du commandement !

Oh, qu'il est doux de s'asseoir et de bavarder ! Oh ! pouvoir marcher à grands pas sur le chemin sans qu'il y ait plus de crainte dans le cœur des hommes. Les forteresses sont abandonnées, les puits sont réouverts, accessibles désormais aux messagers ; les créneaux du rempart sont tranquilles et c'est seulement le soleil qui éveille les guetteurs. Les gendarmes sont couchés et dorment. Les éclaireurs sont aux champs (marchant) selon leur désir. Le bétail, dans la campagne, est laissé en libre pâture, sans berger, traversant (seul aussi) le flot de la rivière. Plus d'appel, plus de cri dans la nuit : " Halte ! Voyez, quelqu'un vient qui parle la langue d'autres hommes. " On marche en chantant, et l'on n'entend plus de cris de lamentation. Les villes sont habitées de nouveau et celui qui laboure en vue de la moisson, c'est lui qui la mangera.

Rê s'est tourné vers l'Égypte, tandis qu'a été mis au monde, grâce au destin, son protecteur, le roi de Haute et Basse Égypte, Baenrê, le fils de Rê, Merenptah. »

L'Empire, de nouveau rassemblé, a retrouvé la paix. Le texte poursuit :

> « Les chefs tombent en disant : Salam [19] ! Pas un seul ne lève la tête parmi les Neuf Arcs.
> Défait est le pays des Tjehenou.
> Le Hatti est paisible.
> Canaan est dépouillé de tout ce qu'il avait de mauvais.
> Ascalon est emmené.
> Gezer est saisie.
> Yenoam devient comme si elle n'avait jamais existé.
> Israël est détruit, sa semence même n'est plus.
> La Syrie est devenue une veuve pour l'Égypte.
> Tous les pays sont unis ; ils sont en paix.
> Chacun de ceux qui erraient sont maintenant liés par le roi de Haute et Basse Égypte, Baenrê, le fils de Rê, Merenptah, doué de vie, comme Rê, chaque jour [20]. »

Cette stèle est parfois appelée *stèle d'Israël,* car c'est dans ce texte que l'on trouve la première mention historique du peuple hébreu.

Les Égyptiens aimaient la paix et les jours sans crainte. La promesse d'aubes calmes semble être incluse dans ce discours d'Amon-Rê à Merenptah (Karnak) :

> « Prends pour toi ta hache, roi aux aurores sacrées, à la force puissante, au bras vaillant quand il abat son ennemi. Tu as ramené tous les pays étrangers qui avaient attaqué tes frontières. Tu t'es emparé de toute la terre, dans sa partie méridionale, et tu l'as scellée de ton sceau dans son septentrion [21]. »

Et la vie, en Égypte, après la lourde secousse, reprend son cours « comme un fleuve ».

La paix retrouvée, les dieux et l'Empire

La famille royale semblait pouvoir assurer la continuité de la dynastie. Merenptah avaient deux épouses, qui se nommaient (l'influence du grand Ramsès est ineffaçable) : Isis-Nefret (la seconde) et Bent-Anat (la seconde également).

Le fils aîné, Séthi-Merenptah, avait été associé, dès l'âge de douze ans, selon la tradition ramesside, aux campagnes militaires de son père — sans doute celles de l'an 4. Dans le texte du papyrus d'Orbiney, il porte les titres suivants : « Scribe royal, commandant de l'armée, Grand du roi, son fils auguste, Séthi-Merenptah[22]. »

Il semble bien que, conformément aussi à la tradition ramesside, il fut associé au pouvoir en tant que corégent.

Merenptah poursuit l'œuvre spirituelle de son père et se conforme à la nouvelle idéologie impériale, dont Horemheb, peut-être, avait déjà eu la conscience.

Les grands dieux de la trinité ramesside figurent dans les noms même de couronnement du souverain. Il est le « bélier de Rê », « l'aimé d'Amon » et « l'aimé de Ptah ».

Les dieux de l'Empire continuent à être honorés à l'égal des dieux égyptiens. Deux autres bas-reliefs, sculptés sur la colonne d'Héliopolis, sont significatifs ; au-dessus des scènes déjà décrites figurent deux représentations : d'une part Amon, face à Merenptah, lui tend un glaive de la main droite : « Saisis ton glaive contre tous les pays étrangers » ; le roi, coiffé de la couronne rouge, accomplit pour le dieu encensement et libation. En parallèle, la déesse Anat, couronnée de la mitre blanche flanquée de plumes et de deux cornes horizontales, un long ruban pendant dans le dos, présente, de sa main droite, le glaive au souverain ; elle est « Anat qui préside à tout le pays » ; Merenptah, qui encense, est coiffé de la couronne bleue. Ainsi la victoire est finalement placée sous le patronage des deux grandes divinités de l'Égypte et de l'Empire : Amon et Anat. Ces deux représentations constituent une sorte de « version abrégée » de celles qui ont été déjà décrites, et beaucoup plus significative, surtout si l'on remarque que c'est Amon qui se préoccupe des pays étrangers *(khasout)*, tandis qu'Anat préside au pays lui-même *(ta)* ; ce volontaire échange d'attributions souligne, sans doute, l'étroite coexistence des deux divinités, unies pour affermir et protéger l'empire des Ramsès.

La situation des temples, considérablement enrichis par les Ramsès, et qui tendaient, nous l'avons vu, à constituer, avec leurs terres, de grands domaines pratiquement indépendants de la couronne, ayant leurs propres milices et leur juridiction — cette situation était non seulement dangereuse mais, alors, fort confuse.

Dès l'an 2 de son règne, Merenptah fait établir un recensement de tous les biens des temples. Le texte du décret ordonnant cet inventaire officiel a été sculpté dans le petit temple de Medinet Habou, sur les côtés sud et nord du sanctuaire de la barque sacrée :

> « An 2, premier mois de la saison de l'inondation, 29ᵉ jour, sous la Majesté du roi de Haute et Basse Égypte, Baenrê-aimé-d'Amon. Sa Majesté commande que soit donné l'ordre au scribe royal, prêtre-lecteur en chef, grand intendant, second (?) père divin, véritable et auguste, de faire le grand compte de tous les dieux et déesses de la Haute et de la Basse Égypte [23]. »

Ce décret est renouvelé en l'an 3 ; le texte en fut sculpté, notamment, sur la terrasse supérieure du temple funéraire de la reine Hatshepsout à Deir el Bahari (au sud du portail de granit) :

> « An 3, troisième mois de la saison de l'inondation, sous la Majesté du roi de Haute et Basse Égypte, Baenrê-aimé-d'Amon, fils de Rê, Merenptah. Sa Majesté commande que soit donné l'ordre au scribe royal, prêtre-lecteur en chef, intendant, *premier* père (divin), véritable et auguste, de faire le compte de tous les dieux de la Haute et de la Basse Égypte [24]. »

On ne connaît pas les résultats de ce recensement, qui concernait évidemment les richesses appartenant aux divinités, dont le roi semble avoir voulu connaître, avec précision, l'étendue.

A Thèbes, Rome-Roy assume toujours la fonction de grand prêtre d'Amon. Il est représenté, sur une stèle retrouvée au Gebel Silsileh, aux côtés du roi Merenptah, adorant le dieu de Thèbes ; le monument devait commémorer une visite que Pharaon et le grand prêtre avaient rendu aux carrières du lieu. Rome-Roy s'intitule « le prince, père divin aux mains pures, supérieur des secrets dans le ciel, la terre et l'au-delà, sacrificateur (?) de Kamoutef, chef des soldats d'Amon, directeur de l'argent et de l'or dans la maison d'Amon, directeur des travaux concernant tous les monuments de Sa Majesté, grand prêtre d'Amon »[25]. Il est aussi « directeur de tous les prêtres de Haute et Basse Égypte »[26]. Un personnage important, donc, et ambitieux.

Comme beaucoup de grands prêtres d'Amon, il est directeur des constructions royales. A Karnak, durant son pontificat, il ne semble avoir construit ni temple ni chapelle, mais il prit soin de faire restaurer la demeure même des grands prêtres, située au sud-est du domaine d'Amon, à hauteur et en dehors de la cour s'étendant entre le 7e et le 8e pylône (donc sur l'axe nord-sud du temple), aux bords du Lac Sacré — monument dont la fondation datait de la XIIe dynastie. Il fit notamment reconstruire le bâtiment annexe réservé aux boulangers et aux brasseurs du domaine divin. Il voulut commémorer ce fait et, pour cela, fit sculpter sa propre image, accompagnant le texte d'une inscription, sur le 8e pylône de Karnak. Cet usage, jusque-là réservé au Pharaon, fut donc usurpé par Rome-Roy ; le fait est d'importance et témoigne bien de l'effritement progressif de certains privilèges royaux au profit des prêtres thébains. Le texte décrit les travaux entrepris, pour la plus haute gloire du grand prêtre :

« O prêtres purs, scribes du temple d'Amon, heureux

serviteurs des offrandes divines, boulangers, brasseurs, confiseurs, fabricants de pain, et ceux qui accomplissent toutes leurs tâches pour leur maître, vous qui pénétrerez dans la salle pure qui est dans le temple, prononcez mon nom, au cours de chaque jour, ayez soin de mon bon renom, glorifiez-moi à cause de mes bonnes actions comme un homme puissant. J'ai trouvé cette pièce totalement en ruine, ses murs inclinés, ses boiseries pourries, les chambranles en bois tombant, ainsi que la peinture qui recouvrait les images. Je la restaurai, afin qu'elle soit plus grande qu'elle n'était avant, l'élevant, l'élargissant, faisant en sorte que le travail fût durable. Ainsi, je fis des chambranles en pierre de grès, je consolidai leurs portes au moyen de cèdre véritable ; (je fis de même) pour la pièce intérieure qui était réservée aux boulangers et aux brasseurs. J'accomplis là un travail meilleur que le précédent, pour assurer la protection (du personnel) de mon dieu Amon, le seigneur des dieux. Ainsi, faites attention et écoutez ce que je dis[27]. »

A Memphis, la grande prêtrise de Ptah appartenait encore à la famille royale. Les clercs memphites étaient en effet dirigés par Hori, fils de Khâemouaset, qui avait repris tous les privilèges de son père. Il était donc le neveu de Merenptah.

C'est en Haute Égypte que la situation, non seulement à Thèbes, mais dans d'autres villes, se révèle plus difficile ou confuse.

A Abydos, Youyou, fils du précédent grand prêtre Ounennefer, succède à son père ; son fils, à son tour, lui succédera. La charge est devenue un apanage familial. Merenptah consacra une stèle d'albâtre aux dieux d'Abydos, dans le temple — stèle assez originale, « indépendante », qui peut être regardée sur toutes ses faces. A la partie antérieure se détachent trois statuettes en haut relief : celle d'Osiris, au centre, est flanquée à sa gauche par l'image d'Isis et à sa droite par celle de Merenptah, qui joue alors dans la triade thébaine le rôle du dieu-fils,

Horus. Le roi et la déesse enlacent le dieu de leurs bras formant ainsi une unité chargée du même pouvoir magique. Sur le pilier dorsal un texte sculpté en quatre colonnes met en valeur l'œuvre du roi pour le dieu d'Abydos, chaque colonne étant surmontée, alternativement, d'un des deux cartouches royaux.

> « O mon seigneur, mon père Osiris, je protège ta ville du nome d'Abydos, je magnifie ton sanctuaire dans Ro-Setaou [28], je double la quantité des pains d'offrandes destinées à ton *ka* [29]. »

Sur la tranche droite de la stèle on lit :

> « O mon père Osiris, permets que je sois auprès de toi comme ton fils Horus, car je suis bienfaisant pour toi, comme pour lui, et je t'aime [30]. »

Merenptah était présent aussi, mais plus modestement, dans le grand lieu saint d'Abydos, où son grand-père et son père avaient élevé des monuments.

Les fonctions spirituelles des grands prêtres de Haute Égypte se mêlaient de plus en plus confusément aux charges temporelles les plus hautes.

Ainsi, à Thinis, le grand prêtre du dieu Onouris (qui a toujours joué un rôle important), Onourmes ou Inhermose, selon les transcriptions, cumulait de hautes fonctions religieuses et des charges militaires et même des offices au palais royal. Sa vie nous est connue grâce à la biographie qu'il a fait sculpter sur les parois de sa tombe rupestre, à Naga'el Mashâyikh :

> « Le scribe royal, le scribe des recrues du Seigneur du Double Pays, grand prêtre de Rê à Thinis, chambellan de Shou et Tefnout, grand prêtre d'Onouris, Onourmes, celui qui prépare les jubilés et la prospérité de son seigneur royal, le Seigneur du Double Pays, Baenrê-aimé-d'Amon, le maître des apparitions glorieuses, Merenptah-qui-se-satisfait-de-Maât, il dit : " Je fus un enfant excellent, un

adolescent sage, un garçon raisonnable, un jeune homme avisé. Je fus un étudiant particulièrement intelligent dans la Maison de l'Enseignement ; on ne put m'en séparer.

Je fus un homme aimé de son seigneur royal, utile à son dieu, sans que mon cœur jamais pût se rassasier d'accomplir pour eux des choses bénéfiques.

Je fus un homme vigilant dans le navire et qui ne s'endormait point, tandis que l'équipage de garde (pouvait se reposer) grâce à moi.

J'étais vaillant dans le ciel et sur la terre, infatigable, tandis que je regardais les marches nombreuses (des soldats) comme... J'étais en effet scribe des troupes de la charrerie, troupes nombreuses, grandes, sans limites. J'étais aussi interprète pour tout pays étranger, en présence de mon seigneur royal, scribe vaillant dans l'accomplissement de ses devoirs. Mon maître me parlait en présence du pays tout entier. Je louai le roi, chaque jour conversant et parlant en son nom avec tous les serviteurs, qui (me) disaient : " Grande est la faveur qu'il te témoigne ! " J'étais celui qui nommait ses gens et protégeait son personnel, jusqu'à ce que le roi affermisse encore ma fonction en faisant de moi un *Ami*.

J'étais serviteur... de Shou, celui qui remplissait son trésor, intendant du double grenier aussi, lequel regorgeait de biens. J'étais utile dans le temple, vaillant dans les champs...[31]. »

Que voilà d'ouvrages, et divers, pour un seul homme !

Ce cumul de pouvoirs spirituels et temporels dans les mains de grands dignitaires — cumul théoriquement réservé à Pharaon — constituait évidemment, à long terme, pour celui-ci, un autre danger, contribuant aussi à l'effritement de son autorité réelle, au même titre que l'usurpation de privilèges ou la constitution d'apanages familiaux.

Plusieurs grandes prêtrises pouvaient parfois être assurées par un seul et même personnage. Nous venons de le voir à propos d'Onourmes, grand prêtre de Rê et d'Onouris, à Thinis.

Il y a aussi cet Amenouahsou (« Puisse Amon le rendre

durable ! ») que l'on connaît grâce à une stèle rupestre trouvée au Gebel Silsileh, et qui fut grand prêtre de Sobek, d'Anubis et de Khonsou.

Dans le cintre de la stèle, le roi Merenptah, que suit le vizir Panehesy, offre Maât à quatre divinités qui l'affrontent : Amon-Rê, Montou, Sobek et Hathor. Il est vraisemblable que cette stèle avait été commandée par le vizir après une visite royale aux carrières. Mais Amenouahsou s'est fait représenter en orant à la partie inférieure du monument, auprès d'un hymne de louanges aux dieux, au bénéfice du *ka* royal :

> « Louanges à ton ka, ô Amon-Rê, dieu primordial, venu à l'existence le premier ! Jubilation pour Montou, le seigneur d'Hermonthis ! Prosternation devant mon dieu Sobek ! Adoration envers la déesse pour le *ka* royal du Seigneur du Double Pays, Baen-rê-aimé-d'Amon, doué de vie. Puissent-ils accorder aussi une heureuse durée de vie en suivant leurs *kas* au *ka* du grand favori du dieu parfait, l'aimé du Seigneur du Double Pays, chargé de louanges durant sa vie sur terre auprès de l'Horus, taureau puissant, (l'homme) aux actions heureuses et aux discours choisis, des paroles duquel on est satisfait, et qui emplit de manière bénéfique le cœur de son maître, le directeur des prêtres de tous les dieux, le grand prêtre de Sobek, d'Anubis et de Khonsou, Amenouahsou [32]. »

Ces faits soulignent peut-être l'effort de syncrétisme religieux caractéristique de l'époque ramesside, mais consacrent aussi la puissance qui est celle de certains clercs.

L'importance prise, sous le règne de Merenptah, par divers clergés constitue une sérieuse menace pour l'avenir — à moins que ne vienne un souverain énergique.

Nous possédons peu de précisions réelles sur l'administration de Merenptah.

Sur la stèle précédente, le vizir Panehesy, l'un des grands personnages du règne, accompagne le roi. Son nom signifiant « le Nègre », peut-être était-ce un homme originaire du Sud de l'Égypte.

Dans un groupe statuaire provenant de Deir el Medineh, il est figuré derrière le roi et la reine, portant aussi les titres habituellement conférés à ce haut personnage : « flabellifère à la droite du roi, maire de la Ville ».

Sur une stèle du Gebel Silsileh, on peut voir encore le trio gouvernemental d'alors : le roi, le prince Séthi-Merenptah et le vizir Panehesy adorant Amon ; la stèle a été consacrée par Panehesy au bénéfice du roi, ainsi que l'indique l'inscription sculptée sur le socle :

> « Louanges à ton *ka,* Amon-Rê, ainsi qu'à l'Ennéade divine qui est dans le Nouou. Puissent-ils accorder la vie, la stabilité, la force, la prospérité et la joie au *ka* du roi Baenrê-aimé-d'Amon, doué de vie. Fait par le confident, le disciple de Sa Majesté, le maire de la Ville, le vizir Panehesy[33]. »

Celui-ci dut rester plusieurs années en fonction : la charge fut ensuite confiée successivement à Pensekhmet (« L'homme-de-Sekhmet ») et Merysekhmet (« L'aimé de Sekhmet ») qui, d'après leurs noms, durent être des vizirs d'origine memphite ; mais sur leur œuvre et leur personnalité, nous ne sommes guère renseignés.

Deux vice-rois de Nubie se succédèrent, assurant le gouvernement des pays du Sud : Messoui et Khâemtir. Ils ont laissé de brèves inscriptions : un graffito à Assouan pour le premier, ainsi que quelques représentations dans les temples nubiens et soudanais : à Bet el Ouali, Amada (sur un bas-relief, Messoui, agenouillé, adore Rê-Horakhty), à Aniba et Aksha.

Khâemtir, figuré dans le temple de Bouhen, sera encore en fonction sous Séthi II.

B. — L'usurpateur Amenmes et le retour de Séthi II

Merenptah avait donc, en dépit de graves dangers, maintenu l'Empire intact et son pouvoir, même si certaines difficultés intérieures se précisaient, n'était pas contesté. La construction de sa tombe, dans la Vallée des Rois, se poursuivait. En l'an 7 et en l'an 8, Panehesy alla inspecter les travaux.

A sa mort, vers 1218 av. J.-C., survint un événement que nous ignorons. On constate seulement que la succession fut assurée par un certain Amenmes (« Amon est celui qui l'a mis au monde »), et non par Séthi-Merenptah, l'héritier en titre.

Que se passa-t-il ? Nous ne pouvons que faire des hypothèses.

Selon certains[34], Amenmes aurait été un scribe de la nécropole thébaine, devenu vizir. Dans le papyrus Salt, en effet, le jugement d'une contestation entre ouvriers de Deir el Medineh est porté devant un « vizir Amenmes » ; le contremaître Paneb, qui perdit sa cause, se plaignit à un certain Mose — Mose aurait pu être le surnom de Shéti-Merenptah. Mose donne tort au vizir et le démet de sa charge. Sachant que le prince était responsable de sa disgrâce, et désireux d'assurer sa vengeance, Amenmes, à la mort de Merenptah, aurait usurpé le trône. Mais cela suppose beaucoup de complicités (?).

Une autre hypothèse[35] fait de l'affaire le résultat d'un complot de harem (il y en aura d'autres !). Dans les textes, en effet, la mère d'Amenmes est appelée « Takhat, mère du roi », et elle ne semble avoir été, auprès de Merenptah, ni une épouse ni une princesse de la famille royale ; elle peut avoir été une concubine. A la mort de Merenptah, à condition que l'on admette alors l'absence de l'héritier Séthi, un complot aurait porté au pouvoir ce fils du souverain défunt et d'une femme de son harem. Dans ce cas, aussi, un important concours d'amis et d'affiliés eût été nécessaire (?).

En tout cas, le règne d'Amenmes, fut terne et bref — quatre ans environ, jusqu'en 1213. On n'a retrouvé jusqu'à maintenant que quelques noms sous cartouche de ce souverain et quelques inscriptions formelles, à Karnak, Sheik abd el Gournah et au Ramesseum ; Amenmes se fit aussi creuser une tombe dans la Vallée des Rois. Mais Séthi II, une fois au pouvoir, fit effacer sur tous les monuments le nom de l'usurpateur.

Cet intermède, en tout cas, prouve que le pouvoir royal est bien menacé de l'intérieur, puisqu'il est à la merci de complots fomentés par des dignitaires (?) ou des éléments du harem(?). D'autres documents, dans l'avenir, éclaireront peut-être cette situation, encore obscure pour nous.

Après le retour de **Séthi II**, la lignée ramesside légitime reprend le pouvoir, pour six ans environ.

> « Horus, " taureau puissant, aimé de Rê ",
>   Les deux Maîtresses, " celui qui protège l'Égypte et lie les pays étrangers ",
>   Horus d'or, " celui dont les victoires sont grandioses dans toutes les terres ",
>   Roi de Haute et Basse Égypte, Ouserkheperou-Rê-Mery-Amon (" Puissants sont les devenirs de Rê, l'aimé d'Amon "),
>   Fils de Rê, Séthi-Merenptah. »

Dans une inscription, sculptée dans la cour du temple d'Aménophis III à Louxor, Séthi II affirme sa puissance royale et impériale :

> « Le dieu parfait, fils d'Amon, qu'a mis au monde Mout, la maîtresse du ciel, le souverain qui s'empare de toute la terre, le roi puissant qui lie le pays selon son dessein, après qu'il l'a fait accoster heureusement au port... stable sur le trône du roi de Haute et Basse Égypte, *le roi d'Égypte et le soleil des Neuf Arcs*[36]. »

Séthi II affirme ainsi, formellement, la tradition ramesside ; mais le prestige pharaonique — qu'incarnait parfaitement Ramsès II — semble bien battu en brèche.

Le nouveau souverain veut être aussi, comme son
grand-père, le maître de la prospérité, le roi nourricier de
l'Égypte. Ainsi apparaît-il dans le texte d'un décret
sculpté sur une stèle en grès déposée à Karnak (devant le
mur ouest de la cour de la « cachette » — face interne) ;
les signes sont malheureusement très mutilés par endroits
— la date est en grande partie effacée :

> « Le fils de Rê, maître des apparitions glorieuses, Séthi-
> Merenptah, doué de vie, qu'Amon aime plus que tout
> autre roi et pour qui il a fait reverdir[37] l'Égypte et le
> Désert... Les nourritures sont en sa suite, après que Renen-
> outet[38] s'est unie à son corps ; il fait que l'Égypte demeure
> grâce aux produits de la chasse et de la pêche et aux ali-
> ments... comme (?) auparavant. Tous les dieux sont satis-
> faits et lui prodiguent des acclamations ; leurs cœurs sont
> heureux, leurs bras chargés de vie et de force... Je suis
> l'image d'Amon, dont le nom est caché et les paroles que
> son cœur a conçues sont dans ma bouche[39]. »

Ce texte s'inscrit aussi dans l'idéologie de Ramsès II.
On a l'impression, en lisant les inscriptions de cette époque, que ses descendants ont voulu maintenir le legs matériel et spirituel qu'il leur avait laissé. Ils l'affirment formellement. Mais il semble bien que les moyens leur en
aient fait défaut — les moyens, c'est-à-dire une puissance
incontestée et incontestable et, maintenant, le prestige des
armes.

Cependant, Séthi paraît avoir voulu remédier aux difficultés que connaît alors le pouvoir intérieur.

Si Amenmes, vizir d'origine thébaine, est bien celui qui
usurpa le trône, Pharaon semble avoir tiré la leçon de
cette redoutable affaire. Les deux vizirs dont nous
connaissons l'existence sous son règne sont, vraisemblablement, des hommes du Nord : l'un se nomme Pa-Rê-
em-heb (« Rê est en fête » — l'enfant était peut-être né le

jour d'une fête du dieu, à Héliopolis) ; l'autre est Hori, grand prêtre de Ptah à Memphis et petit-fils également de Ramsès II, par Khâemouaset, donc petit-cousin du Pharaon.

Nous avons parlé également des privilèges que, sous le règne précédent, s'était arrogé le grand pontife thébain, Rome-Roy, faisant sculpter sa propre image sur un pylône du lieu saint de Karnak. Séthi remplace Rome-Roy, très âgé (il était en fonction depuis la fin du règne de Ramsès II), par Mehouhy, qui semble avoir été l'un de ses fidèles : il porte, en effet, ce qui est très rare parmi les grands prêtres d'Amon, le titre de « scribe royal véritable », c'est-à-dire celui de secrétaire personnel du roi ; c'était donc un homme de la Cour, attaché au service du souverain.

Ainsi Séthi semble avoir voulu placer des hommes sûrs dans les postes élevés de l'État.

Mais il ne put arrêter complètement le mouvement qui tendait à faire des hautes charges sacerdotales des apanages familiaux ; ainsi à Hori succéda, à Memphis, son frère Pahemneter ; un groupe statuaire, actuellement au musée du Louvre, les représente tous deux. Dans ce cas, le danger était peut-être moindre, puisque l'un et l'autre appartenaient à la famille ramesside.

Mais, à Abydos, par exemple, succède à Youyou, grand prêtre d'Osiris, son fils Ounennefer (qui portait le même nom que son grand-père, également clerc de haut rang). Dès l'enfance, il avait été destiné à occuper ce poste, qui était dans la famille depuis plusieurs générations ; c'est ce qu'indique le texte sculpté sur une statue du personnage, conservée au musée du Louvre :

> « Il a commencé de servir ce dieu alors qu'il était un enfant, avisé, vigoureux et prospère, dans le cours de chaque jour, semblable en cela à l'enfant des marais [40]. Au fur et à mesure que les jours passaient, ses louanges progressaient [41]. »

Ounennefer est encore plus puissant que ses pères, puisqu'il cumule les diverses charges abydéniennes, étant également grand prêtre d'Isis et serviteur d'Horus.

Séthi II, malgré ses efforts, pouvait freiner mais non maîtriser totalement ce lent processus de démantèlement du pouvoir royal par la montée des particularismes locaux.

Les difficultés intérieures allaient croître jusqu'à la fin de la XIXᵉ dynastie ; les successions ne se font pas régulièrement et l'anarchie, peu à peu, s'installe.

C. — Premier déclin : Ramsès-Siptah et la reine Taousert

Séthi II avait épousé une dame Taousert (« la puissante »), dont il fit sa « grande épouse » ; mais elle ne semble pas avoir été de lignée royale. On ne connaît pas non plus d'héritier désigné pour sa succession. Mais notre connaissance de ces règnes est insuffisante, les sources étant peu nombreuses, en raison de la raréfaction des monuments.

A la mort de Séthi II, vers 1206, c'est un jeune adolescent qui lui succéda : Ramsès-Siptah (« Ramsès-fils-de-Ptah »). On a longtemps cru qu'il y avait eu deux souverains distincts : Merenptah-Siptah, et Ramsès-Siptah, car si le nom Siptah était commun, les *prénoms* différaient — c'est-à-dire le nom sous cartouche de roi de Haute et Basse Égypte. La reconstitution de cette histoire est parfois difficile, mais on a pu établir, très récemment, qu'il s'agissait d'un seul et même Pharaon qui avait changé de prénom[42]. Qui était-il ? Sa mère n'était pas une grande épouse royale. Peut-être un fils qu'avait eu Merenptah, déjà âgé, avec une concubine, donc un jeune demi-frère de Séthi II ? Peut-être un fils de Séthi II et d'une concubine ? Ou encore un fils d'Amenmes, donc un autre usurpateur ?

Ce qui est remarquable, c'est que, à Medinet Habou, dans le temple funéraire de Ramsès III, le bas-relief représentant la procession des statues des rois ancêtres du souverain mentionne seulement, après Merenptah, Séthi II et Sethnakht[43]. Ont donc été volontairement omis : Amenmes, Ramsès-Siptah et la reine Taousert (qui s'arrogea le protocole royal).

Celle-ci, en effet, avec son homme de confiance, le chancelier Bay, un homme peut-être d'origine syrienne, accapara une grande part du pouvoir. Il est possible que tous deux aient placé Ramsès-Siptah sur le trône à la mort de Séthi II et que Taousert, veuve de ce souverain, ait épousé le jeune adolescent royal. Si la momie, hâtivement enveloppée, semble-t-il, et déposée dans un sarcophage au nom de Ramsès-Siptah, dans la tombe d'Aménophis II[44] en la Vallée des Rois, est bien la sienne, il était encore, à sa mort, un homme jeune. Fils de Séthi II ou d'Amenmes et d'une concubine syrienne ? Ce qui expliquerait peut-être l'intérêt du chancelier Bay à son égard. En tout cas, Taousert, en l'épousant, lui conférait une certaine légitimité.

Fut-il d'abord un figurant, destiné à masquer les ambitions de Taousert et Bay ? Que ces deux aient eu partie liée, c'est ce qui ressort de beaucoup de faits. L'un comme l'autre firent creuser leur tombeau dans la Vallée des Rois, privilège jusque-là réservé au seul Pharaon. Et Taousert, sur les murs de sa tombe, se fit représenter avec ses deux époux royaux : Séthi II et Ramsès-Siptah.

Tout cela ne pouvait que nuire au pouvoir de Pharaon et au prestige de l'Égypte, bien que l'on affichât toujours la doctrine impériale de Ramsès II.
Ainsi l'on voit, sur une stèle rupestre déposée par le vice-roi des pays du Sud à Abou-Simbel (grand temple, terrasse nord), Ramsès-Siptah adorer Amon, Mout, Rê, Seth et Astarté, suivant la plus pure tradition ramesside.

Ramsès Siptah semble, dès son avènement, s'être intéressé au gouvernement de la Nubie. Y avait-il eu, à la faveur de ces événements troubles, quelque révolte ? Cela est fort possible et conforme aux habitudes africaines. Ou bien était-ce un moyen d'éloigner momentanément le jeune roi de la cour, pour mieux laisser le champ libre aux ambitions de Taousert et de Bay ?

Dès l'an 1 de son règne, en tout cas, le souverain se rend en Nubie, jusqu'à Abou Simbel, afin d'installer le nouveau vice-roi Séthi : prétexte officiel. Deux graffiti nous renseignent :

— l'un à Abou Simbel (sur le mur de la petite enceinte, qui s'étend — ou s'étendait — entre le socle du colosse royal méridional et le rocher dans lequel est taillé le grand temple :

> « Que l'on donne des louanges à Amon, afin qu'il accorde vie, santé et prospérité au *ka* du messager royal vers tout pays étranger, les jambes du Seigneur du Double Pays, qui emplit le cœur de l'Horus dans son palais, le premier charrier de Sa Majesté... quand Sa Majesté vint pour établir le fils royal de Koush, Séthi, en sa place, lors de l'an 1 du Seigneur du Double Pays, Ramsès-Siptah [45]. »

— l'autre à Ouadi Halfa :

> « An 1 du dieu parfait, Ramsès-Siptah. Que l'on donne des louanges à l'Horus de Bouhen, afin qu'il accorde la vie, la santé et la prospérité, l'efficience, les louanges et l'amour au *ka* du messager royal vers tout pays étranger, le serviteur du dieu-lune, le scribe Neferher, fils de Neferher, appartenant au service des archives de Pharaon — après qu'il fut venu, ayant reçu les hommages des chefs de la Nubie, avec le vice-roi de Koush, Séthi, *lors de sa première expédition victorieuse* [46]. »

Ce terme d'*expédition victorieuse* souligne-t-il l'existence d'une rébellion, qu'il a fallu mater, ou est-il purement formel ? La première hypothèse semble la plus vraisemblable, les Soudanais profitant souvent des changements de règne pour se rebeller ; mais nous ne possédons pas d'autre information à ce sujet.

En l'an 3, en tout cas, le calme est rétabli ; deux inscriptions sculptées dans le temple de Ouadi Halfa, évoquent l'obéissance des chefs du pays de Koush :

« An 3, sous la Majesté du roi de Haute et Basse Égypte Akhenrê-Setepenrê (" celui qui est utile à Rê, l'élu de Rê "), Fils de Rê, " Merenptah "-Siptah. Vint le flabellifère à la droite du roi, le scribe royal, intendant du trésor, scribe royal du service des archives du Pharaon, intendant dans le temple d'Amon, Pyay, pour recevoir les choses utiles du pays de Koush.

An 3... Fait par le premier charrier de Sa Majesté, le messager royal vers chaque pays étranger (qui vint) pour établir les grands chefs sur leurs trônes et pour accomplir les desseins qui sont " sur le cœur " de Pharaon, Hori, fils de Kawa [47]. »

Des envoyés spéciaux du Palais royal vinrent donc, l'un pour récolter les tributs, l'autre pour affermir dans leur fonction les chefs demeurés fidèles à l'Égypte. Ce même Horus, fils de Kawa, succéda à Séthi dans la charge de vice-roi, entre l'an 3 et l'an 6 du règne.

La lignée ramesside légitime demeure cependant influente. Ainsi Hori, fils du grand prêtre de Ptah du même nom, arrière-petit-fils, donc, de Ramsès II, est nommé vizir et maire de Thèbes. Homme de Memphis, Hori, remplissant les devoirs de sa charge, fait plusieurs visites dans la Ville du Sud, accompagné de fonctionnaires memphites, notamment en l'an 4. Il est souvent mentionné dans les textes des ostraca retrouvés dans la Vallée des Rois.

L'histoire de l'Égypte, à ce moment, est pour nous une suite de plages d'ombre et de lumière. Les sources se font rares et cette raréfaction même traduit l'anarchie qui devait régner dans le pays, où les travaux des artisans sont beaucoup moins importants.

Quelques personnages nous apparaissent, imprécis, trop souvent : un certain Hori (un autre !), grand prêtre d'Amon, qui, en dépit de sa haute charge, n'est connu que par l'inscription sculptée sur le socle d'une statue de son fils, Kanekht, lieutenant de la charrerie et des archers, qui se réclame de sa filiation — un autre grand prêtre d'Amon, Minmose, dont on a retrouvé une statue stéléphore présentant un hymne à Rê :

> « Tu te couches dans l'horizon de Manou[48], chaque jour. Les Étoiles infatigables te prodiguent des acclamations, les Étoiles indestructibles t'adorent. Puisses-tu permettre que je me désaltère au flot de la rivière. Pour le *ka* de Minmose[49]. »

La brièveté du texte, l'absence de toute titulature (surtout pour un personnage d'un rang aussi élevé — son titre de grand prêtre figure seulement sur la tranche de la stèle) dénonce bien la pauvreté des temps et évoque de graves difficultés intérieures.

On connaît aussi Iyroy, grand prêtre de Ptah, qui avait donc dû succéder à Hori — mais on ne sait dans quelles conditions, ni quelle était son origine.

Seule, la grande prêtrise d'Abydos semble demeurer stable, dans les mains, toujours, de la même famille : Sa-aset (« le fils d'Isis »), « celui qui emplit le cœur du Seigneur du Double Pays et qui emplit ses oreilles d'actes de justice, des discours duquel rien ne sera retranché[50] » est le fils de Youyou et le frère de Ounennefer, auxquels il a *régulièrement* succédé.

Nous ne connaissons pas ce que fut la fin de Ramsès-Siptah. Mais, après sa mort, Taousert prend la titulature royale et elle dut régner quelques années, toujours assistée du Syrien Bay.

Dans l'Empire et l'ensemble du monde oriental, les dangers sont lourds. Les Peuples de la mer, nombreux et mieux organisés, sont installés en Lybie et dans le pays de Canaan, menaçant l'Égypte même à l'ouest et à l'est, avec de puissantes forces, terrestres et navales.

D. — Setnakht et les dieux sauvent l'Égypte

Sur la vie même de l'Égypte, alors, nous ne possédons guère de documents. Nous disposons seulement du tableau que, après son avènement, Ramsès III fera de l'anarchie qui régnait en Égypte avant l'accession de son père au trône du Double Pays :

« Ce pays d'Égypte était abandonné, rejeté, et chaque homme de même. Il n'y avait plus de Bouche supérieure depuis de nombreuses années écoulées et pour d'autres temps à venir. Le pays d'Égypte était (dans la main) des dignitaires et des chefs des villes ; chacun tuait son semblable, qu'il fût grand ou petit. D'autres temps survinrent ensuite, des années vides, pendant lesquelles Yarsou, un Syrien[51], fut chef parmi les hommes d'Égypte. Il fit que le pays tout entier lui apportât des présents ; ensuite il assembla ses hommes-liges et pilla les biens. Ils firent des dieux de simples hommes, et on ne présenta plus d'offrandes dans les temples des villes.

Mais les dieux renversèrent la situation et instaurèrent la paix, afin de rendre l'ordre au pays, selon sa juste habitude ; ils établirent leur fils, issu de leur corps, afin qu'il devienne le roi du pays tout entier sur leur grand trône, Ouserkhârê-Setepenrê (" Puissante est l'apparition de Rê, l'élu de Rê "), le fils de Rê, Sethnakht (" Seth-est-puissant "), aimé de Rê et aimé d'Amon. Il est semblable à Khepri[52] (mais il est) Seth lorsqu'il se met en rage. Il remit de l'ordre dans le pays qui était en révolution, il tua les hommes au cœur perfide [Bay ?] qui étaient dans le Pays bien-aimé ; il purifia le grand trône de l'Égypte et devint le roi du Double Pays sur le trône d'Atoum. Il redressa les visages qui étaient retournés et chaque homme reconnut son frère, jusque là comme emprisonné. Il restaura les temples des villes, les chargea à nouveau d'offrandes, qui furent offertes à l'Ennéade, selon la coutume.

Il me choisit pour être prince sur le trône de Geb. Je devins la Bouche supérieure des terres égyptiennes, le commandant du pays tout entier, assemblé en un tout unique[53]. »

Dissensions intérieures ? Révolution ? Lutte, vraisemblable, contre le parti syrien ayant usurpé le trône au
détriment de la lignée légitime ? Nous savons seulement
que Sethnakht, après quelques massacres, et le meurtre de
Bay (?), rétablit l'ordre et que l'Égypte, ayant retrouvé la
paix, reprit sa vie coutumière.

On considère qu'il a fondé une autre dynastie, la XXe,
donc. Mais peut-être était-il l'un des descendants, certes
nombreux, de Ramsès II, ce que semblerait indiquer le
bas-relief de Medinet Habou dont il a été question plus
haut. En tout cas, il témoigna, comme son glorieux prédécesseur, d'une grande puissance d'action et d'un semblable amour de la patrie.

Un autre texte mentionne également des luttes achar-
nées et projette une autre lueur, bien que vague encore,
sur cette période anarchique ; il est sculpté sur une stèle
découverte à Éléphantine :

« Que vive la Majesté de
    Horus, taureau puissant, à la grande vaillance
    Les deux Maîtresses, celui dont les apparitions sont
belles comme celles de Tatenen
    Horus d'or, force puissante qui repousse les insurgés.
    Roi de Haute et Basse Égypte, Seigneur du Double
Pays, Ouserkhaourê-Setepenrê.
    Fils de Rê, maître des apparitions glorieuses, Sethnakht
(aimé de Rê et aimé d'Amon),
aimé d'Amon-Rê, le roi des dieux, dont Rê a créé la forme
qu'il a faite à sa ressemblance, dont le nom est l'image
d'Atoum, son corps celle de la Grande Ennéade. On se
réjouit de ses desseins, semblables à ceux de l'Œil de Rê.
Ce pays maintenant a cessé d'être dans la désolation, le
Pays bien-aimé s'est éloigné de l'affliction ; le cœur de
Dieu est heureux... sa main ayant choisi Sa Majesté, qui se
trouve à la tête de millions (d'années ?), tandis qu'il néglige
les centaines de mille qui le précèdent. Tous les pays se
conforment à ses desseins, qui rendent la prospérité (?) aux
affligés, comme le fait Rê...
    Sa Majesté était comme son père Soutekh, étendant ses

bras pour arracher l'Égypte à celui qui l'avait prise, sa puissance (l')encerclant de protection magique. Alors, les ennemis qui étaient devant lui, leurs cœurs furent saisis par la crainte qu'il inspirait, et ils s'enfuirent plus vite que des petits oiseaux, tandis que le prestige du faucon les poursuivait[54]. Ils laissèrent là l'or et l'argent appartenant à l'Égypte et que leur avaient donnés ces Asiatiques, afin que se pressent vers eux les victoires qui assureraient la domination sur le Pays bien-aimé[55]. Mais leurs plans avaient échoué et leurs promesses furent sans lendemain. Car chaque dieu et chaque déesse se leva alors et fit merveille pour le dieu parfait, lui prédisant qu'il accomplirait un grand massacre, car les dieux avaient décidé que la lumière, à nouveau, s'étendrait (sur l'Égypte).

L'an 2, le deuxième mois de la saison sèche, le dixième jour, il ne demeurait plus de rebelles à Sa Majesté, en aucun pays, et l'on put dire à Sa Majesté : " O Seigneur de cette terre, ton cœur est heureux que la prophétie des dieux se soit réalisée contre tes ennemis ; il n'y en a plus désormais dans ce pays et n'existe plus la puissance de l'infanterie et de la charrerie, sauf celles de ton père[56]. Tous les temples sont réouverts. On peut pénétrer à nouveau dans les magasins divins pour augmenter (leurs provisions)[57] » — [la fin du texte, une ligne, est très mutilée].

Ce texte fait donc allusion à des combats qui se seraient déroulés en Égypte même et que les dieux et Sethnakht auraient heureusement conclus. Les ennemis sont, ou bien soudoyés par les Asiatiques ou bien les Asiatiques eux-mêmes. Dans le premier cas, il pourrait s'agir d'une tentative du chancelier Bay pour s'emparer du pouvoir (« achetant » des fidèles et, peut-être, une partie de l'armée), effort auquel se seraient naturellement opposés beaucoup d'Égyptiens et, notamment, les descendants de Ramsès, dont nous avons vu qu'ils occupaient des postes importants. Mais on peut se demander s'il ne s'agit pas alors d'un premier essai d'invasion des Peuples de la mer, venus de Canaan, qui auraient profité de l'anarchie qui régnait alors en Égypte pour tenter de s'y installer — ce qui justifierait l'allusion à la charrerie et l'infanterie étrangères. Cela expliquerait également qu'il n'y ait eu de campagne asiatique qu'en l'an 8 du règne de Ramsès III (fils et successeur de Sethnakht). Mais alors pourquoi aucun nom de peuple envahisseur n'est-il cité — ce qui est toujours le cas ?

Pour que lumière se fasse, une fois encore, il faut espérer que d'autres documents seront mis au jour.

Deux ans de règne suffirent, semble-t-il, à l'énergique Sethnakht pour mater la révolution — ou l'invasion — et rendre à l'Égypte l'ordre monarchique qui engendre la prospérité. Deux ans — étrange parallélisme avec Ramsès Ier qui, lui aussi, en deux ans de règne, avait fondé une dynastie, la XIXe.

De son mariage avec la reine Tii-Meryaset (« Tii, aimée d'Isis »), Sethnakht avait eu un fils, Ramsès, qu'il désigna comme son héritier. Ce fut le dernier héros de l'Égypte, celui qui allait la préserver, la sauver, seule, de toutes les invasions alors que, les uns après les autres, les antiques États de l'Orient sombraient dans la tourmente.

E. — Ramsès III ou les dernières gloires

Vers l'an 1198 av. J.-C., Ramsès commence un long règne de trente et un ans.

> Horus, taureau puissant, à la royauté grandiose,
> Les deux Maîtresses, (le roi) aux grands jubilés comme Tatenen
> Horus d'or, riche en années comme Atoum, le monarque qui protège l'Égypte et lie les pays étrangers
> Roi de Haute et Basse Égypte, Ousermaâtrê (« Puissante est la justice de Rê »), aimé d'Amon
> Fils de Rê, Ramsès, régent d'Héliopolis.

A la mort de Sethnakht, Ramsès III, avant tout acte politique, assume ses devoirs filiaux, comme l'avait fait

Ramsès II envers son père Séthi. A nouveau, le navire royal, chargé du corps momifié du souverain défunt, accompagné par Ramsès et les hauts dignitaires, fait voile vers Thèbes, où Sethnakht, le sauveur, reposera dans sa tombe de l'Occident :

> « (Mon père) alla se reposer dans son horizon comme les dieux de l'Ennéade. On fit pour lui ce qu'on avait fait pour Osiris ; puis on le transporta dans son bateau royal sur le fleuve, afin qu'il repose en son château du temps éternel, à l'ouest de Thèbes [58]. »

Le roi choisi par les dieux

Il semble que le couronnement du nouveau Pharaon ait eu lieu aussitôt après, à Thèbes. Affirmant la tradition, Ramsès (comme auparavant Thoutmosis III) se réclame de l'élection divine et, comme ce fut le cas pour Horemheb, la cérémonie s'accomplit au milieu des réjouissances des dieux et des hommes :

> « Mon père Amon-Rê, le maître des dieux, Rê-Atoum et Ptah-au-beau-visage » [on reconnaît là une forme de la sainte trinité ramesside] « me firent apparaître en Seigneur du Double Pays, sur le trône de celui qui m'avait engendré. Je reçus, au milieu des acclamations, la charge de mon père ; le pays avait retrouvé la paix et se réjouissait, heureux de me voir roi du Double Pays, comme Horus l'avait été sur le trône d'Osiris. J'apparus alors avec la couronne *atef*, portant l'uraeus. Je mis aussi le diadème aux deux plumes comme Tatenen. Je m'assis sur le trône de Horakhty, orné de parures (royales) comme Atoum [59]. »

Après les grandes guerres victorieuses, en l'an 12 du règne, Ramsès III rappellera que les dieux l'avaient élu et porté au pouvoir, dans le texte sculpté sur une stèle déposée à Medinet Habou. Le roi s'adresse aux courtisans rassemblés :

> « Je fus roi dès mon enfance, telle une créature de Dieu,

et je m'assis en paix sur le trône. Il [Amon-Rê] m'a choisi, il m'a trouvé au milieu de centaines de mille et m'a promu, de ses propres mains, Seigneur du Sud et du Nord. Je n'ai rien pris par la violence, je ne me suis pas emparé de ma charge frauduleusement[60], mais la couronne fut fixée sur ma tête d'un cœur aimant ; on m'avait annoncé que je serai roi sur l'Égypte. Les dieux et les déesses étaient dans l'exultation lorsque je reçus les parures des deux Seigneurs et des deux Maîtresses[61], tandis que mes mains portaient le flagellum, le sceptre *heqa* et le sceptre *ames* [attributs traditionnels du souverain en majesté][62]. »

Lors de toutes les grandes cérémonies et les fêtes, la fête d'Opet notamment, le roi manifestera fidèlement sa reconnaissance et son obéissance à Amon :

« Mon cœur suit tes conseils chaque jour, depuis que j'ai été choisi parmi des centaines de mille pour être roi et régent des Deux Rives. Tu m'as trouvé alors que j'étais un enfant au sein, puis j'ai été établi et placé sur ton trône[63]. »

Cette ferveur envers le dieu du couronnement et des victoires explique les riches donations que Pharaon fera à son temple de Thèbes.

Les guerres contre les Peuples de la mer

La situation extérieure était très dangereuse. En Libye, depuis la défaite que leur avait infligée Merenptah, les Peuples de la mer s'étaient organisés et s'infiltraient dans le Delta. Au nord, le Hatti, en dépit des efforts héroïques de Souppilouliouma II, submergé, agonisait et allait bientôt disparaître de la carte du Proche-Orient. Les envahisseurs s'étaient répandus vers le sud, en Cilicie, dans le Naharina, le pays d'Amourrou. De grands ports phéniciens, comme Ougarit, étaient détruits et brûlés. Chypre tombait entre leurs mains et Canaan, lentement, était recouvert par ces peuples indo-européens qui, installés dans le grand Empire égyptien d'Asie, menaçaient maintenant, directement, la métropole même. Contre ces guerriers de la mer et de la terre, Ramsès III allait opposer une résistance farouche et, seule du vieux monde, l'Égypte demeurera.

Les sources dont nous disposons pour connaître ces luttes sont assez nombreuses. Ramsès III, en effet, a fait sculpter sur les parois de son temple funéraire de Medinet Habou (rive gauche thébaine) des bas-reliefs et des textes relatant, dans un ordre approximativement chronologique, les guerres qu'il dut mener contre les Peuples de la mer. Medinet Habou est un grand livre d'histoire pétrifié — une vraie joie pour le philologue et l'historien modernes qui essaient, au fil des textes et des images, de démêler la chronologie et les événements des combats principaux qui se sont déroulés voici plus de trois mille ans, et qui sont à l'origine de plusieurs de nos États modernes.

Le style épique, qui fut celui des inscriptions de Ramsès II, domine dans ces narrations. Une nouvelle geste héroïque naît. Si la valeur magique des mots entraîne ce qui peut apparaître parfois comme des exagérations ampoulées ou une certaine « propagande » royale, pour un esprit moderne, et qui, en fait, pour l'Égyptien de l'antiquité, n'est qu'une manière d'éterniser la puissance et les triomphes de l'Égypte, en fonction de la valeur créatrice du Verbe — de très belles images, aussi, simples ou mythiques, parsèment ces textes, témoignant parfois d'un lyrisme grandiose ou d'une poésie émouvante.

Démonstration militaire au Soudan

Selon la tactique traditionnelle des pharaons, Ramsès entend assurer sa frontière sud. Il fait donc une rapide campagne au Soudan, avant l'an 5 de son règne. Il s'agit plus, semble-t-il, d'une démonstration de force que d'une

guerre véritable. Le roi, ensuite, revient à Thèbes, où il
consacre à Amon et Mout trois files de captifs soudanais :

> « Les chefs du vil pays de Koush disent : " Salut à toi, ô
> roi d'Égypte et Soleil des Neuf Arcs, accorde-nous les souf-
> fles de la vie qu'habituellement tu donnes, alors nous servi-
> rons tes deux uraei "[64]. »

Assuré d'un calme, au moins temporaire, au Sud, Ramsès va quitter Thèbes et partir pour la Lybie, d'où il a reçu
des nouvelles alarmantes.

An 5 — Les Peuples de la mer attaquent à l'Ouest

Ramsès et son armée remontent vers le Delta, précédés
des étendards d'Oupouaout (le dieu guerrier « qui ouvre
les chemins »), de Khonsou, de Mout et d'Amon. Car
c'est le dieu de Thèbes qui les envoie et qui les guide :

> « Sa Majesté s'avance, le cœur puissant, en force et en
> triomphe, contre ce vil pays des Timhiou, qui est au pou-
> voir de Sa Majesté. C'est son père [Amon] qui l'envoie en
> paix depuis son palais de Thèbes, et qui lui remet son
> glaive, pour repousser les rebelles et détruire ceux qui
> n'étaient plus sur son eau, ouvrant pour lui des chemins
> qui, auparavant, n'avaient jamais été foulés[65]. »

L'idéologie impériale veut que tous les pays alentours
soient sous la domination de l'Égypte.

Le roi est sur son char, tiré par deux coursiers : l'un
s'appelle « Victoire-dans-Thèbes », comme l'un de ceux
qui accompagnaient Ramsès II à Kadesh ; le nom de
l'autre, « Baal-est-sur-son-bras », témoigne de la persis-
tance du cosmopolitisme recherché des croyances religieuses. Soudain,

> « on vint dire à Sa Majesté : " Les Tjehenou arrivent, ils
> ont conspiré et forment maintenant un tout unique, sans
> limites, comprenant les Libou [peuple d'Asie Mineure, qui

donna son nom au pays même], les Seped et les Mashaouash [peuple d'origine berbère installé à l'ouest depuis la XVIIIᵉ dynastie] ; les pays rassemblés s'élancent furieusement contre le Pays bien-aimé. " Alors, Sa Majesté s'approcha de l'horizon du maître de l'univers [son temple] pour requérir de lui la force, la vaillance et la puissance. Son père Amon, maître des dieux, le fit reverdir [lui donna une énergie toujours renouvelée] et la force de sa main fut avec la sienne pour détruire le pays des Timhiou qui avait violé sa frontière ; cependant Montou et Seth assuraient sa protection magique à sa gauche et à sa droite ; Oup-Ouaout était devant lui pour fendre les chemins, et ils firent que sa puissance fût grande, son cœur fort pour abattre les pays vantards [66]. »

Ramsès s'élance au combat et charge les ennemis ; par ses flèches et par le feu de son uraeus (la fille de Rê, qui participe de la nature ignée de son père), il les abat.

« Il pénètre au milieu de centaines de milliers, le vaillant qui, en étendant son bras, place sa flèche à l'endroit qu'il souhaite (atteindre), taureau combattant, au cœur ferme, aux cornes acérées, terrassant chaque pays. Les Timhiou sont abattus, massacrés sur place, et gisent en tas, devant ses chevaux. Il a fait cesser leurs vantardises dans leur pays. Son bras a fait tomber leurs semences, grâce à la puissance de son père Amon, qui lui a donné toutes les terres rassemblées [67]. »

« Sa Majesté sortit contre eux semblable à la flamme que l'on découvre rugissante dans les buissons... Ils furent alors comme des oiseaux piégés à l'intérieur d'un filet ; ils furent frappés dans des nasses et réduits en cendres, terrassés et jetés au sol, tête-bêche, dans leur sang. Leur défaite fut lourde, sans limites. Voyez, le malheur pour eux est aussi haut que le ciel ; leur masse épaisse gisait sur le lieu même de leur massacre, (leurs cadavres) formaient des pyramides sur leur sol, à cause de la puissance du roi vaillant, unique possesseur de la force, comme Montou [62]. »

L'issue du combat est heureuse ; mais il ne pouvait en
être autrement, car Dieu aidait l'Égypte :

> « Leurs plans [des ennemis] furent mis sens dessus des-
> sous, détruits, renversés, en raison de la volonté de Dieu ;
> ils imploraient, de leur bouche, un chef (humain), mais ce
> dieu bienfaisant, qui a connaissance des desseins, n'était
> pas dans leur cœur ; car ce dieu, le maître des dieux, agit
> pour la grandeur de l'Égypte durant le temps éternel[69]. »

La victoire ainsi acquise, lors de ce premier choc avec
les Peuples de la mer (dans des conditions dont le détail
nous échappe), Ramsès III, assis, au repos, sur son char,
contemple le ramassage du butin, les prisonniers, dont on
lie les bras derrière le dos et la mutilation des morts qui
gisent sur le champ de bataille. Le compte de tous ces éléments est très précisément établi — l'Égypte étant le pays
des scribes — et ils sont soigneusement ordonnés en tas,
cinq en tout :

> « Total des mains : 12 659. — Total des mains : 12 532.
> Total des phalloi : 12 868. — Total des mains : 12 535.
> Total des phalloi : 12 535[70]. »

Les Égyptiens aimaient l'ordre et la mesure en toutes
choses !

Chargé de ce butin, Ramsès III, triomphant, revient
vers sa capitale, accompagné de ses soldats et de ses officiers, précédé des captifs dont le nombre s'allonge sur
quatre grandes files, certains étant attachés au char même
de Pharaon — un véritable triomphe *romain,* quand les
prisonniers attachés défilèrent devant le palais du roi :

> « Tous les survivants furent emmenés captifs vers
> l'Égypte, des mains et des phalloi au nombre sans limites
> furent emportés comme butin ; les chefs furent liés sous la
> fenêtre d'apparition du roi. Et les grands de tous les pays
> étrangers étaient là, rassemblés, contemplant leur misère...
> Les vertèbres des Timhiou n'existeront plus[71] durant le

temps infini ; ainsi leurs pieds cesseront de fouler la frontière de l'Égypte... " Le pays qui a brisé nos vertèbres ", disent-ils en parlant du Pays bien-aimé, et dont le Seigneur a détruit nos *ba* pour le temps éternel et infini[72]. »

Ramsès, entouré de ses dignitaires, prononce un discours :

« Voyez ces choses belles et courageuses que j'ai faites. Amon-Rê, le seigneur des dieux, qui appartient à Pharaon — son petit — il a " emmené " le pays des Timhiou, les Seped et les Mashaouash, des voleurs qui auraient fait le malheur quotidien de l'Égypte ; ils sont désormais des monceaux sous mes sandales, et leurs racines sont arrachées ; grâce à une seule action, ils ont cessé de piétiner le sol de l'Égypte, cela est dû aux plans heureux que Ma Majesté avait établis contre eux, afin que le Pays bien-aimé redevienne joyeux. Que les réjouissances et le bonheur s'élèvent pour vous jusqu'à la hauteur du ciel. Moi, je suis apparu, glorieux, tel Amon, pour agrandir les frontières de l'Égypte[73]. »

Les dignitaires répondent :

« Tu es Rê qui brille sur l'Égypte ; quand tu apparais, le peuple revit, car ton cœur dispense des conseils bénéfiques. La crainte de toi a repoussé les Neuf Arcs, les Timhiou sont faibles, car leurs cœurs sont arrachés ; ils ont cessé de marcher sur le Pays bien-aimé. Les terres égyptiennes et les pays étrangers[74], leurs cœurs sont broyés, car la peur que tu inspires est devant eux chaque jour.

Mais, apaisé est le cœur de l'Égypte, pour le temps infini, car elle possède un vaillant protecteur, taureau puissant, seigneur des Deux Rives, lion furieux, qui étend sa puissance en s'emparant de ceux qui ont violé ses frontières, les renversant et les culbutant, grâce à la force de ton père Amon, qui t'a donné le pays tout entier réuni[75]. »

Ramsès conduit ensuite trois files de prisonniers au temple, où il les consacre à Amon et à Mout.

Le roi, fort avisé, avait ramené avec lui le fils d'un chef libyen, qu'il entendait éduquer à l'égyptienne et renvoyer ensuite dans son pays, en homme-lige ; procédé qui avait été inauguré par Thoutmosis II :

> « Sa Majesté était raisonnable et clairvoyant comme Thoth... Il amena un petit du pays des Timhiou, un enfant, que sa puissance avait renversé et qu'il entendait promouvoir comme chef, afin de réorganiser leur pays [76]. »

Et c'est de nouveau, avec le retour de la paix, la joie et l'abondance en Égypte.

> « Les aliments existent à satiété, les nourritures débordent dans le Pays bien-aimé. Les multitudes poussent des cris de joie. Il n'y a plus de désolation, car Amon-Rê a établi son fils à sa place et tout ce qu'encercle le disque solaire est réuni dans son poing [77]. »

Mêlés à la relation de la campagne de l'an 5 contre la Libye, se trouvent décrits des événements qui font intervenir des peuples venus d'Asie. Il se peut que cette partie de l'inscription (c'est la thèse la plus communément adoptée) concerne en fait la campagne de l'an 8, où les Égyptiens eurent affaire aux peuples du Nord, et ait été placée là « par erreur » (?). Mais, à Medinet Habou, les faits sont, en général, présentés dans leur succession chronologique ; il se pourrait donc aussi que ces textes (placés, donc, dans le cours des récits concernant la campagne libyque de l'an 5) apportent le témoignage que les Peuples de la mer, installés en Asie, avaient envoyé quelque infanterie et des navires pour soutenir la guerre libyenne. Deux passages sont particulièrement remarquables.

L'un d'entre eux concerne le pays d'Amourrou, où l'on sait que les immigrants avaient installé un camp central d'où étaient organisés les départs vers le Sud. Il est dit dans la grande inscription de l'an 5 :

> « L'ennemi du pays d'Amourrou est en cendres, sa

semence même n'est plus. Tout son peuple est captif, dispersé, abattu. Les survivants dans son pays viennent en acclamant pour voir au-dessus d'eux le grand Soleil de l'Égypte, et, auprès d'eux, la beauté du disque. Les deux soleils qui montent et étincellent sur la terre sont la lumière de l'Égypte [Pharaon] et celle qui est dans le ciel. Alors ils disent : Que Rê soit exalté ! Notre pays est détruit, mais nous sommes maintenant dans le pays de la vie, l'obscurité a été repoussée[78]. »

L'image est belle, d'un pays aux deux soleils lumineux, le roi et l'astre ; image peu commune aussi. Il y eut donc un engagement sur terre avec des gens venus de l'Amourrou. Mais en Asie ou en Afrique ? Une allusion y est faite, également, dans le texte suivant.

L'autre passage en cause (toujours inscrit dans le récit de la campagne de l'an 5) témoigne d'un soutien dont auraient bénéficié les Libyens, à la fois sur terre et sur mer :

« Les pays du Nord tremblaient dans leurs corps ; c'étaient les Philistins et les Tekker [peuples de marins, de pirates plus que de commerçants, peut-être originaires de la Troade]. Ils étaient coupés de leur pays, leur *ba* n'existait plus. Il y avait des guerriers sur la terre et d'autres sur la Très-Verte. Ceux qui venaient sur la terre furent renversés et massacrés... car Amon-Rê était dans leur dos, les détruisant. Ceux qui avaient pénétré dans les bouches du fleuve furent comme des volailles piégées dans un filet... Leurs cœurs furent arrachés, saisis, hors de leur corps. Leurs chefs furent emmenés, massacrés, abattus, transformés en prisonniers... Ils ne cessaient de trembler, disant d'une seule voix : " Où allons-nous aller ? "[79]. »

La grande tristesse et le désarroi des peuples chassés de leur terre par un envahisseur apparaît ici de manière très humaine.

Il ne semble donc pas impossible, d'après ces deux textes, que, en même temps que l'armée égyptienne arrêtait l'avance des peuples venus de Libye, une flotte ait été dépêchée par Ramsès dans la Méditerranée afin de prendre à revers les navires des Peuples de la mer qui auraient pénétré jusque dans le Delta. Il est d'autant plus vraisemblable qu'une première action maritime ait eu lieu en l'an 5 que celle de l'an 8 (qui serait donc la seconde) est contée en des termes, certes parfois très proches, mais fait intervenir d'autres peuples que les Philistins et les Tekker, et certains faits relatés diffèrent [80].

Il est possible également que la flotte égyptienne ait alors débarqué des soldats pour prendre à revers (« Amon-Rê était dans leur dos ») l'ennemi qui s'avançait par la voie de terre.

L'assaut, sur tous les fronts, dut être rude ; mais la clairvoyance et le courage de Ramsès, la vaillance de son armée chassèrent les envahisseurs. Et l'Égypte fut sauvée.

La magie verbale se déchaîne dans les louanges adressées à Pharaon triomphant. Cela n'est pas sans rappeler les hymnes à Ramsès II ; mais le langage est plus puissant, plus riche, comme si l'on faisait appel à toutes les ressources magiques du Verbe pour aider le souverain à vaincre, en ces dernières années de la grandeur de l'Égypte. Le *logos* se fait arme de combat.

> « Un grand et puissant seigneur est le roi de Haute et Basse Égypte. Son prestige et la terreur qu'il inspire ont mis à terre les Neuf Arcs. Il est comme un lion au rugissement lourd sur les montagnes ; la peur de lui s'étend au loin, à cause de sa gloire. Il est comme un griffon, à la large foulée, maître de ses deux ailes, qui (parcourt) d'une seule enjambée les fleuves et les terres. Il est une panthère, connaissant bien sa proie, se saisissant de qui l'a attaqué, tandis que ses deux mains déchirent la poitrine de celui qui a osé violer sa frontière. Il se déchaîne, étendant le bras droit en s'engageant dans le combat ; alors il tue des centaines de milliers sur place, que ses chevaux piétinent ; pour lui, les multitudes les plus épaisses sont comme des sauterelles, frappées, injuriées, réduites en poudre telle la farine [82]. »

La louange reconnaissante se poursuit encore, mêlant puissamment les images lyriques et mythiques.

An 8 — Les Peuples de la mer attaquent au Nord

Le danger à nouveau se précisait venant de Canaan et de la mer.

Une confédération, une ligue, s'était donc formée ayant pour centre le pays d'Amourrou.

> « Aucun pays n'avait pu se maintenir devant leurs bras, depuis le Hatti, Karkhémish, l'Arzawa... On établit un camp en un lieu unique, le pays d'Amourrou... L'ensemble (de ces peuples) comprenait les Philistins, les Tekker, les Sicules, les Dananéens [si l'on se réfère à certaines mentions dans la correspondance d'Amarna, ces gens seraient originaires d'un pays situé au nord d'Ougarit[82]], les Ouashasha. Tous ces peuples étaient rassemblés, " leurs mains sur les pays ", jusqu'au cercle de la terre ; leurs cœurs étaient confiants et assurés. "Nos desseins réussiront ! " Mais le cœur de ce dieu, le roi des dieux, était prêt à les piéger comme des volailles ; alors, il "donna la force " à son fils Ramsès[83]. »

Celui-ci rassemble la Cour et décrit la situation, exposant toutes les mesures déjà prises par lui, souverain prévoyant et avisé, pour repousser les invasions.

> « J'ai organisé ma frontière (à la limite de) la Phénicie, préparant, pour les affronter, les princes locaux, les commandants de garnisons, les maryanou [officiers asiatiques : mercenaires ou alliés ? Il semble en tout cas qu'une partie de l'Empire égyptien d'Asie demeure encore au pouvoir de Pharaon]. J'ai fait que les bouches du Nil soient équipées, constituant ainsi une muraille puissante, avec des bateaux et des navires de guerre, pourvus de la proue à la poupe de guerriers vaillants, chargés de leurs armes. Les fantassins d'élite du Pays bien-aimé sont comme des lions rugissant sur les montagnes. Les charriers sont des coureurs, des hommes entraînés, de bons conducteurs de char ; leurs

chevaux, déjà, tremblent de tous leurs membres, prêts à écraser de leurs sabots les pays étrangers. Moi, je suis Montou, le vaillant, fermement établi à leur tête, de sorte qu'ils puissent voir ce que capturent mes deux mains, le roi de Haute et Basse Égypte Ousermaâtrê-aimé-d'Amon, le fils de Rê, Ramsès, régent d'Héliopolis. Moi je suis celui qui agit, l'intrépide, conscient de sa force, le héros qui sauve son armée le jour du combat[84]. »

Ramsès se prépare d'abord à livrer bataille avec son infanterie et sa charrerie. Il veille lui-même à l'équipement de l'armée, roi lucide qui ne laisse rien au hasard. Les bas-reliefs le montrent, arrivant au camp militaire, accueilli par une sonnerie de trompette, tandis que les porte-étendards et les officiers le saluent.

Le roi lui-même dit alors aux dignitaires, aux Amis, à chaque commandant de l'infanterie et de la charrerie qui se tiennent en sa présence :

« Sortez vos armes ! Envoyez des troupes pour détruire les pays étrangers rebelles, qui ne connaissent pas encore l'Égypte ni la puissance de mon père Amon[85] ”. »

Les armes sont remises aux soldats d'élite par le roi lui-même, selon les ordres du souverain rapportés par :

« le noble, scribe royal, fils royal, qui dit aux commandants de l'armée, aux capitaines des troupes et aux lieutenants : “ Pharaon a ainsi parlé : Que chaque homme d'élite, chaque soldat vaillant qui connaît Sa Majesté passe devant lui pour recevoir ses armes[86] ”. »

Les commandants, entraînés par la présence de Ramsès, répondent :

« Allons ! Allons ! Les soldats sont rassemblés, ils sont les taureaux du pays, l'élite de l'Égypte entière[87]. »

C'est, dans la fraternité des armes, le grand branle-bas de combat, prélude à la bataille.

On part en remontant le long du littoral, par l'antique voie impériale des chemins d'Horus et, sans que nous sachions où l'engagement a eu lieu, ni sans que nous en connaissions les détails, le texte présente la victoire acquise. L'image montre Ramsès III chargeant sur son char, suivi de son infanterie, de sa charrerie et des mercenaires, tandis que les Peuples de la mer s'enfuient à pied ou dans leurs chars, et que les femmes, les enfants et les bagages partent dans de lourds chariots traînés par des bœufs. Si le Hatti et d'autres États n'avaient succombé, on pourrait même se demander si la victoire sur ces pauvres immigrants n'était pas aisée !

Sur mer, les navires ennemis ont pénétré dans les bouches du Nil. Mais un étau se referme sur eux : la flotte égyptienne les presse et les défait tandis que, sur la rive, Ramsès III et ses archers font pleuvoir des flèches sur les vaincus :

> « Les pays du Nord, qui étaient dans leurs îles, leurs corps tremblaient. Ils forcèrent les chemins des bouches du Nil ; alors leurs narines ne respirèrent plus, et ils souhaitèrent sentir à nouveau les brises. Mais Sa Majesté fit irruption contre eux, tel une tempête, combattant sur le champ de bataille, (rapide) comme un coureur. Alors sa gloire et la crainte de lui pénétrèrent en leur corps ; ils furent chavirés et détruits sur place ; leurs cœurs furent saisis, leurs *ba* enlevés, leurs armes jetées sur la Très-Verte — car sa flèche a percé qui il souhaitait atteindre parmi eux, tandis que celui qui cherchait à s'enfuir est tombé à l'eau... C'est Amon-Rê qui a, pour lui, abattu les pays et, pour lui, a écrasé chaque peuple sous ses sandales, lui le roi de Haute et Basse Égypte, Seigneur du Double Pays, Ousermaâtrê-aimé-d'Amon [88]. »

On rassemble les captifs et les officiers les conduisent jusqu'au roi, qui se tient au pied d'une forteresse. Certains sont ensuite marqués au fer sur l'épaule. Ramsès, en leur présence, parle à son armée :

« Contemplez la grande puissance de mon père Amon-Rê ! Des peuples s'en vinrent de leur pays situé dans les Iles-du-Milieu de la Très-Verte [l'Égée] ; ils avaient tourné leurs visages vers le Pays bien-aimé, et leurs cœurs faisaient confiance à leurs bras. Mais un filet fut préparé, afin de les enfermer. Et ceux qui s'avancèrent, pénétrant jusque dans les bouches du Nil, y tombèrent, les ailes coupées, à la place où ils se trouvaient, les bras tranchés ainsi que leurs poitrines. J'ai fait que vous puissiez contempler ma puissance, dont témoignent les actions de mon bras... Amon-Rê se tenait à ma droite et à ma gauche ; son prestige et la crainte qu'il inspire étaient dans mon corps [89]. »

Puis, précédées par Ramsès, deux longues files de captifs sont consacrées à la triade thébaine, dans une chapelle :

AMON-RÊ : « Bienvenue, dans la joie ! Tu as massacré les Neuf Arcs et terrassé tes assaillants ; tu as arraché les cœurs des Asiatiques et saisi les souffles de leur nez... Je suis heureux, mes plans ayant été rendus efficaces, et avisées les paroles sorties de ma bouche. »
RAMSÈS : « ... Combien " vert " est celui qui a fait confiance à tes conseils, ô protecteur, seigneur de la puissance ! »
LES CAPTIFS : « Grande est ta force, ô roi, grand soleil de l'Égypte. Grande est ta puissance, plus que celle d'une montagne de cuivre. Ton prestige est semblable à celui de Seth. Donne-nous les souffles que nous les respirions, et la vie qui est dans ton poing [90]. »

Ramsès proclame son triomphe avec des accents lyriques et des mots d'orgueil qui rappellent étrangement ceux de Ramsès II.

« Ceux qui ont approché de ma frontière, leur semence n'est plus, leurs cœurs et leurs *ba* ont cessé d'exister, pour le temps éternel et infini. Quant à ceux qui s'étaient rassemblés sur la Très-Verte, une flamme dévorante les arrêta devant les bouches du fleuve, tandis qu'un mur de fer les encerclait sur le rivage ; ils furent frappés, détruits, abattus sur le bord du fleuve, massacrés, entassés en pyramides, de la queue à la tête ; leurs navires et leurs biens sombrèrent dans l'eau. J'agis de sorte que, désormais, tous les pays fassent retraite au souvenir du Pays bien-aimé ; ceux qui prononceront mon nom dans leurs pays, ils seront consumés. Depuis que je siège sur le trône d'Horakhty, la " grande magicienne " étant fixée sur mon front, comme sur celui de Rê, *je ne permets pas que des pays étrangers voient les frontières de l'Égypte.* Alors je saisis leurs pays, leurs frontières s'ajoutant aux miennes [91]. »

Pharaon triomphant est le *vêtement* de l'Égypte ; il la protège et lui assure sécurité et prospérité :

« Ô Égypte, pousse des cris de joie jusqu'à la hauteur du ciel, car je suis le régent du Sud et du Nord sur le trône d'Atoum... Je chasse l'affliction qui était dans vos cœurs et je fais que vous soyez assis, confiants, sans cesse. Je *vêts* l'Égypte, je la protège grâce à mon bras vaillant, depuis que je règne en tant que roi de Haute et Basse Égypte sur le trône d'Atoum... Car mon cœur est empli de mon Dieu, le maître des dieux, Amon-Rê, le vaillant, seigneur de la puissance. Je sais que sa force est plus grande que celle des autres dieux et que la durée de la vie, le destin, les années sont dans sa main. Aussi suis-je courageux et vaillant, mes desseins réussissent, rien n'a échoué de ce que j'ai entrepris, mon action est bénéfique, car je suis " empli " de ce dieu, le père des dieux... mon père. Je n'oublie pas son sanctuaire ; ferme est mon désir de doubler, par rapport à ce qui existait auparavant, ses offrandes, lors des fêtes, et ses nourritures [92]... »

An 11 — Nouvel assaut des Peuples de l'Ouest

C'est en l'an 11 du règne, le quatrième mois de la saison d'été, le dixième jour (donc vers la fin du mois d'octobre, en pleine saison des labours) que les Mashaouash, avec les Timhiou, les Tjehenou, les Seped et les Libou envahirent l'Égypte, à l'Ouest.

> « " Nous allons habiter en Égypte ", disaient-ils, d'une seule bouche. Et ils franchirent la frontière du Pays bien-aimé. Mais la mort les encercla sur le chemin, et leurs mauvais desseins furent frappés dans leurs corps[93]. »

Ramsès charge l'ennemi, appuyé par l'infanterie et la charrerie cependant que, depuis deux forteresses, des soldats tirent des flèches et lancent des javelots sur l'ennemi qui s'enfuit ; le lieu de la bataille se situe entre la ville appelée « Ramsès-régent-d'Héliopolis », proche de la frontière [l'intervention du roi avait donc dû être rapide], et celle de Het-shâ (« le Château des sables »), distante de huit *iter* : « cela fit huit *iter* de carnage[94] ».

Mashaouash et Timhiou ressentent l'amertume de la défaite et rejettent la responsabilité de l'action sur les Libou, les nouveaux venus d'Asie mineure.

> « Ce sont les Libou qui ont causé notre confusion, de même que la leur, car nous avons écouté leurs conseils et, maintenant, notre chaleur est ravie et nous sommes, comme eux, sur la voie du malheur. Que ceci soit pour nous une leçon, pour le temps éternel et infini[95]. »

Bataille et châtiment pour les Mashaouash qui, un jour, prendront leur revanche.

L'intensité de la bataille et un incident tragique marquent la volonté farouche de Ramsès III d'en finir avec les envahisseurs :

> « Meshesher, le fils de Kaper, leur chef [des Mashaouash]... se jeta sur le sol et s'étendit sous les pieds de Sa Majesté ; ses fils, les gens de sa tribu, son armée étaient détruits et ses yeux avaient cessé de voir la forme du disque solaire. Ses guerriers avaient été emmenés... leurs femmes et leurs descendants... captifs, les bras (attachés)

sur la tête comme les prisonniers, leurs biens et leurs enfants pesant lourd sur leurs dos ; leurs troupeaux et leurs chevaux avaient été emportés vers l'Égypte... Tous ceux qui avaient échappé fuyaient vers leurs villes, car les marais du Delta, derrière lui [Ramsès] étaient une torche puissante, crachant la flamme venue du ciel pour rechercher leurs *ba* et arracher leurs racines qui étaient encore dans leur pays... Il n'abandonne pas le combat, dans sa rage, (plaçant) son sabot sur la tête des Mashaouash...[97]. »

Dans le texte appelé *Poème de l'an 11,* Kaper vient se rendre avec son armée, implorant la grâce royale :

« Kaper vint pour implorer la paix, à la manière d'un aveugle ; il dépose ses armes sur le sol, en même temps que celles de son armée, et pousse un cri jusqu'au ciel en implorant qu'on lui rende son fils. Ses pieds et ses mains furent alors " immobilisés " de sorte qu'il restait debout, sans mouvement, à sa place... Alors on se saisit de Kaper, on l'emmena, son armée fut massacrée, qui lui avait fait confiance pour la sauver. Il fut abattu, les mains liées, tel un oiseau tombé, sur le char, sous les pieds de Sa Majesté. Le roi était comme Montou le puissant, les pieds sur sa tête ; cependant que, devant lui, les chefs, dans son poing, étaient tués. Ses conseils prodiguent la joie, ses desseins réussissent, son cœur est rafraîchi[97]. »

Une scène à l'antique, cruelle et malheureuse. Ce réalisme brutal, peu dans la manière égyptienne habituelle, témoigne de la crainte ressentie devant ces invasions successives et du désir intense de sauver l'Égypte. Des exemples sanglants paraissaient alors nécessaires et utiles.

C'est à nouveau le retour triomphal de Pharaon et la présentation du butin aux dieux.

Sur le champ de bataille même, quand fut venue l'heure apaisée du repos pour les soldats, un dignitaire et les deux vizirs viennent présenter à Ramsès III, accompagné de ses officiers, les captifs et le butin, tandis que, tâche habituelle, les scribes tiennent soigneusement registre de tout,

y compris les inévitables piles de mains et de phalloi pré-
levés sur les morts ; on emmène en Égypte 2 052 hommes,
femmes et enfants prisonniers et 28 927 têtes de bétail,
gros et petit, un bien long défilé, et bruyant, derrière
l'armée-des-victoires. Puis on échange les habituels discours de louanges et de reconnaissance.

Tout au long du parcours, le peuple d'Égypte, préservé
et joyeux, acclame encore son protecteur. Derrière lui, qui
s'avance sur son char, les prisonniers en deux longues
files témoignent de la victoire. Le roi, parvenu au temple,
est accueilli par des prêtres tenant des bouquets de fleurs,
symboles de la vie éternellement renouvelée. On consacre
les prisonniers à Amon et à Mout. Le discours qu'Amon
prononce alors, à l'intention du souverain, dénonce certaines réalités politiques intéressantes :

> « Bienvenu en paix... Tu as établi les frontières que tu
> désirais, ce que tu avais prévu s'est réalisé aussitôt. Mes
> paroles sont efficaces et ma main est toujours avec toi pour
> repousser les Neuf Arcs. Je tue qui t'agresse et je te confère
> le prestige à l'encontre des pays étrangers. Les Deux Rives
> devant toi s'inclinent. *Les aliments de la Phénicie et les
> nourritures du Pays bien-aimé sont réunis grâce à ta
> royauté*[98]. »

Ce qui semblerait bien confirmer ce qui nous est déjà
apparu [99] : le maintien, au moins nominal, du pouvoir pharaonique sur une partie de l'Asie. Ce dont pourraient
témoigner également les événements qui ont suivi la campagne occidentale de l'an 11 et que, malheureusement,
dans l'état actuel de nos connaissances, nous ne saurions
dater avec précision.

Maintien de l'Empire égyptien d'Asie (?)

En effet, après la campagne de l'an 11, Ramsès III
mena des guerres en Asie — l'année suivante (?) peut-être,
comme semblerait l'indiquer le texte triomphal d'une stèle

datée de l'an 12, déposée devant le premier pylône de Medinet Habou, et qui vante, entre autres, les succès asiatiques de Pharaon ; cela est possible, mais non certain, car le roi avait déjà triomphé, en l'an 8, des peuples du Nord.

Ramsès III est-il alors remonté jusqu'à l'Euphrate ? En tout cas, fidèle à la pensée ramesside, il voulut, très vraisemblablement, essayer de maintenir le grand Empire qu'avaient établi ses ancêtres.

Nous pouvons suivre les étapes de sa progression victorieuse au-delà d'El Kantara, dans des pays où la situation était anarchique et qui étaient livrés aux massacres et aux pillages des différents envahisseurs.

Ramsès défait d'abord une forteresse syrienne, dont le nom n'est pas indiqué ; c'est lui-même, suivi de ses officiers, qui s'en empare.

Puis, c'est la prise de Tounip, ville forte située dans la région de Kadesh. Ramsès attaque la forteresse tandis que les soldats égyptiens coupent les arbres aux alentours : geste symbolique évoquant la destruction des puissances de vie. Des soldats frappent à la hache la porte principale, d'autres donnent l'assaut en grimpant le long des murs sur des échelles. Les Syriens, en haut de la tour, tendent un brasero enflammé aux Égyptiens, en signe de reddition : ce geste évoque certains rites africains, selon lesquels le feu (et l'épée, ou, à défaut, toute arme pointue) sont nécessaires pour expulser les esprits mauvais ; cela rappelle aussi un passage du conte de Satni-Khâemouaset (encore un Ramesside !) au cours duquel Khâemouaset vient, après une courte rébellion, auprès de Nenneferkaptah « un bâton fourchu à la main, un brasero allumé sur la tête ». La reddition, avec l'aide du feu purificateur, chasse les esprits néfastes qui avaient entraîné la révolte. Déjà les trompettes égyptiennes sonnent la victoire sur Tounip.

Les bas-reliefs et les textes de Medinet Habou nous permettent également d'assister à la prise d'une autre forteresse, sise au pays d'Amourrou, et à la capture de deux cités *hittites,* ce qui semblerait indiquer, d'une part, que certains éléments de ce peuple avaient pu conserver encore quelques places fortes, d'autre part que Ramsès est bien allé jusqu'à l'Euphrate.

Ce qui est confirmé par les listes de cités et de pays conquis qui ont été sculptées au-dessus de la grande porte du premier pylône de Medinet Habou ; auprès d'une scène triomphale (sur la façade de la tour du Nord) l'origine de sept des chefs des pays du Nord est précisée. Il s'agit de *Hittites*, Amorrites, Tekker, Shardanes, Shasou, Étrusques, Philistins.

A Per-Ramsès, au retour, le roi qui a maintenu l'Empire (?) est accueilli par les prêtres-aux-bouquets, les deux vizirs, les officiels de la Cour, ainsi que par Amon, qui lui dit :

> « Mon cœur est heureux de pouvoir contempler tes victoires, ô maître du glaive, aimé de Rê. Bienvenue au pays, ta conquête achevée [100]. »

Les prisonniers, qui le précédaient sur deux files, durant le voyage de retour, serviront désormais le temple du dieu de la victoire — selon leurs propres paroles :

> « Paroles dites par les vaincus qui sont devant Sa Majesté : " Le souffle vient de toi, *ô Seigneur de l'Égypte et Soleil des Neuf Arcs ;* ton père Amon nous a placés sous tes pieds. Ah ! puissions-nous voir, respirer les brises et être les serviteurs de son temple ; tu es pour nous, désormais, le maître, durant le temps éternel, ainsi que ton père Amon [101] ". »

L'ordre royal s'ensuit :

> « Le roi lui-même dit au noble, scribe royal, général de l'armée et fils royal : " Rassemble ces captifs qu'a ramenés le bras valeureux de Pharaon. Place-les comme serviteurs dans le temple d'Amon-Rê, le roi des dieux, car c'est sa main qui les a amenés [102] ". »

Tout cela fut-il démonstration de force momentanée ou maintien de l'Empire d'Asie ?

La stèle de l'an 12 proclame le triomphe de Ramsès III sur les Peuples de la mer :

> « Écoutez-moi, le pays tout entier, tous les vivants, jeunes générations et hommes vénérables du Pays bien-aimé. Je suis le fils d'un vaillant, la semence [de Dieu], un héros de grande puissance, le roi du Sud et du Nord. J'ai abattu les terres et les pays étrangers qui ont violé mes frontières, depuis que j'ai été établi en tant que roi sur le trône d'Atoum. Aucun pays qui soit rival ne demeure auprès de moi. Je suis ferme, tel un taureau devant eux, (un taureau) aux cornes acérées. J'ai fait que fassent retraite les Asiatiques qui avaient foulé le sol de l'Égypte... Le souvenir de mon nom crée la terreur dans leur pays... J'ai abattu les Tekker, le pays des Philistins, les Dananéens, les Ouashasha, les Sicules. J'ai détruit le souffle des Mashaouash... J'ai relevé le visage de l'Égypte qui était abaissé[103]. » [Des mutilations, fort regrettables, dans l'inscription, nous empêchent de lire les noms d'autres peuples qui y étaient primitivement inscrits.]

Les chants impériaux de Medinet Habou

Pour mieux assurer à jamais la mémoire de l'Empire et affirmer la grandeur des Ramsès, Ramsès III a fait sculpter sur les deux ailes du premier pylône de son temple funéraire de Medinet Habou, en un grandiose parallélisme, deux chants impériaux. L'un, qui est un « dit » d'Amon-Rê, est construit sur le modèle établi par Thoutmosis III — l'autre (« dit » d'Amon-Rê-Horakhty) reprend essentiellement les versets formulés pour la première fois par Aménophis III[104], mais contient aussi quelques strophes de l'hymne thoutmoside.

Ces poèmes, qui se rattachent ainsi à la tradition impériale, dénoncent la pérennité de la grandeur égyptienne en un immense répons de gloire et de foi. Ils dévoilent aussi l'évolution qu'a subie la pensée de l'Empire, sous la pression des événements extérieurs.

Le chant du pylône du Sud :

« ... Tu es semblable à Horus, qui domine le Double
Pays, ô Soleil des Arcs ! J'exalte tes victoires. Je place ta
crainte au cœur du pays des *Haou-nebout* [l'Égée], la terreur que tu inspires grandissant dans leurs corps ; Ta
Majesté les a terrassés, tes mains étant réunies sur la tête de
tes ennemis, car je t'ai placé au-dessus d'eux. Les *Coureurs-
des-Sables* s'inclinent devant ton nom, car ton Étincelante
[l'uraeus] s'empare d'eux. La massue blanche dans ta main
droite, le sceptre ames dans ta main gauche, tu as repoussé
les cœurs des rebelles. Les chefs viennent à toi porteurs de
tributs : toutes sortes de bons produits de leurs pays. Je te
donne l'*Égypte,* chargée de biens, les Arcs étant serviteurs
de ton palais. Viennent à toi le *Sud,* accablé par la crainte
de toi, et les pays du *Nord,* en hommage à ta gloire. Pour
toi, j'ouvre les chemins de *Pount,* ceux de la myrrhe et de
l'encens, pour ton uraeus. Je te conduis, ma force est dans
ton corps pour détruire les pays qui t'attaquent...
Je te donne mon glaive, comme un bouclier pour ta poitrine, je demeure la protection magique de ton corps
entier, dans tous les combats.
[Le chant nouveau s'élève alors sur des formes anciennes.]
    Je fais qu'ils voient Ta Majesté comme un ciel voilé et
gros d'une tempête, lorsqu'elle arrache les arbres de leurs
racines.
    Je fais qu'ils voient Ta Majesté comme la puissance
d'Horus et de Seth, tandis que les Arcs, à cause de toi, sont
terrassés, victimes de ton prestige.
    Je fais qu'ils voient Ta Majesté tel le faucon divin,
lorsqu'il fond sur les petits oiseaux, celui à cause de qui
sont écrasés des centaines de mille.
    Je fais qu'ils voient Ta Majesté comme l'égal de ma
force, mon glaive étant tien, victorieux dans la bataille,
tandis que leur frayeur les abat, devant cette crainte que tu
inspires, car ta forme, en leurs visages, est semblable à
celle du Soleil.
    Je fais qu'ils voient Ta Majesté chargée de victoires, tel
Seth tuant le serpent ennemi à la proue de la Barque du
Soir [105]. »

Si les versets conservent la présentation thoutmoside, l'idéologie est différente. La vision du Roi est maintenant de grandeur et de frayeur inspirée. La pensée de l'Empire a évolué ; ce n'est plus seulement en apparaissant, tel un dieu, aux pays conquis, que Pharaon liera les terres étrangères ; c'est par la force et la violence qu'il devra désormais s'imposer pour maintenir la puissance de l'Égypte, dangereusement menacée. C'est le temps des armes ; et les dieux même se font guerriers.

Le chant du pylône du Nord :

« Les pays des Nubiens sont détruits, sous tes pieds. Je fais que s'avancent vers toi les chefs des pays du Sud, leurs tributs et leurs enfants chargeant leur dos, ainsi que tous les bons produits de leur pays. Tu leur donnes les brises, selon que tu le désires, ou tu abats celui que tu veux, comme tu le souhaites.

Je tourne mon visage vers le Nord, alors je fais merveille pour toi. Pour toi je frappe le Désert, (le plaçant) sous tes sandales ; ainsi tu piétines des dizaines de milliers d'hommes pervers et tu terrasses les Coureurs-des-Sables grâce à ton bras vaillant. Je fais que viennent vers toi des pays étrangers qui (jusqu'alors) ignoraient l'Égypte, portant des sacs chargés d'or, d'argent et de lapis-lazuli et de toutes sortes de pierres précieuses, parmi les plus belles, venant du Pays de Dieu, pour ton beau visage.

Je tourne mon visage vers l'Est, alors je fais merveille pour toi. Je les lie tous et les rassemble dans ton poing. Pour toi, je réunis le pays de Pount en son entier et ses tributs de résine et d'encens sacré, de plantes de toutes essences au doux parfum, pour ton visage et le serpent qui est sur ta tête.

Je tourne mon visage vers l'Ouest, alors je fais merveille pour toi. Pour toi, je détruis les terres des Tjehenou, de sorte qu'ils viennent vers toi en humble attitude, te louant, et tombant sur leurs genoux dès qu'ils entendent ton cri de guerre.

Je tourne mon visage vers le ciel, alors je fais merveille pour toi. Les dieux de l'horizon céleste, que Rê amène à l'existence à la pointe de l'aube, pour toi poussent des acclamations, et tu redeviens jeune et vigoureux comme la lune, lorsqu'elle apporte son témoignage (de vie).

Je tourne mon visage vers la terre, alors je fais merveille pour toi. J'annonce les victoires que tu remporteras sur chaque pays étranger, et les dieux qui résident au ciel sont dans l'exultation. L'Horus de Behedet étend pour toi ses ailes, pour que demeure la fraîcheur. Le Grand Circuit et le Grand Cercle sont sous ton autorité, ô fils de Rê, Ramsès-régent-d'Héliopolis.

Je place ton glaive devant toi, pour abattre les Neuf Arcs et, pour toi, je jette toute terre sous tes sandales.

Je sais qu'ils voient Ta Majesté semblable à la force du Noun[106] lorsqu'il brise et abat les villages et les villes derrière les flots de son eau.

Je fais qu'ils voient Ta Majesté comme un crocodile furieux, dont les pattes frappent les corps selon son désir.

Je fais qu'ils voient Ta Majesté comme un lion en rage, dont la griffe et la dent déchirent la poitrine du petit bétail.

Je fais qu'ils voient Ta Majesté comme un taureau, toujours jeune, connaissant sa force, lorsqu'il est sur l'arène[107]. »

Aux quatre points cardinaux (le début du chant évoquant les pays du Sud), du ciel à la terre, sur tout l'univers, en sa longueur et sa largeur, sont proclamées les victoires de Ramsès, pour qui Dieu fait merveille.
La richesse, la profusion des images dans la vision d'un roi terrible s'intensifie ici.

Cela n'est point formalisme durable (la grande diversité, l'évolution des images le prouvent, même si le cadre du poème reste le même), ni banale et bavarde propagande, mais un moyen d'aider par la magie du Verbe triomphant, les victoires de Ramsès et d'en assurer le devenir immortel.

En écho, quelques versets du chant de Thoutmosis reviennent encore dans leur version moderne, à Medinet Habou, sur la grande porte de l'Est[108] ; tandis que le chant original est sculpté de nouveau à Karnak, sur le temple construit par Ramsès III pour Amon (tour de l'Ouest[109]).

Le nouveau monde oriental
et le bonheur retrouvé de l'Égypte

Après les deux vagues d'invasion, dorienne (en Grèce) et indo-européenne (en Asie mineure), qui avaient déchaîné les guerriers sur la mer et sur la terre, le vieux monde oriental avait été bouleversé.

L'Ionie était devenue définitivement terre grecque, attachée au commerce, qui fera sa richesse.

La civilisation phrygienne succéda à celle des Hittites, à Bogaz-Khöy, Alisha et autres sites — civilisation essentiellement rurale, qui demeura assez isolée. Il n'est pas impossible que de petits îlots de populations hittites se soient maintenus dans quelques villes, mais le royaume qui avait été assez puissant vers 1300 av. J.-C. pour menacer l'Égypte, n'existait plus.

La Phénicie avait subi de grandes violences. La destruction d'Ougarit, notamment, le riche et grand port du Nord, fut totale. On ne parlera de la civilisation qu'elle avait développée qu'au XXe siècle *après* J.-C.[1], lors de la découverte de textes mythiques à Ras Shamra (le port actuel bâti sur le site ancien).

Sur les rives de la Méditerranée, un État nouveau apparaît ; sur le front de mer du pays de Canaan, autour des ports de Gaza, Ascalon et Jaffa, les Philistins se sont installés, donnant leur nom au pays : la Palestine — un État qui prendra quelque importance dans les siècles à venir, mais qui était alors vassal de l'Égypte.

Ramsès laisse les Shardanes et les Ouashasha s'installer pacifiquement en Égypte. Établis dans des forteresses ils travaillaient pour Pharaon, livrant des grains et tissant des vêtements[110].

Mashaouash, Libou, et peut-être quelques Achéens, demeurent en Libye avec les autochtones Tjehenou et Timhiou.

Que sont devenus les autres peuples de marins ? C'est peut-être le moment où, chassés de tous les rivages, les

Étrusques et les Sicules ont cherché ailleurs une terre hospitalière. Sur leurs navires, alors, peut-être ont-ils porté la civilisation et la culture du vieux monde vers les terres européennes, les uns en Ombrie, les autres en Sicile, sources lointaines de la grandeur de Rome. Nous sommes vers 1180 av. J.-C. La civilisation étrusque n'apparaît, déjà formée, que vers le VIIe siècle. Il fallut bien tout ce temps pour que la civilisation étrusque prenne racine, et s'épanouisse. Quelques faits paraissent révélateurs : dans une tombe de Tarquinies le caveau est ombragé par l'image d'une grande vigne qui, partant du sol, étend largement ses pampres sur le plafond, comme on le voit dans les tombes égyptiennes[111] ; les feuilles sont traitées de la même manière stylisée. Coïncidence ? Influence ? Passage ? Ces legs possibles d'une civilisation à une autre restent encore, souvent, à découvrir. Mais il n'est pas impossible de rêver et d'imaginer.

Quant aux Sicules, ils auraient trouvé abondance et fertilité dans l'île de Sicile, à laquelle ils auraient donné leur nom, comme d'autres peuples migrateurs le firent pour leur terre d'accueil : les Libou, les Philistins.

Dans la mer Méditerranée, les Tekker continueront pendant des siècles à se livrer à des actes de piraterie, vivant d'abordages et de rapines.

Les grands mouvements des Peuples de la mer constituent en fait le prélude à l'organisation du monde actuel. Si Ramsès III n'avait été ce souverain énergique et lucide, ce combattant héroïque, les destins de Rome eussent peut-être été différents !

On peut dire que cette grande geste de Ramsès III combattant les Peuples de la mer est la première grande aventure des temps *modernes*. En Égypte se trouve une part de nos racines profondes.

Le Pays qui, seul, demeure du vieux monde, a retrouvé la paix.

De Ramsès III :

« J'ai rendu la vigueur au pays tout entier, plantant des arbres qui reverdiront (éternellement) et sous l'ombre desquels le peuple peut s'asseoir. Je fais que toute femme du Pays bien-aimé puisse marcher, tête découverte, vers l'endroit où elle souhaite aller, car aucun étranger ne la molestera plus sur le chemin. Je fais que l'infanterie et la charrerie soient désormais au repos, durant mon règne, les Shardanes et les Kehek [mercenaires de l'armée] étant dans leurs villes, étendus sur le dos. Il n'y a plus de crainte, car il n'y a plus de rebelles appartenant aux pays de Koush, ni d'adversaires venant de Syrie ; leurs arcs et leurs armes sont déposés dans leurs magasins, tandis qu'eux-mêmes sont rassasiés et ivres, poussant des cris de joie ; leurs femmes sont avec eux, leurs enfants à leurs côtés ; ils ne regardent plus derrière eux, leurs cœurs sont confiants, car je suis avec eux, moi, la sauvegarde et la protection de leurs corps, je redonne la vie au pays tout entier, étrangers et peuple d'Égypte, hommes et femmes.

Je " tire " l'homme hors de son malheur, et lui donne les brises, je le sauve de celui qui est plus fort et plus pesant que lui. A chacun, dans sa ville, je donne la sécurité ; à d'autres je rends la vie dans la Salle de l'Au-delà. J'approvisionne le pays en toute place où il est dévasté, de sorte qu'il est parfaitement rassasié, durant ma royauté.

J'accomplis des actes heureux pour les dieux comme pour les hommes ; je ne prends rien à d'autres. Ainsi exercé-je mon pouvoir royal sur terre comme Régent du Double Pays [112]. »

Que les routes de mer et de terre soient à nouveau libres et disponibles pour le commerce égyptien, deux expéditions organisées par Ramsès III le montrent.

L'une a lieu vers Pount et se conclut par la *visite* des fils des chefs du pays à la cour de Pharaon :

« Je fis construire de grands navires, (poussant) devant eux des chalands, pourvus d'un équipage important et d'accompagnateurs en nombre ; des capitaines de marine étaient parmi eux, avec des inspecteurs et des officiers en second pour les commander. Ils étaient chargés de pro-

duits de l'Égypte, innombrables, chaque quantité attei-
gnant des dizaines de mille. Ils furent envoyés dans
l'Océan du fleuve errant [ce dernier terme désignant communément l'Euphrate, qui coule du nord au sud, à
l'inverse du Nil — l'Océan en cause peut être l'Océan
Indien, dont fait partie le Golfe Persique, où se jette
l'Euphrate] et atteignirent le Pays de Pount sans qu'aucune
mésaventure désagréable leur fût survenue, sains et saufs,
et répandant la crainte. Les navires et les chalands furent
chargés des produits du Pays du Dieu, toutes sortes de
merveilles cachées du pays, surtout l'encens de Pount,
" par dizaines de mille ", sans limites.

Les enfants des chefs du Pays de Pount vinrent alors, et
se placèrent devant leurs tributs, le visage tourné vers
l'Égypte. Ils arrivèrent sains et saufs au rivage désertique
de Koptos et abordèrent en paix avec les produits qu'ils
apportaient ; ceux-ci furent placés sur des ânes et sur des
hommes, puis débarqués et chargés sur les vaisseaux (qui
attendaient) sur le fleuve à l'embarcadère de Koptos. On
se mit en route, en naviguant vers le nord, et l'on arriva au
milieu des festivités ; on fit offrande des produits merveilleux en ma présence [en présence de Ramsès].

Les enfants des chefs, devant moi, poussèrent des acclamations, touchant le sol et se prosternant devant moi. Je les
" donnai " à l'Ennéade et à tous les dieux de ce pays [113]. »

Ce texte nous apprend que Ramsès III ne résidait pas à
Thèbes, puisqu'on « descend » le courant de Koptos
jusqu'à la Résidence royale ; le souverain était alors, probablement, soit à Memphis, soit à Per-Ramsès. D'autre
part — et cela apparaît très inhabituel — les enfants des
chefs de Pount accompagnent les navires égyptiens : pour
une visite ? pour recevoir, comme d'autres, une éducation
égyptienne ? ou bien pour servir dans les temples ? Mais
cela n'était d'usage que pour les prisonniers de guerre, et
Pount est toujours apparu comme un pays avec qui
l'Égypte commerçait pacifiquement. Y aurait-il eu, dans
ce pays lointain, quelques infiltrations étrangères, venant
de Koush ou de la mer ? Il semble difficile, actuellement,
de rien affirmer à ce sujet.

Une autre expédition est également envoyée vers le Sinaï, le pays des mines, pour rechercher du cuivre, la malachite et la turquoise.

Ainsi, après la grave secousse, l'activité commerciale reprend ; les jours paisibles sont revenus, durant lesquels on peut sans crainte servir les dieux qui ont, avec Ramsès, sauvé le pays.

Ramsès III put, dans la paix, en l'an 29 de son règne, célébrer un jubilé. La mention en a été conservée dans la tombe de Setaou, grand prêtre de la déesse Nekhbet, à El Kab [114] — il avait succédé à son père dans cette charge. Ce dut être un moment important de la carrière de ce personnage, lorsque le vizir To conduisit avec lui la barque de Nekhbet pour participer à la fête *Sed* du souverain, en la capitale.

Le service des dieux

Les dieux qui ont sauvé l'Égypte

Dès l'an 15 du règne, la paix revenue, Ramsès III fait procéder à un grand recensement des dieux et des déesses, comme l'avait fait avant lui Merenptah. Le soubassement du massif du pylône ramesside d'Edfou a conservé le texte du décret qui y fut sculpté :

« An 15, deuxième mois de la saison de l'inondation [un autre texte ajoute : treizième jour], sous la Majesté du roi de Haute et Basse Égypte, seigneur du Double Pays, Ousermaâtrê-aimé-d'Amon, fils de Rê, maître des apparitions radieuses, Ramsès-régent-d'Héliopolis, doué de vie, comme Rê, pour le temps infini.

Sa Majesté a ordonné de purifier tous les temples de Haute Égypte, de recenser les trésors et les greniers, de doubler les divines offrandes afin qu'elles soient plus importantes qu'auparavant ; ensuite cela fut porté (pour exécution) à la connaissance du grand archiviste Pa-en-pato [115]. »

Un texte analogue a été sculpté sur la paroi extérieure (orientale) du temple périptère élevé par Thoutmosis III à Tod [116] ; il s'agit également du « recensement des temples depuis Memphis jusqu'à Éléphantine », c'est-à-dire ceux de la Haute Égypte. Sans doute le texte d'un autre décret (que nous n'avons pas retrouvé) concernait le recensement des temples de Basse Égypte.

Le papyrus Harris se fait aussi l'écho de cette opération :

> « J'ai fait le compte de vos trésors [dit Ramsès III aux dieux], je les ai complétés avec des biens nombreux ; j'ai empli vos greniers d'orge et d'épeautre amoncelées [117]. »

Cela dut être l'occasion de grandes fêtes, comme les aimaient les Égyptiens et de réjouissances populaires, en même temps que d'actes de foi envers les statues des dieux que l'on sortait de leur maison secrète. Une stèle, accotée au montant sud du pylône oriental du grand temple d'Edfou, évoque ces faits ; seules sont conservées les six dernières lignes :

> « ... le jour où apparut Amon-Rê, le roi des dieux, pour annoncer les nombreuses et belles actions accomplies pendant le long règne de Pharaon son fils, lors de la fête durant laquelle on exposait tous les dieux de Haute et Basse Égypte pour le peuple du pays entier — pour annoncer également ce qu'a fait le roi de Haute et Basse Égypte, O., le fils de Rê, Ramsès... celui qui dispense les nourritures qui assurent votre vie et qui fait que toutes sortes de bonnes choses, pour vous, existent.
>
> Réjouissez-vous et poussez des cris de joie. Faites aussi que les gens des régions où vous résidez soient dans l'exultation à cause des heureuses actions accomplies par Amon-Rê, le roi des dieux, pour le roi de Haute et Basse Égypte, O., le fils de Rê, Ramsès... son fils. Faites en sorte qu'il soit comblé de fêtes, d'année en année, pour le temps éternel et le temps infini. (Lui) l'aimé de l'Horus d'Edfou, le grand dieu au plumage bigarré, le seigneur du ciel, comme Rê [118]. »

Une liste des divinités de l'Égypte a été sculptée sur le toit de la terrasse du temple de Medinet Habou[119].

Le syncrétisme religieux et le culte rendu aux dieux étrangers demeurent caractéristiques de cette période ramesside.

Nous l'avons vu, le culte d'Astarté et d'Anat, unies, parfois confondues, dans la mythologie cananéenne qui les considérait comme des déesses de la guerre, était très répandu en Égypte, où elles sont souvent décrites comme les filles de Rê, Astarté étant parfois aussi la fille de Ptah. Une stèle de l'époque de Ramsès III accuse ce mouvement de large unité religieuse ; il présente trois déesses : Anat, Astarté, Kadesh, parmi les plus importantes de l'Asie, assemblées en une seule divinité, pourvue d'attributs égyptiens : cette divinité unique est debout sur un lion, tenant dans la main gauche deux serpents et un bouquet de fleurs dans la main droite ; elle porte la perruque particulière à Hathor[120] — divinité composite donc, cumulant les attitudes et attributs distinctifs de trois personnalités divines. C'est là un procédé syncrétiste simple, très en honneur à l'époque des Ramsès.

Le culte rendu au roi lui-même, ainsi que l'avait promu Ramsès II, semble demeurer effectif.

Ainsi, sur une stèle datée de l'an 2 et provenant de Medamoud (près de Thèbes), on lit :

> « An 2, premier mois de la saison de la germination, Sa Majesté ordonna que soient donnés des champs (d'une surface de 50 aroures) à la statue d'Amon-Rê, roi des dieux, en même temps qu'à la statue de Ramsès-régent-d'Héliopolis, fils d'Amon, qu'a mis au monde Mout [un culte familial, en somme !], le seigneur des nourritures[121]. »

Les limites précises des terres concédées sont données et les personnes sont désignées nommément qui auront la charge de l'entretien de ces terres et du service quotidien d'offrandes destinées aux *deux statues divines*.

Cette fondation cultuelle pour une statue royale n'est

pas unique. Un autre exemple est parvenu jusqu'à nous, datant peut-être de l'an 24 du règne ; une stèle fut en effet découverte à Memphis (vraisemblablement dans les ruines du palais de Merenptah), sur laquelle un texte sculpté établit les modalités du service quotidien qui doit être rendu à une statue de Ramsès III [122] ; quatre personnes (deux hommes et deux femmes) sont appointées pour assurer ce culte ; les offrandes qui doivent être apportées chaque jour sont énumérées avec précision : nourritures, boissons, fleurs, vêtements.

Ainsi la même idéologie impériale s'affirme tout au long du règne des Ramsès.

La richesse des temples

Les documents sont nombreux et précis qui témoignent de la reconnaissance du roi envers les dieux qui l'ont aidé à préserver l'Égypte ; en remerciement, Pharaon dote de grandes richesses leurs « maisons » et pourvoit fastueusement à leur vie sur terre.

Les textes de trois décrets d'offrandes à Amon-Rê, datant respectivement de l'an 6, de l'an 7 et de l'an 16 du règne ont été retrouvés, sculptés sur la partie extérieure du mur oriental du temple de Ramsès II, à Karnak [123].

Mais deux documents essentiels témoignent de ces donations importantes. D'une part, daté de l'an 32 du règne (établi, donc après la mort du souverain, qui régna 31 ans, par son fils et successeur, Ramsès IV, qui voulut ainsi lui rendre hommage), le grand papyrus Harris, le plus grand des papyrus actuellement connus, établit un inventaire, un compte très précis des bienfaits de Ramsès III envers les dieux et des richesses des temples. Trois temples principaux sont distingués par l'abondance des apports qui leur ont été faits : Thèbes, Héliopolis, Memphis ; mais les autres sanctuaires ne sont pas oubliés ; celui d'Onouris à Thinis, celui de Thoth à Memphis, les lieux saints d'Osiris à Abydos, d'Oupouaout à Siout, de Seth à Ombos, d'Horus à Athribis.

« Les richesses dont disposaient les temples d'Égypte étaient considérables. Ils possédaient à eux tous 107 615 serviteurs, soit deux pour cent de la population de l'Égypte, 490 386 têtes de bétail, 513 vignobles et vergers, 88 barques et navires, 169 villes, dont 9 en Syrie et au pays de Koush et 1 071 780 aroures, c'est-à-dire la septième partie des terres cultivables de l'Égypte. Or, dans ce total, Amon s'était taillé la part du lion. Il détenait, à lui seul, les trois quarts, parfois les quatre cinquièmes ou davantage encore, de ces biens : 86 486 serviteurs, 421 362 têtes de bétail, 433 vignobles et vergers, 83 barques et navires, 65 villes, dont les 9 villes étrangères précitées et 864 168 aroures, soit la dixième partie des terres du pays. De même, les revenus que le temple d'Amon tiraient annuellement de son patrimoine étaient en disproportion avec ceux des autres sanctuaires égyptiens : seul, il recevait de l'or — en particulier du pays de Koush, " le pays de l'or d'Amon " — et il touchait dix-sept fois plus d'argent, vingt et une fois plus de cuivre, sept fois plus de têtes de bétail que les autres temples. Cette situation était due aux prodigalités des rois de la XVIIIe et de la XIXe dynastie ; elle n'était pas le fait de Ramsès III, qui l'avait héritée de ses prédécesseurs. Il la subit mais non sans essayer, peut-être, de la modifier, car ses générosités personnelles semblent être allées, de préférence, aux clergés et aux temples de Memphis, d'Héliopolis et des autres villes que ses ancêtres avaient moins largement traitées. C'est ainsi que, sur 3 648 *deben*[124] d'or, qu'il lui arriva de distribuer aux temples pendant son règne, 183 seulement furent attribués à Amon — 827 *deben* d'argent sur 8 027 — 14 *deben* de lapis-lazuli sur 28 — 822 *deben* de cuivre sur 18 854 — 297 têtes de bétail sur 2 418[125]. »

Ceci ressort, bien sûr, de l'étude du papyrus Harris. Ce souci de mieux équilibrer les revenus des temples témoigne de la lucidité politique de Ramsès III ; il voulut favoriser d'autres familles sacerdotales que celle de Thèbes, afin de se ménager des alliés dans d'autres clergés et ainsi reprendre en mains la direction de tous les sacerdoces qui, théoriquement, était sienne. Mais il ne faudrait pas ne voir dans ce fait qu'un acte politique ; Ramsès, homme pieux, voulut sans doute aussi témoigner sa reconnaissance envers « tous les dieux et déesses » qui l'avaient secouru. C'est dans cette même perspective de « réinstallation » de l'autorité royale sur tous les clercs que le temple funéraire du souverain, à Medinet Habou, qui était en même temps temple d'Amon, se substitua alors à Karnak comme centre de l'administration des biens d'Amon : ainsi, sur les 86 000 serviteurs recensés dans les temples thébains, 62 626 relèvent de Medinet Habou, qui devient le grand lieu cultuel à la fois pour le roi et pour le dieu.

Car Amon-Rê demeure toujours le « maître des dieux ». Lors des grandes fêtes, à Karnak ou à Medinet Habou, les offrandes étaient multipliées. Un texte, appelé par les historiens modernes « poétique », rapporte les propos de Ramsès à Amon, à la fois grande louange et résumé de l'œuvre royale, qui se veut l'expression de la reconnaissance du souverain.

« ... Je suis celui qui sacralise le chemin pour le maître des dieux, Amon-Rê, lors de sa fête (et cela) pour des millions d'années ; je suis aussi celui qui dirige la fête.

Pures sont mes mains pour consacrer les grandes offrandes devant celui qui m'a engendré ; je fais que mon temple soit dans ta suite, ô mon auguste père !

J'ai agi pour que (la possession) des biens enclos dans ton poing soit stipulée par écrit. Pour toi, j'ai fait un inventaire de tes possessions, afin qu'il demeure, pour l'éternité, attaché à ton nom. J'ai gouverné, pour toi, le Double Pays, en tant que ma part absolue, comme tu me l'as donné depuis que je suis né.

J'ai construit, à ton nom, des villes fortes dans le Pays bien-aimé, en Nubie et en Asie ; je les ai taxées d'impôts chaque année, territoires et villes (chacun désigné), par son nom, venant, rassemblés et chargés de leurs tributs, pour les offrir à ton *ka* ô seigneur des dieux ! caché dans le ciel, la terre, le Nouou et la Douat.

J'ai fait que tu aies connaissance de mon œuvre pour toi,

car mon auguste père c'est Amon-Rê, qui se réjouit de la Vérité et de la Justice.

J'ai agi ainsi à cause de ma puissance, au moyen de ce que mon *ka* avait fait venir à l'existence, au moyen aussi du butin provenant du pays du nègre comme du pays de Djahi. *Il n'y avait rien pour aucun (autre) dieu,* mais j'ai donné (tout) cela à ton *ka* afin que tu sois satisfait, car tu es mon père divin, l'héritier du temps éternel, délivrant l'infini en tant que maître des dieux.

Fais que mon temple soit en ton cœur à tout moment, fais qu'il soit stable comme Thèbes, ta place vraie [126]... »

Louange exaltée, louange d'un moment de foi, louange peut-être *intéressée* qui ne semble pas toujours conforme aux faits réels.

Suit le texte d'un décret royal, instituant pour chaque fête thébaine, de manière détaillée, la liste des nouvelles offrandes à accomplir. Ce *Calendrier des fêtes* est un grand texte, couvrant presque entièrement le mur méridional du temple de Medinet Habou [127].

L'hymne de reconnaissance des divinités comblées, emmenées par Amon-Rê, à son tour s'élève :

« Paroles dites par Amon-Rê, le roi des dieux, aux dieux et aux déesses de Haute et Basse Égypte, à l'Ennéade divine et au grand tribunal divin qui est dans sa dépendance : " Allons, chargés de jubilés de millions d'années, vers mon fils, aux riches années (mon fils) qui est sur mon trône, Ousermaâtrê-aimé-d'Amon, qui a bâti ma demeure sacrée à la ressemblance de l'horizon du ciel.

Je l'ai élevé de mes propres mains afin qu'il accomplisse pour mon temple des actes bénéfiques ; je l'ai engendré comme une créature de mon corps, afin qu'il fasse ce qui contente mon cœur.

Unissez-vous à lui, en vie et en force, répandez vos charmes magiques derrière lui ; fraternisez avec lui ; qu'il soit parmi vous lumineux, comme vous êtes lumineux ; que son nom soit prospère à l'égal des vôtres pour le temps de l'éternité — de même qu'il a reconstruit pour moi mon temple sur la colline de Neb-ankh [128] ". »

Les clercs

Qui dit richesse des temples dit, souvent, puissance des clercs.

Sous le règne de Sethnakht, déjà, le grand prêtre d'Amon était Bakenkhonsou (Bakenkhonsou III), qui poursuivit son pontificat sous Ramsès III. Il était fils de militaire, fils d'Amenemopet, « chef des soldats et chef des recrues du domaine d'Amon » — il avait donc été élevé à Karnak, où il passa sa vie ; pourvu des distinctions de « noble » et de « prince », il était « celui qui ouvre les portes pour voir le grand dieu », porte-étendard d'Amon, chef des recrues du domaine (il avait hérité la charge de son père) et « directeur des prêtres de tous les dieux » — ceci d'après les inscriptions sculptées sur les quatre statues de ce personnage qui ont été retrouvées. Il était donc aussi le chef de la milice d'Amon. Cela peut paraître dangereux. Mais si le roi est énergique le clergé ne peut faire montre d'indépendance. Et Bakenkhonsou III ne prit pas, avec le pouvoir, les libertés de son prédécesseur Romeroy. Ramsès III sut maintenir les clercs de Thèbes dans son obéissance.

Riche en aventures diverses fut le sort posthume de Tjanefer, « troisième serviteur d'Amon », grand prêtre de Rê et d'Atoum dans Thèbes, qui appartenait à une grande famille du sacerdoce thébain. Il était fils d'Amenhotep, « deuxième serviteur du dieu » et de la supérieure du harem d'Amon ; son grand-père par alliance était Bakhenkhonsou Ier ; l'un de ses fils sera « père divin d'Amon », « grand prêtre de Rê à Thèbes [charge héritée de son père] et grand prêtre de Mout » ; un autre fils deviendra « grand prêtre de Montou ». Nommé par Ramsès III, il poursuivra ses offices sous Ramsès IV et V.

La richesse de la famille s'exprime dans la grandeur de la tombe que Tjanefer se fit construire sur la colline de Drah' Aboul Neggah ; pourvue d'un pylône et d'une pyramide, elle était la plus haute des tombes de la nécropole. Aussi, très tôt, suscita-t-elle des convoitises. A la fin de la

XXe dynastie, elle fut, comme d'autres tombes à cette époque [129], pillée par des voleurs. La confession de l'un d'eux
a été conservée [130] :

> « Nous allâmes à la tombe de Tjanefer, qui était troi-
> sième serviteur d'Amon. Nous l'ouvrîmes et sortîmes ses
> sarcophages ; nous prîmes sa momie et la laissâmes dans
> un coin de sa tombe. Nous emportâmes ses sarcophages
> dans le bateau, en même temps que le reste, vers l'île (?)
> d'Amenope, nous y mîmes le feu dans la nuit — et nous
> partîmes avec l'or que nous avions trouvé. »

Sans doute la momie fut-elle retrouvée, *réinstallée,* et le
culte funéraire reprit. La tombe fut d'ailleurs pillée une
seconde fois. A l'époque moderne, une famille d'indigènes du village voisin en fit sa maison ; ce qui entraîna
des dégradations sur les murs, tandis que le plafond était
noirci par la fumée. La tombe fut peut-être aussi victime
d'un tremblement de terre, car des pans de mur sont lézar-
dés et ébranlés. Enfin, dans la grande salle, des vandales
modernes ont découpé de grands panneaux sur les parois,
sculptés et peints, pour les vendre. La destinée posthume
de Tjanefer fut véritablement très mouvementée.

Mouvementé aussi, mais durant son temps de vie, le
destin de Iyroy, à Bubastis, directeur des « prêtres purs »
de la déesse Bastet.

On pourrait croire, en lisant les hymnes qu'il a fait sculpter sur un linteau de porte (retrouvé près d'El Kantara, en
1943), qu'Iyroy était un fidèle du roi ; les deux textes,
symétriques, flanquent une scène d'adoration des deux
cartouches du souverain :

> « Adorer le roi dans l'horizon du temps éternel, soleil
> étincelant, coiffé de la couronne bleue. Puisse-t-il permet-
> tre d'entrer et de sortir du palais du roi, comblé de ses
> faveurs, au *ka* du scribe royal, directeur des prêtres purs de
> Bastet, Iyroy, de Bubastis. »
> « Acclamations à ton *ka,* beau souverain aimé, sembla-
> ble à Amon. Puisse-t-il donner vie, prospérité, santé, intel-

ligence, faveurs et amour au *ka* du scribe royal, son aimé,
véritablement, prêtre-lecteur en chef, directeur des prêtres
purs de Bastet, Iyroy, de Bubastis, en paix[131]. »

Or, ce même Iyroy participera, nous le verrons[132], à un
complot de palais contre Ramsès III.

La Cour de Ramsès III

La famille de Ramsès III, pour être moins abondante
que celle de Ramsès le Grand, n'en était pas moins importante.
La reine Isis était la grande épouse royale. Elle était
fille d'une étrangère (peut-être une Syrienne), Habadjilat,
dont l'origine prête à beaucoup de discussions[133] ; celle-ci
est appelée « mère du roi » et figure avec Ramsès III dans
la représentation d'une fête de la Vallée ; son nom est
entouré d'un cartouche et elle fut enterrée, sur la rive
gauche thébaine, dans la Vallée des Reines ; elle dispose
donc de privilèges royaux, bien que d'origine étrangère.
Ce fut, peut-être, une épouse de Sethnakht et, donc, la
belle-mère de Ramsès III — en tout cas, assurément, la
mère de la reine Isis.
La descendance masculine de Ramsès III et d'Isis pose
quelques problèmes à l'égyptologue moderne.
Parmi leurs fils figurent certainement les futurs Ramsès IV et Ramsès VI. Mais les tombes de cinq autres
princes ont été découvertes dans la Vallée des *Reines* : il
s'agit de Parêherounemef (« Rê est sur son bras droit »),
charrier de l'écurie de pharaon — Khâemouaset, prêtre
sem de Ptah (qui portait donc le nom et exerçait la charge
de son illustre ancêtre, fils de Ramsès II) — Amenherkhepeshef (« Amon est sur son bras »), scribe royal, intendant
des chevaux du palais — Ramsès[134], scribe royal, général
de l'armée, flabellifère à la droite du roi — Sethherkhepeshef (« Seth est sur son bras »), premier charrier de Sa

Majesté. Tous ces princes portaient des noms caractéristiques de la grande famille ramesside et, sauf Khâemouaset, exerçaient des charges militaires. Ces cinq personnages sont *les seuls* princes ramessides dont la tombe a été creusée en ce lieu ; on ne sait pas encore où furent ensevelis les fils de Ramsès II, et l'usage n'a pas été suivi par les successeurs de Ramsès III.

Plusieurs raisons possibles de ce fait ont été avancées. Peut-être ces cinq princes n'étaient-ils pas encore mariés et, n'ayant pas atteint la puberté, étaient placés sous la protection de leur mère, à laquelle on les rattachait encore. La momie retrouvée dans la tombe d'Amenherkhepeshef était bien celle d'un adolescent. Faut-il penser alors à une épidémie ? On a évoqué la variole, qui sévissait déjà à l'état endémique. Peut-être aussi quelque complot (comme il y en eut à la fin du règne de leur père) leur fut-il fatal ? Les enterrer dans la Vallée des Reines eût alors été une solution de facilité et de rapidité, les ouvriers de Deir el Medineh étant à pied d'œuvre.

Mais l'un d'eux survécut et sa tombe, demeurée vide, fut inutilement creusée. Non seulement Amenherkhepeshef survécut, mais il monta plus tard sur le trône, en tant que Ramsès VIII.

Le mystère des cinq princes sera peut-être, un jour, éclairci.

C'est le vizir To qui avait été chargé par Ramsès III d'assurer la construction des cinq hypogées.
Sur un ostracon (actuellement à l'Oriental Institute de Chicago) on a retrouvé copie de la lettre que le scribe Neferhotep, maître d'œuvre des travaux, adresse au vizir, depuis Deir el Medineh :

> « Je travaille dans les tombes des princes royaux que mon maître m'a commandé de construire. Je travaille, certes, tout à fait bien et de manière utile ; c'est une belle œuvre et efficace. Que mon maître ne permette pas que son cœur soit anxieux ; je travaille vraiment excellemment et ne suis pas négligent du tout !

Autre communication pour mon maître : nous manquons de tout. Toutes les provisions sont épuisées qui étaient dans le trésor, dans le grenier et dans les magasins. Et ce n'est pas chose légère que de soulever la pierre *den*. Six mesures de grains nous ont été retirées et l'on nous a donné six mesures de poussière. Que notre maître nous donne les moyens de survivre, car nous mourons, en vérité, nous ne vivons plus. Que l'on nous donne le moyen d'assurer notre vie avec n'importe quoi[135]. »

Cette requête, exprimée à l'orientale, de manière très vive, dut obtenir satisfaction, et les cinq hypogées furent construits.

Le vizir To fut un personnage important, dans l'ombre de Ramsès III. En plus des charges habituelles du vizir, il est le « supérieur des secrets dans le temple de Neith » (la grande divinité de la ville de Saïs, dans le Delta, qui prend alors de l'importance).

Un autre personnage du règne, Paser, « maire de Thèbes, père d'Amon aux mains pures, directeur de la fête d'Amon, gardien des mystères du ciel, de la terre et de l'au-delà » est assez bien connu grâce aux bas-reliefs et aux peintures de la tombe qu'il s'était fait aménager à Medinet Habou[136]. Parmi les scènes figurées, l'une est assez remarquable : il s'agit de la présentation au roi, assis sur un trône, dans un pavillon léger, de six statues royales, au cours des fêtes célébrées dans les années 2, 3 et 18 de son règne. Ramsès offre encens et libations aux statues. Sans doute est-ce encore un aspect du culte rendu au roi ramesside par le roi lui-même, selon la manière de Ramsès II. Un autre caractère du souverain ramesside apparaît également dans cette scène ; le dieu Nil fait offrande au souverain, accompagné de la déesse des moissons Renenoutet, qui tend au roi le bâton des jubilés et le signe de vie : Ramsès est le roi de l'abondance, que protègent les dieux de la fécondité.

En remerciement, Ramsès III fait l'éloge de Paser et appelle sur lui la bénédiction des dieux :

« Que t'accordent leurs faveurs Amon et Atoum.
Que t'accordent leurs faveurs *les dieux du ciel.*
Que t'accordent leurs faveurs *les dieux de la terre.*
Que t'accordent leurs faveurs *les dieux de Pharaon,* ton très parfait seigneur.
Ce sera un bel exemple de la « montée » d'un homme qui a été reconnu utile et bénéfique [137]... »

Après l'invocation aux grands dieux de Thèbes et d'Héliopolis, il est fait appel, en faveur de Paser, à l'ensemble des divinités appartenant aux grands éléments de l'univers : le ciel, la terre, Pharaon. L'orgueil demeure l'un des caractères dominants des souverains ramessides, dieux parmi les autres.

Les vice-rois de Nubie se succèdent de père en fils : après Kawa, son fils Hori (I) occupe la charge, puis Hori (II), fils du précédent, et qui demeurera en place sous le règne de Ramsès IV. Il semble alors, d'après les sources dont nous disposons, que le gouvernement des pays du Sud n'ait pas posé de problème.

Parmi les architectes et directeurs de travaux, Amenmose est remarquable, puisque c'est à lui que Ramsès III confia, peut-être, la création d'une nouvelle ville, au nord-ouest du Delta, un *pendant* de Per-Ramsès face aux terres libyennes (?) ; comme Ramsès II avait construit une ville capitale à l'est, tournée vers l'Asie, Ramsès III (successeur et émule du Grand) songea-t-il à construire une autre ville, tournée vers l'ouest et la Libye ? Ainsi l'Empire aurait été *gardé* sur les deux frontières qui, ainsi que l'avaient montré les événements, s'étaient révélées dangereuses, et la puissance de l'Égypte aurait été équilibrée dans ces deux directions essentielles. Mais nos renseignements, à ce sujet, sont minces. Ils proviennent de l'inscription sculptée sur une statue d'Amenmose (actuellement conservée au musée du Caire), qui dit :

« Je fus directeur des travaux à Na-imen-Rê, près de la Rivière-de-l'Ouest, qui était alors un marécage. Je construisis des temples et des sanctuaires, afin d'établir un domaine d'Amon [138]. »

Amenmose aurait donc aménagé une étendue de terre jusque-là marécageuse et aurait commencé d'y construire des lieux de culte pour Amon. Na-imen-Rê est connue pour avoir été, sous Ramsès II, un centre de culture de la vigne, auprès duquel, donc, Ramsès III aurait voulu établir une ville nouvelle (?). La Rivière-de-l'Ouest est également un toponyme, que l'on peut situer dans le nord-ouest du Delta.

Actuellement, nous ne disposons pas d'autres informations sur ce projet de construction.

Amenkhaou, chef des artisans du temple funéraire de Ramsès III, était probablement un homme d'origine memphite. Il s'est fait représenter dans sa tombe thébaine, en compagnie de son fils, sa mère et son épouse, adorant Ptah et Sekhmet, à qui il adresse une émouvante prière :

> « Salut à toi, Ptah, seigneur de la Vérité et de la Justice, roi du Double Pays, au beau visage, père des dieux, qui as soulevé le ciel et établi les terres fertiles, qui as créé tout ce qui existe, façonné les hommes et créé les dieux, et qui, de ses doigts, appelles à la vie tous les êtres, chaque jour [139]. Il place la lumière dans le ciel, la richesse sur la terre, le triomphe dans la nécropole.
>
> Puissé-je suivre Sokaris dans Ro-Setaou et Osiris dans Busiris, puisse-t-on me donner des pains d'offrandes dans le temple de Ptah, des libations et des fleurs en Héliopolis — Pour le *ka* de l'Osiris, chef des artisans du temple royal, Amenkhaou — son fils, prêtre pur d'Amon, Djehoutiemheb — sa mère, la chanteuse d'Amon, Maât-nefret — son épouse, la chanteuse d'Amon, Nefertari-em-heb [140]. »

Nous avons là un bon exemple de la cohésion familiale chère aux Égyptiens, l'ordre de l'énoncé définissant parfaitement l'importance respective de chacun des membres de la parenté — bon exemple aussi, suggéré, de la vie d'un artisan supérieur, qui s'en va faire carrière à Thèbes, le grand chantier, où les tâches ne manquent pas, tandis que toute la famille possède un office dans le clergé thébain.

La vie avait donc repris, en Égypte, son cours paisible. Mais la fin du règne de Ramsès III fut assombrie par de nombreuses difficultés intérieures.

Difficultés et complots de la fin du règne

Il semble qu'il y ait eu un premier complot, fomenté par le vizir de Basse Égypte, qui tenta de s'emparer, par un coup d'État, du pouvoir à Athribis, aidé sans doute par les habitants de la ville, qui occupèrent le temple d'Horus, dont ils chassèrent le personnel et tentèrent d'administrer le domaine.

La réaction de Ramsès fut énergique :

> « Je chassai le vizir qui avait pénétré parmi eux [les gens du temple], je me saisis de tous les hommes qui étaient avec lui. Je fis que le temple fût à nouveau l'égal des grands sanctuaires de ce pays, sauvegardé et protégé pour le temps infini. Je ramenai tout son personnel, qui en avait été chassé, chaque homme, chaque supérieur, pour qu'ils organisent à nouveau l'administration du domaine sacré[141]. »

La mention est brève, certes, mais suggère des troubles graves. Il faut attendre la découverte éventuelle de documents nouveaux pour comprendre la raison profonde de ces faits et, peut-être, connaître leur détail.

Un autre complot, fomenté dans le harem de Ramsès, est mieux connu de nous grâce au texte de plusieurs papyri : essentiellement, le papyrus judiciaire de Turin, mais aussi les papyri Lee et Rollin. Nous disposons également, pour connaître les faits survenus, de l'inscription copiée en Nubie par le voyageur Rifaud, au début du XIXᵉ siècle : il semble s'agir d'un rapport, ou d'une instruc-

tion, concernant plusieurs individus qualifiés de « criminels », « abominés des dieux du pays », qui s'étaient
ligués pour fomenter une révolte contre Ramsès III [142].

A la lumière de ces différents textes, il apparaît que
l'une des reines, nommée Tiy, complota pour essayer de
faire accéder au trône son fils, Pentaour ; elle monta une
conjuration, aidée, notamment, par dix fonctionnaires du
harem, quatre sommeliers royaux, un trésorier royal, un
capitaine des archers de Koush, un commandant d'armée,
trois scribes royaux — tous hauts dignitaires de l'entourage du souverain, et dont la présence dénonce donc un
complot d'une certaine ampleur. Il y avait naturellement
aussi des surveillants et des scribes du harem. Des
épouses de ces fonctionnaires du harem, au nombre de
six, auraient assuré la transmission des messages à
d'autres personnes, extérieures, qui ne sont pas nommées ;
car une révolution, hors du palais, devait accompagner ce
complot interne. On se livra, dans le harem, à des prati-
ques magiques interdites ; à l'aide de statuettes de cire, on
pratiqua l'envoûtement de personnes qu'il fallait circonve-
nir, ou dont on voulait se débarrasser. Mais les conjurés
furent trahis (des lettres interceptées, sans doute). Ramsès
ne fut probablement pas tué (?), car il est dit, dans le
papyrus Rollin, que « Rê ne permit pas aux plans mauvais
de réussir », mais un doute subsiste. Il se peut que la
répression ait été organisée par d'autres que lui, et qu'il
s'agisse d'un châtiment infligé après sa mort.

Quoi qu'il en soit, les coupables sont arrêtés et déférés
au jugement d'une cour aux pouvoirs discrétionnaires et,
dans l'hypothèse la plus vraisemblable, formée par le roi
lui-même. Elle comprenait quatorze fonctionnaires : deux
intendants du trésor, deux porte-étendards de l'armée,
sept sommeliers royaux, un héraut royal, deux scribes ;
parmi eux figuraient un Libyen, un Lycien, un Syrien, ce
qui montre le caractère « impérial », cosmopolite, de
l'entourage de Ramsès. Deux de ces juges, d'ailleurs, le
sommelier Pebes et le scribe Maï s'abouchèrent avec deux
officiers ayant la garde des prisonniers et reçurent même

dans leur maison quelques-unes des femmes des conspirateurs ; tous les quatre, trahis également, furent arrêtés ; on leur trancha le nez et les oreilles (on les privait ainsi des souffles de la vie et on les empêchait de communiquer avec le monde) ; Pebes se suicida.

Les conspirateurs furent condamnés à mort. On leur laissait toutefois la possibilité de se suicider. Le sort de la reine Tiy déférée à la justice personnelle du souverain — éventuellement de son successeur ? — n'est pas connu.

Au nombre des conjurés figurait le « grand criminel Iyroy, qui avait été directeur des prêtres purs de Sekhmet-Bastet » (cette mention figure dans le papyrus de Turin). C'est le même personnage qui faisait écrire de si beaux hymnes au roi[143].

Si l'histoire de ce complot et de son châtiment fut sculptée au pays de Koush (histoire dont Rifaud recopia le texte sans indication précise d'origine), c'est que l'un des conspirateurs, Bin-em-Ouaset, était capitaine des archers, au Soudan ; il fut accusé d'avoir reçu de sa sœur, dame du harem, des instructions pour « lever des hommes, fomenter des révoltes et venir (en Égypte) pour créer une rébellion contre Sa Majesté ». Le Soudan, toujours prêt à se révolter, aurait ainsi accru l'efficacité de la « révolution » égyptienne. Le complot était d'envergure. Aussi est-il possible que, une fois la révolte étouffée et le procès instruit, une copie du texte énumérant les peines portées contre les coupables ait été sculptée sur un rocher ou une paroi de temple, dans la ville même où la rébellion soudanaise aurait pris naissance, pour servir de leçon à d'autres conspirateurs éventuels, et les dissuader.

Les noms de certains conjurés retiennent l'attention, et tout d'abord celui de Bin-em-Ouaset, qui signifie « le vilain dans Thèbes » ; cinq autres noms sont formés de manière semblable, afin de traduire l'abomination dans laquelle les dieux et les hommes tenaient ces personnages « maudits », leur interdisant ainsi toute chance de survie : ce sont « Rê-le-hait », « Rê-le-rend-aveugle », « Penhouy-le-vilain », « Serpent-démon », « l'Homme-aux-oreillestranchées ». Ce châtiment — la modification du *nom* — ne figure pas au nombre des peines infligées par les juges ; il dut leur être appliqué avant le procès. C'était le corollaire éternel de la peine de mort ; ils mouraient à jamais [144], prononcer leur nom « maudit » équivalait à les mettre à mort.

Ainsi se termina, tristement et difficilement, le règne de celui qui avait sauvé l'Égypte de grands dangers et qui demeura, en la plupart de ses actes et de ses pensées, le *successeur* de Ramsès II. Il fut, en fait, le dernier grand Pharaon de l'Égypte ancienne.

F. — DE RAMSÈS IV À RAMSÈS XI. LA LENTE DÉGRADATION ⸱

La « suite » des Ramsès

Vers 1166 av. J.-C., Ramsès IV succède à son père Ramsès III. Il était le fils de la « grande épouse royale » Isis. Dans le papyrus Harris, rédigé en hommage à l'œuvre de son père par Ramsès IV, le roi place dans la bouche de Ramsès III d'émouvantes prières le désignant aux dieux et aux hommes comme son successeur. La légitimité lui viendra ainsi des divinités, mais sur intercession de son père.

Les grands dieux sont, pour cela, invoqués :

PTAH : « Donne-moi tes yeux et tes oreilles, ô mon seigneur Ptah, père des pères, qui as façonné l'Ennéade. Écoute la justification que je fais devant toi. Je suis ton fils aimé, qui t'ai dispensé de grands bienfaits. Aussi prends mon fils comme roi, installe-le solidement sur ton trône, comme régent du pays entier, à la tête du peuple, Ousermaâtrê-choisi-par-Amon, l'enfant issu de *ton* corps. Permets qu'il soit couronné sur la terre, tel le fils de la déesse Isis, lorsqu'il saisit la couronne *atef,* porteuse des ornements (?). Permets qu'il soit en paix sur son trône, en qualité de roi du Double Pays, comme Horus le taureau puissant aimé de Maât. Donne-lui ma royauté, de même que tu établiras pour lui un heureux temps de vie, comblé de joie. Fais que son glaive soit victorieux, les terres et les pays étrangers tombant sous ses sandales aussi longtemps que (durera) le temps éternel. Permets qu'il s'empare de l'Égypte comme régent du Double Pays, et qu'il soit divin devant toi et comblé de tes faveurs. Étends pour lui les frontières des peuples des Neuf Arcs, qu'ils viennent à cause de sa puissance et qu'ils lui prodiguent des acclamations. Fais que la vie et la force s'unissent à ses membres et que la santé appartienne à son corps en toute saison[145]. »

La prière est belle, mais elle touche un peu moins lorsque l'on sait qu'elle a été composée par l'héritier lui-même !

Des suppliques sont adressées aussi, dans la même intention, au dieu Rê[146] et à l'ensemble des divinités[147].

La ferveur est la même dans ces souhaits pour un règne heureux que nous a également transmis le papyrus Harris.

De Ramsès III, défunt, à son fils :

« Voyez, je repose maintenant dans l'autre monde, semblable à mon père Rê ; je me suis mêlé à la grande Ennéade divine, dans le ciel, la terre et la Douat, tandis qu'Amon-Rê installe mon fils sur mon trône. En paix, il se saisit de ma fonction de régent du Double Pays, assis sur le trône d'Horus, en tant que Seigneur des Deux Rives ; la couronne *atef* s'est unie à lui, **comme à Tatenen,** lui, Ousermaâtrê-choisi-par-Amon, **le fils aîné de Rê** qu'il a lui-même engendré, Ramsès-régent-de-la-Vérité-Justice-et-aimé-d'Amon — un enfant, **fils d'Amon,** issu de son corps, couronné Seigneur du Double Pays, tel Tatenen ; il est un fils juste, loué de son père. [Le nouveau roi est donc le fils des trois grandes divinités du panthéon ramesside, ce qui lui donne des droits indiscutables à la couronne.]

Touchez ses sandales, prosternez-vous en sa présence, inclinez-vous devant lui, suivez-le en tout moment de chaque journée, adorez-le, rendez-lui hommage, exaltez sa perfection, comme vous faites pour Rê à la pointe de

l'aube. Présentez-lui vos *tributs* dans son palais auguste.
Faites qu'on lui apporte les produits et les nourritures des
terres et des pays étrangers. Saisissez ses paroles et les
ordres qu'il vous donne. Obéissez à ses discours, ainsi vous
prospérerez, en acceptant sa puissance. Travaillez pour lui,
comme un seul homme, dans toutes les tâches. Élevez pour
lui des monuments, creusez pour lui des canaux, que vos
mains, pour lui, accomplissent leurs besognes ; ainsi ses
faveurs vous échoieront et vous serez comblé de nourritures, chaque jour. C'est Amon qui a décrété son règne sur
la terre et qui, pour lui, a doublé sa durée de vie, la faisant
plus grande que celle de tout autre roi [148]. »

Ces textes, insistant sur la légitimité de Ramsès IV et
présentant les souhaits (posthumes) formulés par Ramsès III, son père, traduisent bien les difficultés de la succession, dans une situation trouble.

Ramsès IV régnera pendant six ans environ ; à sa mort,
il fut remplacé par son fils Ramsès V, qui régna durant
quatre ans. Ce fut un autre fils de Ramsès III et de la
reine Isis qui monta ensuite sur le trône : Ramsès VI, dont
la souveraineté fut éphémère. La famille royale comportait alors, semble-t-il, une branche aînée (qui comprenait
la descendance issue de Ramsès III et de la « grande
épouse royale » Isis) et une branche cadette (qui réunissait les descendants du même souverain et, peut-être, de la
reine Tiy, et de son fils Pentaour). Mais ceci demeure
encore obscur [149]. En tout cas, après Ramsès VII (qui
régna sept ans), vint Ramsès VIII, fils de Ramsès III et
d'Isis, et qui n'était autre que le prince Sethherkhepeshef,
dont la tombe, nous l'avons vu, avait été prématurément
creusée dans la Vallée des Reines [150]. Son règne fut bref.

Trois autres Ramsès régnèrent encore pendant une cinquantaine d'années. La lignée des ramessides s'éteint officiellement vers 1085 av. J.-C.

Des règnes sans gloire

Dans l'ombre des gloires de son père, encore, Ramsès IV fait sculpter, à Medinet Habou, sur les deux ailes du premier pylône, l'une des scènes rituelles de son couronnement : la scène de l'arbre *ished,* l'arbre sacré d'Héliopolis (un persea ?), sur lequel étaient traditionnellement inscrits les noms des rois.

Sur l'aile nord, Amon-Rê et Ptah accueillent le roi, agenouillé et accompagné de Thoth, le greffier des dieux, et de Seshat, la déesse de l'écriture :

> « AMON-RÊ : " Je suis ton père auguste, le seigneur des dieux, qui t'aime plus qu'aucun autre roi. Je te donne le temps éternel, comme roi du Double Pays. "
>
> PTAH : " Je te donne de multiples et grandioses jubilés, et le temps infini dans la vaillance et la force, les victoires du fils de Nout [Seth], la royauté d'Horus dans la ville de Pe, la terre entière étant sous tes sandales... "
>
> THOTH : " J'inscris pour toi des années par millions et des jubilés. Je te donne le temps infini en tant que roi, les pays étant sous tes sandales, le Grand Cercle et le Grand Circuit étant dans ton poing, chargés de leurs tributs... "
>
> SESHAT : " J'écris à ton intention les jubilés de Rê, des années éternelles et infinies en tant que roi, une durée de vie semblable à celle d'Atoum, des victoires et la puissance d'Horus et de Seth autant que prospérera le ciel[151]. " »

Sur l'aile sud, en présence d'Atoum, le roi agenouillé est reçu par la triade thébaine.

> ATOUM : « J'inscris pour toi ton nom sur l'arbre sacré tant que le ciel sera stable sur ses quatre piliers, en même temps que les jubilés de Tatenen et la durée de vie de Rê dans la Région supérieure, pour le temps infini[152]. »

Ramsès II est l'autre modèle prestigieux, témoignage toujours vivant du bonheur d'un règne, auquel veut se conformer le nouveau Pharaon, demandant aux dieux, notamment, la durée de vie de son glorieux ancêtre. Sur une stèle que Ramsès IV consacre à Osiris, en Abydos, l'an 4 de son règne, il fait inscrire :

> « Je viens auprès de toi, moi à qui tu as donné naissance ; puisses-tu m'être bénéfique comme à ton fils Horus... Accorde-moi la prospérité et la vie, une grande durée et une longue royauté, (donne) la vigueur à tous mes membres, la vue à mes yeux, le pouvoir d'entendre à mes oreilles, le plaisir pour mon cœur, pendant la durée de chacun des jours. Fais en sorte que je puisse manger à satiété, ô toi, permets que je puisse boire tout mon soûl. Puisses-tu établir mes descendants comme rois dans ce pays, aussi longtemps que le temps éternel et le temps infini... Puisses-tu me donner de grands Nils, afin que je puisse nourrir aussi tes divines offrandes, afin que je puisse nourrir aussi les divines offrandes de tous les dieux et de toutes les déesses de la Haute et de la Basse Égypte, afin que je puisse faire vivre les taureaux divins, afin que je puisse faire vivre aussi le peuple de tout le pays, jusqu'à ses limites, son bétail et ses troupeaux rassemblés, que ta main a créés... Tu seras satisfait, durant mon règne, de ce pays d'Égypte, ton pays ; aussi doubleras-tu pour moi la longue durée de vie et le long règne du roi **Ousermaâtrê-Setepenrê, le grand dieu...** Car plus utile est ce que j'ai fait pour ton temple, (ce que j'ai fait) pour nourrir tes offrandes, pour rechercher toutes occasions d'actions bénéfiques à l'intention de ton sanctuaire, quotidiennement, pendant ces quatre années écoulées, que ce qu'a fait le roi Ousermaâtrê-Setepenrê, le grand dieu, en ses 67 ans de règne [153] ! »

Ceci, bien sûr, n'étant que langage formel d'une dynastie qui s'épuise et cherche des exemples de gloire dans les règnes précédents.

On retrouve, d'ailleurs, dans une inscription de Karnak (stèle fragmentaire découverte devant le Xᵉ pylône) cette même prose formelle :

> « ... la charge que tu m'as donnée tout entière [la phrase

s'adresse à Amon-Rê], de manière unique, et qu'a exercée Ousermaâtrê-Setepenrê, je vais en vivre (la durée) ; moi, je doublerai pour toi toutes les actions bénéfiques qu'a accomplies pour toi Ousermaâtrê-Setepenrê, durant ses soixante-six ans de règne[154]. »

Ramsès II demeure, pour tous ses descendants, même lointains, le parangon des souverains.

Il semble pourtant que le couronnement de Ramsès IV ait été bien accueilli, après ces années de difficultés intérieures, et que le nouveau roi ait su rétablir la cohésion du pays en même temps qu'une certaine confiance dans le pouvoir royal. Le texte d'un hymne au souverain, écrit sur un ostracon (actuellement conservé au musée de Turin) décrit la liesse populaire, les danses, les cris de joie au jour du couronnement — fête accompagnée vraisemblablement de largesses royales (distributions de vivres, boissons, vêtements) et d'une amnistie générale.

« Heureux jour ! Le ciel et la terre sont en joie, car tu es le grand seigneur de l'Égypte.

Ceux qui avaient fui sont revenus vers leurs villes, ceux qui s'étaient cachés sont ressortis.

Ceux qui avaient faim sont rassasiés et joyeux, ceux qui avaient soif, maintenant, sont ivres.

Ceux qui étaient nus sont vêtus de fines étoffes de lin, ceux qui portaient guenilles sont habillés de blanc.

Ceux qui étaient en prison sont renvoyés dehors, ceux qui étaient malheureux sont dans la joie.

Ceux qui semaient le trouble dans ce pays sont devenus paisibles et le Nil en crue, ressorti (de ses sources) va inonder les autres [les étrangers].

Les veuves, leurs maisons sont ouvertes (prêtes à accueillir ?) les voyageurs.

Les jeunes filles sont dans l'allégresse, poussant des cris de joie et dansant, toutes parées.

Les enfants mâles heureusement mis au monde (en ce jour) pour les époux, deviendront de belles et bonnes générations.

Ô Roi ! tu seras éternel.

Les bateaux se réjouissent (sur la mer)... ils abordent grâce aux vents (favorables) et au concours de leurs rames, ayant viré de bord, rassasiés de tempêtes.

Le roi... a reçu les couronnes de son père, on l'a proclamé Seigneur du Double Pays... Beau est Horus sur le trône de son père Amon-Rê. Bienvenue est la vaillance du roi [155]. »

Un jour de fête et d'espoir, mais les *grands* Ramsès ne sont plus.

Ramsès IV, roi bâtisseur, désireux de développer la prospérité du pays, organisa plusieurs expéditions au Ouadi Hammamat et au Sinaï.

Il est le souverain qui a le mieux contribué à la mise en exploitation de la vallée du Rohanou, dans le Ouadi Hammamat. Dès l'an 1 de son règne, durant la saison du printemps, il envoie une première mission, dont nous avons connaissance grâce à la stèle rupestre taillée pour Ousermaâtrê-Nekht (« Ramsès II est puissant » — que de nostalgie du grand Pharaon !) qui dit : « Mon maître, le Régent de la Vérité et de la Justice, le Souverain, l'enfant des dieux m'envoie afin de rapporter de grandes statues de pierre *bekhen* [ces *grandes statues* seraient-elles destinées au culte royal, instauré, semble-t-il, par Ramsès II [156] ?], provenant des montagnes secrètes des environs de Koptos, en l'an 1 du roi [157]. » La composition de l'expédition est soigneusement détaillée : elle comprenait un lieutenant de la suite (royale), un scribe de la table, un serviteur du temple de Min, un chef sculpteur (littér. : le supérieur de ceux qui font vivre la pierre), dix sculpteurs, vingt travailleurs de la pierre (des carriers), vingt Medjai (mercenaires nubiens assurant la police), cinquante porteurs de pierre, quatre chefs des archers et porteurs de boucliers, cent archers porteurs de boucliers, deux cents porteurs — une expédition importante, donc, fortement encadrée par des corps de police et l'armée. Le ravitaillement est assuré : « Ce qui leur fut donné : dix pains, trois cruches de bière, douze morceaux de viande, trois gâteaux, pendant une importante période » — si ces rations sont journalières, elles sont convenables pour des travailleurs de force.

Cinq mois plus tard, à la fin de la saison sèche, Touro, grand prêtre de Montou, l'une des grandes personnalités religieuses du temps, fut chargé par le palais royal de se rendre au Ouadi Hammamat, vraisemblablement pour préparer le voyage du souverain lui-même, qui eut lieu trois mois plus tard.

Dix-huit mois après le séjour de Ramsès IV au Gebel oriental, en l'an 3 du règne, Ramsesnakht, grand prêtre d'Amon, prend à son tour la tête d'une expédition beaucoup plus importante, puisqu'elle comprenait plus de huit mille hommes, pour aller chercher les blocs de pierre *bekhen* choisis par le souverain.

A cette même date — an 3, troisième mois de la saison sèche — une autre expédition est envoyée par Ramsès IV au Sinaï, vers les mines de turquoise du Serabit el Khadim ; expédition dont témoigne notamment une stèle inscrite par Sebekhotep :

> « Sa Majesté ordonne à son favori, son aimé, celui qui emplit le cœur de son maître, l'intendant de la maison de l'or et de la maison de l'argent, le gardien des secrets du pavillon sacré, Sebekhotep, de lui rapporter la turquoise que son cœur désire, lors de sa *quatrième* expédition [158]. »

Celle-ci s'inscrit donc dans une suite de missions qui prouvent que l'activité de Ramsès IV, dans les différentes carrières du pays, est importante.

En l'an 5 encore, toujours durant la saison sèche, une nouvelle expédition est envoyée au Serabit el Khadim, dans le but d'élever une construction. On lit sur la stèle de Panefer :

> « Sa Majesté a ordonné de construire un temple de millions d'années pour Ramsès-aimé-d'Amon-et-de-Maât,

dans le temple d'Hathor, maîtresse de la turquoise — par le scribe du commandement de l'armée, Panefer, qui appartenait à l'expédition, le fils de Pa-iry [159]. »

Datant de Ramsès VI, des fragments divers ont aussi été retrouvés au Sinaï, éléments de piliers, bracelets. Après quoi, il semble que les expéditions aient cessé.

Peu à peu, en effet, la prospérité diminue, car les tributs des pays de l'Empire ne sont plus versés, ou très irrégulièrement ; il n'y a plus d'argent pour conduire des expéditions lointaines, en Nubie ou en Syrie. Le « cercle » de la pauvreté s'installe. La Basse Égypte et Memphis sont négligées. Les grandes constructions sont suspendues.

Les liens, si fermement établis par les Thoutmosides et les Ramessides avec le monde africain et asiatique se défont lentement ; l'Empire, que ne maintiennent plus ni la forte poigne d'un Pharaon-soldat, ni une spiritualité élevée, se désagrège progressivement.

Les derniers Ramessides furent des souverains faibles, que dominent de hautes personnalités du pays, personnalités religieuses notamment, et qui ne surent éviter l'infiltration, de plus en plus importante, des étrangers en Égypte. L'époque n'est plus de la gloire des conquêtes et de la prospérité ; elle est celle d'une grande lignée finissante, qui dépérit peu à peu dans l'inaction et l'impuissance.

Personnalités politiques et religieuses

On a l'impression — mais peut-être faut-il en rendre responsable le nombre relativement peu élevé de documents dont nous disposons — que la vie politique, après les grandes secousses du début et de la fin du règne de Ramsès III, reste stagnante. On se borne à continuer, de manière routinière, suivant l'impulsion donnée par les souverains ramessides qui avaient précédé Ramsès IV.

Durant le règne de celui-ci, un memphite, Neferrenpet (c'est-à-dire « Bonne année » !) fut vizir, en même temps que grand prêtre de Ptah ; il eut pour successeurs, sous Ramsès VI, Nehy et Ramsesnakht ; sous Ramsès IX et Ramsès X, le vizir Khâemouaset porte, sans éclat, le nom du fils favori de Ramsès II.

Dans le Sud, les vice-rois continuent, dans la plupart des cas, à se succéder de père en fils. A partir de Ramsès VI, la fonction devient l'apanage d'une même famille, qui l'occupe pendant trois générations, jusqu'à Ramsès IX. Un gouvernement paisible, sans innovations apparentes, mais qui demeure bien éloigné du pouvoir central.

Le roi continue d'émettre des vœux pieux sur sa longévité, sur la nécessité de la royauté — alors que se dressent des forces rivales. Ainsi, sur une base de statue de bronze, trouvée à Megiddo (actuellement conservée au musée de Jérusalem) et datant de Ramsès VI, on lit :

> « Tant que le ciel demeurera sur les bras de la lumière, ton nom sera en Héliopolis, ô roi...
> Que vive l'Horus dont le cœur se satisfait de Maât, comme Ptah, et qui l'offre à Atoum pour le grand temple, le roi de Haute et Basse Égypte, régent comme Rê, le Seigneur du Double Pays [160]... »

Les titulatures, sur les monuments retrouvés, surabondent, longue litanie insistant sur l'existence et la pérennité souhaitée de la souveraineté de Pharaon, une souveraineté qui paraît bien terne après la brillante gloire des Ramessides d'antan.

En revanche, la vie religieuse est active ; de fortes personnalités apparaissent, dont l'influence et l'action contribueront peu à peu à la désagrégation du pouvoir royal, trop faible et sans ressources.

Les temples, seuls, continuent de s'enrichir. Des listes d'offrandes nouvelles sont établies : ainsi celles qui figurent dans les dédicaces du temple de Khonsou à Karnak, et qui furent dressées par Ramsès IV :

« Offrandes que donne le roi à Geb, à la Grande et à la Petite Ennéade, aux sanctuaires du Sud et aux sanctuaires du Nord, à tous les dieux, par ton fils, ton aimé, le Seigneur du Double Pays... : un millier de pains, un millier de cruches de bière, un millier de taureaux, de volailles, de pièces de lin, de vêtements, de pastilles d'encens, de jarres d'huile, de fleurs, d'oiseaux, de toutes choses bonnes et pures, de toutes choses belles et douces [le chiffre de " un millier " précédant chacun des mots de l'énumération] — de même que tu as placé le ciel, tu as créé la terre et amené le Nil de sa caverne, faisant que son eau soit abondante et pure — le Seigneur du Double Pays... fait offrande aussi à son père Amon-Rê... Je connais ceux qui sont dans le ciel, je connais ceux qui sont dans la terre, je connais ceux qui sont en Horus, je connais ceux qui sont dans Seth ; je satisfais Horus et ses deux yeux, je satisfais Seth chargé de son héritage ; je suis Thoth qui satisfait les dieux ; je place les choses à la place qui est la leur [161]. »

Pauvre proclamation de puissance, de la part d'un roi qui se retranche derrière des formules.

Sur les murs situés devant le temple de Medinet Habou, Ramsès fait sculpter une liste de villes cultuelles et de divinités, qui présente des variantes par rapport à celle qu'avait fait graver Ramsès III sur les murs extérieurs du complexe funéraire lui-même [162]. La place prééminente revient maintenant à Thèbes — Thèbes qui, bientôt, sortira victorieuse de la longue lutte d'influence qui, depuis des siècles, oppose tacitement ses clercs au pouvoir du souverain.

Les grands prêtres d'Amon, en même temps que leurs richesses, augmentent leur puissance.

Une même famille va occuper la grande prêtrise thébaine, de Ramsès IV à Ramsès XI : d'abord Ramsesnakht (c'est-à-dire « Ramsès est puissant ») puis, successivement, ses deux fils, Nesiamon (« Il appartient à Amon ») et Amenhotep (« Puisse Amon être satisfait »).

Cette famille est originaire d'Hermopolis, la ville du dieu Thoth, où Merybastet, père de Ramsesnakht, était grand prêtre de ce dieu. Cela explique que l'une des statues retrouvées de Ramsesnakht, respectueux, sans doute, de ses origines familiales, le représente accroupi, portant sur ses épaules un singe — l'un des animaux sacrés de Thoth — en une attitude analogue à celle des scribes, qui reconnaissent ainsi leur dépendance envers le dieu cultivé des lettres et des sciences. La famille avait peut-être aussi quelque attache avec la ville de Bubastis, dans le Delta : le nom du père signifie en effet « l'aimé de la déesse Bastet ».

Grand prêtre d'Amon, Ramsesnakht demeure « directeur des prêtres de tous les dieux », titre qui consacre la suprématie du clergé thébain ; il est aussi « grand prêtre de Rê dans Thèbes ». Il possède encore d'importantes charges laïques : « scribe royal, grand intendant du palais royal », qui en font l'homme de confiance de Ramsès IV, qui lui donna, nous l'avons vu, la direction d'une mission importante au Sinaï.

Si la carrière sacerdotale (brève, sans doute) de Nesiamon est mal connue, celle de son frère Amenhotep va se révéler déterminante pour l'avenir de Thèbes et de son clergé.

Père divin, devenu grand prêtre sans doute au début du règne de Ramsès IX, Amenhotep eut, au palais royal, les mêmes charges que son père.

« Intendant des travaux de la maison d'Amon », il fit d'importants travaux de restauration dans la partie orientale de Karnak, en particulier au sud du Lac Sacré, où se trouvaient les habitations des prêtres [163].

Sa grandeur et sa puissance s'expriment dans les représentations qu'il a fait sculpter à Karnak (comme son prédécesseur Rome-Roy), en l'an 10 du règne de Ramsès IX, sur le mur extérieur de la cour s'étendant entre les 7e et 8e pylônes. Le tableau central figure deux fois le grand prêtre Amenhotep, en costume de cérémonie (longue robe de lin blanc plissé, peau de panthère jetée sur l'épaule — insigne de sa dignité sacerdotale — large collier à trois rangs de perles). Les deux images, en taille héroïque, se font face, flanquées à gauche (au sud) et à droite (au nord) de la représentation de deux scènes similaires : Ramsès IX tend la main droite vers Amenhotep, qui « adore » le souverain, paumes levées vers son visage. Mais, et cela est très révélateur si l'on tient compte des principes fondamentaux du dessin égyptien, Amenhotep s'est fait représenter de la même taille que le roi, alors que les serviteurs empressés qui s'affairent autour de lui sont naturellement figurés beaucoup plus petits. Toutefois, pour marquer une très légère supériorité du souverain, les pieds de celui-ci sont posés sur une estrade, peu élevée d'ailleurs. Entre eux se trouvent six guéridons chargés de coupes, de vases, de colliers précieux : autant de récompenses destinées par Pharaon au puissant grand prêtre :

> « Sa Majesté elle-même dit aux Amis qui étaient à son côté : que l'on donne de nombreuses faveurs et de multiples récompenses en or fin et en argent, ainsi que des millions de toutes choses belles et bonnes, au grand prêtre d'Amon-Rê le roi des dieux, Amenhotep, à cause des nombreuses actions bénéfiques qu'il a accomplies dans le temple d'Amon-Rê le roi des dieux, au grand nom du dieu parfait, le roi de Haute et Basse Égypte [164]... »

A la partie inférieure de la représentation, trois lignes de texte énumèrent ces récompenses précieuses.

L'inscription de dix-sept lignes qui accompagne la scène a une grande importance politique :

> « An 10, troisième mois de la saison de l'inondation, dix-neuvième jour, dans le temple d'Amon-Rê le roi des dieux. On amène le grand prêtre d'Amon le roi des dieux, Amenhotep, dans la grande cour d'Amon, appelée " On proclame ses louanges ". [La cérémonie se déroule donc un mois, jour pour jour, après le début de la fête d'Opet, juste après la fin de la fête, qui durait vingt-sept jours ; ainsi l'hommage rendu à Amenhotep s'inscrivait, pratiquement, dans le cadre des cérémonies sacrées — autre moyen de

faire ressortir l'importance du personnage.] On le glorifia au moyen de beaux discours choisis. Les dignitaires qui s'avancèrent pour le louer étaient : le directeur du trésor de Pharaon, l'intendant royal Amenhotep, l'intendant royal Nesiamon, le secrétaire de Pharaon, l'intendant royal Neferkarê-em-per-Imen et le héraut de Pharaon — [tous gens de l'administration proches de la personne royale].

Discours qui fut tenu à Amenhotep, en louange et glorification (de sa personne), en ce jour, dans la grande cour d'Amon-Rê le roi des dieux : " Puisse Montou t'accorder ses faveurs ! Puissent t'accorder leurs faveurs Amon-Rê, le roi des dieux, Rê-Horakhty, Ptah le grand, qui est au sud de son mur, seigneur de la vie du Double Pays, Thoth, maître des mots divins, les dieux du ciel et les dieux de la terre ! Puisse aussi t'accorder ses faveurs le *ka* de Ramsès IX, le prince de l'Égypte, l'enfant aimé de tous les dieux ! à cause de l'œuvre que tu as accomplie. Les dîmes des moissons, les taxes, les impôts payés par le personnel du temple d'Amon-Rê le roi des dieux, seront en ta dépendance, ainsi que les tributs qui te seront payés complètement suivant leur montant (?). *Tu feras en sorte qu'ils emplissent désormais l'intérieur des trésors, des magasins et des greniers du temple d'Amon-Rê le roi des dieux.* En outre les tributs des têtes et des mains constitueront la subsistance d'Amon-Rê le roi des dieux, ces tributs que tu faisais auparavant porter à Pharaon ton maître — acte d'un bon serviteur, utile à Pharaon son maître, et qui s'efforce aussi d'accomplir d'utiles actions pour Amon-Rê le roi des dieux, comme pour Pharaon... Considère les instructions qui ont été données au directeur du trésor et au chef des intendants de Pharaon, pour te favoriser, pour te glorifier, afin que tu sois oint d'huile de gomme douce, en même temps que l'on te donne des bassins d'or et d'argent — coutume réservée au (bon) serviteur — et que te donne Pharaon ton maître." Alors on les lui remit, comme faveur et récompense, dans la grande cour d'Amon, en ce jour. Et on les lui remettra, telles des faveurs, chaque année [165]. »

Aux termes de ce discours, dont le style manque décidément de souplesse, Ramsès IX concède au clergé d'Amon des privilèges éminemment dangereux, incroyables même.

Une part des revenus que percevait autrefois le trésor royal sera désormais directement perçue par les scribes du temple d'Amon et versée au trésor sacerdotal. « Les finances d'Amon devenaient donc en quelque sorte autonomes et le grand prêtre se substituait au roi pour la perception, le contrôle et l'emploi d'une partie des revenus de l'État [166]. » Le clairvoyant — et ambitieux — Amenhotep, plus dévoué, semble-t-il, à la cause thébaine (ou à la sienne propre) qu'à celle de son roi avait réussi à détourner une part des ressources ordinaires du fisc royal au profit de la maison d'Amon. Cet acte consacra la faiblesse du souverain, la pauvreté du pays et, en même temps, la richesse d'Amon.

Amenhotep songea-t-il à la royauté ? La pensée l'en effleura peut-être.

La fin de sa vie est plus obscure. Y eut-il un revirement de Ramsès IX ? Il est question, dans le texte du papyrus Mayer, au cours d'un procès, de la « suppression d'Amenhotep, qui était grand prêtre d'Amon ». Dans celui d'un autre papyrus contemporain (10052 au British Museum) il est dit : « Lorsque eut lieu la guerre faite au grand prêtre [167]... » Y eut-il une tentative de *putsch* de la part du clergé thébain, tentative violemment réprimée ? La charge d'Amenhotep lui fut-elle retirée à la fin du règne de Ramsès IX par un souverain soudain alerté, ou ne fut-ce pas plutôt sous le règne de Ramsès XI ? Sur les sarcophages conservés au musée du Louvre, et qu'on attribue à Amenhotep, figure un grand nombre de ses titres religieux, sauf celui de grand prêtre d'Amon. Mais ces sarcophages lui appartiennent-ils vraiment ? Autant de questions qui restent encore sans réponse sûre.

En tout cas, son successeur à Thèbes, Herihor, consacrera définitivement la victoire du clergé thébain.

La faiblesse du pouvoir central, l'instabilité économique et la misère qui régnaient dans le pays sont responsables de l'anarchie grandissante et de certains scandales. Des affaires de corruption touchent le clergé et entraînent des procès. A Eléphantine, sous Ramsès VI, un simple « prêtre pur », Bakenkhonsou, en distribuant comme il convenait des « commissions », parvient à la grande prêtrise de Khnoum. Nebounenef, compère du précédent, sut aussi, après lui, en utilisant la vénalité des fonctionnaires, accéder à la grande prêtrise de Khnoum, Satis et Anoukis, et à celle des dieux et déesses d'Eléphantine et de Basse Nubie.

Serge Sauneron dresse un tableau précis et révélateur de ces temps douloureux de l'Égypte :

« Vols et déprédations sur les domaines sacrés, vénalité des fonctionnaires, usurpation des fonctions sacerdotales avec, au besoin, l'appui du dieu, et règlements de comptes locaux nous sont énumérés par le papyrus de Turin et quelques autres documents de moindre importance. Force nous est de constater qu'en dépit de leur inculpation, ou du moins de la reconnaissance officielle de leur culpabilité, des prêtres de la première cataracte n'avaient pas été sérieusement inquiétés... Le coût général de la vie connut, à cette époque, une hausse extrêmement forte ; le blé, au cours de la XXᵉ dynastie, atteignit des taux jamais approchés jusqu'alors. Rien d'étonnant, dans ces conditions, à voir les convoyeurs chargés de ravitailler les temples détourner à leur usage personnel une part importante des grains qu'ils transportaient, et les divers clergés s'accommoder à leur manière des difficultés économiques dont leur temple pouvait avoir à souffrir. Les paysans et les ouvriers des champs, placés à la source même des revenus fonciers, pouvaient sans doute ressentir moins lourdement la dureté des temps, mais les fonctionnaires de bas étage, les innombrables intermédiaires, taxeurs, convoyeurs, scribes d'administrations locales, chefs de domaines, profitaient tous de leurs fonctions officielles pour assurer personnellement leur bien-être aux dépens de l'administration qu'ils servaient. A plus forte raison, les mêmes procédés avaient-ils cours dans les provinces, où l'impunité semblait assurée en raison de l'éloignement des centres administratifs et de la complicité de quelques hautes per-

sonnalités locales, évidemment intéressées d'une manière
directe à toutes ces malversations. Quant aux innombrables ouvriers et artisans de la région thébaine, insuffisamment rétribués ou réduits à l'inaction, leur sort devenait
de plus en plus précaire ; le temps est proche où ils se jet-
teront sur les tombes royales de la rive occidentale de
Thèbes, pour les livrer au pillage et tenter, par ce sacri-
lège, d'échapper aux années mauvaises de misère et de
famine[168]. »

Sous Ramsès VII et ses deux successeurs, de mauvaises
récoltes survinrent, accroissant la famine ; plus tard on
citera dans les textes, comme date de référence, « l'année
des hyènes, lorsqu'on avait faim ».

Le pillage des tombes royales

Il est des temps où le besoin de remédier à la misère et
le simple souci de survivre sont plus forts que les règles
sacrées. C'est là le témoignage le plus évident et le plus
affligeant du grand dénuement matériel et moral du pays
que ne protégeaient plus des souverains coupables
d'extrême faiblesse.

Vers la fin du règne de Ramsès IX, on tenta, attiré par
les richesses qu'elles recelaient, de violer et de piller des
tombes royales, sur la rive gauche du Nil, à Thèbes. Les
deux premières qui furent atteintes furent celles de
Sekhemrê-Shedtaoui-Sebekemsaf (un roi de la XVIIe
dynastie) et celle de la reine Isis, épouse de Ramsès III.

L'affaire fut découverte par le maire de Thèbes, Paser.
Désireux de châtier ce véritable crime, soucieux aussi de
nuire à son collègue et rival Paour, qui administrait la rive
gauche, Paser avertit le vizir. Une commission, nommée
par celui-ci, enquête aussitôt sur place, à Drah'aboul Neggah, et découvre que des tombes privées ont également été
violées. Paour, pressé par le vizir, trouve des coupables,
mais l'affaire est peu claire : l'un de ceux-ci, ayant déjà

avoué avoir pénétré dans la tombe de la reine Isis, se révéla incapable, lors de la reconstitution du crime, de retrouver le chemin menant à l'hypogée — par la suite, il fut d'ailleurs reconnu innocent.

On fête Paour ; Paser s'insurge. Et, pour clore cette obscure affaire, le vizir acquitte les prétendus coupables.

Il est vraisemblable que Paour avait partie liée avec les voleurs et, peut-être, le vizir lui-même fut-il acheté pour apporter sa caution à ce véritable déni de justice [169].

Cela encouragea naturellement les criminels, qui s'attaquent alors aux tombes de la Vallée des Rois, entre autres celles de Séthi Ier et Ramsès II. Mais les coupables, cette fois, furent châtiés.

Les pillages, cependant, continuèrent, la misère étant grande, au point que, un peu plus tard, sous la XXIe dynastie, il fallut entreposer les momies royales dans une série de cachettes pour les préserver.

A la fin du siècle dernier, on retrouva la cachette située dans le cirque rocheux de Deir el Bahari.

Les étrangers en Égypte

Des Libou et des Mashaouash, depuis les victoires de Ramsès III, s'étaient pacifiquement infiltrés en Égypte. Sous Ramsès XI, leur colonie est puissante dans le 17e nome de Basse Égypte, le nome cynopolite, et redoutée des Égyptiens. Des troubles éclatent à ce moment dans cette région ; pour y remédier, Ramsès XI dut faire appel au vice-roi des pays du Sud, Panehesi, qui se trouvait alors en Haute Égypte, avec une troupe de mercenaires nubiens.

L'affaire, sérieuse, se termina par la prise et la destruction par les forces royales de la ville de Hardaï, métropole du 17e nome, occupée par les « Libyens ».

Une autre tentative de prise du pouvoir sera effectuée par les Mashaouash, à la fin de la XXIe dynastie ; cette

tentative réussira et des rois d'origine libyenne gouverne-
ront l'Égypte pendant deux dynasties, la XXIIe et la
XXIIIe, de 950 à 730 environ av. J.-C.

De plus, depuis Ramsès II, des colonies d'Asiatiques
étaient implantées dans le Fayoum.

« Si, au début, sous Ramsès II et Séthi II, les Asiatiques, fixés au Fayoum, étaient destinés à recevoir une
éducation égyptienne et semblaient devoir être formés
pour occuper de hautes fonctions dans l'État, il semble
bien que les colonies qui suivirent sur les mêmes lieux
aient été, au moins à l'origine, purement militaires. Les
cités de Na-kharou (" les Syriens ") et de Pen-Shasou (" la
ville des Shasou ") furent primitivement des camps de soldats et non des écoles d'administration. On peut conclure
qu'il y avait, à l'époque de Ramsès VI, une grosse concen-
tration de colonies asiatiques dans le Fayoum et en
Moyenne Égypte... Séthi II et Ramsès III avaient contribué à leur développement[170]. »

Sous le règne d'un souverain puissant et énergique, ces
colonies étrangères, au cœur même de la métropole,
étaient un reflet du vaste Empire rêvé par les Ramsès ;
mais, vienne un souverain faible, les étrangers devenaient
dangereux.

Ainsi le pays d'Égypte était miné de l'intérieur par des
forces diverses qui tendaient à sa ruine, en tout cas à la
ruine du pouvoir pharaonique. Quant à l'Empire, son
existence, maintenant, était purement formelle.

Le temps des grands Princes était révolu.

La fin des Ramsès
et l'installation d'une théocratie en Égypte

Bientôt Herihor, grand prêtre d'Amon à Thèbes, allait
accéder au trône du Double Pays, vers 1085 av. J.-C.,
créant la XXIe dynastie.

On ne connaît pas l'origine de Herihor. C'était, vraisemblablement, un militaire, que rien ne semblait destiner à la grande prêtrise, si ce n'est la faveur en laquelle le tenait Ramsès XI. Il cumula très vite les honneurs : déjà grand prêtre d'Amon, commandant en chef de l'armée du Sud et du Nord, il fut, en outre, nommé par Ramsès XI vice-roi des pays du Sud et vizir, en l'an 19 du règne. Ainsi, tous les rouages du gouvernement étaient entre les mains d'un seul personnage ; en fait, Ramsès XI abdique, pratiquement, et remet le pouvoir à Herihor. Mais l'origine de ces faits demeure, pour nous, obscure.

Dans les inscriptions, l'an 19 de Ramsès XI s'appelle aussi « An 1 de la renaissance ». Ainsi, Herihor manifeste son ambition ; en fait il gouverne, sinon tout le pays, du moins la Haute Égypte. En Basse Égypte, c'est le second vizir, Smendès, qui assurait le gouvernement du Delta.

Les représentations et les textes sculptés dans le temple de Khonsou, à Karnak, permettent de suivre l'ascension progressive, jusqu'au trône, de l'ambitieux grand prêtre. Il paraît d'abord avec le roi, mais déjà comme l'égal de celui-ci. Les inscriptions dédicatoires plus récentes ne mentionnent plus que Herihor, et, finalement, dans la cour du temple, seul apparaît Herihor, ceint de la couronne royale.

On ne sait ce qu'il advint de Ramsès XI.

Ainsi se termine, dans la pauvreté et l'oubli, la longue lignée des plus puissants souverains de l'Égypte.

Avec les Ramsès prend fin l'histoire de l'Égypte indépendante. Des invasions viendront, d'origines diverses, qui, pendant un millénaire, recouvriront la terre des dieux.

Les grands soldats, les administrateurs lucides n'étaient plus là pour la défendre et lui donner la prospérité. Mais les Ramsès avaient su porter jusqu'à un sommet la spiritualité nationale et la gloire de l'Égypte.

DEUXIÈME PARTIE

Pharaons impériaux.
Caractères et œuvre

CHAPITRE I

Le roi-héros.
Mythologie du souverain ramesside

Il est possible d'établir un *portrait* particulier des Ramsès, qui créèrent une véritable mythologie du roi-héros.

Celle-ci, pour une part, se rattache à l'esprit d'autrefois, mais, surtout, elle développe considérablement la conception que l'on avait du souverain, capitaine courageux, et en donne très souvent une image nouvelle — au point que l'on puisse parfois dater un texte de l'époque ramesside grâce à son mode d'expression ou à la pensée qui l'anime.

Les images se succèdent, profuses, mêlant les simples faits d'observation et les mythes les plus élevés conçus par l'esprit, avec une richesse de mots, de coloris et de pensée qui sont, souvent, de pure poésie. Les textes de Medinet Habou, notamment, sont parfois d'une grande beauté. Rendons hommage à cés scribes inspirés !

Même les faibles Ramsès, à la fin de la lignée, emploieront encore ces images — de manière purement formelle, certes — mais ils tenteront ainsi de se rattacher, au moins par les mots, à la grande tradition instaurée par leurs glorieux ancêtres.

Cette mythologie concerne d'abord la personnalité même du roi-héros : les qualités qui le distinguent, les fonctions fondamentales qu'il se doit d'assumer, les formes universelles qu'il peut revêtir, enfin les liens privilégiés qui l'unissent aux dieux.

Les images mythiques se multiplient lorsque le guerrier royal livre combat. La description des armes, celle des phases même de la bataille, relèvent autant du mythe que de l'observation concrète.

Les héros ont aussi leurs temps de repos. Les Ramsès animèrent également une mythologie de la paix, traduisant par des images simples et émouvantes cet amour des matins calmes et des jours paisibles chers au cœur des Égyptiens.

A. — Portrait du héros

« Le roi valeureux, qui protège l'Égypte, seigneur de la puissance, aux bras vaillants, à la poitrine large, qui a conscience de sa force. Son seul nom met les Arcs en déroute ; fière est son apparence, après qu'il a vu le massacre des pervers, tandis qu'il contemple, tranquille et satisfait, des dizaines de milliers (d'ennemis abattus), joyeux lorsqu'il entend les cris (de la bataille), ne cessant d'assaillir les hommes forts qui tremblent (à sa vue).

Le Seigneur du Double Pays, Ousermaâtrê-aimé-d'Amon, le fils de Rê, Ramsès-régent-d'Héliopolis.

Le monarque bienfaisant, dont le dos est un appui ; grandiose est son prestige dans les cœurs des Asiatiques, lui qui massacre les pays étrangers, défait leurs villes et fait que leurs bouches soient mortes. Il est une grande muraille autour du Pays bien-aimé, taureau puissant qui se saisit de tout ce qui l'assaille, prince courageux, sans pareil, dont les lois sont durables.

Le Seigneur du Double Pays, Ousermaâtrê-aimé-d'Amon, le maître des apparitions en gloire, Ramsès-régent-d'Héliopolis [1]. »

Tel était Ramsès III.

Les qualités du Prince

Ces qualités sont de tous les ordres : physiques, intellectuelles, morales.

La beauté

Le roi est beau, comme les héros de toutes les légendes.
Le quatrième des Thoutmosides se réclamait déjà d'une belle apparence :

> « Alors que Sa Majesté était encore un adolescent, comme l'enfant Horus dans Chemmis, sa beauté déjà était semblable à celle du " protecteur de son père " (Horus). On le considérait comme le dieu lui-même[2]. »

On vante le « visage parfait » de Ramsès II, « beau lorsqu'il est coiffé du casque bleu ». Il ne s'agit pas seulement de la beauté que désigne le terme *nefer*, empreint aussi d'un sens moral, mais de la beauté purement physique, que traduit le mot *ân*, définissant « ce qui est agréable à regarder ».

Ramsès III a la beauté des dieux. Le souverain est « beau quand il se lève sur le trône d'Atoum ; on croirait voir Rê à la pointe de l'aube » ; « la beauté de son visage est semblable à celle du disque solaire » ; il est « beau lorsqu'il apparaît en roi de Haute et Basse Égypte, tel le fils d'Isis ».

Dans le combat, la beauté du héros s'anime. Ramsès III est « beau dans l'attaque, semblable alors à l'image de Seth, les bras levés, un héros ». « Le roi est beau sur son coursier, de même que Montou lorsqu'il apparaît tel le soleil de l'Égypte... le prestige, la frayeur et la crainte s'unissant à ses membres[3]. »

La beauté est l'apparence que revêt un être d'exception.

La virilité et la force

Ce sont là des qualités nécessaires, presque banales, pour un conquérant.

Déjà Amon avait « bâti » Aménophis II « en puissance et en force ».

Plus précisément, Ramsès II est « le mâle et l'époux de l'Égypte, qui la rend vigoureuse plus que tout autre pays ». — « Sa Majesté était un jeune seigneur, un héros sans égal, ses bras étaient puissants, son cœur était vaillant. » — Description universelle du héros : qu'il appartienne aux poèmes homériques ou aux chansons de geste.

Merenptah « s'est levé pour assurer la protection du peuple, il porte en lui la force pour accomplir cela ».

Ramsès III, pharaon « au cœur ferme », cerné par les dangers, saura demeurer le maître, car « il s'appuie sur son bras, conscient de sa puissance ».

Connaissance et intelligence

En plus de qualités physiques évidentes, le Prince devra posséder un esprit éclairé, pouvoir connaître et comprendre. Depuis les temps les plus anciens (déjà chez Sahourê), Pharaon est « celui qui sonde les corps et les cœurs » ; mais, plus que jamais, sous les Ramessides, en cette période dominée par de graves problèmes internationaux, la pleine connaissance du monde et la nécessité de choix politiques lucides se révèlent indispensables :

« Il n'y a rien qu'ignore » Séthi Ier. Il est « intelligent en tout lieu, parlant avec sa bouche, agissant avec ses bras » : l'intelligence conçoit, la parole transmet l'ordre conçu, qu'actualisent les bras, l'action dérivant d'une conscience aiguë et active des choses. Dans les textes ramessides revient souvent, appliqué au roi, ce mot d'intelligence, que traduit, en égyptien, l'expression seped-her, littéralement « être aigu de visage » ; comme cela est souvent le cas, le nom des qualités abstraites est exprimé au moyen de leurs manifestations concrètes, ici la tension physique qu'entraîne l'acte réfléchi.

Ramsès II « n'ignore pas l'ensemble des pays rassemblés » ; « sa mémoire se souvient des pays les plus lointains » ; « il connaît le siège-de-sa-main [c'est-à-dire ce qu'il est en son pouvoir de faire], étant intelligent à l'égard de chaque pays étranger ».

Force et intelligence conduisent à l'efficacité.

> Ramsès III est « fort et vaillant tandis qu'il rassemble les pays et l'Égypte [définition de l'Empire], son cœur étant délié comme celui de Thoth [le cœur étant le siège de la pensée, c'est là une autre manière d'exprimer l'intelligence du Prince] ; il assure leur devenir comme Ptah, esprit aigu aux lois bénéfiques, sans pareil, semblable à Rê après qu'il eût commencé (d'organiser) le pays en royauté[4] ».

Sagesse et raison

Qualités divines par excellence, elles sont aussi le fait de l'esprit juste et lucide du roi.

Déjà Thoutmosis III se réclamait de ces deux qualités essentielles :

> « Je fus pourvu de tout son éclat [l'éclat d'Amon, tant physique que spirituel] et nourri à satiété de la sagesse des dieux, tel l'Horus qui grandit dans la maison de son père Amon-Rê, je fus totalement doté des qualités divines[5]. »

Horemheb est le « père des Deux Rives, la sagesse excellente qui relève d'un don de dieu, pour fixer les lois du Double Pays[6] ».

Ramsès II « sortit du ventre (de sa mère), déjà raisonnable dans ses desseins et sage jusque dans les limites du temps éternel [totalement][7] ». La titulature même du souverain peut faire état de ces qualités d'origine divine : « ses desseins sont comme ceux de Thoth, qui fait de bonnes lois dans tous les pays... Il est sage dans toutes ses entreprises, comme Thoth »[8]. Ramsès III « réunit d'heureux desseins, étant raisonnable depuis l'enfance » ; il est « sage comme Thoth et raisonnable comme Shou ».

Le mot qui définit la *raison (ʾip)* est celui qui exprime aussi le fait de « calculer » ; il traduit l'opération de l'esprit d'où résultera un choix médité. En latin, la même analogie s'établit autour du mot *ratio*.

Vigilance et efficacité

C'est déjà l'image d'Horemheb, le *créateur* de la lignée ramesside : « Sa Majesté veillait jour et nuit, examinant ce qui pouvait être utile au Pays bien-aimé, recherchant des actions bénéfiques... »

Ce Prince vigilant et attentif au bien-être de son peuple se rencontre souvent dans les textes des Ramsès : de Ramsès Ier, « le cœur veillait sans cesse » ; Séthi Ier « se tient debout et veille, en vaillance et en force, comme Nout » [la déesse du ciel, qui ne connaît pas le sommeil]. Ramsès II est le « conseiller vigilant, aux desseins bénéfiques ». Vigilance constante entraîne bienfaits et efficacité : de Ramsès II « les conseils sont aimés, car aucun ne subit d'échec ».

Plus complets sont ces portraits intellectuels de deux grands conquérants :

> Ramsès II : « Il a réuni les Deux Terres dans la paix, comme son père Tatenen. Rê l'a placé sur son trône, pour assurer la protection de ce pays, car sa pensée est élevée et son nom sacré a été fixé. *Il n'y a aucun dieu qui lui soit semblable ;* ses paroles sont choisies, ses desseins connaissent le succès, car il est raisonnable[9]. »
>
> Ramsès III : « Il ne survient aucun moment... qui n'apporte son butin, grâce aux desseins et aux conseils qui sont dans mon cœur destinés à faire prospérer le Pays bien-aimé[10]. »

Prestige et gloire

Ce sont aussi des qualités fondamentales, morales, du roi-héros qui seront, également, pour lui, des armes mythiques de combat.

Déjà le premier des Thoutmosides jouissait de ce prestige ; dans l'orgueilleuse inscription sculptée sur les rochers de Tombos figure cette courte phrase, reprise ensuite par les autres conquérants : « La gloire de Sa Majesté rend aveugles » les ennemis.

Séthi Ier paralyse l'adversaire par sa seule présence :

> « Il part pour agrandir sa frontière. Son visage était grandiose, à cause de la puissance qu'il déployait ; aucun pays étranger ne pouvait, devant lui, se maintenir debout. On avait peur à cause de son prestige. Ses cris de guerre parcouraient les terres étrangères, et sa gloire demeurait dans le cœur des Neuf Arcs [11]. »

De Ramsès II : « Un millier d'hommes ne sauraient se tenir fermement en sa présence. »

Le roi Ramsès est souvent appelé « le Seigneur de la joie », car ses qualités font le bonheur de son peuple.

Le roi protecteur

Que le roi assure la protection du pays n'est pas une fonction nouvelle. Mais elle est instante chez les Ramsès ; elle est inscrite dans leurs noms, c'est-à-dire leur essence même. Très fréquemment, derrière le nom des « Deux Maîtresses » ou celui d' « Horus d'Or » (c'est le cas pour Ramsès II), on trouve deux épithètes : « celui qui protège l'Égypte et lie les pays étrangers » ; la première deviendra plus tard la devise d'Alexandre le Grand. Mais, surtout, les images qui définissent ce pouvoir du roi sont alors diverses et suggestives.

> Ramsès II est « celui qui secoure le faible, l'époux de la veuve, le protecteur de l'orphelin, il est celui qui répond à qui est dans le besoin, le berger vaillant qui entretient la vie des hommes, la muraille efficace de l'Égypte, le bouclier de millions d'hommes et qui protège des multitudes [12] ».

Le bon berger

Cette image, qui sera si fréquente dans le Nouveau Testament, où elle s'applique au Christ, est très ancienne dans la conscience sémitique. Les premiers exemples datent de la Xe dynastie égyptienne (Kheti III) ; elle est souvent reprise ensuite.

Séthi Ier est « le bon berger, qui vivifie son armée, le père et la mère de tous les humains ».

Ramsès II est le « bon berger du peuple ».

Merenptah rassure les Égyptiens, rendus anxieux par l'arrivée de Meriay à Perirê : « Je suis votre berger, je veille pour écraser (vos ennemis), comme un père assure la vie de ses enfants, tandis que vous vous affolez comme des oiseaux [13]. »

Taureau conduisant le troupeau, tel apparaît Ramsès III : « Le pays tout entier se rassemble auprès de moi, et je suis fermement établi, tel le taureau, à leur tête. »

La muraille de cuivre

Pharaon est aussi une muraille protectrice, le plus souvent en cuivre, parfois, très rarement, une muraille de silex.

Le cuivre est le symbole d'une radiance qui rappelle, bien que moins brillante, celle de l'or. Si l'or constitue la chair des dieux et le corps du soleil, le cuivre est le matériau mythique des autres éléments de l'univers céleste : les étoiles et le firmament sont en cuivre ; de cuivre, également, les portes du ciel et les murailles qui protègent la Région supérieure [14]. Ainsi, le roi est comme une partie — une sorte d'avatar terrestre — des murs du ciel ; il est, dans son œuvre protectrice, un reflet de la Région supérieure.

L'image est née, semble-t-il, sous la XIIe dynastie, après la première révolution intérieure connue par les Égyptiens qui, naturellement, recherchèrent la protection des nouveaux Pharaons. Dans un hymne à Sésostris III, on lit :

« Comme il est grand le Seigneur pour sa ville ! Il est un rempart aux murailles de cuivre » Thoutmosis III est « une forteresse bénéfique pour son armée, une enceinte de cuivre ».

Sous les Ramsès, l'image s'anime — car une image conçue par la pensée égyptienne n'est jamais fixe ; elle s'étend, se développe, au gré d'une riche imagination poétique. Ce sont souvent alors les bras (ou les ailes) étendus du roi qui forment, comme une immense couverture, un rempart protecteur.

Séthi Ier « crée avec ses deux bras, une muraille de cuivre, lorsqu'il les étend, le jour du combat ».

La déesse Seshat dit à Ramsès II, qui se fait *muraille de Chine* :

> « Tu as rendu le courage à l'Égypte, car tu es son seigneur ; tu as étendu tes ailes au-dessus de son peuple, ainsi es-tu pour elle une muraille de cuivre ; son sommet est en silex, tes portes sur elle sont en cuivre ; les hommes du désert ne peuvent la franchir [15]. »

Et lorsque, au premier soir de Kadesh, l'armée, penaude et repentie, rejoint le héros qui, seul, a sauvé l'Égypte, celui-ci leur dit ironiquement : « Vous ne pouvez, certes, ignorer en vos cœurs que je suis votre muraille de cuivre ! » Quand arrivent les renforts, il est encore là, « tel une montagne de cuivre, tel une muraille de cuivre (qui durera) pour le temps infini et le temps éternel. »

Dans les textes de Medinet Habou, l'image est celle d'un « grand mur » qui, tout à la fois, protège des ennemis et de la chaleur.

> Ramsès III est « celui qui apaise le cœur de l'Égypte, étant chargé de sa protection ; il porte le pays sur le haut de son dos, aussi n'entend-on plus de lamentations ; il est la muraille qui projette l'ombre pour le peuple [16] » — « Il est pour l'homme lointain semblable à l'haleine brûlante du disque solaire au-dessus du Double Pays, mais il est une muraille qui projette l'ombre pour le Pays bien-aimé,

apportant la douceur à ceux qui sont assis sous ses deux bras puissants [17]. »

Ici, l'image se combine avec celle précédemment définie.

Le bouclier du Pays

Cette image ests proche de la précédente.

Ramsès III est « le grand bouclier qui dissimule l'Égypte, apportant la douceur à ceux qui sont assis à l'ombre de ses bras ».

D'autres expressions encore témoignent de cette protection assurée par le Prince.

> De Ramsès III :
> « J'ai entouré l'Égypte comme d'un vêtement ; je l'ai dissimulée avec mon bras vaillant, depuis que j'ai été proclamé roi de Haute et de Basse Égypte sur le trône d'Atoum. » — « L'Égypte était dans l'angoisse, il n'y avait plus aucun homme qui fût son berger, le peuple était dans le besoin à cause des Neufs Arcs. Alors je l'enveloppai et l'affermis grâce à ma force, car j'étais un vaillant ; j'apparus comme Rê en roi d'Égypte et je la protégeai [18]. »

La reconnaissance des Égyptiens est parfois énoncée de manière émouvante. A propos de Ramsès II :

> « Sa beauté est dans le corps, comme l'eau et les brises ; on l'aime comme le pain et les vêtements, lui le père et la mère de ce pays entier, la lumière des Deux Rives, du Double Pays et de tous les hommes [19]. »

Le défenseur héroïque

Être guerrier est le destin du roi ramesside — destin qui lui est assigné dès avant sa naissance. C'est, au temps des Ramsès, la fonction royale essentielle.

« Ma fonction », dit Ramsès II, « est semblable à celle

de Rê, celle de Seth lorsqu'il se déchaîne à la proue de la Barque de la Nuit ».

Préparé par les dieux, le souverain naît tout équipé pour mener des combats victorieux.

De Ramsès II :

> « Dès que je suis sorti du ventre de ma mère, j'étais déjà pourvu de vaillance et de force, j'étais équipé, j'étais puissant, j'étais prêt au combat. J'allais tel un enfant de Dieu, j'étais établi fermement sur son trône « verdoyant », et je voyais que l'on se réjouissait à cause de moi, comme d'Horus, fils d'Isis [20]. »

On donne alors à ses membres la couleur du sang, la couleur rouge qui éloigne aussi les forces néfastes. Ce fait apparaît à propos de Ramsès II :

> « Il est sorti du ventre (de sa mère), prêt à conquérir, sa force devant agrandir ses frontières. *Alors on donna à ses membres la couleur rouge, c'est-à-dire la puissance de Montou et celle d'Horus et de Seth* [21]. »

Est-ce cet acte aussi qui est accompli pour Horemheb ? « Il est sorti du ventre (de sa mère) déjà paré de prestige, la couleur divine étant sur lui » ; il était « une image divine avec sa couleur pour les yeux de celui qui contemplait sa forme [22] ».

Peut-être est-ce là la marque d'un destin belliqueux — la couleur du héros, en somme.

Histoire d'une statue miraculeuse

Une aventure archéologique curieuse témoigne de ce rôle protecteur de Pharaon, qui fut tout particulièrement, en ces temps de bouleversement, la fonction des Ramsès. Le Chanoine Drioton, alors directeur du Service des Antiquités de l'Égypte, raconte l'histoire d'une statue miraculeuse de Ramsès III [23]. Un « chercheur inavoué de

trésors » vint, un jour, lui demander l'autorisation de pratiquer une fouille dans un endroit très précis, « dans le désert
oriental du Caire, à 4 km environ au sud d'Almaza ». Exactement à l'endroit prédit on découvrit les fragments d'un
groupe statuaire de quartzite rose, « qui se tenait d'aplomb
comme s'il était posé en place », alors que l'édifice qui
l'avait abrité n'était que ruines. Ce groupe figurait un roi :
Ramsès III (d'après le cartouche sculpté) et une reine, ou
une déesse, dont demeurait encore le bras qui entourait les
épaules du souverain, et la partie inférieure du corps. A une
époque plus récente, le visage, les bras et les jambes de Ramsès avaient été mutilés ; ainsi il ne pouvait ni voir, ni agir, ni
marcher. On avait cherché à *tuer* l'antique magie des formes.
Sur les côtés et le dossier du trône quarante-neuf lignes de
texte étaient sculptées, incantations magiques contre les serpents et les scorpions.

« Le petit temple dans les murs duquel le groupe de
Ramsès III a été découvert ne pouvait être — sa position
le prouve — qu'un oratoire de caravaniers, comme les
temples conservés à El Kab, à l'orée des pistes désertiques
qui s'enfoncent vers la mer Rouge. Il était, comme eux,
situé à quelque distance de la vallée du Nil, au point où,
celle-ci venant de disparaître à l'horizon, le voyageur
n'avait plus qu'à confier son sort aux dieux du désert. Il
dominait la route d'accès vers l'isthme de Suez qui se
détachait, passé le Gebel el Ahmar, de la grande route
reliant Memphis à Héliopolis. Or, le désert de l'isthme de
Suez avait, dans l'antiquité, une réputation sinistre. On le
disait infesté de serpents qui se dissimulaient dans le
sable... Le rôle du groupe de Ramsès III était donc de
fournir aux voyageurs, dans cet oratoire de départ, la sauvegarde contre les reptiles dont la morsure allait mettre
leur vie en péril à tout instant. »

Le *mécanisme* est différent de celui des statues guérisseuses. Dans ce dernier cas, il fallait *guérir*, c'est-à-dire
« combattre un ennemi déjà introduit dans la place, le
venin dans le corps » et, pour cela, absorber une boisson
magique (liquide qui, ayant été versé sur les formules

même, s'était imprégné de leur force magique). Dans le cas qui nous intéresse, il fallait *prévenir*, repousser un ennemi encore extérieur au corps ; les formules sculptées sur la statue « lui communiquaient leur vertu et celle-ci, chargée d'un tel potentiel, pouvait à son tour le communiquer par contact » ; ainsi était établi autour de l'homme un « rayonnement magique », qui devait repousser les bêtes dangereuses.

Aucun monument de ce genre n'est connu avant Ramsès III[24]. C'est une création des souverains ramessides, désireux de réaliser, par tous les moyens, la protection du peuple de l'Égypte.

Le roi-héros et l'univers

Le héros, en Égypte ancienne, ne saurait se contenter, pour combattre, de simples moyens humains. Il revêt des formes animales ou s'assimile aux éléments de l'univers. Ce ne sont point là simples comparaisons ou pures images, mais des possibilités d'être, une *liberté* extrême.

La liberté, pour l'Égyptien, consistait à pouvoir aller et venir sans contrainte, mais aussi à prendre toute forme souhaitée parmi celles du monde créé. Pour les hommes, cette liberté intervenait après leur mort, grâce à la connaissance des formules appropriées. Pour le Pharaon, être d'exception, cette possibilité existait durant son temps de vie sur terre et notamment lors des combats, où toutes les efficiences universelles étaient nécessaires pour assurer la victoire du héros.

Formes animales

Le roi combattant revêt l'apparence et utilise les armes d'animaux puissants et agressifs (le taureau, le lion, la panthère), d'animaux prédateurs (le faucon, le chacal), voire d'animaux mythiques, comme le griffon.

La symbolique du taureau et du lion, appliquée au chef de guerre, n'est pas chose nouvelle ; elle apparaît déjà sur les bas-reliefs des palettes datant de l'époque préhistorique. L'épithète de « Taureau puissant » se rencontre très communément derrière le premier nom d'Horus du souverain. Mais les descriptions de l'animal royal au combat sont, dans les textes ramessides, particulièrement réalistes, voire cruelles, et témoignent d'une observation très précise de la vie des bêtes et de leurs attitudes.

Séthi Ier est le « taureau puissant, au cœur ferme sur l'arène, et qu'on ne pourra défaire ».

De Ramsès II, au deuxième jour de Kadesh : « J'étais prêt pour la bataille, tel un taureau impatient. » — Contre le Sud, il est encore « taureau puissant contre le vil pays de Koush, poussant des mugissements jusqu'à la contrée du Nègre ; ses sabots piétinent les Nubiens, tandis que son encornure les transperce[25] ».

Merenptah est le « taureau, seigneur de la force, qui coupe ses ennemis, beau sur l'arène de la vaillance lorsque survient sa charge ».

Ramsès III est un « taureau, debout sur l'arène, son œil en même temps que ses deux cornes étant (toujours) prêts pour heurter de la tête qui l'attaque[26] ».

Pharaon est également « lion puissant » ou « lion déchaîné ».

Ramsès II pénètre « au cœur des étrangers comme le lion dans une vallée (où paît) le bétail ».
Merenptah est « le grand lion qui se retourne sur sa droite [vers la Libye], puis se redresse et prend alors son élan vers les limites de la terre [le pays de Koush], afin de rechercher l'ennemi du pays et de ne pas permettre qu'il « vomisse » une autre fois[27] ». — Que d'orgueil dans l'attitude de ce lion royal !

Depuis Thoutmosis Ier, le roi peut revêtir la forme de la panthère, dont le caractère agressif sied au combattant. Ramsès III est « la panthère du Sud, qui a vu les massacres ».

Les serres et la rapidité avec laquelle le faucon saisit sa proie sont prêtées à Pharaon. Ramsès II, à Kadesh, dit, pour rassurer Menna, son charrier apeuré : « Je vais charger les ennemis comme le faucon fond sur sa proie. » Ainsi « il est rapide plus que la flèche sur l'arc, car il vole, faucon divin ». — La victoire acquise, « les chefs sont rassemblés dans son poing, comme le faucon enserre les petits oiseaux ». Ramsès III demeure « le faucon divin qui frappe et qui saisit ».

Beaucoup plus nouvelle est l'assimilation avec le griffon. Celui-ci est un animal mythique ayant un bec d'aigle — ou, souvent, en Égypte, un museau effilé de chacal ou d'animal séthien — des ailes puissantes et le corps d'un lion. Dans le monde hellénique, « les griffons sont consacrés à Apollon, dont ils gardent les trésors contre les entreprises des Arimaspes, dans le désert de Scythie, au pays des Hyperboréens. D'autres auteurs les situent chez les Éthiopiens ou encore dans l'Inde. Les griffons sont aussi associés à Dionysos, dont ils gardent le cratère rempli de vin [28] ». Ce sont donc des animaux gardiens et protecteurs, en raison de leur puissance, qui relèvent de formes animales diverses, réunies en un être imaginaire qui se veut efficient. La mention du *roi-griffon*, en Égypte, apparaît pour la première fois, sous Ramsès II et devient fréquente sous Ramsès III. Pourquoi le griffon est-il mentionné à cette époque ? Les grands mouvements de peuple qui caractérisent cette période, le souci de cosmopolitisme spirituel des Ramsès, ont entraîné l'adoption de formes nouvelles, apportées sans doute par les Peuples de la mer.

Ainsi, Ramsès II, à Kadesh, était derrière les Hittites, « tel un griffon ». La voix de Ramsès III « s'enflait en donnant des ordres comme celle d'un griffon » : les « Libyens » de Meriay disent des Égyptiens : « Leur seigneur est comme Seth, l'aimé de Rê ; on entend son cri de guerre comme celui du griffon, lorsqu'il est derrière nous, terrassant sans pitié [29]. »

La forme composite du griffon dut certainement plaire
aux Égyptiens. Pour eux, la forme n'est pas unique, ni
fixe. Dans les combats, les diverses formes animales que
revêt Pharaon ne sont pas nécessairement successives,
mais elles peuvent s'ajuster les unes aux autres, se combi-
ner, pour développer une plus grande efficience magique.
Le héros devient un être ambigu et complexe, qui relève
entièrement de la pensée mythique.

Séthi Ier est « le faucon divin, au plumage multicolore,
qui traverse le ciel comme la Majesté de Rê, le chacal,
grand coureur, qui traverse tout le pays en une heure, le
lion sauvage qui laboure les chemins secrets de tous les
pays étrangers, le taureau puissant aux cornes acérées, au
cœur fier, qui foule aux pieds les Asiatiques et écrase les
Hittites [30] ».

Ramsès II est un « taureau aux cornes acérées, l'aîné de
la vache, quittant le terrain lorsqu'il a abattu ses ennemis
— un lion puissant, dont les griffes chassent, poussant des
rugissements et lançant sa voix dans la vallée où paît le
petit bétail — un chacal dont la marche se hâte, recherchant qui l'approche et parcourant le circuit de la terre
jusqu'à son extrême, en un instant — faucon divin et sacré,
que pourvoit l'aile et qui fond sur les petits et sur les
grands [31] ».

Ramsès III est « le lion aux cris lourds sur le sommet
des montagnes... le griffon à la vaste enjambée, possesseur
d'ailes, qui considère des millions d'*iter* comme..., la panthère qui connaît sa proie et se saisit de qui l'attaque [32] ».

La confusion recherchée des formes apparaît bien dans
ce texte de Medinet Habou :

« Le cœur de Sa Majesté est dangereux, car sa force est
celle d'un lion en embuscade qui se tient prêt à attaquer le
petit bétail ; il est équipé comme un taureau vaillant, ses
bras tranchants sont des cornes pour fendre les montagnes
dans le dos de qui l'a attaqué [33]. »

Ces transfigurations mythiques peuvent, dans la pensée égyptienne, atteindre une grande ampleur, créant un paysage imaginaire, une féerie de formes et de bruits, qui devait être instrument magique de victoire.

A Medinet Habou, encore, au moment de la campagne de l'an 5, il est dit de Ramsès III :

> « Il y eut une fois un jeune adolescent semblable à un griffon. Ses soldats, en criant, faisaient peser leurs voix, ils étaient comme les taureaux prêts (à combattre) sur l'arène. Ses chevaux étaient comme des faucons lorsqu'ils voient les petits oiseaux, ils proféraient des rugissements comme un lion irrité et furieux. Les porte-étendards et les commandants étaient semblables à Resheph, ils voyaient des dizaines de mille comme une goutte, et sa force était devant eux comme celle de Montou [34]. »

Formes cosmiques

Non seulement les créatures animales, mais les éléments même de l'univers prêtent leur efficience au héros royal.

Ainsi, le trait des flèches qu'il tire se confond avec la trace des étoiles filantes qui descendent sur la terre.
Ramsès II « saisissant son arc, sur son char, empoigne sa flèche, telle une étoile scintillante au cœur des myriades » — « Il décoche flèche sur flèche comme les divines étoiles scintillantes. »
Ramsès III devient étoile lui-même, poursuivant les ennemis avec la rapidité de lancée d'une étoile filante ; il est la « divine étoile scintillante et sauvage à leur poursuite ».

Le héros se fait lumière et souffle des vents. Ramsès III est « la lumière vivante qui brille sur l'Égypte » — Merenptah « la lumière qui chasse les nuages amoncelés sur l'Égypte et qui permet au Pays bien-aimé de voir les rayons du disque du soleil. Il repousse « la colline de cuivre » de sur le cou des hommes, et donne les brises aux êtres étouffés... Il est l'Unique, qui affermit les cœurs de centaines de mille, car les souffles, à sa vue, pénètrent à nouveau dans les narines [35] ».

Il se confond totalement avec les astres, donneurs de vie.

Ramsès II est le « fils de Seth, aimé de Montou, étoile pour la terre, lune pour l'Égypte, soleil pour le pays, brillant pour les hommes, disque étincelant pour le peuple ; les êtres revivent à sa vue [36] ».

Le roi condense en sa personne tous les éléments de l'univers bénéfiques pour le pays d'Égypte.

Le héros et les dieux

Le roi-héros est l'enfant lumineux du soleil : Ramsès II est la « semence étincelante du maître du temps éternel ». Il est « l'image vivante de Rê, qu'a mis au monde celui qui réside en Héliopolis, ses membres sont en or, ses os en argent, tout son corps en cuivre du ciel [37] ». Ailleurs, le souverain peut être fils de Min, de Montou, de Seth ou de Ptah. Suivant les pays de l'Empire, le nom de celui qui l'a engendré varie ; pour les Asiatiques il peut être le fils de Baal : un chef syrien s'adresse à Ramsès II : « Il n'y a personne d'autre qui soit ainsi semblable à Baal, ô Prince, (tu es) son fils véritable pour le temps infini. » Pour les Africains, il peut être fils de Dedoun, ou, plus volontiers, fils de Khnoum, le dieu de la *frontière* : dans un souhait pour Ramsès II : « Que vive le dieu parfait, fils de Khnoum, qu'a mis au monde Anoukis, maîtresse de la Nubie, et qu'a nourri Satis, maîtresse d'Éléphantine [38]. »

La souplesse et la diversité de la pensée mythique égyptienne sont grandes. S'il était utile que le roi fût fils d'*un* dieu pour assurer une succession légitime ou légitimer une usurpation, il est plus efficace, pour affirmer la victoire sur l'ennemi, que le héros soit fils de plusieurs dieux — successivement ou en même temps, les efficiences particulières à chacun d'eux se cumulant pour donner au souverain une puissance magique plus grande.

Ainsi, Ramsès II est « fils d'Amon et œuf excellent d'Atoum » — il est aussi « le fils de Rê, qu'a engendré Ptah ». Ramsès III est « le sperme divin de Rê, issu de son corps, image sacrée et vivante du fils d'Isis » ; à ce même souverain s'adresseront les prêtres et les dignitaires, disant : « Ton père Amon te donne en récompense la force et la vaillance... Tu es son fils, issu de lui... Il place le pays entier dans ton poing, comme ton père Montou[39]. » Suivant la tradition ramesside, Ramsès IX est « le fils de Rê, qu'a engendré Horakhty ».

Le souverain ramesside peut être aussi une véritable *construction* divine, bâtie de la main des dieux, pour qu'il devienne un héros invincible. Sur le sarcophage de Merenptah est sculpté le texte d'un hymne adressé par la déesse Neith au roi. On y lit notamment :

« Je te construis semblable à Rê, puis je t'élève sur mes deux bras, j'étincelle sur ta tête et je renouvelle pour toi la forme du serpent solaire [l'uraeus], ainsi j'établis tes formes à l'image de celles du maître des rayons. J'amène ensuite les dieux, qui s'inclinent pour toi. Rê vient à toi, il t'embrasse, il se pose sur ta forme sacrée [image du faucon solaire], il illumine ton visage, il te donne son éclat, son étincellement, son rayonnement... Je te donne le feu ; à toi appartiennent aussi les flammes des quatre serpents sacrés qui, chaque jour, sur tous les chemins, repousseront tes ennemis et s'empareront du rebelle au caractère pervers ; je te place sur son dos, de sorte qu'il ne pourra même pas s'enfuir[41]. »

Le « visage » de Ramsès III « est parfait lorsqu'il porte les deux plumes comme Tatenen, l'amour qu'il inspire et sa forme sont ceux de la Majesté de Rê lorsqu'il étincelle à la pointe de l'aube ; il est beau, assis sur le trône d'Atoum, après qu'il a saisi les parures d'Horus et de Seth. Nekhbet et Ouadjit, le serpent du Sud et le serpent du Nord, établissent leur résidence sur sa tête ; il est conscient de sa force comme le fils de Nout. Ainsi, son prestige est dans les cœurs des Neuf Arcs[42]. »

Le roi-héros est donc richement doté par les divinités

dont il est le rejeton, et l'image, plus ou moins composite.
Il dispose de la vaillance d'Amon-Rê, de l'énergie de
Montou, de la « force de frappe » de Seth ou de Sekhmet,
de la « puissance de Baal sur les pays étrangers », entre
autres !

Un autre don magique lui vient de ses pères : le souverain est lié au cycle du temps éternel. De Ramsès III à
Amon-Rê : « Vois, je connais le temps éternel, ô père
auguste, et je n'ignore pas le temps infini, ô toi qui es
devant mon cœur. »

Susceptible de s'assimiler à l'univers, le roi en vit la
durée ; leurs temps sont liés et concordants. Pour Ramsès III :

> « Tant que le soleil se lèvera et se couchera, tu seras le
> Seigneur de l'Égypte » — « Tant que la lune renouvellera
> ses naissances, tant que le Nouou parcourra le Grand Cer-
> cle, le nom du Seigneur du Double Pays, Ousermaâtrê-
> aimé-d'Amon sera sur son palais, pour le temps infini [43]. »

Royauté divine, aux visages divers, ample et éternelle,
la royauté ramesside possède avec les dieux des liens privilégiés : liens physiques, évidemment, mais aussi liens
d'ordre affectif ou intellectuel, faits d'amour et de
confiance réciproques.

Merenptah est « l'amour d'Amon » — Ramsès III
« l'amour de Rê ».

La présence divine habite le héros partant au combat.
De Ramsès III, allant se battre contre les Asiatiques :
« J'ai fait que mon cœur soit empli de mon dieu, le sei-
gneur des dieux, Amon-Rê, le vaillant, maître de la puis-
sance » — Du même, partant vers l'Ouest combattre les
Libyens :

> « Sa Majesté se mit en marche, vaillamment ; son bras
> était puissant et son cœur empli de son père, le roi des
> dieux. » Une affection véritable, bénéfique, lie le dieu et le

héros. Ramsès II dit à Amon-Rê : « Je m'emplis de tes conseils, cherchant à faire pour toi, d'un cœur aimant, ce qui peut t'être utile. »

Le roi est le héros parfait, qui satisfait le ciel et la terre.

« Les dieux disent [à l'égard de Ramsès] : notre semence est en lui. Les déesses disent : Il est sorti parmi nous pour exercer la royauté. Amon dit : Je suis celui qui l'ai engendré et qui ai mis aussi Maât en sa (juste) place. La terre est ferme et stable, le ciel heureux, l'Ennéade satisfaite à cause de ses qualités [44]. »

B. — LES COMBATS

Dans le récit des combats, l'Égyptien n'a pas voulu faire œuvre d'historien, c'est-à-dire décrire des faits, mais œuvre de magicien ; le pouvoir d'animation des formes (les bas-reliefs) et des mots (légendes et discours) est sollicité pour éterniser les victoires des Ramsès. Observation concrète et transpositions mythiques se mêlent encore en une profusion d'images qui veulent rendre compte, en un langage riche et coloré, suggestif plus que descriptif, des armes, de la bataille même, de la victoire et de la soumission des pays vaincus.

Les armes

Les moyens mis en œuvre pour remporter la victoire sont divers : concrets ou humains, bien sûr, personnels donc, mais aussi moraux ou mythiques.

Les armes physiques

Le bras de Pharaon est, traditionnellement, puissant, chargé de la force que lui ont donnée les dieux.

Mais son visage est aussi une arme, car il ne saurait être supporté par la vue des ennemis. Lorsque Ramsès II « est en marche, son visage divin pénètre dans les multitudes ».

La langue (ou la bouche) est un autre moyen — oral — de terrasser l'ennemi, moyen reconnu depuis longtemps. Déjà sous Sésostris III, « la langue de Sa Majesté réprime les Nubiens, ses discours mettent en fuite les Asiatiques ». Le sage Kheti III avait auparavant enseigné à son fils : « C'est la puissance d'un homme que sa langue ; les mots sont plus forts que n'importe quel combat. » Arme exceptionnelle d'homme habile, elle ne fait pas défaut à Ramsès II : « Il entre, solitaire, dans la masse des ennemis, les terrassant, en parlant avec sa bouche et agissant avec ses bras. »

L'odeur du héros, qui est celle même des dieux, terrorise l'adversaire, qui reconnaît en lui un être d'exception. L'odeur de Séthi Ier « a brisé les cœurs » des Hittites.

En plus de ces moyens très personnels, le roi dispose d'armes fabriquées, comme ses soldats. Il est, notamment, un redoutable archer. Ramsès II est un « archer sans pareil, plus fort que des centaines de milliers réunis ». — L'arc de Ramsès III est très efficace contre les Libyens : « sa flèche a brisé leurs membres, leurs os, leurs bras, tandis qu'ils implorent son nom ».

Le glaive qu'Amon a remis au souverain est aussi une arme dangereuse. Avec elle Séthi Ier abat Asiatiques et Africains : « Ton glaive est sur la tête de chaque pays étranger, leurs chefs sont abattus par ta lame » — « Tu as détruit le pays du Nègre avec ton glaive. »

Les armes morales

Crainte inspirée, gloire et prestige ressentis devant le héros suffisent à paralyser ou faire fuir l'ennemi.

Cette arme, purement morale — mais la peur est efficace — fut utilisée par d'autres Pharaons. Dans un hymne à Sésostris III, on lit : « C'est la terreur qu'il inspire qui frappa les Nubiens dans leurs terres — C'est la crainte de lui qui tua les Neuf Arcs. »

Le prestige des Ramsès était grand. A cause de Séthi Ier, les ennemis « cessent de se tenir debout, ployant les genoux, oubliant même de saisir leurs arcs, passant le jour dans des cavernes, cachés comme des loups, la terreur que Sa Majesté inspire ayant pénétré dans leurs cœurs [45] ». Que faire devant Ramsès le Grand ? « Lorsqu'ils le voient, les princes (des pays étrangers) s'évanouissent, la terreur qu'il inspire demeurant dans leurs cœurs » — « La crainte circule dans leurs corps, leurs membres tremblent nuit et jour. » Merenptah « renverse (les ennemis) à cause de la frayeur qu'il inspire ».

Si les effets sont divers, le résultat acquis est toujours, sans même coup férir, la chute de l'ennemi.

De Ramsès III le prestige universel impose sa loi au monde :

> « Ta crainte atteint les peuples du commencement de la terre [régions de l'Euphrate], après qu'elle a brisé les cœurs des gens de Khen-Nefer [pays de Koush], elle a transpercé les pays des Phéniciens et pénétré à Pount et chez les Coureurs-des-sables [46]. »

Bien que le style soit lyrique, ce texte n'est pas tellement éloigné de la vérité, si l'on songe aux luttes héroïques menées par Ramsès III contre les envahisseurs.

Armes mythiques

Le souverain se fait feu et eau pour combattre les rebelles — le feu qui brûle et ravage, l'eau en son aspect de tempête dévastatrice.

Le feu jaillit de la personne même de Pharaon, de sa bouche, de son nom ou de son uraeus ; tous les éléments

de sa personne sont de nature ignée, comme son père le
Soleil.

Déjà, devant Thoutmosis Ier, « les adversaires
s'enfuient, sans force, à cause de la flamme de son
uraeus ».

Les Ramsès brûlent et asphyxient. Des prisonniers amenés du Retenou disent devant Séthi Ier :

> « Voyez cela ! Il est comme une flamme en son jaillisse-
> ment, l'eau se tarit. Il fait que les rebelles ne profèrent plus
> de médisances, car il s'est emparé des souffles de leurs
> narines[47]. »

Ramsès II est un feu ardent : « Puissante est sa poitrine
à l'heure de la mêlée, telle une flamme au moment où on
l'attise » ; il décrit son œuvre brûlante au deuxième jour
de Kadesh :

> « Le serpent de mon front terrassait pour moi les enne-
> mis, il plaçait sa chaleur, telle une flamme, dans le visage
> de mes adversaires ; j'étais comme Rê lorsqu'il resplendit à
> la pointe de l'aube, tandis que mes rayons consumaient les
> corps des rebelles[48] » — l'orgueil du dieu Ramsès !

Le feu se développe encore sous Ramsès III, « brûlant,
puissant, flamme dans le ciel » — « La grande flamme de
Sa Majesté se mêlait aux cœurs des ennemis, brûlant leurs
os à l'intérieur de leurs corps. »

Le roi est aussi une tempête en sa force : Ramsès II est
le

> « prince vaillant, massacrant ceux qui jusqu'alors l'igno-
> raient, semblable à la tempête qui détruit et crie dans la
> Très-Verte, dont le flot redescend, semblable à des mon-
> tagnes sans que l'on puisse l'approcher, tandis que tout ce
> qui est en lui est englouti dans la Douat [l'au-delà][49] ».
> Tempête et vent de sable accompagnent Ramsès : « C'est
> une tempête sur les pays étrangers, un grand tumulte,

rameutant les nuages contre les princes (ennemis), pour défaire leurs villes et faire de leurs résidences des régions arides[50]. » Des images, belles et évocatrices, animent ces descriptions lyriques : « Sa Majesté, dans le dos des ennemis, est... la tempête qui fait rage derrière eux et qui attise la flamme ; ils sont comme les plumes des oiseaux face aux souffles des vents[51]. »

Ramsès III sera aussi « une sombre tempête... à la poursuite de qui l'a attaqué ».

Formes, apparences et armes ne peuvent que mener à la victoire le héros ramesside, qui entraîne son armée à la bataille. On dit à Ramsès III : « Ta puissance est au-dessus de ton armée ; les soldats marchent emplis de ta force. »

La bataille

Les récits de bataille décrivent essentiellement la mêlée, mentionnant surtout l'héroïsme de Pharaon, la défaite des ennemis et le misérable sort des vaincus, c'est-à-dire tout ce qui peut contribuer, par les mots, à éterniser la gloire du vainqueur. Dans ces récits se côtoient sans cesse le réalisme le plus dur et l'imaginaire du mythe. L'Égypte est le pays de la magie sans frontières.

La mêlée

Le roi, le premier, marche au combat, comme la plupart des conquérants. Ramsès II est « le premier devant son armée » — « un roi qui combat devant ses soldats, le jour de la bataille, un roi au grand courage, le premier dans la mêlée ».
Celle-ci est farouche.
Ramsès II à Kadesh : « Grande est sa puissance sur ses coursiers lorsqu'il empoigne son arc, lançant ses flèches sur sa droite, massacrant sur sa gauche. »

Le lyrisme coloré et brutal des textes de Medinet Habou traduit admirablement la puissance offensive du héros.

Ramsès III se lance contre les Libyens :

> « Je sors contre eux tel un lion, je les frappe en en faisant des gerbes ; je les poursuis comme le faucon divin lorsqu'il a vu des petits oiseaux sur leurs nids... Aucune de mes flèches ne manque son but tandis que mon cœur hurle, tel le taureau sur les moutons, ou comme Seth lorsqu'il est en rage [52]. »
>
> « Ses deux bras lacèrent la poitrine de qui a violé sa frontière ; il se déchaîne, étendant la main droite, pénétrant en détruisant, massacrant sur place des dizaines de mille sous le poitrail de ses chevaux ; il considère l'abondante masse des ennemis comme s'il s'agissait de sauterelles, frappant, se hâtant, œuvrant comme s'il s'agissait de blé. (Il est le héros) aux cornes puissantes qui a confiance en sa force, devant qui ne comptent pas des millions et des dizaines de mille, car sa forme est semblable à celle de Montou lorsqu'il apparaît ; à cause de lui chaque pays est dans l'angoisse [53]. »

Dans le récit des deux guerres libyennes menées par Ramsès III en l'an 5 et en l'an 11 de son règne, les images se succèdent, violentes :

« Sa griffe est sur la tête des Mashaouash », expression brutale d'une domination absolue. Parfois la bataille devient le combat d'un lion contre des souris, sans espoir pour celles-ci :

> « Tous les pays s'étaient alliés contre l'Égypte. Mais c'est Dieu qui les avait amenés pour que les détruise le lion puissant et vaillant, car c'est lui le seigneur unique. Sa griffe bien armée était semblable à des serres ; alors ils furent enlevés, tandis qu'ils s'avançaient, tremblant dans leurs corps, pour mourir sous ses bras, semblables à des souris [54]. »

Les dieux participent au combat, aident le roi, lui ouvrant les chemins, le protégeant.

« Amon-Rê, le roi des dieux, est devant son fils », Ramsès II.

Tandis que Ramsès III s'avance vers l'Ouest, envahi, avec son armée, Amon-Rê lui dit :

> « Vois, je suis devant toi, ô mon fils. Je place ta gloire à travers les Neuf Arcs et ton prestige dans le cœur de leurs chefs. J'aplanis pour toi les chemins du pays des Timhiou, je les foule devant tes chevaux[55]. »

Montou était également présent « le protégeant sur sa droite et sur sa gauche, ouvrant devant lui la route et brisant les chemins ».

La main de Dieu est avec le héros : « Sa main est avec moi dans toutes les batailles » dit d'Amon-Rê le vainqueur de Kadesh. D'Amon-Rê à Ramsès III : « Ma main est le bouclier de ta poitrine, pour terrasser le mal qui était près de toi. »

Les dieux de l'Empire s'assemblent pour constituer autour du conquérant une *barrière* magique. Pour Ramsès III : « Montou et Baal sont avec lui dans tous les combats, Anat et Astarté forment son bouclier, tandis qu'Amon commande par sa bouche[56]. » Une infranchissable *guirlande* de divinités.

Comme en écho, ces mots de Ramsès III : « Leurs mains constituent pour moi le bouclier de ma poitrine, pour éloigner le mal et les tourments de mon corps[57]. »

Les dieux sont aussi les compagnons de guerre des soldats. A l'heureuse issue de la bataille collaborent, unis, les divinités, le roi et les hommes ; étranges compagnons d'armes, ils forment un tout invincible.

L'armée de Merenptah quitte ses cantonnements et se met en marche vers Perirê envahie : « Lorsqu'ils s'ébranlèrent, la main de Dieu était avec eux, Amon auprès d'eux comme leur bouclier » — A Perirê : « Alors l'infanterie de Sa Majesté s'avança avec sa charrerie, Amon-Rê était avec eux, tandis que le dieu d'Ombos [Seth] leur donnait la main[58]. »

Dieux et héros assurent infailliblement la protection de l'Égypte :

« L'Égypte, dit-on, est depuis le temps des dieux la fille unique de Rê, et son fils est assis sur le trône de lumière. Même si l'on en avait eu le désir, on ne saurait envahir son peuple car l'œil de chaque dieu serait dans le dos de celui qui violerait le pays, et c'est cet œil qui repousserait les ennemis[59]. »

L'œil divin qui juge et qui châtie est une image durable élaborée par la conscience sémitique.

Dans la mêlée, le héros ressent la joie de la lutte, l'ivresse du combat.

Lorsqu'on vient annoncer à Séthi Ier que les Shasou préparent une rébellion contre Gaza et ne respectent pas la loi de Pharaon,

« alors le cœur de Sa Majesté ressent du plaisir à cause de cela. Le dieu parfait exulte au moment d'engager le combat, il se réjouit à cause de ceux qui lui ont désobéi, son cœur est satisfait de voir le sang, lorsqu'il tranche les têtes des rebelles, il aime le moment où il foule aux pieds les ennemis, en ce jour de joie[60] ».

Ramsès III « pénètre dans la masse épaisse (des ennemis), massacrant, le cœur joyeux, car il considère des millions d'entre eux comme une goutte ».

La défaite des ennemis

Elle est exprimée en termes durs et violents, volontairement outranciers, pour accroître, par la magie du Verbe, l'effet durable de la victoire — qu'il s'agisse des Hittites défaits par Ramsès II :

« Alors ils se tinrent éloignés, touchant le sol avec leurs mains devant moi. Ma Majesté s'empara d'eux, je tuai parmi eux de sorte qu'il n'en resta aucun ; ils déboulaient devant mes chevaux, gisant, abattus, en un monceau unique, dans leur sang [61]. »

ou qu'il s'agisse des Libyens vaincus par Ramsès III :

« Les Mashaouash et les Timhiou se lamentent et s'affaissent, ils se soulèvent encore, pourtant, poussant des gémissements jusqu'aux extrémités de la terre ; leurs yeux sont sur les chemins, regardant derrière eux, tandis qu'ils courent et s'enfuient. Mais la flamme les saisit, détruisant leurs noms sur la terre, leurs pieds deviennent lourds sur le sol. Le grand seigneur de l'Égypte ne les affermira pas, et déjà leurs chevaux sont sur eux [62]. » — « Leur sang, à la place où ils se trouvent, est comme un large flot tandis que leurs cadavres sont écrasés à l'endroit même qu'ils veulent franchir [63] » — Et cette image extrême, presque insupportable, du héros triomphant « brisant les os de ceux qui gisent en monceaux, sous sa griffe [64]. »

Le champ de bataille est inondé de sang, parsemé de colonnes ou de pyramides de cadavres.

Ramsès II « foule aux pieds le Hatti, dressant une colonne avec les ennemis abattus ».
Grâce à Merenptah, « les oreilles et les yeux arrachés du pays de Koush forment des pyramides dans leurs villes. Koush ne se renouvellera pas, vomi pour le temps éternel [65] ».
Ramsès III « ayant déployé ses bras et repoussé les Neuf Arcs, dépouille maintenant les Mashaouash, transformés en pyramides (de cadavres), tandis que leur chef est attaché devant les chevaux du roi [66] ».

Les images qui décrivent l'ennemi capturé sont éminemment suggestives, insistant sur l'aspect moral de leur état.
Ils sont assimilés au bétail prisonnier. Ainsi parlent les défenseurs de la forteresse de Dapour, prise par Ramsès II : « Nous sommes comme des troupeaux de bêtes qu'a abattus le massacre du lion sauvage », — ou les Libyens cernés par Ramsès III :

« Le piège pour nous s'est refermé, tandis que nous étions en sa présence. Nos chemins et nos pas n'existent plus, tandis que, brillant, il [Ramsès] rejoint son trône. Le dieu nous a saisis, pour lui, telle une proie, semblables au petit bétail prisonnier à l'intérieur d'une trappe. Nous avons été transformés en butin... devant lui, les mains sur la tête ; mais il ne se retourne pas, il ne voit même pas que nous l'implorons[67]. »

Ils sont des volailles ou des poissons piégés : « liés comme des volailles en présence du faucon, dont la marche se dissimule au profond du buisson[68] » — De Ramsès III encore : « Ceux qui violeront sa frontière, Sa Majesté sortira contre eux telle une flamme ; ils s'empileront alors comme des volailles dans le filet, ils seront frappés dans les nasses[69]. »

Les ennemis capturés sont aussi peu redoutables que des poussins, faibles et apeurés : Ramsès III « cœur puissant dans les batailles, défait des dizaines de mille, transformant les pays étrangers en « nids de poussins » sous le poitrail de ses chevaux[70] ».

Ils sont aussi inoffensifs que des fétus de paille emportés par le vent. Pour Ramsès II « Amon transformait les pays étrangers en paille devant ses chevaux. » — Les Mashaouash vaincus clament et se lamentent : « Voyez, des malheurs nous sont échus jusqu'à la hauteur du ciel... Nous sommes comme de la paille hachée que poursuit le vent[71]. »

Le sort des vaincus

Que l'on ne se méprenne pas sur cette violence verbale ; elle demeure, pour une grande part, verbale. Les Égyptiens ont été de grands magiciens des mots ; ils jouent en maîtres de leur pouvoir suggestif et créateur sans que cela réponde à une réalité concrète.

En fait, on emmenait les prisonniers en Égypte, mains sur la tête, il est vrai, ou liées dans le dos, et ils servaient comme domestiques, sur les domaines notamment. Mais, magiquement, on détruisait leur être physique et moral : on « saisissait le sperme » et on anéantissait le nom. Ramsès III « renverse les *ba* et saisit le sperme » des ennemis, « défait le nom des pays asiatiques ».

La victoire

Orgueil et joie sont les deux sentiments du héros, la victoire acquise.

Merenptah « méprise les Asiatiques ; il fait que ceux qui appartiennent aux pays du Hatti s'avancent sur leurs genoux, comme marchent les chiens qui ignorent l'Égypte [72] ». Ramsès III « apparaît en gloire sur le champ de bataille, tel Baal, après que la chaleur de sa flamme a brûlé les Neuf Arcs [73] ».

La joie est générale

Séthi Ier « revient, dans la fête, après avoir triomphé ».

Merenptah a « *lavé le cœur* de Memphis en chassant ses ennemis », expression définissant la liesse intérieure.

Au retour de Ramsès III, en l'an 11, « on pousse des cris, on exulte à cause de ses victoires ».

Les dieux et les déesses s'associent au plaisir de l'Égypte : « ils sont en fête lorsqu'ils voient les ennemis massacrés ».

En longues litanies ou en strophes concises, dont la répétition est, chaque fois, nouvelle affirmation de la puissance royale, on *récite* les victoires des Ramsès.

— Sethi Ier : « Viennent à lui les étrangers du Sud en position courbée, les gens du Nord se prosternant à cause de sa gloire. »

— Ramsès II : « Il a foulé aux pieds les étrangers du Nord, les Timhiou tombent à cause de la terreur qu'il inspire, les Asiatiques souhaitent pour eux-mêmes ses brises... Désormais leurs cœurs sont emplis des desseins de Pharaon, ils sont assis à l'ombre de son glaive et ne craignent donc plus aucun pays étranger. Il a défait les guerriers de la Très-Verte et le grand lac du Nord [l'Euphrate], maintenant ils sont étendus pour dormir, tandis que lui veille... Son cri de guerre est puissant sur la Nubie, son prestige repousse les Neuf Arcs. Babylone, le Hatti... se courbent à cause de sa gloire [74]. »

— Ramsès III : « Les pays du Sud et du Septentrion viennent à lui, poussant des acclamations lorsqu'ils le voient semblable à Rê, à la pointe de l'aube [75]. »

Défaits et apeurés, les survivants viennent faire leur soumission, reconnaissant la supériorité de l'Égypte et quêtant auprès du héros Pharaon la lumière et les souffles de vie.
Vers Ramsès III s'avancent :

— Les Libyens : « Nous reconnaissons la grande puissance de l'Égypte, car Rê lui donne protection et victoire... Nous venons vers lui [Ramsès], nous lui disons : Salam, nous lui rendons louanges et nous nous prosternons, sa force étant grande [76]. »
— Les Amorrites « viennent en acclamant afin de voir sur eux le grand Soleil de l'Égypte, afin que le disque solaire soit beau auprès d'eux, car il y a deux soleils divins qui montent et brillent sur la terre : la lumière de l'Égypte et celle qui est dans le ciel [77] ».
— Les Peuples de la mer : « Tu es le roi, le soleil de l'Égypte, ta puissance est plus grande que celle d'une montagne de cuivre, ton prestige est semblable à (celui de Seth). Donne-nous les souffles, afin que nous les respirions, car c'est la vie qui est dans ton poing pour le temps infini [78]. »

Désormais, les limites mythiques de l'Empire des Ramsès toucheront au ciel et atteindront les extrémités même du circuit du soleil.

De Séthi Ier : « Rê a fait pour lui sa frontière jusqu'aux limites de ce qu'illumine le disque divin. »

Pour Ramsès II : « Le Grand Cercle et la Très-Verte, les contrées méridionales de la Terre du Nègre jusqu'aux pays et aux marécages s'étendant vers les extrémités de la nuit, rassemblés aussi loin que la limite des quatre piliers du ciel, seront sous les pieds de ce dieu parfait[79]. »

En faveur de Ramsès III, « Rê a établi sa frontière jusqu'aux limites de ce qu'illumine son uraeus, de sorte que (tous) les pays sont *dans* sa beauté[80]. »

C. — IMAGES DE PAIX

Au cours même des conquêtes, la nostalgie de la paix demeure. Séthi Ier « souhaiterait accomplir les saisons du labour dans le pays bien-aimé, alors qu'il pille les Libanais, détruisant leurs monuments et saccageant leurs villes, ses chevaux étant rassasiés d'orge, son armée ivre de vin, grâce à la victoire de son glaive[81] ».

Dans ce domaine de l'expression, on ne rencontre pas de mythes élaborés ni de féeries des formes et des apparences ; on goûte la douceur des mots et des sensations. La paix s'exprime en des images simples et émouvantes.

Elle est comme la douceur d'une planche bien lisse — l'Égypte est pays d'artisans :

« L'Égypte et (ses) terres sont en paix durant sa royauté [celle de Ramsès III], le pays est comme une planche lisse, il n'existe plus d'hommes avides[82]. »

La paix, c'est aussi la fraîcheur vive, goûtée sensuellement dans un pays de chaleur :

Ramsès III, « taureau vigoureux, aux cornes acérées, qui répand une grande terreur dans les cœurs des Asiatiques ; ils viennent à lui en l'acclamant, portant sur leurs dos toutes sortes de tributs, à cause de la gloire de Sa Majesté, implorant et priant (pour obtenir des dons) de sa main. — Ton père Amon te les a assignés, afin que ton cœur soit frais parmi eux, le pays entier étant comme une planche lisse depuis ta royauté sur terre... ô Prince de la joie[83] ».

Sous Ramsès III encore : « Les terres, les pays étrangers et l'Égypte sont dans la fraîcheur » — « Le pays d'un bout à l'autre est frais » — « Je suis le roi, le peuple se réjouit, car ma royauté rafraîchit, chargée de paix [84]. »

La paix, c'est encore le repos et le plaisir des hommes.

Le terme même qui désigne la paix signifie aussi « le contentement », « la satisfaction ».

De Ramsès III aux Égyptiens : « J'ai chassé l'affliction qui était dans vos cœurs et je fais que vous vous asseyiez, vous reposant [85]. »

C'est sous le règne de Ramsès III, tourmenté, bouleversé, menacé, que ces images sont les plus fréquentes et les plus vives. Elles sont comme un dernier appel de la conscience égyptienne aux jours heureux et calmes des premiers temps, une ultime expression de reconnaissance envers les pharaons-héros qui surent, malgré les graves dangers qui surgirent alors, et grâce à leur courage et leur lucidité, sauvegarder l'intégrité et l'indépendance de la patrie : les Ramsès.

CHAPITRE II

Le roi bâtisseur

Les Ramsès ont construit de nombreux et grands monuments en Égypte, sur le territoire même de leur pays, mais aussi dans les terres d'Empire et, notamment, dans les possessions africaines du Sud. Les dimensions colossales de cette architecture devaient témoigner de la richesse du grand Empire et de la puissance de ses rois.

L'architecture, en Égypte, est l'expression d'une victoire sur la mort et les forces du chaos. Elle concrétise cette grande bataille pour conquérir l'éternité du temps, que les Égyptiens ont menée de toute antiquité. Elle affirme, avec ses associées, la sculpture et la peinture, une pérennité d'être, toujours menacée, mais toujours conquise, grâce à la magie des formes et des mots.

Les « maisons des dieux » — les temples — protègent la divinité et l'abritent sur terre. Sur les hauts massifs des pylônes, parfois sur les murs extérieurs de l'édifice, des bas-reliefs figurent les victoires des Ramsès, dont le souvenir, ainsi, passera les millénaires, éternisant la mémoire du roi-héros. Les bas-reliefs sculptés à l'intérieur du temple représentent les cérémonies du culte quotidien, la liturgie officielle ; si, un jour, elle n'était plus assurée par les hommes, alors ces images de pierre pourraient s'animer, formes d'autrefois, continuant à servir les dieux, dans un office silencieux et magique. Les mots sculptés dans la pierre revivraient aussi, poursuivant l'œuvre de

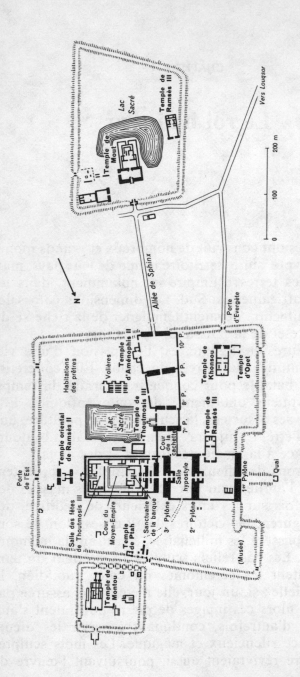

Plan de Karnak
(d'après SAUNERON, Égypte)

louange du créateur en chaque temple, et livrant les formules consacrées aux prêtres fantômes. Et les dieux et les rois prolongeraient sans fin leur vie dans le corps de pierre des statues.

Les « châteaux de millions d'années » — les temples funéraires — permettent d'assurer, dans les mêmes conditions, la protection et la survie quotidienne du roi défunt, dont la momie est placée dans sa tombe de la Vallée des Rois.

A. — LES MAISONS DES DIEUX

Nous avons déjà défini[1] la structure d'ensemble, la symbolique et la philosophie du temple, résumé de l'univers, microcosme chargé de puissance magique.

Des temples de Per-Ramsès, la capitale politique de l'Empire des Ramessides, il ne reste que des ruines au sol ; le Delta fut le chemin des invasions, plus ou moins dévastatrices, qui, après les Ramsès, recouvriront la terre d'Égypte.

Mais, dominatrices encore, demeurent les hautes architectures de Thèbes et de la Nubie. A Memphis, également, furent bâtis des temples.

Thèbes, la fervente

Karnak

Sur la rive droite du Nil, Karnak est la plus grande aire divine du monde. Le chaos enchevêtré des éboulis, les obélisques qui se dressent encore, les portes, les hauts pylônes, les colonnes éparses et les chapelles en ruine témoignent toujours de la ferveur de tout un peuple et de la grandeur de la religion égyptienne.

Karnak associe trois domaines sacrés : celui du dieu

Montou, au nord — au sud, celui de la déesse Mout ; une allée bordée de sphinx relie celui-ci au domaine central, le plus vaste : les 300 000 mètres carrés des terres d'Amon-Rê, entourées d'une vaste enceinte en briques crues.

Depuis Sésostris Ier — soit sept siècles environ — on n'a cessé de construire, dans cette aire privilégiée consacrée au roi des dieux, pylônes et sanctuaires ; ils s'imbriquent et s'enchevêtrent, formant une gigantesque œuvre de foi.

Chacun des temples est précédé par un pylône ; l'archéologue moderne a numéroté ceux-ci d'après leur emplacement et non d'après la date de leur érection. On en dénombre dix.

Les constructions sacrées s'échelonnent sur deux grands axes : l'axe est-ouest, particulièrement remarquable, comporte six pylônes ; la partie la plus ancienne, celle de Sésostris Ier, est la plus orientale ; progressivement, ensuite, de Thoutmosis Ier jusqu'à Aménophis III, d'autres sanctuaires furent bâtis vers l'ouest. L'autre axe de la construction, presque perpendiculaire au précédent, est l'axe nord-sud, à peu près parallèle au cours du Nil : du 7e au 10e pylône, travaillèrent aussi, à partir d'Hatshepsout et Thoutmosis III les pharaons de la XVIIIe Dynastie et Horemheb.

Sur l'axe est-ouest, entre le 3e pylône (œuvre d'Aménophis III) et le 2e pylône (élevé, 50 mètres en avant du précédent, vers l'ouest, par Horemheb et Ramsès Ier), ce dernier commença sans doute la construction de la grande salle hypostyle dont la décoration fut menée à bien par Séthi Ier et Ramsès II et achevée, en ce qui concerne le décor de 103 colonnes, par Ramsès IV. Elle devait être un vaste reposoir pour la barque sacrée d'Amon, lorsque le dieu, au moment des grandes fêtes annuelles, quittait son sanctuaire pour se rendre à Louxor, ou, en face, sur la rive gauche.
C'est la plus grande salle hypostyle du monde, construite en grès du Gebel Silsileh. Elle mesure 102 mètres de large sur 53 mètres de profondeur. Dans cette immense salle

s'élèvent, comme une luxuriante végétation de pierre, 134 colonnes colossales. Douze colonnes (sur deux files), chacune ayant 10 mètres de circonférence, forment la nef centrale ; leurs chapiteaux papyriformes ouverts supportent, grâce à l'interposition de dés, des architraves qui élèvent le plafond à 23 mètres de hauteur ; le pourtour du chapiteau a 15 mètres de circonférence : cinquante personnes pourraient y tenir debout aisément. Les bas-côtés, comprenant 122 colonnes à chapiteaux papyriformes fermés, sont moins hauts d'un tiers. La lumière pénètre grâce à une série de fenêtres à *claustra* ménagées entre deux hauteurs de plafond ; des éléments de ces dalles de grès ajourées sont encore en place.

Ce type de construction, dit « basilical », est caractéristique des constructions ramessides. Auparavant, il n'existe qu'un seul exemple de ce type, la salle des fêtes du *Akhmenou,* élevé par Thoutmosis III, à l'est du premier sanctuaire érigé par Sésostris Ier. On le retrouvera, fréquemment, dans l'architecture grecque et romaine.

On ne saurait trop reconnaître le génie de ces architectes et de ces artisans qui surent, avec une patience et un art infinis, concevoir, élever et décorer ces monuments immenses, faits pour l'éternité.

Le roi les comblait de faveurs et les nourrissait bien. Sur une stèle datée de l'an 6 du règne de Séthi Ier, et retrouvée au Gebel Silsileh, on lit :

« Sa Majesté était dans la Ville du Sud, accomplissant la louange rituelle pour son père Amon-Rê, le roi des dieux. Il passait la nuit, veillant et recherchant ce qui pourrait être utile et agréable à tous les dieux du Pays bienaimé. Lorsque la terre blanchit..., Sa Majesté ordonna que l'on fasse venir un messager royal, à la tête d'un corps de citoyens de l'armée, savoir : mille hommes... pour transporter le monument en belle pierre de grès destiné à son père Amon-Rê... et à son Ennéade divine. Sa Majesté donna plus que ce qui avait été fait pour l'armée en onguents, viandes de bœuf et légumes frais, innombrables ; chaque homme parmi eux recevait ainsi : vingt deben [presque deux kilos] de pain chaque jour, des bottes de légumes, de la viande rôtie. Aussi travaillaient-ils pour Sa Majesté d'un cœur aimant, et ses projets étaient appréciés dans la bouche des hommes qui étaient avec le messager royal. Ce dont celui-ci disposait : du meilleur pain, de la viande de bœuf, du vin, de l'huile, du miel, des figues et des légumes chaque jour[2]. »

En écho, figurent, dans les dédicaces d'architraves de la salle hypostyle, des discours de reconnaissance d'Amon-Rê à Séthi Ier :

« Ô roi, qui accomplis pour son père, le roi des dieux, des choses utiles, construisant sa maison, rendant durable son temple au moyen de travaux bénéfiques valables pour l'éternité, illuminant pour lui la cour sacrée à l'aide de belles et monumentales colonnes[3]... »

Ces 134 colonnes sont décorées de scènes et d'inscriptions, religieuses pour la plupart, actes liturgiques du roi envers les dieux thébains.

Sur les murs extérieurs de la salle hypostyle sont figurées des scènes militaires, pour la première fois sur un temple. Sur le mur nord sont représentées les guerres menées par Séthi Ier, sur le mur sud, celles gagnées par Ramsès II.

Devant le deuxième pylône, c'est-à-dire, à cette époque, à l'extérieur du temple, le premier pylône n'étant pas encore construit, s'allongeait le *dromos,* longue allée bordée de sphinx à tête de bélier, animal sacré d'Amon. La symbolique du sphinx diffère de celle des temps anciens, à Giza notamment ; le sphinx n'est plus l'image du roi gardien de sa nécropole — désormais ce sont les dieux qui s'incarnent dans la forme du sphinx, se faisant ainsi les protecteurs de leur propre maison. Jusqu'au Nil, au quai débarcadère, cent vingt criosphinx gardaient l'entrée des sanctuaires de Karnak.

De part et d'autre de ce *dromos,* au Nord et au Sud,

Séthi Ier et Ramsès III élevèrent ensuite, chacun, un temple-reposoir pour les châsses portatives en forme de barque contenant les statues des trois divinités de la triade thébaine (lors des fêtes qui comportaient une procession) et destinées à accueillir celles-ci à leur sortie du temple.

Le temple de Séthi II[4] fut rendu accessible par les travaux de Legrain, en 1913. Il ne comporte que les pièces indispensables pour les stations de procession ; il n'a ni portique ni péristyle.

La façade principale, au fruit accentué, est percée de trois portes donnant accès à chacun des trois sanctuaires, celle du centre, plus grande, menant à celui d'Amon. Chacun de ceux-ci est constitué par une salle allongée, dans le sens de l'axe de la construction : sud-nord ; celle du centre, dédiée à Amon, comporte trois tabernacles disposés dans le mur du fond ; la salle de l'ouest, avec deux tabernacles, est dédiée à Mout — celle de l'est, aux deux tabernacles identiques, à Khonsou.

Les fondations et la première assise des murs sont en quartzite rose provenant du Gebel el Ahmar ; tout le reste est construit en grès jaune du Gebel Silsileh.

Les scènes représentées sont essentiellement des tableaux d'offrandes à chacun des trois dieux — et ces paroles d'Amon-Rê à Séthi Ier, entre autres : « Je ferai en sorte que tu brilles tant que dureront les monuments que tu as faits pour moi dans Karnak, jusqu'à l'infini. »

Le temple-reposoir de Ramsès III est beaucoup plus ambitieux. Bâti au sud du *dromos,* il fut conçu à l'image des grands temples divins, au lieu des trois simples chapelles accolées du monument de Séthi II ; il y manque, bien sûr, le Saint des saints[5]. Le déblaiement en fut achevé par Legrain en 1898. Ce temple mesure 53 mètres de long sur 25 mètres de large.

Il comprend un pylône massif (sans chambres ni escalier intérieurs) — une cour d'entrée, entourée sur trois côtés d'un péristyle à piliers osiriaques (au nom de Ramsès III) ; sur les piliers rectangulaires, auxquels sont *ados-*

sées les statues, viennent prendre appui les architraves ;
les statues, en Égypte, sont toujours adossées aux piliers,
point de caryatides ni d'atlantes, car, alors la forme
humaine, paralysée par le poids de pierre qu'elle aurait
supporté, n'aurait pu s'animer et se mouvoir — Vient
ensuite un vestibule surélevé, auquel on accède par un
plan incliné ; la façade est formée par des piliers osiriaques, reliés, à leur partie inférieure, par un mur-bahut, de
1,83 m de haut, couronné d'une corniche et d'une frise
d'*uraei* ; le mur du fond est percé d'une porte axiale à
deux vantaux — Elle permet d'accéder à une salle hypostyle comportant 8 colonnes, qui précède les 3 reposoirs
destinés aux barques (occupant la place du Saint des
saints dans un temple classique). Dans l'axe du temple, le
plus important est celui d'Amon, que flanquent celui de
Mout à l'Est et celui de Khonsou à l'Ouest. Même répartition, mais inversée, que celle des reposoirs de Séthi II,
dont le temple fait face à celui de Ramsès III.

Le temple fut entièrement construit en grès jaune du
Gebel Silsileh.

En dehors du grand temple d'Amon lui-même et de ses
annexes immédiates, les Ramsès élevèrent, à l'intérieur de
l'enceinte sacrée qui entourait les terres du dieu, d'autres
édifices consacrés à Amon ou aux divinités associées.

Dans la partie orientale du domaine d'Amon, Ramsès II fit ériger un petit temple, tourné vers l'Est — malheureusement très ruiné actuellement.

Au sud-ouest du domaine d'Amon, Ramsès III fit bâtir
un temple pour Khonsou ; sa décoration fut achevée par
Ramsès IV et Herihor. Le temple édifié par Ramsès III est
actuellement précédé d'une grande porte, encastrée dans
l'enceinte de brique crue qui cernait le domaine, et
construite, tardivement, par Ptolémée Évergète III. Lui
faisant suite (à l'intérieur de l'enceinte) une allée de
sphinx, datant des derniers Ramsès, conduit au temple de
Ramsès III proprement dit. Ce temple est d'un type parfaitement classique, comprenant un pylône haut de

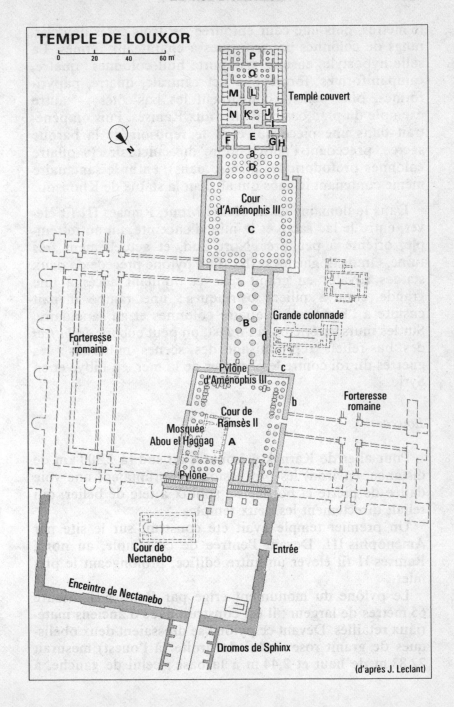

TEMPLE DE LOUXOR

0   20   40   60 m

P
O
M   L
N   K   J   I
F   E   G H
a
b
D

Temple couvert

Cour
d'Aménophis III
C

Grande colonnade

B
d

Forteresse
romaine

Pylône
d'Aménophis III

c

b

Forteresse
romaine

Cour de
Ramsès II

Mosquée
Abou el Haggag
A

Pylône

Cour de
Nectanebo

Entrée

Enceinte de Nectanebo

Dromos de Sphinx

(d'après J. Leclant)

16 mètres, puis une cour entourée sur trois côtés de deux rangs de colonnes papyriformes à chapiteaux fermés. La salle hypostyle, ensuite, comporte huit colonnes : quatre, campaniformes, forment la nef centrale, quatre, papyriformes, plus petites, constituent les bas-côtés — autre exemple du plan basilical cher aux Ramsès. Puis on pénétrait dans une pièce qui était le reposoir de la barque sacrée, précédant l'antichambre du sanctuaire (à quatre colonnes protodoriques à seize pans), enfin le sanctuaire même contenant le naos qui abritait la statue de Khonsou.

Dans le domaine de la déesse Mout, Ramsès III fit élever, entre le lac sacré et le mur d'enceinte, un autre temple, orienté à peu près Nord-Sud, et actuellement très ruiné. On distingue les restes d'un pylône précédé de deux statues royales en granit rose et donnant accès à une grande cour à piliers osiriaques ; une rampe menait ensuite à l'hypostyle à quatre colonnes et au sanctuaire. Sur les murs extérieurs, à l'ouest, on peut encore *déchiffrer* des bas-reliefs reproduisant des scènes militaires : les guerres du roi contre les Peuples de la mer, en Libye et en Syrie.

Louxor

Pour aller de Karnak à Louxor, au sud (à 2,500 km de distance, environ) les processions empruntaient une voie dallée de pierre et bordée de sphinx à tête de bélier, qui reliait directement les deux temples.

Un premier temple avait été construit sur le site par Aménophis III. Devant l'entrée de ce temple, au nord, Ramsès II fit élever un autre édifice, prolongeant le premier.

Le pylône du monument érigé par Ramsès II mesure 65 mètres de largeur ; il est construit avec d'anciens matériaux retaillés. Devant ce pylône se dressaient deux obélisques de granit rose ; celui de droite (à l'ouest) mesurait 22,83 m de haut et 2,44 m à la base ; celui de gauche, à l'est, encore en place, mesure 25,03 m de hauteur et 2,51 m à la base ; le socle du petit obélisque avait été placé plus loin du pylône que celui du grand, afin que la perspective corrige la dissymétrie des hauteurs. Le pyramidion était recouvert de bronze lamé d'or. Ces deux obélisques furent donnés à la France par Mohammed Ali, en 1831 ; celui de l'ouest, le mieux conservé, fut transporté à Paris en 1883 et dressé, le 25 octobre 1836, sur la place de la Concorde, par l'ingénieur Lebas.

Sur le front du pylône étaient placées six statues colossales de Ramsès II. Celles qui flanquaient directement la porte, et qui étaient taillées dans le granit noir, le représentaient assis ; la reine Nefertari se tenait auprès du trône. Les quatre autres statues, de granit rose, figuraient le roi debout ; elles mesuraient 15,60 m de hauteur. Des quatre statues primitivement debout, une seule subsiste, à droite (à l'ouest) ; à côté du roi, et d'une taille beaucoup plus petite, est représentée sa fille Merytamon.

Le pylône même est très délabré ; il ne s'est maintenu que grâce à la pression qu'exerçait l'énorme remblai sur lequel sa base prenait appui. Les quatre grandes rainures verticales (deux sur chaque aile) que l'on distingue encore étaient destinées à recevoir les mâts à banderoles. Sur l'aile Est (à gauche, donc, de l'entrée) sont sculptées en bas-reliefs des scènes de la bataille de Kadesh ; sous les images, est gravé, en colonnes verticales, le Poème de Pentaour [6].

On pénètre ensuite dans une cour péristyle, de plan barlong, formant comme le narthex du temple d'Aménophis III, qui lui fait suite. Si la cour a grossièrement la forme d'un parallélogramme, c'est que l'on a dû dévier l'axe de la construction en raison de la présence d'un reposoir datant de Thoutmosis III. La cour mesure 52 mètres de large sur 48 mètres de long ; elle est entourée, sur trois côtés, d'un portique à deux rangées de colonnes fasciculées papyriformes à chapiteaux fermés. Ce portique est interrompu, le long de l'aile ouest du pylône (à droite, l'entrée franchie) par une chapelle formée de trois chambres destinées à la station des barques sacrées.

On arrive alors au pylône d'Aménophis III et à la grandiose allée-colonnade qui lui fait suite (32 colonnes du même type que les précédentes) qui, large de 20 mètres, s'allonge sur 52 mètres et donne accès à la cour de ce plus ancien temple.

Les proportions colossales des statues, la finesse élégante des colonnes, les matériaux employés (essentiellement le granit) dont les couleurs diverses créent une impression de vie, font du temple de Ramsès II à Louxor un modèle de grandeur et d'élégance.

Ayant traversé la cour d'Aménophis III (entourée sur trois côtés d'un portique à deux rangs de colonnes fasciculées papyriformes à chapiteaux fermés), on accède à une salle hypostyle comprenant 32 colonnes, puis à la partie intime de l'édifice, où se succèdent : un vestibule (dont le plafond était supporté par huit colonnes et transformé en chapelle de culte impérial à l'époque romaine), une chambre d'offrandes et finalement le sanctuaire. Le reposoir des barques fut reconstruit par Alexandre.

Ainsi les deux temples (celui qu'avait élevé Aménophis III et celui qu'avait édifié Ramsès II) s'ajustent en un ensemble cohérent, qui s'allonge désormais sur 528 mètres, du nord au sud.

Sous la XXXe dynastie, le roi Nectanébo aménagera devant le temple de Ramsès II (c'est-à-dire au nord) une vaste cour, construisant aussi une nouvelle enceinte qui, à l'ouest, prolongera la précédente.

Ramsès II fit commencer tôt, dans son règne, la construction de son temple, à Louxor. Une inscription dédicatoire, sculptée sur le mur est du pylône, dit en effet : « Le travail fut terminé en l'an 3[7]... »

L'antique région memphite
et autres sites d'Égypte

Séthi Ier éleva un temple à Memphis, maintenant très ruiné.

Deux constructions importantes datent de Ramsès II, dans la ville de Ptah. « Il éleva, dans l'enceinte du temple de Ptah, une salle hypostyle de type basilical, à soubassement de basalte, avec 50 colonnes de granit ; c'est une sorte de hall d'entrée, placé derrière un pylône de près de 75 mètres de façade, précédé de colosses royaux en granit rose, albâtre et grès ; la couleur sombre du basalte s'y allie à la teinte du granit des seuils et à la blancheur de l'albâtre des montants de porte[8]. »

Vers 1969, lors d'une inspection du Service des Antiquités à Kôm el Rabia, on vit un bloc de calcaire dépassant du sable et on dégagea d'autres fragments alentour, sur lesquels étaient sculptées des images de la déesse Hathor, à figure humaine et oreilles de vache. Un programme de fouilles fut établi en juin 1970 ; on mit ainsi au jour les restes d'un temple consacré à la déesse Hathor, comportant une cour rectangulaire à colonnes (hathoriques), précédée d'un pylône. Des objets de céramique et de faïence ont également été découverts[9].

Merenptah et Ramsès IV bâtirent également à Héliopolis. « Un déplacement involontaire de terre, au sud-ouest de Matareyyah, mit au jour une base ronde de colonne de grès (1,50 m de diamètre, 0,50 m de hauteur) portant les deux cartouches de Merenptah. Ce site était à environ 200 mètres au sud-ouest du temple récemment découvert de Ramsès IV[10]. » Beaucoup de trésors sont encore enfouis dans le sable d'Égypte.

A Hérakléopolis, à l'entrée du Fayoum, Ramsès II restaura le temple de la XIIe dynastie et fit ériger, à l'extrémité de sa cour, un très beau portique comprenant huit colonnes palmiformes.

Au Gebel Silsileh (dont les carrières furent si actives à l'époque ramesside), Ramsès II, puis Merenptah, firent tailler dans le rocher deux stèles chapelles semblables, en l'honneur du Nil ; leur entrée était flanquée de deux colonnes fasciculées ; le texte d'un hymne au Nil était sculpté sur la stèle[11].

Les Ramsès en Nubie et au Soudan

C'est dans les contrées africaines du Sud que l'œuvre de bâtisseur des premiers Ramsès est la plus évidente. Elle fut, bien sûr, comme en Égypte même, un acte de foi envers les dieux protecteurs et Amon-qui-donne-la-victoire ; mais ces monuments érigés dans les terres d'Empire avaient aussi pour but de manifester la grandeur et la puissance de l'Égypte. Lorsque des Soudanais, descendant le Nil et venant des plus lointaines contrées, apercevaient soudain, dans la courbe du fleuve, Abou Simbel, par exemple, la montagne largement et profondément creusée — nouvel abri des dieux — la façade monumentale, les grands colosses royaux qui se dressaient devant elle, le faucon divin au disque solaire qui la couronnait, ils ne pouvaient que ressentir profondément le prestige de Pharaon et, peut-être, abandonner alors toute idée de rébellion.

Séthi Ier et Ramsès II, surtout, menèrent à bien cette œuvre, tout à la fois religieuse et politique. Si des constructions furent édifiées au cœur même du Soudan, au niveau de la 4e cataracte, c'est essentiellement autour du *verrou* de la 2e cataracte, qui sépare terres nubiennes et soudanaises (et constitue encore actuellement la frontière entre les républiques d'Égypte et du Soudan) que les temples ramessides sont nombreux. Ainsi, au fur et à mesure que l'on s'avance, depuis le grand Sud, vers le pays d'Égypte, les témoignages de sa puissance se font plus évidents.

Descendons, avec les Ramsès, le cours du Nil.

A **Napata**, au pied du Gebel Barkal, en amont de la 4e cataracte, Séthi Ier et Ramsès II agrandirent le temple d'Amon, qui avait été édifié là par le vice-roi Houy, sous le règne de Toutankhamon.

A **Kawa**, sur la rive droite du Nil, entre la 3e et la 4e cataracte, un temple à Amon avait été élevé par Aménophis III ; il fut détruit sous Akhenaton-Aménophis IV ; un autre sanctuaire pour Amon-Rê fut reconstruit par Toutankhamon et agrandi par Ramsès II. Des témoignages d'activité des Ramsès se rencontrent sur ce site jusqu'à Ramsès VII [12].

A **Amarah-Ouest**, à une centaine de kilomètres au sud de Ouadi-Halfa, le site fut sans doute également occupé avant Ramsès II, peut-être dès Hatshepsout et Thoutmosis III. Une petite ville fortifiée fut peut-être fondée par Séthi Ier, sous le nom de « Maison de Menmaâtrê » ; sous Ramsès II, ce nom devint « Maison de Ramsès-aimé-d'Amon » ; sous Ramsès III et les souverains de la XXe dynastie (notamment Ramsès IX), le nom fut encore changé et devint moins personnel, plus politique : la ville s'appela alors Khenem-Ouaset, « celle qui s'unit à Thèbes ». C'était, probablement, la résidence du *lieutenant* du pays de Koush, adjoint au vice-roi.

Au nord-est de la ville, un temple, d'ordonnance classique, fut édifié et consacré à Amon (qui résidait dans le sanctuaire principal) et aux dieux de la cataracte (logés dans des chapelles annexes) peut-être par Ramsès II ; une stèle datant du règne de ce souverain donne le nom de la ville et établit qu'elle a été construite pour « recevoir les statues des dieux que le roi avait emmenées en Nubie ». Sur le côté de la porte d'entrée du temple a été gravée une copie de la *Stèle du mariage* de Ramsès II. De nombreuses stèles de vice-rois ont également été découvertes [13].

A **Bouhen,** sur la rive gauche du Nil, face à Ouadi-Halfa (à 5 kilomètres en amont), au niveau, donc, de la 2ᵉ cataracte, résidence du vice-roi des pays du Sud, les constructions, dans cette ville officielle, ont commencé dès Sésostris Iᵉʳ. Le temple du Nord (actuellement reconstruit dans le jardin du musée de Khartoum par les soins des États-Unis et de la Grande-Bretagne) fut érigé, sur un sanctuaire ancien d'Ahmose, par Aménophis II, en l'honneur de Min-Amon et d'Isis ; celui du Sud (actuellement aussi à Khartoum) fut érigé par Thoutmosis II et Hatshepsout, terminé par Touthmosis III et dédié à l'Horus de Bouhen.

Dans ces deux temples, classiques, on trouve des témoignages ramessides : notamment deux grandes stèles élevées par Ramsès Iᵉʳ et Séthi Iᵉʳ, mentionnant les dons divins apportés par celui-ci, en reconnaissance.

A partir de la 2ᵉ cataracte, l'œuvre de bâtisseur des Ramsès (essentiellement Ramsès II) devient de plus en plus importante. C'est aussi la région qui, depuis 1964, est inondée par les eaux du fleuve, après la construction du grand barrage. Un immense effort international fut accompli pour sauver ces trésors matériels et spirituels, datant de plus de trois millénaires. Ainsi les temples de Bouhen furent reconstruits à Khartoum.

A 25 kilomètres au nord de Ouadi Halfa, sur le site **d'Aksha,** sur la rive gauche, des fouilles franco-argentines ont été récemment entreprises, en 1961. Un temple (assez ruiné) a été mis au jour, consacré à Amon-Rê, et qui fut presque uniquement l'œuvre de Ramsès II. Mais les fondations du site datent de Séthi Iᵉʳ ; dans ces fondations anciennes, ont été déblayées des chambres rectangulaires qui étaient des chapelles dédiées à Horus de Bouhen, Atoum, Thoth et Ptah [14].

Des blocs sculptés ont été démontés et transportés au musée de Khartoum, grâce à une contribution financière de la France.

Un peu plus au nord, à **Faras,** demeuraient les vestiges d'un temple dédié à Hathor, reconstruit et élargi par Toutankhamon, puis par Ramsès II. Des missions successives explorèrent le site. Sa découverte fut faite par un voyageur anglais, en 1818, suivi, en 1843, par Champollion et Rossellini, puis par une mission de l'Université d'Oxford (menée par Griffith) en 1910-1912. En 1960, le Service des Antiquités du Soudan explora le site, puis, en 1961, une mission polonaise.

En dehors du temple même de Ramsès II, on rencontrait des témoignages d'activité de Séthi Ier et Ramsès III.

Depuis 1964, le temple est en permanence sous les eaux.

Enfin, en descendant encore un peu le fleuve, on arrive à **Abou-Simbel,** aux deux *speos* grandioses, construits par Ramsès II, sur la rive gauche. On donne le nom de *speos,* c'est-à-dire, littéralement, « grotte », aux temples entièrement taillés dans la falaise.

L'histoire d'Abou-Simbel et de sa découverte comporte de multiples aventures [15]. Au début du XIXe siècle, le monument était presque entièrement ensablé, la porte obstruée ; seule émergeait la tête d'un des colosses de la façade. Une légende locale, à l'origine d'une superstition tenace des indigènes, faisait que, longtemps, ceux-ci se refusaient à révéler la présence de l'édifice et en rendaient l'accès presque impossible aux étrangers : « Un ancien cheikh, regardé comme l'oracle du pays, avait prédit que l'ouverture de cet édifice entraînerait de grands malheurs... et que cela attirerait sur le village une foule de calamités. »

Aussi, jusqu'en 1813, les voyageurs étrangers n'avaient pu dépasser Derr, à ce moment capitale de la Basse Nubie, ville située plus au nord. Les prétextes donnés par les autorités locales étaient divers.

Le 24 février 1813, un Bâlois, Burckhardt, « vêtu comme un marchand d'Esna [ville de Haute Égypte], connu de son guide et de tous sous le seul nom d'Ibrahim ibn Abdallah, se contenta d'offrir au gouverneur de Derr quelques menus cadeaux, de donner une piastre de pourboire à son secrétaire, une autre à son serviteur, de payer à son guide de Derr un salaire de sept piastres vingt paras et de le récompenser par un don de deux piastres. Moyennant quoi il fut le premier Européen à dépasser Ibrim, à longer la seconde cataracte et à parvenir au Dongola. A son retour du Soudan, il atteint la seconde cataracte, le 20 mars. A la date du 22 mars, son journal de voyage raconte : « Nous marchâmes à nouveau près de la rive, sur les sables déposés par la décrue et nous traversâmes le village de Ballanah... A l'ouest, la montagne porte le nom d'Ebsambal ; c'est probablement un mot grec, la syllable finale *bal* étant une modification de *polis*. Quand nous fûmes sur le sommet de la colline, je laissai mon guide avec les chameaux et je descendis, par un ravin à peu près vertical et rempli de sable, pour aller visiter le temple d'Ebsambal dont j'avais entendu maintes descriptions extraordinaires. » Au moment où il s'apprête à rejoindre son guide, « par un heureux hasard, » dit-il, « je fis quelques pas un peu plus loin vers le Sud, et mes yeux se portèrent sur ce qui est encore visible de quatre immenses statues colossales, taillées dans le rocher à quelque deux cents yards du temple. Ces statues se trouvent dans un profond renfoncement creusé dans la colline ; mais il est très regrettable qu'elles soient actuellement à peu près complètement ensevelies sous les sables que le vent fait ici couler de la montagne comme couleraient les eaux d'un torrent. » Burckhardt venait de découvrir le second temple, le plus petit, dédié à la déesse Hathor et à la reine Nefertari.

Les rapports de Burckhardt, notamment à la Société africaine de Londres, puis les conversations qu'il eut à son retour au Caire en 1815, alertèrent le monde savant et les hommes épris d'aventures.

Dès 1815, un Anglais, Bankes, réussit le difficile voyage et, vers le 20 octobre, il est en vue d'Abou-Simbel. Il arrive à pénétrer dans le petit temple, mais le sable défend toujours l'accès du temple du Sud.

La difficulté était de pouvoir désensabler le plus grand des deux temples ; en effet, la main-d'œuvre locale se prêtait mal à ce travail, en raison des sorts mauvais qui, selon la légende, devaient atteindre les fouilleurs. L'ancien consul de France au Caire, Bernardin Drovetti, échoua dans son entreprise pour cette seule raison. Poussé par une certaine rivalité « diplomatique », Salt, le consul général d'Angleterre, finança aussitôt une autre expédition, qu'il plaça sous la conduite de Gianbattista Belzoni, un homme de Padoue. C'est lors de sa deuxième expédition, en 1817, accomplissant lui-même ce travail avec ses compagnons, que Belzoni parvint enfin à dégager la porte du grand temple. Le 1er août, il pénètre dans le lieu saint, inviolé depuis des millénaires : « La première impression que nous pûmes avoir, c'était qu'il s'agissait, de toute évidence, d'un temple très vaste ; mais notre étonnement s'accrut lorsque nous découvrîmes que c'était l'un des sanctuaires les plus magnifiques, décoré de bas-reliefs, de peintures, de statues colossales, etc., de toute beauté. » Celui que l'on a surnommé « le Titan de Padoue » avait gagné le combat des sables et rendu au monde l'une de ses merveilles — sur un site qui deviendra bientôt l'un des hauts lieux du tourisme international.

Abou-Simbel comprend donc deux temples creusés dans un éperon de la chaîne libyque. Le rocher avait été taillé à pic sur une hauteur de 33 mètres, une largeur de 38 mètres et creusé sur 63 mètres de profondeur.

Le grand temple, au Sud, est dédié à Amon-Rê et Ramsès II ; le plus petit, au Nord, est consacré à Hathor et Nefertari.

Le temple du Sud est précédé d'une balustrade qui ferme la terrasse ; elle est couronnée d'une gorge égyptienne et d'un bandeau portant l'inscription dédicatoire. Plusieurs stèles avaient été placées devant le temple, notamment la *Stèle du mariage*, où était commémorée l'union de Ramsès II et de la princesse du Hatti.

Flanquant la porte d'entrée, quatre colosses de grès

(deux de part et d'autre), de 20 mètres de hauteur, sont majestueusement assis sur le trône royal. A ses côtés, Ramsès II a fait représenter sa famille, en taille plus humble : sa mère, son épouse Nefertari et quelques princes et princesses. Sur le socle des colosses, donc sous les pieds du roi, des Africains et des Asiatiques sont figurés, en bas-reliefs, pris dans les nœuds des plantes héraldiques du Sud et du Nord, prisonniers, certes, mais désormais parties constituantes de l'Empire.

Au-dessus de la porte, dans une niche, est sculptée en haut-relief une figure colossale du dieu Rê, représenté comme un homme à tête de faucon, coiffé du disque solaire. Dans ces temples rupestres, il ne pouvait, naturellement, y avoir de pylône, dont la symbolique, nous l'avons vu, évoque l'horizon et le jaillissement quotidien du dieu lumineux, qui commençait là son cycle diurne. C'est peut-être pour respecter cette symbolique qui assimile l'entrée du temple au lieu du lever du soleil et au commencement du jour, que l'on a représenté le dieu lui-même, en majesté, émergeant, en quelque sorte, des profondeurs de la montagne et de la nuit — (le temple est orienté rigoureusement est-ouest).

L'ensemble de la façade est encadré d'un tore, surmonté d'une corniche que décorent les cartouches royaux, flanqués d'*uraei*. Au-dessus, en une longue frise, vingt-deux cynocéphales assis (chacun mesurant 2,30 m de hauteur) adorent le soleil levant.

La porte franchie, on pénètre dans une salle de 18 mètres de profondeur et de 16,70 m de largeur, dont le plafond repose sur huit piliers osiriaques qui déterminent trois nefs, la nef centrale étant la plus large ; les images de Ramsès II gainé en Osiris (adossées aux piliers) se font face de part et d'autre de celle-ci, chaque statue mesurant 10 mètres de haut. Les murs sont décorés de scènes militaires, notamment des représentations de la bataille de Kadesh.

Par la porte taillée dans le mur Ouest, on accède à une seconde salle (14,20 m de long sur 7,70 m de large), dont le plafond est soutenu par quatre gros piliers carrés (deux de chaque côté de l'axe central), décorés de bas-reliefs figurant le rite de l'enlacement du roi par les divinités : successivement Anoukis, Satis, Hathor, Mout...

Trois portes, percées dans la paroi Ouest, mènent, dans une troisième salle, plus petite, ornée de scènes d'offrandes et d'adoration. Enfin, trois autres portes, dans l'axe des précédentes, conduisent au sanctuaire, qui mesure 4 mètres de largeur sur 7 mètres de profondeur. Au fond de celui-ci, quatre figures divines ont été taillées à même le rocher et représentées assises sur une banquette : de gauche à droite (c'est-à-dire du Sud au Nord), Ptah, Amon, Ramsès, Rêhorakhty — les grands dieux de l'Empire et l'*empereur sacré*.

Les amateurs de mystères glosent sur un phénomène naturel qui se produit annuellement. Le sanctuaire fait donc suite à une enfilade de salles dont l'ordonnance est harmonieusement équilibrée par rapport à l'axe du monument. Cela fait que, en cas de grande luminosité, on peut, depuis l'entrée, à l'Est, fort bien distinguer les quatre divinités assises, au fond de l'édifice, à l'Ouest. Or il arrive, deux fois par an, que le soleil se lève dans l'axe même du temple, le 20 mars, lors de l'équinoxe de printemps et le 23 septembre, au moment de l'équinoxe d'automne — illuminant totalement les silhouettes des dieux.

Parfois on considère ce temple (et quelques autres) comme un temple funéraire, à cause de la présence du roi. Mais Ramsès n'est-il pas un dieu, et ce grand speos d'Abou Simbel la preuve supplémentaire — monumentale — de la déification du souverain à qui un culte divin était rendu, en même temps qu'aux trois grands dieux de l'Égypte ?

A une courte distance, au nord du grand temple, se trouve le petit speos consacré à Hathor et à Nefertari. Il est en liaison étroite avec le précédent. L'union de Ramsès et de Nefertari est ainsi divinisée, éternisée, à l'image de celle d'Amon-Rê et d'Hathor, déesse du ciel, à la fois épouse et mère de l'astre. Il y a échange constant de pensée entre les deux monuments, correspondance intime entre l'univers divin et l'univers royal, qui se confondent. Ce petit speos n'est donc pas seulement, comme on le dit parfois, un « hommage » à la belle Nefertari ; il est destiné, par la magie des formes et des similitudes, à assurer l'assimilation de la reine bien-aimée avec la déesse Hathor et, ainsi, éterniser son union avec le dieu Ramsès.

La dédicace court encore :

> « Il a fait son monument à l'intention de la grande épouse royale Nefertari-*aimée-de-Mout,* un temple creusé dans la montagne pure de Nubie, en belle pierre blanche de grès, une œuvre appartenant à l'éternité — l'*aimé d'Amon*[16]. »

Tout est correspondance et relations profondes.

Tournée vers l'Est également, la façade du temple est formée de sept contreforts inclinés en talus et surmontés d'une frise. Le contrefort central, le plus massif, est percé d'une porte qui sert d'entrée au temple. Les intervalles évidés entre chaque contrefort servaient de niches à six statues colossales (mesurant chacune 10 mètres de haut), taillées en haut-relief dans le rocher ; quatre d'entre elles (celles qui flanquent la porte et celles qui sont situées aux deux extrémités) représentent le roi debout, coiffé de couronnes diverses ; les deux images colossales intermédiaires, encadrées, donc, par les précédentes, figurent Nefertari avec les attributs d'Hathor. Des princes royaux sont représentés près des statues du souverain, des princesses auprès de la reine.

Le plafond de la première salle est soutenu par des piliers hathoriques, hauts de 3,17 m ; trois de chaque côté de l'axe central. Les murs nord et sud sont décorés chacun de quatre grands tableaux d'offrandes, qui sont présentées par le roi (trois fois) et par la reine (une fois).

Le mur ouest est percé de trois portes donnant accès à un large vestibule, peu profond, qui précède le sanctuaire.

Au fond de celui-ci est représentée la vache Hathor, entre deux piliers hathoriques ; elle semble émerger de la roche, protégeant de son mufle puissant une statuette du roi.

Deux sanctuaires grandioses, incomparables, qu'il fallait sauver de l'inondation.

Si grande était la renommée de ces temples du Sud que l'U.N.E.S.C.O., en 1960, fonda sa campagne de sauvegarde des temples de Nubie sur le sauvetage indispensable d'Abou Simbel. L'opinion mondiale, alertée, s'émut à la pensée que cette œuvre unique allait être détruite et, pour la première fois, afin de conserver ces monuments gigantesques, conçus par Ramsès II, plusieurs pays s'accordèrent pour entreprendre d'immenses travaux. On décida finalement — d'autres projets, plus coûteux, étant abandonnés — de *transporter* le monument sur le plateau rocheux situé au-dessus du temple. Cela nécessita la mise en œuvre non seulement de très importants moyens financiers (36 milliards de dollars) mais aussi de moyens techniques considérables. De la fin de 1963 à 1968 l'opération s'effectua en six phases [17] :

« 1. Dégagement des temples, en arasant les collines qui les surmontaient (30 m au-dessus du grand temple, 40 m au-dessus du petit temple), et creusement de ces collines jusqu'à 80 centimètres des plafonds des temples, ce qui revenait à déplacer 300 000 tonnes de rochers, tout ceci sans utiliser d'explosifs, qui auraient risqué d'endommager les temples.

2. Dans le même temps, construction d'un bâtardeau de 360 mètres de longueur et 25 mètres de hauteur, destiné à contenir la montée des eaux pendant le découpage et l'enlèvement des temples.

3. Découpage des deux temples en 1035 blocs, d'un poids pouvant atteindre 30 tonnes. Ce fut la phase la plus délicate, la friabilité du grès d'Abou Simbel étant telle qu'il fallut le renforcer par des injections de résines synthétiques, traiter les surfaces aux endroits où elles devaient être découpées, afin d'éviter que la pierre ne

s'effritât sous la scie, enfin procéder au sciage manuel de certaines parties spécialement fragiles.

4. Numérotage et transfert de blocs (11 500 tonnes pour le grand temple, 3 500 tonnes pour le petit temple), qui furent ensuite entreposés en attendant la fin des opérations de découpage.

5. Remontage des temples par la fixation des blocs sur une superstructure en béton, en respectant leur orientation et leurs positions respectives.

6. Reconstitution, aussi fidèle que possible, du cadre primitif, par l'érection de voûtes de béton destinées à supporter un revêtement rocheux semblable à celui qui entourait les temples.

Les travaux de finition (colmatage des traits de scie, etc.) dureront jusqu'en 1972 » — mais, le 22 septembre 1968, on inaugure solennellement, dans la liesse, au milieu d'un public nombreux, les *nouveaux* temples d'Abou Simbel.

Près de 900 personnes, dont une cinquantaine de techniciens et d'ingénieurs étrangers et quarante ingénieurs égyptiens avaient travaillé pendant six ans à cette œuvre unique.

Aucun roi, au monde, n'a eu la destinée posthume de Ramsès II le Grand. Trois millénaires et demi après sa mort, son visage colossal (celui d'Abou Simbel) a orné les timbres-poste émis en son honneur par la plupart des pays actuels. Son corps, transporté par avion à Paris, pour des soins médicaux, fut, au retour, sur l'aéroport d'Almaza-Héliopolis, accueilli par de hautes personnalités égyptiennes. Son prestige dure depuis Kadesh ; mais, surtout, son œuvre immense de bâtisseur, qui matérialise sa grandeur, a prolongé jusqu'à nos jours ce prestige sans égal.

Fallait-il qu'il fût grand pour que, unis dans un même effort, l'Égypte et les pays d'Europe et d'Amérique décident de sauvegarder les maisons-des-dieux de Ramsès. Mais Ramsès lui-même n'était-il pas un dieu ?

Maintenant, au pied de la falaise d'Abou Simbel, la montagne, creusée, vide, est comme aveugle. On ne connaîtra plus l'étonnante beauté de ce site, ni la grande harmonie qui s'était établie entre le monument royal et la nature, mais les divinités continueront, ailleurs, à être protégées. Le temple, comme le disait la dédicace, « appartient à l'éternité ».

En descendant le fleuve, au nord d'Abou-Simbel, on rencontre encore des temples construits par « la lumière des rois ». Ils se pressent alors, plus nombreux, longue *couverture* divine de l'Égypte, qui est proche maintenant.

A **Derr**, un speos fut également bâti par Ramsès II. Consacré à Amon-Rê, il fut entièrement excavé dans la montagne où il s'enfonçait à 33 mètres de profondeur. Il comportait : une salle hypostyle à 22 piliers carrés disposés en trois rangées, les murs étaient ornés de scènes militaires ; une salle plus petite, à six piliers, dont les parois étaient sculptées de scènes d'offrande, précédait le sanctuaire. Les Coptes l'avaient transformé en église.

Le temple a été découpé, avant 1964, et reconstruit par les soins du Service des Antiquités de l'Égypte.

Un peu plus au nord s'étend le site d'**Amada**. Un temple, bâti entièrement en grès, y avait été érigé par Thoutmosis III et Aménophis II d'une part, Thoutmosis IV d'autre part, et consacré à Rêhorakhty et Amon-Rê. Sous Aménophis IV, les images d'Amon, ses noms, ses épithètes furent martelés. La première œuvre de restauration fut accomplie par Séthi Ier et poursuivie par Ramsès II. Merenptah y plaça une stèle, datée de l'an 4 du règne, et mentionnant une expédition en Nubie. On trouve encore, dans ce temple d'Amada, les noms de la reine Taousert et du chancelier Bay. Les Coptes en firent une église.

« Le transfert du temple d'Amada constitue une prouesse technique : celui-ci a été déplacé d'un seul bloc, sur une distance de 2 600 mètres et une dénivellation de 65 m. La fragilité des peintures et des sculptures qui l'ornent, intactes après trente siècles, interdisaient en effet tout démontage. Le temple a donc été, littéralement,

« empaqueté » et, cerclé d'acier et de béton pour qu'il conserve sa rigidité, déplacé sur une triple voie ferrée construite à cet effet. Travail et capitaux français. Le petit pronaos a été démonté et déplacé par le Service des Antiquités[18]. »

En aval, l'hemispeos de **Ouadi es Seboua** présente une partie importante, extérieure à la falaise. Devant son pylône d'entrée s'étendaient deux cours, entourées d'une enceinte de brique et dont le chemin axial était bordé de sphinx : ceux de la première cour étant à tête humaine (selon le type ancien), ceux de la seconde sont à tête de faucon (type nouveau et original). Les corps de lions des statues ont donné son nom au site, *seboua* signifiant « les lions ». Le temple avait été consacré par Ramsès II à Amon-Rê et Rêhorakhty.

Devant la façade du pylône étaient dressés six colosses de Ramsès II, dont deux sont encore en place, les débris des quatre autres jonchent le sol. Sur les ailes on distingue encore, bien que très effacés, des bas-reliefs représentant Ramsès en train de consacrer des captifs à Amon. La cour carrée qui lui fait suite (elle mesure 20 mètres de côté) est bordée de portiques sur les deux côtés latéraux ; des colosses osiriaques du roi s'adossaient aux piliers ; sur les soubassements des murs des portiques figure la procession des enfants du souverain : trois princes portant le flabellum, cinquante filles agitant le sistre (le même thème se retrouve au Ramesseum).

Les salles creusées dans la falaise et précédant le sanctuaire sont ornées de scènes d'offrande. Dans le mur du fond de ce sanctuaire, une niche protège les trois divinités du temple : Amon, *Ramsès II*, Rêhorakhty, figurés en bas-relief.

Le transfert du temple, financé par les États-Unis, a été effectué par le Service des Antiquités.

En suivant le cours du fleuve, on rencontrait bientôt l'hemispeos de **Gerf Hussein**, que le vice-roi des pays du

Sud, Setaou, fit creuser dans la montagne, sur l'ordre de Ramsès II, en l'an 45 de son règne. Il était dédié à Ptah, *Ramsès II*, Ptah Tatenen et Hathor ; les quatre dieux figurent au fond du sanctuaire.

Le plan du temple est proche de celui du précédent.

Enfin, au nord encore, le speos de **Bet el Ouali**, construit aussi par Ramsès II, fut récemment déplacé par le Service des Antiquités grâce à des capitaux américains. L'intérieur du speos (trois salles et le sanctuaire) a malheureusement été « remanié » à l'époque chrétienne. Mais, sur les murs de la cour extérieure on peut encore voir des scènes militaires relatives aux campagnes de Ramsès II.

Quittant le Nil et pénétrant dans le désert arabique, à 100 kilomètres environ au sud de la piste du Ouadi Hammamat, on rencontre les ruines des constructions que Séthi Ier avait fait aménager autour des mines d'or et notamment celles d'un petit temple, à moitié creusé dans la falaise arabique, au milieu de l'Ouadi Miah, près de l'actuel village de Redisiyeh, et découvert par le voyageur Cailliaud en 1816. Cet hemispeos est dédié à Amon. Il est simplement précédé d'un portique, constitué par des colonnes papyriformes à chapiteaux fermés. Deux salles, dans la falaise, précèdent le sanctuaire ; sur les murs de la première salle sont sculptées trois inscriptions, œuvres de Séthi Ier, qui retracent l'historique de ses projets [19].

Aucun roi n'a élevé autant de monuments divins que Ramsès II. Ce fait témoigne de la prospérité d'un pays qui pouvait entreprendre d'aussi importantes campagnes de construction, échelonnées depuis le cœur du Soudan jusqu'à la Méditerranée. Après Ramsès II, les bâtisseurs royaux seront moins actifs.

Dans les temples du Sud, on ne saurait douter que Ramsès fût un dieu ; il figure, dans la plupart des sanctuaires, comme le compagnon des divinités de l'Égypte (essentiellement celles de la trinité sacrée que voulurent les Ramessides), leur associé pour la protection de la « terre bien-aimée ». Cela apparaît avec insistance dans les temples du Soudan et de la Nubie — rendant ainsi inviolable là personne royale auprès de ces populations enclines à la rébellion ?

B. — LES « CHÂTEAUX DE MILLIONS D'ANNÉES »

Dans les « châteaux de millions d'années » — que nous appelons temples funéraires — un culte est rendu au roi défunt *en même temps* qu'aux dieux. Ceci depuis la XVIIIe dynastie ; auparavant le culte funéraire royal était distinct. On ne saurait cependant confondre temple divin et temple funéraire, en dépit de similitudes évidentes, qui concernent la forme même de l'édifice — son plan — et la qualité des « personnalités » qui y sont servies. D'une part, les temples funéraires sont, en général, situés non loin de la tombe à laquelle leur nature les relie, donc sur la rive gauche thébaine. D'autre part les Égyptiens distinguent eux-mêmes les « maisons des dieux » et les « châteaux de millions d'années ». Il suffit de se reporter aux textes.

Le plus original :
le temple-cénotaphe de Séthi Ier, à Abydos

Le temple funéraire *effectif* de Séthi Ier (de plan classique) se trouve à Sheikh abd el Qournah, sur la rive gauche du Nil, à Thèbes, non loin de sa tombe creusée dans la Vallée des Rois.

Mais il construisit à Abydos, lieu saint d'Osiris, un temple funéraire flanqué d'un cénotaphe — fait unique ; il s'agit, en fait, d'un monumental *ex-voto* à Osiris, dieu de

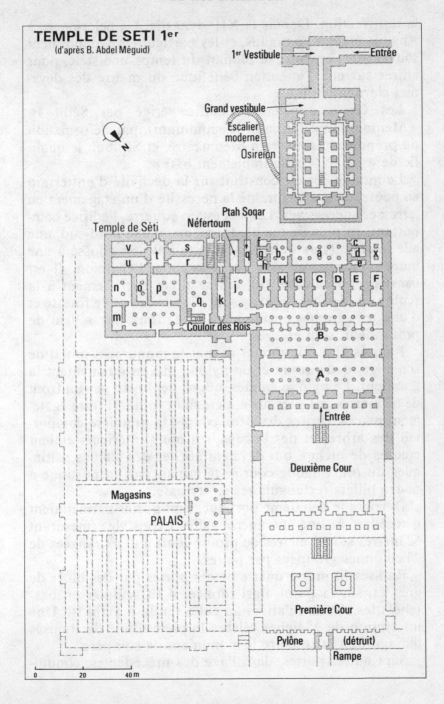

TEMPLE DE SETI 1er
(d'après B. Abdel Méguid)

1er Vestibule — Entrée

Grand vestibule

Escalier moderne

Osireion

Ptah Soqar

Néfertoum

Temple de Séti

Temple de Séti

Couloir des Rois

Entrée

Deuxième Cour

Magasins

PALAIS

Première Cour

Pylône   (détruit)

Rampe

0   20   40 m

la résurrection. Depuis la XIIe dynastie, les pèlerinages à Abydos étaient communs, et les particuliers y déposaient souvent des ex-voto, la plupart du temps une stèle, pour attirer sur eux l'attention bénéfique du maître des devenirs éternels.

Les Grecs appelèrent l'édifice érigé par Séthi Ier « Memnonion » (en latin Memnonium), par déformation du prénom du souverain Menmaâtrê, et Strabon le qualifie de « palais (!) admirablement bâti ».

Le monument est construit sur la déclivité d'un terrain en pente, ce qui a entraîné la nécessité d'un étagement en terrasses successives. Le plan est en équerre, l'édifice comportant, en plus du temple lui-même, d'axe nord-sud, une aile latérale (vers l'est) ; enfin le temple est adossé à une butte naturelle, creusée en cénotaphe, l'Osireion. Il est construit en calcaire fin, qui se prête parfaitement à la sculpture ; les bas-reliefs y sont d'une admirable finesse et d'une très grande beauté ; les fondations, sur 1,30 m de profondeur, sont en grès.

Ramsès II a fait ajouter devant le monument initial de son père, deux cours et un pylône qui en augmentent la grandeur. Le pylône en grès, qui se déployait sur un front de 62 mètres, est presque entièrement ruiné. Il reste également peu de choses des deux cours ; la première comportait des arbres et des bassins, ses murs intérieurs étaient creusés de niches, qui devaient abriter des statues osiriaques du roi. Chaque cour se terminait par un portique à douze piliers rectangulaires en terrasse.

Derrière le deuxième portique, sept portes permettaient d'accéder à une première salle hypostyle (mesurant 62 mètres sur 21 mètres de profondeur) à deux rangées de 24 colonnes groupées par paires.

Ramsès fit murer quatre de ces portes par des blocs de grès, et, sur la paroi ainsi formée, il fit sculpter en bas-reliefs les scènes relatives au culte rendu à Séthi Ier. Une inscription de 95 lignes célèbre la piété filiale de Ramsès qui agrandit et restaure le monument de son père.

Sept autres portes, dans l'axe des précédentes, conduisent à une seconde salle hypostyle comprenant trois rangées de 36 colonnes, également groupées par paires. Ces colonnes, comme les précédentes, sont du type papyriforme à chapiteau en bouton, qui apparaît ici pour la première fois et sera largement utilisé dans les autres monuments ramessides. La dernière rangée de colonnes de la deuxième salle, érigée sur un sol plus haut (nous avons vu que le terrain était en pente), est démunie de chapiteaux, ce qui permet de compenser la différence de niveau.

Les sept travées, déterminées par les sept portes, mènent à sept chapelles (chacune mesurant 10,85 m de profondeur et 5,20 m de large) : consacrées à Amon (au centre), Osiris, Isis et Horus (à droite c'est-à-dire à l'ouest), Horakhty, Ptah et Séthi (à gauche, c'est-à-dire à l'est). Cette division en sept travées et le compartimentage des chapelles est pratiquement unique. Chacune de ces chapelles, dont le plafond est formé par une fausse voûte en encorbellement, est partagée en deux parties, dans le sens de la longueur : l'une des parties abrite la barque sacrée (sauf pour Séthi), l'autre, une statue, adossée à la fausse porte taillée dans le mur du fond. La chapelle d'Osiris est la seule dont la partie postérieure s'ouvre par une porte véritable, permettant d'accéder à d'autres salles osiriennes. Chacune de ces chapelles était précédée d'une rampe — celle d'Amon, la plus importante, par un escalier — et était fermée par une porte à deux vantaux. Sur la partie intérieure de ces portes sont sculptés, entre autres, les discours de reconnaissance des dieux envers le souverain :

—« Paroles dites par Osiris, le premier des Occidentaux, qui réside dans le temple de Menmaâtrê : « Je suis venu vers ton temple, le cœur plein d'amour, pour voir ton visage ; mon cœur est heureux et reverdit grâce à ce que tu as fait, tel un fils qui rend hommage à son père [20]. »
— Paroles dites par Isis, la mère divine, qui réside dans le temple de Menmaâtrê : « Combien est beau le monument que tu as fait pour moi ; tu l'as bâti d'un cœur

aimant. Aussi, vois, je suis avec toi, je serai la protection de
ton corps, comme Rê, pour le temps infini[21]. »

— Paroles dites par Horus, fils d'Ounennefer[22], qui
réside dans le temple de Menmaâtrê : « Je suis ton père, et
t'ai placé dans mon cœur depuis le temps où tu étais un
petit enfant qu'on allaitait ; ton règne te fut annoncé alors
que tu étais encore dans le sein de ta mère, toi l'héritier du
" Protecteur-de-son-père[23] ". »

Ainsi Séthi Ier s'inscrit dans la lignée osirienne. Mais il
s'assimile aussi au Soleil.

Sur le plafond de la chapelle de Séthi, on lit : « Tant que
le ciel durera, durera son monument, car Sa Majesté, en
lui, est semblable au disque solaire, pour le temps infini,
infini[24]. » Et sur celui de la chapelle d'Osiris, le roi est
nommé : « L'Horus... aux jours multiples, aux heures nombreuses, dont la durée de vie est semblable à celle du Disque, celui du grand parcours, semblable à Khepri lorsqu'il
se manifeste à la pointe de l'aube ; le temps éternel est
placé devant lui en son temple[25]. »

L'éternité royale est ainsi doublement garantie. C'est là
le but normalement recherché dans le cas d'un temple
funéraire.

L'aile orientale du monument, perpendiculaire à l'axe
de celui-ci, est reliée à lui par un long couloir, que nous
appelons le « Corridor des rois », long de 25 mètres. Son
plafond est parsemé d'étoiles jaunes (le cuivre étant le
matériau des étoiles) alternant avec les cartouches de
Séthi Ier. Sur les parois sont sculptés 76 cartouches appartenant aux souverains ayant régné depuis Narmer jusqu'à
Séthi Ier. Séthi et son fils Ramsès encensent les noms de
leurs pères, récitant les formules rituelles.

Ainsi est fixée, dans des formes de pierre durable, la
pérennité de la monarchie égyptienne, dont Ramsès II,
alors prince héritier, est à ce moment le dernier *rejet*. Si
l'historien moderne y trouve son compte, l'esprit égyptien
aussi, attaché à la succession du père au fils et à la conti-

nuité de la lignée — ce que traduit parfaitement la légende d'Osiris, le patron sacré du lieu.

Le long couloir communique avec tout un ensemble de salles.

L'édifice le plus exceptionnel de cet ensemble déjà original est le cénotaphe de Séthi Ier, dit Osireion (on crut, en effet, lorsqu'on dégagea le monument, il y a une soixantaine d'années, qu'il s'agissait du tombeau d'Osiris). Il est construit dans l'axe du temple, les murs de fond des deux monuments étant séparés par 3,50 m d'écart.

La butte rocheuse naturelle sous laquelle il est construit devait être entourée d'arbres (symboles de la renaissance végétale et de la résurrection osirienne), ainsi qu'en attestent encore de petites fosses creusées dans le sable et parées de calcaire, destinées à recevoir la terre végétale.

L'entrée est à l'Ouest. Un long couloir, en pente douce, voûté au commencement, s'enfonce dans le sol, sur 100 mètres environ, jusqu'au niveau de la construction souterraine, creusée dans la roche ; les parois de ce couloir, revêtues de briques, sont peintes et inscrites de textes funéraires. On traverse ensuite deux petites chambres avant de rencontrer un second couloir formant un angle droit avec le premier et qui, orienté vers l'est, conduit dans une vaste salle transversale mesurant 20 mètres sur 6, couronnée d'un toit en dos d'âne ; les parois sont ornées de scènes et de textes extraits du *Livre des Morts*. On parvient ensuite au cénotaphe même, immense salle mesurant 30,50 m sur 20 mètres ; 17 niches, creusées dans le rocher, entouraient la salle. Abri de statues osiriaques ? Une rangée de cinq énormes piliers monolithes, en granit rose, supportaient, de chaque côté, le plafond de la pièce. Au centre de celle-ci était une butte entourée d'un fossé plein d'eau. A chaque extrémité de la salle, dans l'axe longitudinal, un escalier descendait vers l'eau. Une canalisation souterraine, vraisemblablement destinée à amener l'eau depuis le Nil, a été découverte, en profondeur, sous l'axe du temple de Séthi Ier.

Le monument se terminait par une vaste chambre transversale (mesurant, comme la précédente, environ
20 mètres sur 6 mètres), que nous appelons « chambre du
sarcophage ». Au centre, deux cavités semblent, en effet,
être le simulacre de la place du sarcophage et du coffre
aux canopes. Le plafond, en dos d'âne, de cette pièce
porte, en léger relief, de très belles représentations. Sur le
côté ouest, une colossale figure de Nout (déesse du ciel
étendue au-dessus de la terre), supportée par le dieu Shou,
occupe la partie nord du plafond ; sur le dos de la déesse-
ciel figurent les noms des Décans. Sur son ventre, ses bras
et ses jambes sont sculptés les jours et les mois au cours
desquels un lever, un zénith ou un coucher de ces constellations se sont produits. Une partie voisine du plafond
s'intitule « Connaissance des heures du jour et de la
nuit ».

De tels tableaux des Décans se rencontrent déjà dans
les sarcophages datant de la XIIᵉ dynastie. La connaissance des heures de la nuit est importante pour le défunt,
qui peut ainsi suivre la progression du soleil durant son
parcours nocturne et, magiquement, l'accompagner ;
selon l'inscription, douze des membres de Nout (dans la
bouche de laquelle le Soleil disparaît le soir, pour renaître
au matin par un accouchement naturel) servent de *bornes*,
de limites, aux douze heures de la nuit : ce sont la main, la
lèvre, la dent, la gorge, la poitrine, ?, l'intestin, les
entrailles, la vulve, ?, la cuisse[26] — en une longue gestation au creux du corps divin. Sethi I, *fictivement* allongé
dans le sarcophage, pouvait suivre cette gestation et, pour
l'éternité, renaître magiquement avec le soleil à l'aube.
Nous sommes dans un monde de simulacres, où peuvent
s'animer les formes, même fictives.

Que signifient la butte centrale et le fossé plein d'eau ?
On rapproche, avec vraisemblance, cette image de celle de
l'île originelle, à peine émergée de l'océan primordial, et
sur laquelle va œuvrer le dieu créateur, au premier jour de
la genèse du monde. Cette conception est commune dans
les théologies égyptiennes. Il se pourrait que Séthi Iᵉʳ ait

été *pris* ainsi dans cette œuvre de naissance de l'univers et que, déjà associé au dieu abydénien de la résurrection et au cycle solaire, il soit également lié au démiurge des premiers temps. Participant ainsi à toutes les formes divines de naissance ou de renaissance, il assurerait de la sorte, par divers procédés et, donc, de manière infaillible, l'éternité de ses actes vitaux.

Si d'autres cénotaphes royaux (ceux de Sésostris III, d'Ahmosis) ont existé sur le sol d'Abydos, celui de Séthi Ier, par sa grandeur et la profondeur de l'esprit religieux qui l'a inspiré, est unique.

Le plus majestueux des « châteaux ».
Le Ramesseum

Ramsès II avait aussi fait construire, à Abydos, près du temple de son père — dans un souci d'affection filiale et, sans doute, en vue d'une éternité en commun — un temple à son propre *ka,* plus petit que le précédent et actuellement moins bien conservé. D'ordonnance classique, la chapelle, à la suite de deux hypostyles, contenait un groupe de granit gris à cinq personnages : Amon au centre, Séthi Ier et Ramsès II aux deux extrémités ; les figures de deux autres personnages, reines ou déesses, sont très mutilées.

Dans l'une des chambres du sanctuaire a été découverte, en 1818 par Banks, la *Table d'Abydos,* autre *liste* de Pharaons ayant régné. Séthi et Ramsès souhaitaient que leurs ancêtres royaux participent de leur culte funéraire — longue lignée déjà, qui assurait la royauté dans l'avenir.

Ce qui est remarquable dans ce temple, c'est la diversité des matériaux utilisés et, pourrait-on dire, le chatoiement des couleurs. Un sanctuaire osirien, d'albâtre blanc pur, est bâti sur un soubassement de quartzite jaune, couvert d'un plafond de granit rose et flanqué de deux sanctuaires de calcaire blanc pour Isis et Horus. Ils contenaient des statues de granit noir. Le pylône est en calcaire, avec des montants de porte en granit rose.

Mais ce monument ne constitue pas le temple funéraire véritable de Ramsès II.

Le vrai « château-de-millions-d'années » du vainqueur de Kadesh se trouve (comme celui de Séthi Ier) sur la rive gauche thébaine, à environ 500 mètres au sud-est de la colline de Sheikh abd el Gournah, donc assez proche du « château » de son père.

C'est le Ramesseum, que les Grecs ont appelé « tombeau (!) d'Osymandias » (déformation du prénom royal, Ousermaâtrê). Orienté est-ouest, de plan barlong, c'est un très vaste monument, entouré d'une enceinte de briques, longue d'environ 300 mètres et large de 177.

Deux pylônes (dont la largeur devait atteindre 70 mètres, mais actuellement presque entièrement détruits), deux cours péristyles (avec piliers osiriaques du souverain), une vaste hypostyle (mesurant 41 mètres de large sur 31 mètres de profondeur, à laquelle on accédait par trois portes de granit noir), puis trois hypostyles plus petites, s'échelonnaient jusqu'au sanctuaire (dont le plafond était soutenu par quatre colonnes). La grande hypostyle, de plan basilical, comprenait 48 colonnes : la nef centrale était formée par deux rangées de six colonnes à chapiteaux campaniformes, les bas-côtés, au Nord et au Sud, comportaient chacun trois rangées de six colonnes à chapiteaux papyriformes, moins hautes et d'un diamètre moins large. Des scènes militaires et des scènes d'offrande étaient représentées.

Le Ramesseum comprenait de vastes dépendances : des constructions en briques, appareillées en voûte. Les briques — certaines du moins — portent le cartouche de Ramsès II. Ces dépendances, fort importantes, enserraient

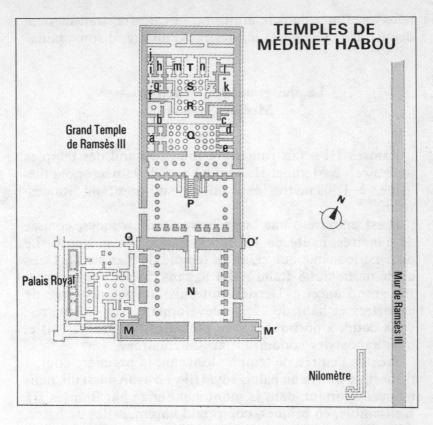

TEMPLES DE
MÉDINET HABOU

Grand Temple
de Ramsès III

Palais Royal

N

Nilomètre

Mur de Ramsès III

le temple sur trois côtés, au Nord, à l'Ouest et au Sud.
Elles servaient de réserves, de magasins, d'habitations
pour les prêtres, elles abritaient aussi une école de scribes.

Au Sud, près de l'entrée du monument, un vaste palais
royal était accoté à l'édifice.

Au Nord, un petit temple, attribué jusqu'ici à Séthi Ier,
avait peut-être été dédié à Touy, la mère du roi.

Romantique, dans ses ruines, le château des millions
d'années de Ramsès II exprime encore la majesté de son
constructeur. Même brisés, les colosses des cours en impo-
sent encore ; celui que l'on appelait « Ramsès-lumière-des-
rois » avait été taillé dans un seul et immense bloc de granit rose et mesurait 17,50 m de hauteur. L'élégance des
colonnes de l'hypostyle, la finesse et la beauté des bas-

reliefs sculptés dans le granit ou le calcaire, transmettent depuis des millénaires le prestige d'un grand souverain.

Le plus grand des « châteaux ».
Medinet Habou

Ramsès III a fait construire le plus grand des temples funéraires, à Medinet Habou, au sud de la nécropole thébaine, à 1 500 mètres environ au sud-ouest du Ramesseum.

Il est entouré d'une large muraille de briques, épaisse de 6 mètres, haute de 12. L'orientation est sud-nord. Le plan est le même que celui du temple de Ramsès II. Dans ce domaine aussi Ramsès III a, sans doute, voulu imiter son grand ancêtre. Derrière un puissant pylône, large de 68 mètres et haut de 22, se développent, sur 150 mètres, deux cours à portiques (avec piliers osiriaques du roi) et trois hypostyles conduisant au sanctuaire.

Près de l'entrée du temple, longeant la première cour, à l'Ouest, se trouve un palais royal (il y en avait aussi un, mais moins important, dans le monument érigé par Ramsès II). L'ensemble, en briques, comprend harem, salles de bains, salles d'apparat avec estrade pour le trône ; des plaques de faïence décorent les murs. Une « fenêtre d'apparitions » devait permettre au roi de regarder les processions et d'assister aux fêtes qui se déroulaient dans la première cour du temple. A utiliser pendant et après le temps de vie sur terre.

Vers la fin du règne, Ramsès III fit construire une nouvelle enceinte de briques, épaisse de 10,50 m et haute de 18 mètres, crénelée à la partie supérieure et comportant (comme les forteresses) des tourelles espacées. Cette enceinte fut encore doublée par un mur de briques, moins haut et, en partie, paré de pierres. Le portail d'entrée était constitué par un énorme donjon de type syrien, le *migdol*. Ainsi, le « château de millions d'années » de Ramsès III fut, finalement, *défendu* d'une manière toute militaire, et son architecture fortement influencée par les campagnes menées par le souverain contre les Peuples de la mer, notamment en Syrie, tandis que les scènes sculptées sur les murs extérieurs immortalisaient les victoires du dernier grand Ramsès.

C. — LA VALLÉE DES ROIS

L'entretien de la vie du roi défunt étant ainsi assuré par le culte funéraire, la momie, dans son sarcophage, devait aussi être protégée.

Depuis Thoutmosis Ier, les tombes royales sont creusées dans la falaise qui domine Thèbes, à l'Ouest — falaise entamée par un réseau de vallées escarpées et désertes. La plus célèbre, à l'Est, la Vallée des Rois, abritait les corps momifiés de cinquante-huit souverains. On l'appelle aussi Biban el Molouk, « la porte des rois ». Là, dans cette vallée silencieuse et éloignée du monde des vivants, dans ce paysage unique, minéral et désert, reposèrent les corps de tous les conquérants qui avaient fait la grandeur de l'Égypte.

Les tombes pouvaient être logées à plus de 210 mètres au cœur de la montagne et à 100 mètres de profondeur — asile, croyait-on, inviolable. Mais, nous l'avons vu [27], la faim et la misère des hommes furent plus fortes que toutes les défenses matérielles et spirituelles ; il y avait tant de trésors, d'or, d'argent, de pierres précieuses dans ces tombes — riche viatique pour l'au-delà, dont les objets découverts intacts dans la sépulture de Toutankhamon, ne donnent qu'une faible idée. A la fin de la période rammesside, pendant l'appauvrissement du pays, il fallut, pour les protéger, déposer les momies royales dans des cachettes secrètes.

Mais les tombes demeurent, avec leur magie. Si les constructions sont diverses dans leur détail, l'ordonnance d'ensemble demeure la même pour toutes : généralement trois corridors, reliés l'un à l'autre, s'enfonçaient, longues descentes en pente douce, depuis l'entrée jusqu'au caveau. Parfois, de petites pièces secondaires ou des niches, adjacentes au corridor, recevaient le matériel funéraire. Il arrivait aussi que, dans le tracé des corridors, fût brusquement ménagé un puits profond, dont le but était double : empêcher les éventuels pilleurs de pénétrer plus loin (!), recueillir les eaux qui pouvaient suinter. Dans le cas le plus simple, une antichambre conduisait ensuite à la salle principale de la tombe, à laquelle étaient parfois annexées des pièces secondaires ; le plafond du caveau était généralement soutenu par des piliers ; le sarcophage était déposé dans une légère cavité creusée dans le sol.

Les corridors et les salles étaient recouverts de bas-reliefs peints et d'inscriptions, grand appareil, coloré et magique, de la résurrection. Ces *livres* funéraires royaux fournissaient au souverain les formules dont la connaissance était indispensable pour mener à bien son voyage dans l'au-delà. Ces tombes contenaient en images et en textes une véritable *bibliothèque* de la survie.

Il est toujours impressionnant de s'aventurer dans ces galeries où, très vite, la lumière se fait rare ; on se sent cerné par un décor, d'une invraisemblable richesse, qui court sur les piliers, les parois, les plafonds. Déjà, avec ses démons et ses dieux, l'autre monde est proche. La Vallée des Rois est bien « l'entrée de l'Occident ».

Le site et le paysage de la Vallée des Rois ont inspiré les romantiques.
Pour Flaubert, « le paysage est anthropophage ».
Chez Théophile Gautier : « Ces roches ressemblent à des ossements de morts calcinés au bûcher, bâillent l'ennui de l'éternité par des lézardes profondes et implorent par leur mille gerçures la goutte d'eau qui ne tombe jamais... On eût dit les tas de cendres restés sur place d'une chaîne de montagnes brûlée au temps des catastrophes cosmiques, dans un grand incendie planétaire. »
Pour Pierre Loti « on croirait cheminer dans quelque vallée d'Apocalypse, aux parois brûlantes. Du silence et de la

mort, sans un excès de clarté, dans le rayonnement
continu d'une sorte de morne apothéose[28] » — Beaux
effets de style, certes, mais que tout cela est loin de l'esprit
égyptien, qui ne pensait pas à la mort, mais à la vie.

Dans ce site grandiose, inhabituel aux hommes, porte
de l'Occident, la montagne abritait les espoirs toujours
renouvelés en une vie infinie, que garantissait la magie
des formes, des couleurs et des mots.

Le roi-héros fut aussi un grand roi bâtisseur. Après les
Ramsès se clôt l'ère des grandes constructions[29].

CHAPITRE III

A l'ombre du roi.
Les lettres et les arts.

A. — LA LITTÉRATURE

La littérature égyptienne est un monde de textes divers, sculptés, dessinés et peints sur des supports de toute sorte : du rude granit aux humbles tessons de poterie, sur papyrus, sur des bandelettes de lin, sur cuir, sur tout matériau susceptible de fixer les « mots divins » ; car l'écriture est une émanation des dieux, élément redoutable ou bénéfique de l'univers, puisque les *formes* des mots peuvent s'animer et leur prononciation entraîner la réalité de ce qu'ils expriment. Les supports — la pierre, uniquement, à l'origine — se diversifient avec le temps ; un développement important fut donné à la littérature égyptienne lorsque, à partir de la fin de la Ve Dynastie, on sut utiliser le papyrus.

Les textes sont écrits en une langue qui, déjà, par la forme même des signes qui servent à la noter (c'est-à-dire les éléments humains, animaux, végétaux, minéraux de l'univers égyptien — utilisés comme phonogrammes ou idéogrammes) sollicite l'attention et l'intérêt, créant une véritable poésie graphique. C'est une langue éprise d'images concrètes, pauvre en vocabulaire philosophique, mais riche, très riche, de toutes les images de la vie.

La littérature est aussi un art en Égypte ; elle requiert,

assez souvent, le travail du sculpteur et du peintre. Elle est, d'autre part, un dessin ; et le bas-relief et la peinture ont aussi pour origine le dessin (que l'on établit, en premier, sur la paroi à décorer). Il n'y a donc pas, en Égypte, de distinction absolue, intransigeante, entre lettres et arts.

Il n'est pas question ici de dresser un tableau exhaustif de la littérature sous les Ramsès — cela pourrait constituer un autre, ou même plusieurs autres ouvrages — mais de présenter les principaux aspects et quelques grands textes de cette partie importante de l'immense domaine littéraire égyptien.

Nous avons déjà examiné, dans leur contexte, les grandes inscriptions historiques et quelques textes funéraires. Nous étudierons dans ce chapitre les hymnes : chants aux dieux, aux rois ou aux villes — les légendes divines — les contes et romans de l'époque — et nous analyserons le développement important que connaît alors la poésie, notamment la poésie amoureuse.

Les hymnes

Chants pour les dieux

De très nombreux hymnes furent composés sous les Ramsès ; nous citerons ceux qui sont classiques, et aussi quelques textes nouveaux.

Parmi les premiers, l'un d'eux, dédié au Nil (Hapy) fut successivement *recopié* par Séthi Ier, Ramsès II, Merenptah, Ramsès III, dans un même souci d'hommage au dieu de la fertilité et de la fécondité. Les inscriptions de Ramsès II et Merenptah sont encloses dans deux chapelles voisines, au Gebel Silsileh[1] ; celles de Séthi Ier et Ramsès III sont sculptées sur des stèles indépendantes.

« Que vive le dieu parfait, aimé du Nouou, Hapy, père des dieux et de l'Ennéade qui est dans le flot[2], aliment, nourriture et approvisionnement de l'Égypte, qui permet à chacun de vivre, grâce à son *ka* ; sur son chemin est l'abondance, les aliments sont sur ses doigts et tous les hommes, lorsqu'il revient, se réjouissent.

Tu es l'Unique, qui s'est créé lui-même ; on ne saurait connaître (tout) ce qui est en toi ; le jour où tu jaillis de ta caverne, chacun ne cesse d'être joyeux.

Tu es le seigneur des poissons, riche aussi en grains, celui qui pourvoit l'Égypte de gibier d'eau. Les dieux de l'Ennéade ne savent pas non plus (tout) ce qui est en toi, mais tu es également leur vie, car, lorsque tu reviens, leurs offrandes sont doublées et bien fournis de nourritures leurs autels ; ils exultent lorsque tu apparais car, sans cesse, tu les fais renaître.

Tu cherches les moyens de faire vivre les hommes, comme Rê lorsqu'il gouvernait ce pays. Tu satisfais le Nouou et tu l'amènes, en paix. La réunion des dieux du Sud est joyeuse, depuis qu'elle a voulu que Hapy, le père, accomplisse des actes bénéfiques à travers le Pays bien-aimé, en en faisant une création de son cœur. Il est vaillant et vigilant, recherchant la nourriture pour les vivants, multipliant les grains comme le sable, tandis que les greniers débordent.

Sa Majesté, (à son tour), cherchait à accomplir d'utiles et agréables choses pour le père de tous les dieux et pour la réunion des divinités du Sud qui président au flot (de l'inondation) ; son cœur, raisonnable comme celui de Thoth, réfléchissait aux biens qu'ils aimeraient. Il n'y avait aucun roi qui ait ainsi agi avant lui, dans ce pays, depuis le temps de Rê.

Alors Sa Majesté dit ceci : " C'est Hapy qui fait vivre le Double Pays ; les aliments et les nourritures viennent à l'existence après que (son flot) a grossi, et tous les hommes sont dans son obédience ; on est riche, s'il l'ordonne. Je connais ce qui est dans l'Office des Écrits [le bureau des archives] et qui est consigné dans la Maison des Livres : Hapy jaillit de deux cavernes, afin de nourrir les pains des dieux et, lorsque l'eau pure est dans la région de Silsileh — assurément son lieu sacré — on double pour lui les offrandes[3]. " Suit la liste des offrandes à effectuer.

Plus majestueuse et belle est l'expression des grands hymnes à Amon de Ramsès II, conservés sur un papyrus qui se trouve actuellement au musée de Leyde (Pap. I, 350). C'est un texte important, dont nous avons déjà traduit quelques passages[4] et dont voici quelques autres chapitres ; il exprime en images lumineuses et humaines la ferveur envers le grand dieu.

— Une aurore d'Amon :

« L'Ennéade divine, issue du Nouou, se rassemble lorsqu'elle te voit, (toi, le dieu) au prestige grandiose, le plus grand des seigneurs, qui s'est façonné lui-même, le maître des créatures. Ceux qui étaient dans l'obscurité (de la nuit), soudain il brille pour eux, illuminant leurs visages d'un autre devenir. Ses deux yeux étincellent, ses oreilles sont ouvertes, et tous les corps sont recouverts (d'or), lorsque s'avance sa lumière. Le ciel est d'or, le Nouou de lapis-lazuli et la terre est frappée comme par des flèches de turquoise, lorsque, en eux, il se lève.

Les dieux recouvrent la vue, leurs temples sont réouverts. Les hommes peuvent à nouveau voir et contempler, grâce à lui. Les arbres frémissent en le voyant, ils se tournent vers l'Unique, et leurs feuilles se déploient ; les poissons font des bonds dans l'eau, ils sautent en l'air, dans leurs étangs, pour l'amour de lui. A sa vue encore le bétail danse, les oiseaux agitent leurs ailes, car ils le connaissent en son heureux moment et vivent de le voir, tout au long du jour. Ils sont (tous) dans sa main, marqués de son sceau ; aucun autre dieu ne peut les déclore, si ce n'est Sa Majesté (Amon), car rien ne peut se faire sans lui, le grand dieu, la vie de l'Ennéade[5]. »

— La marche du Soleil :

« O Horakhty, tu navigues, accomplissant la (même) tâche (qu') hier pendant la durée de (chaque) jour. Tu crées les années et tu lies les mois — les jours et les nuits et les heures se font selon ta marche. Tu te renouvelles un jour après l'autre ; pénétrant dans la nuit, déjà tu apparais au jour, ô veilleur unique, dont l'abomination est le sommeil. Les hommes sont allongés, endormis, mais tes yeux demeurent vigilants, toi qui déclos des millions d'êtres avec ton beau visage. Aucun chemin n'est sans toi. Tu es l'étoile à la marche rapide parmi les constellations ; tu parcours la terre en un instant, sans difficultés, tu navigues dans le ciel et tu traverses l'au-delà. Sur chaque route est la lumière, allant et venant sur les visages, car tous les hommes vers lui se tournent. Hommes et dieux disent : Bienvenue ! Bienvenue [6] ! »

— La Providence d'Amon :

« Défaisant les maux, chassant les tourments, médecin rendant la vue à l'œil sans remèdes, il ouvre les yeux et repousse les maladies... Secourant qui il veut, jusque dans l'au-delà, sauvant (quiconque) de son destin au gré de son désir. Il possède des yeux et des oreilles, un visage, sur chacun de ses chemins, pour qui l'aime ; il entend les prières de celui qui l'appelle et vient de loin, en un instant, vers qui l'implore. Il peut prolonger le temps de vie ou le diminuer. Il donne plus que sa destinée à celui qui l'adore. Son nom, sur le flot, est un charme magique : les vents (furieux) sont repoussés, le vent mauvais fait volte-face... Il est une douce brise pour qui l'invoque, il secourt l'homme épuisé, dieu compatissant, aux conseils bénéfiques. Il appartient à l'homme qui se courbe devant lui, en son temps (de malheur). Il est plus utile que des millions pour qui le place en son cœur ; à cause de son nom, un seul homme est plus fort que des centaines de mille. Il est, en vérité, le protecteur parfait [7]. »

Dans un autre hymne à Amon, datant de Ramsès III, on retrouve l'inspiration ample et la beauté des images qui caractérisent la littérature de cette période tourmentée.

« *Caché* était ton nom... et l'on ne connaissait pas ta forme avant que, pour la première fois, tu n'émerges, radieux, du Nouou ; tes rayons brillaient et tu as illuminé tout ce que tu avais créé et qui, jusque-là, était dans les

ténèbres ; ta peau était lumière, ta chaleur engendrait la
vie, et toutes sortes de pierres précieuses sacrées étaient
mêlées à ton corps ; tes membres étaient le souffle pour
chaque narine ; grâce à toi on respirait pour vivre ; tu avais
le goût du Nil, et tu étais oint de lumineuse douceur[8]. »

Moins inspirés, peut-être, mais touchants aussi, sont les
hymnes aux dieux provenant de simples particuliers. Telle
la prière de Didia, directeur des dessinateurs d'Amon qui,
sous Séthi I, avait succédé à son père dans cette charge.
Une stèle, actuellement au British Museum, a conservé ce
texte :

« O Amon, le plus grand des seigneurs, dieu primordial
qui s'est façonné lui-même, maître des trônes du Double
Pays, roi des dieux, l'Héliopolitain, le maître de Karnak.
    Puisses-tu placer ma faveur devant ton *ka*.
    O Rê, qui as façonné les hommes, le père et la mère
de tous les humains, qui brilles pour eux.
    Puisses-tu permettre que l'on te contemple durant le
temps éternel, chaque jour, sans qu'il y ait de cesse.
    O Atoum, l'ancien d'Héliopolis, le seigneur des deve-
nirs en tout lieu où il souhaite d'être, le dieu grand, l'aîné,
le primordial, l'éloigné, dont on ignore ce qu'il fait.
    Puisses-tu permettre que l'on se mêle à ta fraîcheur.
    O Shou, qui résides dans Thèbes, Khonsou-Neferho-
tep, élevé sur son pavois, le premier à venir à l'existence, le
grand qui préside au Château-du-Phénix (?).
    Puisse-t-il (me) donner des nourritures tant que je
demeurerai sur la terre.
    O Tefnout, que Rê a mise au monde, mère sacrée du
Double Pays, cachée et secrète, que personne ne connaît et
qui es à la tête de tous les dieux.
    Puisse-t-elle (me) donner vie, prospérité, santé, et une
vieillesse vénérable en suivant mon maître.
    O Geb, père des dieux, qui as façonné tout ce qui
existe, être divin, qui se dissimule et place ses enfants en
tête de ce qu'il a créé.
    Puisse-t-il permettre que je m'unisse à cette terre et
qu'il se repose auprès de moi.

O Nout[9]... » — [La fin du texte est malheureusement détruite].

Didia rend hommage aux dieux de l'Ennéade héliopolitaine, présidée, ici, par Amon, et les implore, afin d'obtenir une vie heureusement pourvue et un repos divin dans l'au-delà.

Un genre qui, s'il n'apparaît pas alors, du moins se développe considérablement, est celui de la **litanie,** au cours de laquelle les noms des divinités (noms secrets, car leur connaissance donne pouvoir sur elles) sont récités en longs chapelets.

Le texte le plus célèbre est celui de la *Litanie de Rê.* Ce texte, précédé par la représentation du disque solaire s'enfonçant dans l'au-delà souterrain, apparaît pour la première fois dans la tombe de Séthi Ier ; on en retrouvera les images et le texte dans les sépultures de Ramsès II, Merenptah, Amenmes, Séthi II, Ramsès-Siptah, Ramsès III, Ramsès IV ; une forme abrégée sera également sculptée dans la tombe de Ramsès IX. On retrouvera encore ce texte — un classique ramesside, donc — sur des sarcophages d'époque postérieure.

Rê est désigné par soixante-quinze noms ; leur connaissance permettra au défunt royal de parcourir sans encombre, avec le dieu, le monde de l'au-delà nocturne et souterrain.

Le long texte débute ainsi :

> « Commencement du livre de l'adoration de Rê dans l'Occident et de l'adoration de celui qui lui est uni [le roi] dans l'Occident. Quand ce livre sera récité, cela devra être fait en couleurs... sur le sol, la nuit [formules récitées par des prêtres (funéraires) sur des figures dessinées ?]. Cela assure la victoire de Rê sur ses ennemis dans l'Ouest. Ceci est utile pour un homme sur terre, ceci est utile pour lui après sa sépulture.
>
> Hommage à toi, Rê, à la grande puissance, seigneur des cavernes [nombreuses dans le monde souterrain], aux

formes cachées, qui se couche dans les mystères lorsqu'il se transforme en *Deba*...

Hommage à toi, Rê, à la grande puissance, qui replie ses ailes lorsqu'il se couche dans l'autre monde, accomplissant sa transformation en celui qui renaîtra de ses propres membres [10] », etc.

Sous Ramsès II, d'autres litanies ont été sculptées sur les murs des temples.

Dans la seconde cour du Ramesseum, Ramsès est représenté faisant une libation et brûlant de l'encens pour Rê-Horakhty. L'acte est défini :

> « Offrande à Rêhorakhty, à son disque, à son corps, à son Ennéade, à son circuit, par le roi Ousermaâtrê-Setepenrê, le fils de Rê, Ramsès-aimé-d'Amon, afin qu'il prête attention à l'adoration que le roi lui prodigue dans son " château " sacré, à Thèbes [11]. » Suit une liste de trente-huit noms appartenant à Rêhorakhty.

Dans cette même cour est représentée une scène analogue en faveur de Ptah et de Sekhmet, dont quarante-deux noms sont révélés.

Dans la première cour du temple de Louxor, une litanie à Min-Amon lui accorde cent-vingt-quatre noms.

Le genre est florissant, à ce moment où l'aide efficace de toutes les divinités d'Égypte est requise pour sauvegarder l'Empire ou assurer sa prospérité.

Si la connaissance des noms divins donnait puissance à qui les connaissait, les sculpter dans la pierre assurait aussi leur pérennité.

Chants pour les rois

Les plus grands hymnes d'hommage au souverain sont ceux que disent les dieux.

Les chants impériaux [12] sont parmi les plus beaux, notamment ceux de Medinet Habou. Ce sont des hommages rendus au roi durant son temps de vie, pour assurer son emprise sur l'Empire.

Après la mort, les dieux s'affairent autour du souverain, œuvrant pour sa vie éternelle. L'hymne de la déesse Neith à Merenptah, sculpté sur le couvercle extérieur du sarcophage du roi, décrit la tâche mythique de résurrection en un chant d'hommage à Pharaon. Toutes les renaissances sont prêtées au souverain : Neith peut être assimilée à la vache céleste, et le roi — son enfant et son nourrisson, prêt pour une nouvelle vie — est confondu avec le soleil ; elle peut aussi, avec une efficience magique totale, refaire les gestes d'Isis, épouse fidèle et savante ; elle peut encore être l'épouse de Khnoum (comme elle le sera plus tard à Esna), le dieu qui façonne les corps sur un tour à potier.

« Je suis ta mère, qui ai allaité ta perfection. A la pointe de l'aube, je suis enceinte de toi et, comme Rê, je te mets au monde le soir. » [Il s'agit de la vie dans l'au-delà, où le soleil naît le soir, alors qu'il disparaît aux yeux des vivants ; l'enfantement nocturne s'accomplit suivant un mouvement inverse de celui de l'enfantement diurne. Mais le roi, avec une liberté totale de mouvement, pourra aussi apparaître comme le soleil du jour ; l'efficace magique ne suit pas la raison.] « Je t'ai porté afin que tu sois sur mon dos ; j'ai soulevé ta momie, mes deux bras étant chargés de toi, je m'unis à ta beauté d'instant en instant. Tu pénètres en moi et j'enlace ton image ; je suis ton sarcophage, qui dissimule ta forme. Mon cœur est avec toi comme ta propriété, il te parle, présidant au « coffre de Nout » [le sarcophage]. Ma bouche est habile pour rendre ton *ka* lumineux, tandis que mes charmes magiques assurent la protection de ton corps.

Je te donne la main, afin que tu puisses monter jusqu'au ciel après que tu es apparu, radieux, entre mes deux cuisses [enfantement diurne] et maintenant tu fais ta place entre mes deux cornes. Tu te nourris de moi et je lèche ton corps, je te purifie avec la sueur de mes membres. Si tu t'allonges sur le lit que je constitue pour toi, pour toi je crée le ciel avec mes deux flancs. Si je t'élève sur mon dos, alors mon corps est pour toi le sol... Pour toi encore je tire les brises de mes narines et je souffle le vent du Nord, qui provient de ma gorge. Meskhenet et Renenet [13] t'accompagnent, tandis que *mon* Khnoum construit ton corps pour renouveler ta naissance comme celle d'un grand bouton de lotus... J'ouvre pour toi les chemins et j'amène à sa place le vent d'Ouest. Pour toi je guide le disque solaire vers ma peau et sa forme parcourt en volant ta poitrine.

Je purifie tes membres, j'arrête l'écoulement des humeurs, j'entoure ta chair et repousse la putréfaction qui t'atteignait, ô Osiris roi Baenrê-aimé-d'Amon, fils de Rê, Merenptah-qui-se-satisfait-de-la-Vérité-Justice. Je nettoie ta sueur et essuie tes larmes, je guéris tes membres, chacun étant désormais lié à un autre. Je t'enveloppe avec les travaux de Tayt[14], je t'accomplis et t'achève, te bâtissant comme Rê.

Je t'élève sur mes bras et je brille, radieuse, sur ta tête ; pour toi je renouvelle ma forme d'uraeus et j'accomplis ta transformation à l'image du maître des rayons.

Pour toi j'amène les dieux, courbés, en hommage. Rê vient à toi, il t'embrasse, il se pose sur ta forme sacrée ; sur toi, alors, il répand sa lumière, il te donne son éclat, sa radiance, tandis qu'il fait briller les deux cavernes au moyen de sa lumineuse douceur.

Je fais que brûlent pour toi les quatre figures sacrées, leurs flammes étant sur tous tes chemins ; elles repousseront tes ennemis, chaque jour, se saisissant du rebelle et du pervers, moi je te place sur son dos afin qu'il ne puisse t'échapper[15]... »

Ainsi, le roi, outre-tombe, demeure tout-puissant, susceptible de revêtir les formes des grands dieux de la résurrection.

Les hommes aussi rendent hommage au roi protecteur. Émouvante est la reconnaisssance dont témoignent, notamment, l'hymne à Merenptah[16] ou celui qui est dédié à Ramsès IV[17].

Chants adressés aux villes

Les villes constituent des entités divines, à qui des hommages sont également rendus. Thèbes, bien sûr, mais d'autres aussi, comme Abydos.

Récemment a été publiée une stèle dans le cintre de laquelle le dédicant, Horemouia, père divin du dieu Horus, et sa famille, font offrande à Osiris, accompagné d'Horus, Isis et Nephthys. Des textes parallèles à celui qui est inscrit sur cette stèle existent, sur d'autres monuments de particuliers. La version complète se lit :

« Louange à Abydos, avec la même joie que celle qui fut ressentie par Isis lorsque son fils fut mis au monde à Chemmis.

Louange à Abydos, avec la même joie que celle qui fut ressentie par Isis lorsque son fils est sorti triomphant, après avoir abattu le criminel, le pervers, le serpent Nik, à cause de son père Osiris.

Louange à Abydos, avec la même joie que celle qui fut ressentie par Isis, lorsque Thoth a établi pour lui [Horus] un acte de propriété [lui assurant la succession de son père] dans la Salle Large de Geb, en présence du Seigneur unique.

Louange à Abydos, avec la même joie que celle qui fut ressentie par Isis le jour où Horus est apparu en gloire sur le trône, après qu'il eut reçu le pschent en vie et en force.

Louange à Abydos lors de la Grande Sortie [procession de fête], quand ceux qui sont sur terre sont dans la liesse, et les adorateurs en fête, se réjouissant de la beauté d'Osiris, l'amour qu'il inspire étant dans le cœur de tous.

Louange à Abydos, dans le district de Peker, après que justice lui [à Osiris] a été rendue ; son cœur est heureux, ses compagnons en fête, leurs cœurs sont joyeux de voir le triomphe du Grand.

Louange à Abydos, pendant la navigation de la Barque sacrée et quand le maître de la ville repose en son palais, après qu'il a recouvré l'héritage de son domaine pour le temps infini. Les dieux sont satisfaits de leurs offrandes.

Louange à Abydos, la terre de la Vérité, l'île des justes exempts de mensonges. Comme " reverdit " celui au cœur juste qui y réside ! Il atteint, triomphant, l'Occident [18]. »

Les quatre premiers versets font allusion aux épisodes principaux de la vie, d'abord secrète, puis du combat et du triomphe d'Horus, qui, sur le trône terrestre, succède à son père Osiris. Les trois versets suivants décrivent les temps principaux de la fête du dieu, durant laquelle on menait en barque sa statue jusqu'à Peker (où était censée être située sa tombe) pour la ramener ensuite au temple. Le dernier verset présente aux hommes justes les possibilités que leur offre la résurrection d'Osiris.

Dans ces textes, la ville fait corps avec la divinité qui y réside.

Les légendes divines

Rê et Isis

Il existait des légendes ayant pour thème la connaissance des noms des dieux. Celle de *Rê et d'Isis* est connue par deux papyri datés de la XIXe Dynastie.

Nous sommes au temps où Rê et les divinités vivaient encore sur la terre. C'est déjà le temps où les femmes (fussent-elles déesses) employaient la ruse pour arriver à leurs fins. Isis, la grande magicienne, voulut, un jour, posséder sur Rê quelque puissance, et par conséquent, connaître son nom.

> « Isis était femme intelligente, son cœur était plus habile que celui d'un million d'hommes et elle était plus avisée qu'un million de dieux. Elle n'ignorait rien de ce qui était dans le ciel et sur la terre. Elle voulut alors, en son cœur, connaître le nom du dieu auguste. Or, Rê, chaque jour, à la tête de son équipage, venait s'asseoir sur le trône des Deux Horizons. Le grand âge du dieu rendait sa bouche molle, et sa salive tombait sur le sol. »

Alors, Isis se saisit d'un peu de terre et la pétrit avec la salive tombée de la bouche divine, jusqu'à ce qu'elle obtînt la forme d'un serpent, qui, dans sa main, demeurait inoffensif. Elle se place à la croisée des chemins que Rê suivait lors de sa promenade quotidienne et dissimule le serpent dans le buisson.

« Lorsque le dieu sortit de son palais, accompagné d'autres divinités, le serpent le piqua. Le dieu cria jusqu'au ciel, car ses lèvres tremblaient, ses membres s'entrechoquaient, le poison ayant pris possession de son corps comme le grand Nil charrie après lui toutes sortes de choses. » Rê rassemble les dieux qui l'accompagnaient : « Une chose m'a mordu, que mon cœur ne connaît pas, et que ma main n'a pas fabriquée ; je ne reconnais là aucune des choses que j'ai créées ; je n'ai jamais ressenti une douleur égale à celle-là, il n'y a rien qui soit aussi pénible... Ce n'est pas le feu, ce n'est pas l'eau, mais mon cœur brûle, mes membres tremblent, et tout mon corps est froid. »

Le dieu appelle ses enfants divins. Alors Isis, jouant les innocentes, propose ses services. — Rê : « Je suis plus froid que l'eau et plus chaud que le feu, tous mes membres transpirent et je tremble. Mon œil n'est plus ferme, je ne vois plus » — Isis : « Dis-moi ton nom, mon divin père, car un homme vit lorsque son nom est prononcé. » Le dieu récite alors un chapelet d'épithètes, mais le nom secret n'y figure pas. Finalement il cèdera et dira à Isis : « Prête-moi tes oreilles, ma fille Isis, afin que mon nom passe de mon corps dans ton corps... » et le dieu divulgua son nom auprès d'Isis, la grande magicienne, qui, naturellement, le mal venant d'elle, le guérit. Elle sera désormais « Isis la Grande, qui connaît Rê par son nom ».

Une légende qui met bien en valeur deux idées égyptiennes (celle de l'importance du nom, celle de la malignité des femmes) à qui l'on a donné une parure mythique.

La destruction des hommes

Cette autre légende se trouve dans plusieurs tombes royales ; déjà sculptée, pour une part, dans la tombe de Toutankhamon, on la retrouve dans celles de Séthi Ier, de Ramsès II et de Ramsès III.

Les dieux vivaient donc sur la terre,

> « les hommes et les dieux formant une " chose " unique. Mais les hommes se mirent à comploter contre Rê. Or Sa Majesté [Rê] vieillissait ; ses os étaient d'argent, ses membres d'or, ses cheveux en lapis-lazuli. Il eut connaissance des complots qui étaient tramés contre lui par les hommes et dit alors à ceux qui étaient dans sa suite : " Que l'on appelle pour moi mon œil, Shou, Tefnout, Geb et Nout [19], en même temps que les pères et les mères qui étaient avec moi dans le Nouou, en même temps aussi que mon dieu Nouou, et qu'il amène son entourage avec lui " ».

Les dieux convoqués arrivent en secret et se prosternent devant le grand Ancien.

> « Rê dit à Nouou :
> " Ô dieu du premier temps, dans lequel je vins à l'existence, ô les dieux primordiaux, voilà que les hommes, issus de mon œil [20], complotent contre moi ; dites-moi ce que vous feriez contre cela ; voyez, moi, je cherche et je ne veux pas les tuer tant que je n'ai pas entendu ce que vous direz à ce propos. " La Majesté de Nouou dit alors : " O mon fils Rê, plus grand que celui qui l'a créé, que ceux qui l'ont façonné, ton trône est bien assis et grande est la crainte que tu inspires ; que ton œil [21], donc, soit envoyé contre ceux qui complotent contre toi. " »

L'œil, sous la forme d'Hathor, va, selon le conseil des dieux, poursuivre les hommes qui s'étaient enfuis au désert (le désert, lieu hostile, accueille naturellement les rebelles). Hathor en détruit un grand nombre. Rendant compte à Rê de ce massacre, elle dit :

« Aussi vrai que tu vis pour moi, j'ai eu pouvoir sur les hommes et cela fut doux pour mon cœur. »

Rê craignit alors — et c'est peut-être une leçon donnée à ceux qu'entraînerait l'ivresse du combat — qu'Hathor ne détruisît complètement les humains ; l'attachement du dieu envers sa création demeure. Alors il use d'un subterfuge.

« Que l'on appelle pour moi des messagers rapides et pleins de hâte, et qu'ils se dépêchent comme l'ombre du corps... " Les messagers furent amenés aussitôt et la Majesté de ce dieu dit : " Qu'ils courent jusqu'à Éléphantine et qu'ils rapportent de grandes quantités de *didi* [22]. " »

Dès le retour des messagers, des servantes préparent de la bière avec de l'orge, on mout le *didi*, on le mélange au breuvage, qui apparut alors " comme le sang des hommes " ; on remplit ainsi sept mille cruches de cette bière rouge et enivrante. On la répandit sur le sol jusqu'à ce que les champs fussent inondés à la hauteur de trois palmes :

« La Majesté du roi de Haute et Basse Égypte, Rê, se leva tôt, durant la nuit, pour faire en sorte que soit épandu ce liquide qui fait dormir ". A l'aube, lorsque vint la déesse, elle trouva tout inondé ; elle mira d'abord son visage, puis elle but et trouva cela bon ; alors elle s'en alla, ivre, sans reconnaître les hommes. »

Rê avait ainsi sauvé une partie de ses créatures ingrates.

La légende de la destruction des hommes n'est point particulière à l'Égypte. C'est un vieux thème oriental, que l'on retrouve dans le conte de Gilgamesh ou dans l'Ancien Testament, entre autres. El, le grand dieu de Sumer et de Babylone, avait également détruit sa création, au moyen de l'eau répandue sur la terre, ne conservant qu'un couple, réfugié sur une île préservée ; là, le sage Oupa-naphistim possédait la plante de vie, que Gilgamesh, ensuite, ne sut pas conserver. Yahveh, le dieu des Juifs, noya aussi ses créatures en un vaste déluge, dont les modalités sont tout à fait analogues à celles de l'ancien conte sumérien : les sept jours, l'envol du corbeau, etc ; dans ce cas aussi, un couple unique, Noë et sa femme — et des échantillons du monde animal — émergèrent seuls, dans leur arche, sur une butte, de l'eau destructrice. C'est peut-être une manière de faire réfléchir les hommes et de les rappeler au respect des dieux.

La légende égyptienne est plus humaine : elle sauve toute une partie de la création et montre un grand dieu presque attendri et souhaitant éviter une complète destruction. Dans ce cas, le déluge est un moyen de préservation et non de mort.

La légende se poursuit et se termine en donnant une nouvelle et plus vaste vision du monde.

La Vache du ciel et le nouvel univers

Le texte est la suite du précédent.

> « La Majesté de Rê dit alors : " Aussi vrai que je vis, mon cœur est las, très las, de demeurer avec les hommes ; j'ai voulu les tuer mais je ne l'ai pas fait. " Les dieux qui étaient en sa suite dirent alors : " Ne sois pas fatigué, ne sois pas las, car tu as puissance sur ce que tu désires. " »

Mais la tristesse et la lassitude du Primordial vont transformer le monde. Rê s'éloignera des hommes, mais ne les tuera point. Le respect de la vie humaine est l'un des caractères profonds de la conscience égyptienne.

La déesse Nout, sur le conseil de Nouou, l'Ancien, s'étant transformée en vache, place Rê sur son dos, car « ses jambes sont faibles et ne marchent plus ». Alors, dans un grand élan cosmique, elle l'élève jusqu'au ciel, où désormais le soleil brillera. Mais Nout, non encore habituée à ces hauteurs, est prise de vertige.

« Elle se mit à trembler grandement, à cause de la hauteur. » Rê vient à son secours : « O mon fils Shou, place-toi sous ma fille Nout, place-la sur ta tête, hisse-la »

et, désormais, Shou — l'air et la lumière — portera haut le ciel, dans le geste d'Atlas. Des génies, par paires, étaieront les quatre pattes de Nout. Rê demeurera sur le dos de la vache céleste pendant le jour ou naviguera dans sa barque, sur le Nil qui coule au-dessus des flancs de l'animal sacré ; durant la nuit, il continuera à parcourir, en barque, l'au-delà souterrain.

L'aménagement de l'univers se poursuit, le nouvel univers où les dieux se sont éloignés des hommes ingrats. Rê fait venir le dieu Thoth et lui dit :

« Vois, je suis haut maintenant dans le ciel... Lorsque je chasserai les ténèbres et apporterai la lumière dans le monde de l'au-delà... alors tu seras à ma place, mon vicaire »

et la lune apportera sa lumière dans la nuit des vivants, durant le temps où Rê brille pour les défunts.

A la demande de Nout, les étoiles, désormais créées, scientilleront sur son ventre.

. Ainsi fut mise en place une seconde forme de l'univers en des temps très anciens — une légende dont se complurent les souverains Ramsès.

Ces légendes divines sont faites d'images populaires et d'éléments qui sont ceux de la plus vieille conscience religieuse, et que l'on peut retrouver dans les pays du monde sumérien, babylonien, sémitique ou africain ; certains passeront dans les mythologies classiques, tant il est vrai que l'Égypte, carrefour du monde antique, est un grand *creuset* spirituel. Chaque pays, sur des pensers communs, forgea ses légendes particulières, révélatrices de son esprit le plus profond : l'humanité est peut-être celui de l'Égypte.

Les contes et les romans

Les contes et les romans fixent, sur papyrus essentiellement, une vieille tradition orale. Les marins, les marchands, les commerçants, de pays en pays, de l'Iran à la mer Rouge, de l'Anatolie au cœur du Soudan, véhiculèrent des histoires, sur lesquelles chacun brodait à sa manière. Les grandes invasions européennes (qui vinrent peut-être d'aussi loin que le Caucase) apportèrent aussi leur lot de fables. Écouter un conteur disert était alors la grande distraction ; les Orientaux, et notamment les Égyptiens, ont toujours été amateurs de beaux contes et d'aventures aux rebondissements multiples.

A cette tradition orale, dont on retrouve la trame ici et là, la conscience religieuse mêla les grands mythes de la pensée antique.

Un conte égyptien est le récit d'une aventure, mais il comporte aussi, souvent, une signification profonde.

Un conte merveilleux [23]

Les trois destins du Prince

Le thème de ce conte se retrouve dans d'autres récits antiques ou modernes. Le papyrus Harris 500 (actuellement au British Museum, n° 10060) qui seul, en a conservé le texte, date de la fin du règne de Séthi Ier ou du début de celui de Ramsès II.

Un roi d'Égypte, qui n'est pas autrement nommé, se désolait de n'avoir point de fils ; les dieux se laissèrent fléchir par ses prières, et « voici que naquit un garçon ». Alors les Hathors (les sept Hathors, déesses qui assignent, dès sa naissance, un destin au nouveau-né, comme les fées de nos contes) vinrent pour lui fixer un sort. Elles dirent : « Il périra par le crocodile, par le serpent ou par le chien. » On isole alors le jeune prince, on construit pour lui une maison en pierre, dans le désert ; mais, apercevant

un jour un homme se promenant avec son chien, il souhaite posséder celui-ci et, pour mettre fin à sa tristesse,
son père le lui donne. Lassé de la solitude, il dit au roi :
« Vois, je suis soumis au destin ; permets donc que je
puisse agir à ma guise, jusqu'au jour où Dieu accomplira
ce qu'il souhaite faire. » Alors, il part librement en compagnie de son chien, et il arrive au pays de Naharina. Le
roi du pays avait une fille, promise à celui qui pourrait
sauter jusqu'à sa fenêtre, distante du sol de 70 coudées
(environ 36 m) ; le jeune prince, en mettant en œuvre des
moyens magiques, y parvient. Désormais sa femme veillera sur lui, telle Isis préservant Osiris, telle aussi la bonne
fée de nos contes ; elle tuera notamment, par ruse, le serpent. Mais, un jour, tandis que le prince se promène avec
son chien, celui-ci lui dit : « Je suis ton destin » ; le jeune
homme, en s'enfuyant, tombe à l'eau, un crocodile le
happe... et lui propose un compromis. — Là s'arrête le
manuscrit. Peut-être la découverte d'une autre copie du
texte nous permettra-t-elle de savoir si le prince a pu
échapper aux sorts qui lui avaient été imposés.

Mis à part le thème, banal, du destin fixé à la naissance
et que la ruse et la magie semblent permettre d'éviter
(comme la Belle au Bois Dormant échappe au sort
d'abord promis), un fait a retenu l'attention des historiens
du folklore : le *saut nuptial* que l'on rencontre dans des
contes russes, polonais, indiens.

Les éléments de ce récit appartiennent au légendaire
merveilleux de tous les pays et de tous les temps.

Un conte moral

Vérité et mensonge

Le texte de ce conte, qui date de la XIXe Dynastie, est
conservé sur le papyrus Chester Beatty II (British
Museum, no 10682). Il est d'un symbolisme simple.

Vérité et Mensonge sont deux frères ; cette substitution
d'allégorie à des êtres réels est très rare dans la littérature

égyptienne. Mensonge accuse Vérité d'avoir égaré un couteau qu'il lui avait prêté ; il fait intervenir l'Ennéade, qui condamne Vérité à avoir les yeux crevés et à servir désormais comme portier. Mensonge l'envoie ensuite au désert, afin qu'il soit dévoré par les lions. Mais une femme le sauve, l'aime, et l'abandonne presque aussitôt ; toutefois, elle conçoit un fils qui, en grandissant, « ressemble à un jeune dieu ». Il apprend qui est son père ; alors, il va chercher l'aveugle, « il le fit asseoir sur une chaise, il plaça un tabouret sous ses pieds, il mit du pain devant lui, et il le fit manger et boire ».

Son père lui conte ce qui lui est advenu. Le jeune homme décide de le venger, par la ruse. Il déclare au tribunal que Mensonge lui a dérobé un bœuf d'une taille énorme. « — Impossible, dit le tribunal, qu'un pareil bœuf existe. — Soit, dit le jeune homme, mais si mon bœuf n'existe pas, le couteau, non plus, n'a jamais pu exister. » Alors Mensonge est châtié, et Vérité finit par l'emporter.

Deux vertus essentielles pour l'Égyptien sont ici exaltées : la piété filiale et l'amour de la vérité.

Ce conte apparaît surtout comme un avatar, à la mesure humaine, du mythe osirien. Il présente aussi une histoire moralisante, une fable pouvant illustrer la maxime sémitique : œil pour œil, dent pour dent. Il laisse encore apparaître le fait que la vérité et le mensonge sont parfois proches l'un de l'autre, qu'il est souvent difficile de les distinguer, mais que la vérité gagne finalement.

Un conte mythique

Les aventures d'Anoup et de Bata, deux frères

Le texte en est inscrit sur le Papyrus d'Orbiney (British Museum, n° 10183). Il est l'œuvre du scribe Ennena, qui l'écrivit sous le règne de Ramsès-Siptah.

Ce conte réunit en fait deux récits.

Deux frères vivaient en paix, se livrant de concert aux

travaux des champs. Mais un jour le malheur survint lorsque la femme d'Anoup s'éprit de son beau-frère Bata. Celui-ci résistant à ses offres, la femme, dépitée, et par esprit de vengeance, le dénonce à son époux comme ayant voulu lui faire violence. Bata parvient à se disculper, mais décide de s'exiler ; il prévient Anoup qu'il va se rendre dans le Val du Pin parasol, au Liban ; là, il arrachera son cœur, le placera « au sommet de la fleur du pin » et continuera à vivre paisiblement ainsi. Mais il prévient son frère :

> « Si le pin est coupé, et que mon cœur tombe sur le sol, viens pour le chercher et, même si tu dois passer sept ans à le faire, ne te décourage pas. Quand tu l'auras trouvé, place-le dans un vase d'eaux fraîche, alors je revivrai et tirerai vengeance de qui m'a fait du mal. Tu apprendras qu'il m'est arrivé quelque chose quand le pot de bière que tu tiendras en main débordera. Alors, ne t'attarde pas, quand cela surviendra. »

Anoup, fort attristé, car une grande affection l'unissait à son frère, tue son épouse et la jette aux chiens.

Dans son thème principal, c'est l'histoire classique de Joseph et de la Putiphar, de Phèdre et d'Hippolyte.

La seconde partie du conte est très différente. Bata, installé au Val du Pin parasol, s'est construit un château. Un jour il croise l'Ennéade sur son chemin ; celle-ci s'attriste de sa solitude, et Rê-Horakhty dit à Khnoum : « Fabrique donc une femme pour Bata, afin qu'il ne demeure pas seul » — ce que fait aisément Khnoum, le dieu-potier. La femme, créature des dieux, est d'une grande beauté, et Bata l'aime beaucoup, au point de lui révéler son secret.

Or, un jour que la jeune femme se promenait, malgré l'interdiction de Bata, une tresse de ses cheveux lui fut arrachée par le dieu de la mer, qui l'emporte en Égypte. Pharaon, séduit, fait rechercher sa propriétaire ; une expédition armée, envoyée au Val, s'empare de la jeune femme, et la voilà grande favorite. Alors elle demande qu'on abatte le pin sur lequel reposait le cœur de Bata ; la chose faite, Bata meurt. Mais soudain Anoup qui, chez lui, buvait, voit sa bière déborder ; aussitôt il part, retrouve le cœur et ranime son frère.

La fin du conte relate les transformations de Bata ; on sait combien la liberté magique de passage d'une forme dans une autre était chère aux Égyptiens. Et les formes diverses revêtues par Bata ne sont pas indifférentes.

Tout d'abord il se transforme en « taureau, muni de toutes sortes de belles couleurs, mais d'une nature inconnue ». Il se rend alors à la cour de Pharaon, se fait reconnaître de sa femme... qui le fait égorger. Bata ressuscite encore et se transforme en arbre ; la femme le livre au bûcheron, mais un copeau pénètre dans sa bouche, et elle conçoit un fils, qui n'est autre que Bata lui-même. Élevé au palais, il succédera à Pharaon, et Anoup sera fait prince héritier.

Il s'agit là d'un conte (sans doute populaire à l'origine), qui brode autour des mythes égyptiens de la vie et de la résurrection.

Le taureau et l'arbre sont des formes prises par les deux grands dieux de la mythologie égyptienne, modèles l'un et l'autre d'une vie dont la pérennité est assurée : Rê et Osiris.

Le cœur de Bata peut survivre s'il est placé sans la corolle d'une fleur : situation de l'enfant-soleil dans le lotus avant sa naissance, assurant la liaison aussi avec les forces éternellement vivaces de la végétation. Si on l'en sépare, seule l'eau, élément fécondant (osirien) de l'univers peut lui redonner vie. A ce moment doit intervenir Anoup (forme égyptienne du nom grec Anubis, donné au dieu) qui saura, comme son divin homonyme auprès d'Osiris, réanimer le corps de son frère. Bata, finalement, renaîtra de lui-même, ou de ses propres œuvres, comme le soleil de chaque aube a été enfanté par le soleil du jour précédent. La vie éternelle est une suite de formes qui s'enchaînent.

Des aspects mythiques plus profonds se révèlent encore à l'analyse. La femme d'une grande beauté, fille des dieux, qui déchaîne les maux, fait songer au mythe de Pandore. La vie divine — éternelle — que symbolise le cœur peut se distinguer de la vie quotidienne du corps, en être indépendante ; cela fait penser à certains thèmes pythagoriciens.

Ces contes et ces aventures romanesques se révèlent donc d'une très grande richesse, tant dans leur contenu que dans leur expression ou dans la leçon spirituelle qu'ils comportent.

La poésie amoureuse

La poésie est partout, omniprésente dans les textes égyptiens. Elle est visuelle, auditive, viscérale ; elle est harmonie des signes, « sonnaille des mots » (dont une traduction ne peut rendre compte que très imparfaitement) ; elle réside encore dans la beauté des images, qui nous saisit soudain d'une intense émotion. Elle est lyrique ou tendre, sensuelle ou mythique. Elle est *la* poésie.

Y eut-il une poésie, au sens classique du terme ? c'est-à-dire un style poétique opposé à la prose.

Il est difficile d'établir avec précision ce qu'était ce style. Comme toute poésie sémitique, la poésie égyptienne — encore une fois au sens *classique* du terme — reposait sur un jeu d'allitérations et d'assonances. C'est surtout une poésie rythmée. Les structures précises nous échappent ; la langue égyptienne écrite ne notant pas les voyelles, nous ignorons la prononciation exacte des mots, mais nous savons, par la prosodie copte, descendante directe de l'égyptienne, que celle-ci ne présentait sans doute pas un rigoureux partage des quantités, mais se basait sur le retour d'accents rythmiques.

Sous la XVIIIe Dynastie apparaît une nouvelle forme de poésie : la poésie amoureuse, qui se développe considérablement sous les Ramsès. L'Empire est riche, le pays est prospère, les mœurs se révèlent plus libres, le luxe pénètre la mode, les manières deviennent précieuses et les sentiments recherchés. On peut se livrer librement aux jeux de l'amour et de la poésie.

De nombreux poèmes nous sont parvenus, écrits sur papyri ou ostraca. L'un d'eux, assez long, a peut-être été composé pour distraire le souverain (Ramsès II, sans doute) ; il comprend sept stances, chants dialogués entre les deux amants (« frère » et « sœur », en égyptien) ; le début de chaque vers est précédé d'un point rouge, soulignant ainsi la forme poétique de l'écrit ; ce même fait apparaît également dans d'autres textes. Ces vers étaient sans doute récités dans les banquets, avec accompagnement musical de flûte et de harpe.

Beaucoup de ces textes influenceront directement les chants de Salomon dans le *Cantique des cantiques*.

L'amour et la nature

L'amour est création divine, comme le monde. Les amants mêlent leur joie aux beautés des jardins et du fleuve.

Rendez-vous sur la rive

« L'amour de ma belle est sur l'autre rive,
Un bras du fleuve est entre nous.
Mais le crocodile se tient sur le banc de sable.
— Je pénètre dans l'eau, je plonge dans le flot.
Mon cœur a pouvoir sur les ondes,
Et l'eau, sous mes pieds, est comme terre.
C'est son amour qui me rend fort ainsi,
Pour repousser les dangers du fleuve[24]. »

Promenade dans le jardin

« Je suis ta première amie.
Vois, je suis comme le jardin que j'ai parsemé de fleurs
Et de toutes sortes de plantes au doux parfum.
L'endroit où je me promène est beau,

Lorsque ta main est sur ma main.
Mon corps est aise,
Mon cœur se réjouit que nous marchions ensemble.
C'est un charme enivrant que d'écouter ta voix,
Et je vis de l'entendre.
Lorsque je te regarde,
Chaque regard est pour moi meilleur
Que le manger et que le boire ! »

Pour l'amoureux, la jeune fille se confond avec la nature et ses plaisirs, et elle piège l'homme conquis comme une oiseleuse :

« La bouche de ma sœur est un bouton de lotus,
Son sein est une pomme d'amour,
Son front est le cerceau [25] de l'acacia.
Et moi je suis l'oie sauvage,
Mes regards montent vers sa chevelure,
Vers l'appât, sous le cerceau — je suis pris. »

Les féeries du cœur

La naissance de l'amour

« O ma bien-aimée unique et sans pareille,
Plus belle que toutes les autres femmes.
Vois, elle est comme l'étoile qui se lève
Au commencement d'une heureuse année.
Elle est radieuse et belle, et son teint est lumière,
Séduisant, le regard de ses yeux,
Les paroles de ses lèvres sont des charmes magiques.
Son cou est long et son sein lumineux,
Sa chevelure de vrai lapis-lazuli,
Son bras vaut plus que l'or,
Ses doigts sont autant de fleurs de lotus.
Étroitement ceinte à la chute des reins,
Elle a les jambes belles plus que ses autres beautés,
Et noble est son maintien quand elle marche sur la terre. »

L'aimée, assimilée à Sothis-Orion, l'étoile du Nouvel An, annonce à l'homme épris une vie nouvelle. On pense à Salomon qui, plus tard, vantera, en termes analogues, les charmes de la Sulamite.

Les imaginations ferventes

L'amant chante :
      « Ah ! que ne suis-je sa négresse
         Qui ne la quitte pas d'un pas,
         Je verrais la couleur de toute sa chair.
      Ah ! que ne suis-je son blanchisseur,
         Ne fût-ce que pour un mois,
         Je laverais les parfums de son voile
      Ah ! que ne suis-je son anneau,
         Le cachet qu'elle porte au doigt.
         Je rendrais belle sa vie ! »

La maladie d'amour

      « Je me coucherai dans la maison,
      Malade, sans l'avoir mérité.
      Les voisins entreront pour me voir et la belle avec eux.
      Elle prendra les médecins en défaut,
      Car elle connaît mon mal. »

Le chant devant la porte close

      « Tu passes devant sa maison, au temps de la nuit.
      — Je frappe — mais on ne m'ouvre pas...
      Que l'on sacrifie un bœuf au verrou,
      Une gazelle au seuil,
      Une oie aux montants...
      Mais le plus beau des bœufs
      Sera pour les apprentis menuisiers
      Qui feront verrou de roseau et porte de jonc.
      Ainsi, à toute heure venant,
      L'amant ouvrira la maison de la belle,
      Trouvera le lit paré de toile fine
      Et la belle dedans. »

Le baiser

      « Quand je vois ma sœur qui arrive, mon cœur est en joie...
      Si je lui donne un baiser et que mes bras s'ouvrent,
         Alors je me crois au pays de Pount,
         Comme si j'étais oint de l'huile parfumée d'Arabie.

Si je lui donne un baiser et que ses lèvres s'ouvrent,
    Alors je suis ivre, sans avoir bu. »

La transfiguration du monde

« Je descends le fleuve, emmené par les rameurs,
Ma botte de roseaux sur l'épaule,
Je vais à Memphis, " la Vie du Double Pays ".
Là je dirai à Ptah, seigneur de la vérité et de la justice :
" Donne-moi ma belle ce soir. "
Le fleuve est comme du vin,
Le dieu Ptah est son fourré de roseaux,
La déesse Sekhmet son buisson de fleurs,
La déesse Earit son bouton de lotus,
Le dieu Nefertoum son lotus épanoui.
Ma belle sera joyeuse !
L'aube se lève à travers sa beauté.
Memphis est une coupe de pommes d'amour
Posée devant le dieu au beau visage. »

Au lever du soleil la nature s'anime, empourprée comme le vin ou la grenade par l'or du soleil ; les dieux l'habitent et la transfigurent. Mais, pour l'amant, l'aurore rayonne de la beauté de celle qu'il aime.

Les jeux de la pudeur et du désir

Les poèmes se font plus ardents, plus impudiques, plus lyriques, les images plus précises, plus ferventes.

Le trouble du désir

« Vas-tu partir parce que tu veux manger ?
    Es-tu donc l'homme de ton ventre ?
Vas-tu partir pour te couvrir ?
    Mais j'ai des draps sur le lit.
Vas-tu partir parce que tu as soif ?
    Prends donc mon sein,
    Ce qui est dedans déborde pour toi...
L'amour de toi pénètre tout mon corps
Comme le vin se mélange à l'eau. »

La hâte de l'amant

« Ah ! puisses-tu venir en hâte vers l'aimée,
   Tel un messager royal que presse l'impatience de son
                                  [maître
Ah ! puisses-tu venir en hâte vers l'aimée,
   Tel le cheval du roi...
Ah ! puisses-tu venir en hâte vers l'aimée
   Tel la gazelle bondissant dans le désert.
   Ses pieds courent, ses membres sont las.
   La crainte est dans son corps.
   Un chasseur est derrière elle,
   Ses chiens sont avec lui.
   Ils ne suivent plus sa trace !
   Elle voit un asile...
Tu arrives à sa demeure
Pour baiser sa main quatre fois.
Tu brûles d'obtenir l'amour de la belle
Que t'a destinée la déesse d'or. »

La passion de l'amante

Tu empourpres mon cœur et je ferais pour toi ce
   que tu désires quand je suis sur ta poitrine.
C'est le désir que j'ai de toi qui farde mes yeux, ils
   brillent quand je te vois.
Je me serre contre toi quand je vois ton amour, ô
   homme possesseur de mon cœur.
Qu'elle est belle mon heure ! Puisse-t-elle durer
   jusqu'à l'éternité... »

Mon cœur n'est en équilibre qu'avec ton cœur et
je ne puis m'éloigner de ta beauté.

Et cette très belle image sensuelle :

« Ton amour est dans ma chair comme un roseau dans les
bras du vent. »

Depuis le grand lyrisme des textes de Medinet Habou
jusqu'aux poèmes du cœur, l'Égypte a connu toutes les
formes de poésie.

B. — LES ARTS

Nous avons déjà, à propos du roi-bâtisseur notamment, parlé des réalisations des arts plastiques et des arts graphiques. Nous ne ferons ici qu'analyser leur évolution et rappeler les œuvres essentielles.

Les arts plastiques

La statue, en Égypte, n'est pas seulement un corps de pierre ; elle possède en elle une *chaleur* magique que les formules peuvent animer, redonnant vie au personnage représenté.

La statuaire est, depuis l'origine, intégrée à un monument (temple ou palais) ; les colosses royaux placés devant les temples, les statues osiriaques des cours ou des hypostyles, le prouvent amplement. Mais la statuaire est un art qui requiert des moyens techniques — et sensibles — différents de ceux qu'emploie l'architecture.

Si l'on met en regard la taille colossale des statues et les moyens dont disposaient les sculpteurs, on est frappé d'étonnement. Comment fabriquait-on une statue ? Sur un bloc de pierre monolithe, on dessinait, en rouge, ses contours généraux, puis, à l'aide d'une pierre plus dure, on établissait, par percussion, une première ébauche. On tapait longuement, soigneusement, patiemment jusqu'à ce que, peu à peu, la silhouette dessinée se dégage. On faisait alors un premier polissage avec une grosse pierre et une pâte abrasive (à base de poudre de quartz). Puis, en découpant la pierre avec une scie (lame de cuivre dentelée attachée à un manche de bois), on faisait disparaître la partie du bloc au-delà de la silhouette aux lignes rouges, que l'on isolait ainsi ; et l'on polissait à nouveau la découpe. Alors, on fixait les détails : on séparait les jambes à l'aide d'un tube creux en cuivre, que l'on tournait entre les mains ; on perçait les oreilles, les yeux, les narines à l'aide d'un foret de silex. Un dernier polissage, celui qu'inspirait la sensibilité de l'artiste, conférait à l'œuvre son caractère, en fixant le modelé du visage et du corps. La statue ainsi définitivement informée était livrée aux scribes, qui dessinaient, éventuellement, les inscriptions, aux sculpteurs qui les incisaient, aux peintres qui donnaient au corps *ressuscité* les franches couleurs de la vie.

Dans notre siècle de machines, on imagine mal ces approches, lentes, patientes, judicieuses, de la matière — techniques aujourd'hui abolies, qui ont donné ces statues colossales et ces admirables visages.

Les Égyptiens furent des maîtres de la pierre, poètes et magiciens des formes ; ce sont eux qui apprirent à sculpter aux peuples de l'Asie antérieure et de la Grèce.

Durant l'ère ramesside, les arts plastiques présentent deux styles.

La majesté en taille souvent colossale, la perfection et le raffinement de la sculpture, la richesse des matériaux caractérisaient le premier de ces styles, qui durera jusqu'à la fin du règne de Ramsès II.

C'est le temps où les rois et les dieux, unis plus que jamais, reçoivent un même culte. La statuaire les représente souvent associés, parfois en dyades : Ramsès II et Ptah, Ramsès II et Sekhmet ; le même souverain est aussi représenté en compagnie de Sobek ou d'Astarté, etc. Parfois en des triades, deux divinités flanquent Ramsès II : Rêhorakhty et Ptah, Ptah et Sekhmet, Amon et Mout. Enfin dans les sanctuaires même des temples, la statue royale peut être entourée par trois ou quatre divinités : nous l'avons vu à Abou-Simbel, par exemple.

Les rois rendent hommage aux divinités. Deux attitudes sont fréquentes :
le souverain peut se faire le chevalier du dieu, en portant, debout, dans une pose empreinte de dignité, comme en un garde-à-vous, une hampe, au sommet de laquelle se trouve

une tête divine : l'enseigne du dieu, en quelque sorte. Les Ramessides affectionnèrent cette attitude. D'une belle facture est la statue de Ramsès II maintenant le long du corps une enseigne terminée par la tête du bélier divin (albâtre, 0,76 m, Le Caire).

Pharaon peut offrir, également, à la divinité un autel, un naos. Souple et harmonieuse est la statuette qui figure Ramsès II présentant la base d'un naos (la partie supérieure est mutilée) ; (schiste, 0,27 m, Le Caire). Le corps est jeune, le visage savamment détaillé est beau, le long mouvement du corps allongé, qui prend appui sur les genoux, est d'une grâce infinie. Les sculpteurs égyptiens de l'époque ne travaillaient pas seulement dans le colossal ; leur art, complet, pouvait aussi être fait de grande finesse et d'équilibre harmonieux dans la recherche de justes proportions.

Un autre thème est fréquent alors, celui du roi triomphant piétinant les Neuf Arcs. En une puissante foulée, ou assis sur son trône, Ramsès II marque ainsi ses victoires : grande statue de granit, 1,94 m, musée de Turin..

Les visages sont d'admirables portraits : lisses, légèrement souriants, hautains ; la noblesse est accusée par le grand nez busqué, dominateur.

Si les statues de Séthi Ier sont relativement peu nombreuses, le nombre de celles de Ramsès II est considérable. C'est le temps où la main-d'œuvre est abondante, le pays riche, les carrières exploitées.

A partir du règne de Merenptah, et surtout sous Séthi II et Ramsès III, les moyens mis à la disposition des sculpteurs sont beaucoup plus réduits. Les préoccupations extérieures sont graves. La statuaire verse dans le conventionnel ; en attestent notamment la figure de Séthi II assis, présentant sur ses genoux un autel surmonté de la tête du bélier d'Amon (quartzite, 1,64 m, British Museum), ou le groupe formé par Ramsès III, flanqué d'Horus et de Seth, qui ajustent sur sa tête la couronne blanche (granit, 1,69 m, Le Caire). Quelques statues échappent à cette fadeur, ou cette lourdeur : ainsi celle de Ramsès VI (granit, 0,74 m, Le Caire) qui s'avance, victorieux (?), portant sur son épaule droite la hache de guerre et tenant dans la main gauche, par les cheveux, un prisonnier libyen, trophée vivant, dont le visage reflète intensément la douleur de la défaite.

L'élan donné par Ramsès II aux arts plastiques, l'inspiration qui les guidait avaient disparu. Ramsès II, dans ce domaine aussi, a bien mérité son surnom moderne de *Grand*.

Les arts graphiques

Bas-relief et peinture relevant en Égypte d'un dessin préalable (tracé sur la paroi à décorer) appartiennent aux arts graphiques.

Deux monuments, datant du début de l'ère ramesside, attestent, l'un de la perfection à laquelle était parvenu le bas-relief : le temple d'Abydos et la tombe de Séthi Ier — l'autre de l'élégance et de la finesse des peintures : la tombe de Nefertari.

Aucune description ne pourrait rendre compte de la grâce des figures et des gestes, de la finesse des ciselures qui ornent les murs de la maison d'éternité de Séthi Ier, non plus que de la beauté et de l'élégance des silhouettes, du chatoiement des couleurs qui nous saisissent lorsque l'on pénètre chez Nefertari.

Il faut les voir dans leur cadre de la Vallée des Rois et de la Vallée des Reines ; nulle part ne sont ainsi opposés un paysage naturel, désertique et brûlé, évoquant l'idée de mort, et les images sculptées et peintes, belles, colorées, vivantes, dont la seule présence est le gage d'une éternité de vie.

Nulle part comme en Égypte, les arts n'ont été ainsi engagés dans un œuvre de vie, un devenir magique. Ils constituent aussi une grande féerie des formes.

CONCLUSION

Ainsi vécurent les rois Ramsès. Au temps des plus puissants d'entre eux : Séthi Ier, Ramsès II, Ramsès III, notamment, le pays, heureux, vécut de sa richesse et de sa prospérité, ayant repoussé les ennemis dangereux ; mais les derniers des Ramsès, souverains faibles, menèrent à la décadence le grand Empire de leurs ancêtres — tant était décisif, en ces temps anciens, le rôle du roi dans la conduite et la vie du pays.

On peut s'étonner que l'histoire que nous rapportons soit parfois un peu morcelée, et comporte quelques lacunes ; cela provient du hasard des fouilles et des trouvailles, et nous avons constaté, à plusieurs reprises, que l'archéologie était souvent une aventure — heureuse ou malheureuse. La tâche de l'égyptologue est très particulière ; lorsque l'on a mis au jour les monuments et documents divers, l'égyptologie naît du travail, essentiel, du philologue et de l'historien : on pèse, on compare, on ajuste. Cela requiert une longue patience et une passion fidèle. Mais combien il est enthousiasmant de faire revivre, peu à peu, par un effort continu du cœur et de l'esprit, les mondes disparus et de les recréer, en quelque sorte. L'historien comme le philologue finissent par se confondre spirituellement avec l'univers ancien où, journellement, vit leur pensée, et cela les aide à appréhender les réalités d'autrefois — ces réalités où raison politique et magie religieuse voisinent, où se mêlent la narration des faits et leur transposition poétique et mythique, en un univers dense, touffu, souvent éblouissant d'images, bien différent du nôtre.

Peu à peu, d'autres monuments, peut-être, resurgissant des sables, d'autres documents retrouvés, nous aideront à combler les « vides ».

L'égyptologie est une science jeune et pleine de promesses.

NOTES

PREMIÈRE PARTIE

CHAPITRE I

1. La division de l'histoire d'Égypte en 30 dynasties (de 3200 à 333 av. J.-C.) a été transmise par l'historien Manéthon, qui vivait à l'époque grecque. Son œuvre (une grande Histoire d'Égypte, ou *Aegyptiaca,* établie à la demande de Ptolémée Ier et composée d'après les bibliothèques des temples et les archives royales) ne nous est malheureusement pas parvenue ; nous n'avons d'elle que des résumés ou des fragments, transcrits par les historiographes juifs (tel Josèphe, qui vécut au premier siècle de notre ère) et chrétiens (Jules l'Africain, vers 220 ; Eusèbe, vers 320).

Des documents égyptiens, pour certaines périodes, recoupent les divisions de Manéthon, ce qui semble confirmer leur véracité.

Les historiens modernes ont surajouté à ce schéma — d'origine égyptienne, donc — une répartition par époques, voulant rendre compte de l'histoire collective de la société pharaonique : les termes d'Ancien, Moyen et Nouvel Empire s'appliquant aux périodes stables de la civilisation égyptienne (sans que le mot d'Empire ait un sens politique précis), séparées par des périodes dites « intermédiaires », époques de trouble et de remise en question de l'institution pharaonique.

2. Grande pierre de diorite, sculptée sur ses deux faces, dont nous avons retrouvé six fragments. Le plus important est à Palerme, en Sicile. Pour chaque règne (jusqu'à la fin de la Ve dynastie), les événements importants sont cités année par année : guerres, fêtes religieuses, fondations de temples, recensements, ainsi que les hauteurs de la crue du Nil.

3. *Horus* étant le nom commun servant, à l'origine, à nommer le *faucon,* il existe en Égypte beaucoup de dieux Horus, et divers, car l'oiseau, que l'on voyait si souvent planer dans le ciel d'Égypte, s'est imposé à la conscience religieuse tout au long de la vallée. Plusieurs d'entre eux se rattachent aux conceptions cosmiques énoncées p. 16, 17. L'Horus d'Hiérakonpolis patronne la royauté. Enfin Horus, fils d'Osiris et d'Isis, est le dieu-enfant successeur de son père, symbole de la piété filiale et de la continuité monarchique.

4. Énergie motrice de l'être, qui donne l'élan de la vie. Chaque homme, chaque dieu possédait un *ka* particulier, parcelle de la grande force divine diffuse dans l'univers.

5. Les dieux figurés le corps étroitement moulé dans une gaine sont le plus souvent des dieux créateurs et donneurs de vie : Ptah, Min ithyphallique, Osiris. Peut-être cette gaine

est-elle la " copie " de l'écorce de l'arbre qui enserre les forces végétales toujours renaissantes, symbole donc de la " poussée " de la vie et de son éternité.

Les premières statues de Priape furent taillées dans l'écorce d'un arbre.

6. Le chiffre 3 désigne en Égypte l'indéfinie pluralité. Ainsi, sans doute, Rê est-il considéré comme le géniteur des dynastes égyptiens.

7. Le Verbe est créateur dans les pensées sémitique et africaine, le fait de prononcer un mot créant la réalité de ce qu'il exprime : processus idéal pour rendre immédiatement efficace un commandement.

8. Cf. note 2.

9. Textes des Pyramides, § 1108.

10. Nom donné aux tombes privées, à superstructure de forme trapézoïdale, rappelant une « banquette » (en arabe : *mastaba*).

11. Son nom évoque la gloire du dieu : « Maison de Rê » est le nom du temple solaire placé près de la pyramide de Sahourê — « La place du cœur de Rê », celui du temple voisin du monument de Neferirkarê.

12. Passage des *Lamentations d'Ipou-our*; cf. C.L. *Textes*, pp. 212-213.

13. Poème extrait des *Chants du désespéré*; cf. C.L. *Textes*, pp. 225-226.

14. La désignation des ennemis par le terme de « nourritures » a parfois été considérée comme dérivant d'un cannibalisme primitif (?). Cf. E. Schwyzer, *Griechische Grammatik*, I, 1939, p. 329 ; le rapprochement est fait notamment entre *hostia* — et *hostis*. J. Knobloch, *Von Menschenfressen und Fleischfressenden Gärgen*, in GLOTTA, LX Band, 1-2 Heft, 1982, pp. 2-6.

15. Autre désignation des ennemis, associés aux forces malfaisantes de l'univers.

16. *Prophétie de Neferty* ; cf. C.L. *Textes*, p. 72.

17. Cf. ci-dessous, p. 374.

18. Souverains de la Xe dynastie.

19. Enseignement du souverain à son fils. Cf. C.L. *Textes*, p. 56.

20. Comparaison très fréquente dans les hymnes ramessides. Cf. ci-dessous, p.

21. Déesse-lionne, grande guerrière.

22. Texte écrit sur un papyrus trouvé à Kahoun, et qui comprenait six hymnes royaux. Cf. C.L. *Textes*, pp. 78-79 et p. 301, note 222.

23. Cf. ci-dessus, p. 26 — à propos de cette image.

24. Cf. ci-dessus, p. 18.

25. Certains historiens modernes assimilent le royaume de Naharina à celui du Mitanni. Mais les textes égyptiens présentent les deux noms *(Mtn, Nhrm)* dans des contextes différents ; et, dans les textes ramessides, nous le verrons, alors que le Mitanni a été absorbé par ses puissants voisins, le Naharina est toujours cité. La confusion moderne vient peut-être de ce que les deux États jouxtaient l'un et l'autre l'Euphrate, sur des rives opposées (le Mitanni sur la rive gauche, le Naharina sur la rive droite).

26. L'image est celle de la faucille qui rejette les blés coupés.

27. Désignation des peuples asiatiques.

28. La Nubie et le Soudan, ainsi compris dans les terres égyptiennes.

29. L'Euphrate, qui, fait remarquable pour les Égyptiens, coule du nord vers le sud, alors que le Nil, le fleuve par excellence, coule du sud au nord.

30. C.L. *Textes*, pp. 93-94.

31. Extrait des *Annales* : récit de la première campagne, prise de la forteresse de Megiddo (place forte située au débouché des passes du Carmel, au nord-ouest de Samarie), où s'étaient rassemblés les coalisés. Cf. C.L. *Textes*, pp. 93-100.

32. Nom de roi de Haute et Basse Égypte de Thoutmosis III (4e nom ou *prénom*).

33. Texte sculpté sur une grande stèle de granit (de 1,80 m de haut), découverte dans une

salle située au nord-ouest du Saint des Saints du grand temple d'Amon-Rê, à Karnak ; actuellement au musée du Caire. Cf. C.L. *Textes,* pp. 101-104.

34. Le fleuve Euphrate.

35. Les ennemis sont assimilés aux animaux sauvages.

36. L'*uroeus.* Le serpent-uroeus, *fille* de Rê (l'uroeus est de nature féminine) participe de la radiance du dieu.

37. Iles de la mer Égée (?). Ces termes sont évidemment de pure forme, mais les *mots* exprimant une victoire grandiose assurent la réalisation de celle-ci. Il est vraisemblablement fait allusion à l'hégémonie égyptienne, déjà ancienne, sur le monde égéen.

38. Le terme *écraser,* employé au début de chaque strophe de ce poème est, lui aussi, souvent de pure forme (voir note précédente et p. 396). Les cités phéniciennes adoraient Shamash, grand dieu solaire du Proche-Orient et de l'Asie antérieure ; certaines, comme Byblos, honoraient Amon-Rê. En apparaissant, tel le soleil divin, Thoutmosis III légitime, sans conteste possible, son pouvoir sur ces régions.

39. Auprès des Asiatiques, volontiers rebelles, Pharaon affirme sa puissance en apparaissant prêt au combat.

40. Le pays de Dieu est le pays de Pount, terre divine, car on y cultivait les arbres à encens, nécessaires aux rites du culte. Le texte décrit la lancée de l'étoile filante, dont le scintillement, lorsqu'elle est parvenue sur terre, se confond avec celui de la rosée. L'étoile filante joue un rôle dans les histoires de Pount (voir le *Conte du Naufragé*) ; peut-être existait-il à Pount un culte stellaire ?

41. La Crète vénérait le taureau blanc, donc solaire.

42. Allusion vraisemblable au franchissement de l'Euphrate par Thoutmosis III, lors de sa huitième campagne en Asie, et à son incursion en Mitanni.

43. Les Iles du Milieu sont peut-être les Cyclades. Le roi est assimilé à Horus, *vengeur,* par excellence, de son père Osiris, le taureau abattu étant, ici, Seth.

44. Les Outjentiou sont, peut-être, les Danaéens, dans le pays desquels se trouvait le vallon de Némée, où, dit-on, Héraklès tua le fameux lion. La légende acquiert, dans ce cas, une ancienneté considérable.

45. Le Grand Cercle est ce qui reste de l'Océan primordial, rejeté sur le pourtour du monde créé. Ainsi l'univers entier appartient à Pharaon qui, faucon planant au ciel, embrasse d'un seul regard l'immensité de son domaine.

46. Il prend naturellement la forme du chacal, animal redouté par les Coureurs-de-sable des pays limitrophes.

47. L'union d'Horus et de Seth (les deux frères de la légende) en la personne de Pharaon est le gage de la paix en Égypte et du juste équilibre ; les Nubiens n'auront donc pas l'occasion de se révolter.

48. Nom du roi de Haute et Basse Égypte d'Aménophis III (4e nom ou *prénom*).

49. C.L. *Textes,* pp. 66-67.

50. Urk. V, 1328 (l. 13) à 1330 (l. 5).

51. La Haute et la Basse Égypte.

52. Les corps des étoiles étaient en cuivre, ce qui explique leur radiance moindre que celle du Soleil d'or.

53. Ci-dessus, p. 45

54. Ci-dessous, p. 127

55. Cf. ci-dessus, p. 62

56. C'est seulement au Xe siècle av. J.-C. que la présence de caravanes de chameaux est attestée dans l'Asie du sud-ouest.

CHAPITRE II

1. Legrain, *in* A.S.A.E., 1914, t. 14, pp. 29-38.
2. Gaballa-Kitchen, *in* C.E., 1968, n° 86, pp. 259-263.
3. Cruz-Uribe, *in* J.N.E.S., 1978, n° 37, pp. 237-244.
4. Stèle de l'an 400. Cf. Montet, *in* Kêmi, 1931-1933, vol. IV, pp. 191-215.
5. C'est-à-dire perpétuellement renouvelée, comme le végétal qui renaît et verdoie au printemps.
6. KRI I, 1.
7. KRI I, 2.
8. Cf., ci-dessous, p. 380.
9. KRI I, 111 (l. 4-8).
10. A. Zivie, *in* B.I.F.A.O., 1972, t. 72, pp. 99-114.
11. A. Piankoff, *in* B.I.F.A.O., 1957, t. 56, pp. 189-200.
12. C.L. *Textes*, p. 231.
13. *Conte du Naufragé.*
14. Cf. Sethe, *in* Z.A.S., 1931, vol. 66, p. 17 — Černy, *in* J.E.A., 1961, vol. 47, pp. 150-152.
15. L'année égyptienne était divisée en trois saisons de quatre mois chacune : la saison *akhet* (celle de l'inondation), du 19 juillet au 19 novembre — la saison *peret* (la germination) du 19 novembre au 19 mars — la saison *shemou* (saison sèche ou saison d'été) du 19 mars au 19 juillet. Texte cité : KRI I, 80, (l. 10) (Stèle du Gebel Silsileh). La saison de l'inondation était trop importante pour que l'on distraie alors des hommes des travaux des champs pour les besoins de la guerre.
16. KRI I, 6-7 (Inscription de Karnak).
17. KRI I, 8, (l. 8-12) (Karnak).
18. KRI I, 12.
19. KRI I, 14, (l. 5-6) (Karnak).
20. KRI I, 9, (l. 6-8) (Karnak).
21. Dieu, qui créa le monde.
22. KRI I, 10, (l. 5-8) (Karnak).
23. Expression purement formelle, insistant sur l'étendue de la conquête.
24. « Être sur l'eau » de quelqu'un c'est, dans le vocabulaire des bateliers, l'accompagner, le suivre — politiquement, lui être fidèle.
25. Voir ci-dessous, p. 481, n. 4.
26. KRI I, 10-11 (Karnak).
27. Ces textes, me semble-t-il, ne sont pas seulement de simples *légendes* des bas-reliefs, mais, vraisemblablement, constituent l'élément oral, prononcé lors de la fête de la victoire.
28. Allusion à la scène, classique dans le répertoire iconographique, depuis Narmer : le roi tient par les cheveux une « poignée » de prisonniers agenouillés et s'apprête à les consacrer à Amon, en brandissant au-dessus de leurs têtes la massue royale à tête d'ivoire.
29. KRI I, 11 (l. 6-7) (Karnak).
30. KRI I, 41 (l. 2).
31. C'est-à-dire : empêche les hommes de procréer, met fin à la vie.
32. KRI I, 18 (l. 12-14).
33. Pezard, *Kadesh*. Paris, 1931, p. 19 et suiv.
34. KRI I, 19 (l. 16).
35. KRI I, 24 (l. 2-5).
36. Vercoutter, *in* R.E., 1972, vol. 24, p. 201 et suiv.
37. Vers le début du mois d'avril.
38. Allusion possible à la campagne contre les envahisseurs libyens.

39. KRI I, 102-103.

40. KRI I, 75-76.

41. Cf. page 90.

42. KRI I, 98-99. Voir aussi Caminos, *The shrines and rock-inscriptions of Ibrim.* — Londres, 1968, pp. 83-90.

43. Labib Habachi, *in* B.I.F.A.O., 1973, t. 73, pp. 113-125.

44. Cf. ci-dessous, p. 159.

45. Cf. ci-dessus, p. 54 et p. 59.

46. Le dieu ne « tourne » point son visage vers le Sud, puisque cette région est considérée par les Égyptiens comme le prolongement naturel — donc politique — de leur pays. Cela est un moyen *verbal* pour mieux assurer la domination égyptienne sur les terres africaines.

47. Moment redoutable que celui où va disparaître le soleil, donneur de lumière et de vie.

48. KRI I, 26-27.

49. Cf., ci-dessus, p. 58.

50. Ces remplois de parties de monuments, par les successeurs des souverains qui les avaient construits, sont fréquents en Égypte, notamment dans les périodes de pénurie, où l'on construisait ainsi à moindres frais.

51. Labib Habachi, *in* R.E., 1969, vol. 21, pp. 27-47.

52. KRI II, 664 (l. 7-8).

53. KRI II, 665 (l. 9-10).

54. KRI II, 666 (l. 4-5).

55. KRI II, 666 (l. 11-12).

56. KRI II, 666 (l. 16).

57. Porter-Moss, t. VI, p. 25.

58. KRI II, 327 (dernière ligne) — 328 (l. 1-7).

59. KRI II, 641 (l. 15-16).

60. Nom donné par les Égyptiens à l'Océan primordial qui recouvrait le chaos du monde incréé.

61. Le monde inférieur était constitué, pour les Égyptiens, par un ciel, analogue à celui que l'on voit au-dessus de la terre, mais inversé.

62. KRI II, 637 (l. 9-14).

63. Porter-Moss, t. II, p. 21.

64. KRI II, 356 (l. 3-6).

65. Cf. ci-dessus, p. 100.

66. « Faire reverdir », c'est-à-dire rendre éternellement renouvelable, à l'instar de la végétation.

67. L'Égypte, fécondée par le limon noir, et les déserts, rutilant sous le soleil.

68. Texte sculpté dans le temple nubien de Bet el Ouali, première salle, mur nord — KRI II, 197 (l. 11-13).

69. Gardiner, *in* RAD, vol. XII, pp. 30-32.

70. *Contra Apionem,* I, 97. — Waddell, *Manetho.* London-Cambridge, 1948, pp. 102-103.

71. KRI VI, 19 (l. 13-16).

72. Première capitale du nome thébain, résidence du dieu solaire et guerrier Montou, patron de la XIe dynastie égyptienne.

73. L'astre et le roi, confondus.

74. Soutekh et Astarté sont des dieux asiatiques, dieu guerrier et déesse mère, également guerrière. Ouadjit, patronne de la ville de Bouto, dans le Delta, est la déesse tutélaire du royaume préhistorique de Basse Égypte, protectrice de la royauté.

75. Texte du papyrus Anastasi II. Gardiner, *Late Egyptian Miscellanies,* pp. 12-13.

76. Image de la paix et de la prospérité.

L'existence d'un temple d'Hathor est attestée entre Tanis et Bubastis. Texte du papyrus Anastasi III. Gardiner, *Late Egyptian Miscellanies,* pp. 21-23.

Voir aussi Gardiner, *in* J.E.A., 1918, vol. V, pp. 179-200.

77. Cf. Kitchen, *Pharaoh triumphant,* p. 122.

78. KRI II, 269-270.

79. KRI II, 344-345.

80. Dieu asiatique, adoré notamment dans les pays du Liban.

81. C.L. *Textes,* pp. 108-109.

82. Abydos (temple de Ramsès II) — Karnak (mur extérieur sud de la grande salle hypostyle, et mur extérieur ouest de la cour entre le 9e et le 10e pylône) — Louxor (face extérieure du 1er pylône, mur extérieur ouest de la 1re cour, mur extérieur sud de cette même cour du temple élevé par Ramsès II) — Ramesseum (face interne du 1er pylône, mur intérieur nord de la 2e cour) — Abou-Simbel (mur nord de la 1re salle).

83. Papyri Sallier III et Chester Beatty III.

Temples d'Abydos, de Karnak, de Louxor, du Ramesseum (2e pylône).

84. Dieu asiatique de l'orage.

85. Le Ramesseum — temple funéraire de Ramsès II, sur la rive gauche thébaine.

86. Sur l'uroeus, fille de Rê, voir ci-dessus, p.   n.

87. Déesse-lionne, guerrière, d'Égypte.

88. C.L. *Textes,* pp. 108-119.

89. K.A. Kitchen, *in* J.E.A., 1964, vol. 50, pp. 47-70.

90. KRI II, 151 (l. 8-12). Cette stèle est actuellement conservée au musée de l'Université de Pensylvanie.

91. KRI II, 164 (l. 6-9).

92. Cf. ci-dessus, p. 101

93. Cf. ci-dessous, pp. 379-384

94. C.L. *Textes,* pp. 84-89.

95. Ville dont était originaire la famille royale hittite.

96. E. Edel, *in* Z.A., 1949, vol. 49, pp. 195-212.

97. A. Goetze, *in* J.C.S., 1947, vol. 1, p. 244.

98. Meissner, *in* Z.D.M.G., 1918, vol. 72, p. 61.

99. E. Edel, *in* J.K.F., 1953, vol. 2, pp. 264-265.

100. KRI II, 247-255 et 257. Pour les dernières lignes du texte, la version abrégée, beaucoup mieux conservée, a été utilisée.

101. KRI II, 274-275.

102. D'après Kitchen, *Pharaoh triumphant,* p. 90.

103. KRI II, 283 (l. 3-13).

104. Cf. ci-dessous, p. 145.

CHAPITRE III

1. KRI I, 99 (l. 11).

2. KRI II, 404 (l. 2-5). (Stèle de Pithom.)

3. KRI II, 206 (l. 14-16).

4. *Jeu* de mots sur le nom du dieu *imn,* homophone d'une racine signifiant « être caché ».

5. Zandee, *De hymnen,* pl. IV (l. 21 et suiv.).

6. Épithète usuelle de Ptah.

7. KRI II, 265-266 (texte d'Abou Simbel).

8. KRI II, 271-272 (id.).

9. Cf. ci-dessus, p. 44.

10. KRI II, 445 (l. 11-14).

11. KRI II, 431 (l. 4).

11 bis. J. Leclant, in Syria, 1960, tome 37, pp. 10-11.

12. KRI I, 72-73. Sur Astarté en général, cf. J. Leclant, in Lexikon I, pp. 499-510.

13. G. Posener, in J.N.E.S., 1945, vol. IV, n° 4, pp. 240-242.

14. Voir notamment la stèle de l'an 400. Montet, in Kêmi, supra note 4, pp. 194-210.

15. Leibovitch, in A.S.A.E., 1944, vol. 44, pp. 163-172.

16. Ibid.

17. Cf. ci-dessus, p. 31.

18. KRI II, 353 (l. 10).

19. J.J. Clere, in Kêmi, 1950, vol. 11, pp. 24-46. La plupart de ces stèles sont au Pelizaeus Museum de la ville d'Hildesheim. Voir aussi Labib Habachi, Features of the deification of Ramesses II. — VIII + 58 pp., figg., 8 pll.

19 bis. Cf. ci-dessous, p. 202

20. L'actuel Kôm-el-Ahmar.

21. Matériau des colosses dits « de Memnon ».

22. KRI II, 361 (l. 2-8). Voir aussi Hamada, in A.S.A.E., 1938, vol. 38, pp. 217-230.

23. KRI I, 74 (l. 11). (Assouan — stèle de l'an 9.)

24. KRI II, 434 (l. 8). (Dédicace d'une colonne trouvée à Tanis.)

25. KRI II, 583 (l. 6-7). (Karnak, dédicace sur le mur d'enceinte.)

26. Cf. ci-dessus p. 145

27. Dieu de la terre.

28. Horsekhayt, mal connue, est une divinité de la fécondité.

29. KRI II, 266 (l. 12) -269 (l. 9). (Texte d'Abou Simbel).

30. KRI II, 617-621.

31. G. Jondet, Les ports submergés de l'ancienne île de Pharos, in Mémoires de l'Institut d'Égypte, 1916, vol. IX, pp. 1-107.

32. A. Piankoff, in A.S.A.E., 1949, vol. 49, p. 51.

33. Iliade IX, 381 ; Odyssée XIV, 257.

34. Iliade I, 423 ; XXIII, 206 ; Odyssée I, 23 ; IV, 84.

35. Odyssée IV, 125 ; 229-231.

36. Odyssée III, 300-305.

37. Odyssée IV, 125.

38. Odyssée XIV, 285.

39. KRI I, 65 (l. 15) - 66 (l. 12) - Texte B - Inscription du temple.

40. KRI I, 65 (l. 7-9) (Texte A).

41. KRI I, 68 (l. 1-4) (Texte B).

42. KRI I, 70 (l. 3-4) (Texte C).

43. KRI II, 353-357.

44. Iliade IX, 382-384.

45. Thèbes existait déjà dans le chaos informel d'avant la création.

46. Zandee, De hymnen, pl. I (l. 13-16) et pl. II (l. 10-11).

47. C.L. Textes, p. 254.

48. Cf. ci-dessus, p. 105.

49. KRI II, 850 (l. 8-12).

50. KRI II, 852 (l. 16).

51. Goedicke, Nofretari, fig. 57 (et pl. sur dépliant).

52. KRI II, 851 (l. 11-12).

53. KRI II, 854 (l. 5-7) ; Drioton, *in* A.S.A.E., 1942, vol. 41, p. 29. Inscription sculptée sur une statue figurant Isis-nefret, avec deux de ses fils (musée du Louvre).

54. Ci-dessous, p. 208.

55. Ci-dessus, p. 108.

56. Prêtre de haut rang, jouant un rôle important dans le rituel (ouverture de la bouche, funérailles) dès l'origine.

57. KRI II, 198 (l. 14).

58. Lieu de la sépulture des taureaux Apis, près de Memphis, appelé *Serapeum* par les Grecs, en l'honneur du nouveau dieu Sérapis.

59. Gomaa, *Chaemwese*, p. 18.

60. *Ibid.* Ces deux dernières épithètes rattachent étroitement le prince au trône d'Égypte.

61. Litt. : « le pilier-de-sa-mère » (allusion à Horus).

62. KRI II, 878 (l. 3-16) et 879 (l. 1).

63. Mariette, *Serapeum*, III, p. 15-16.

64. Porter-Moss, III, p. 240 (*Addendum* à la p. 66).

65. KRI II, 875 (l. 16) et 876 (l. 1).

66. KRI II, 874 (l. 2-13).

67. Christophe, *in* A.S.A.E., 1951, vol. 51, p. 337. (Inscription de Tanis).

68. Ci-dessus, p. 59.

69. L'offrande de Maât, qui consistait à élever vers le visage d'une divinité une statuette de la déesse de la Vérité-Justice, était l'un des actes importants du rituel.

70. Christophe, *op. cit.*, p. 346. Cette inscription a été reproduite sur le pilier dorsal d'une statue assise de Sésostris Ier, retrouvée à Tanis.

71. Malinine-Vercoutter, *Catalogue des stèles du Serapeum*, p. 14.

72. KRI II, 906 (l. 15-16).

73. Titre décerné aux personnages nobles et vénérables.

74. Ostracon Gardiner 28 = Gardiner, *Late Egyptian Miscellanies*, pp. 37-38 — Capart, *in* CE, 1942, vol. XVI, n° 32, pp. 192-193.

75. L'or, matériau de la chair des dieux — notamment du soleil — représente le Pharaon, fils de Rê. Le cuivre, de radiance moins intense, matériau des étoiles, représente le vizir, qui, déjà, durant son temps de vie, semble participer de la divinité de son maître.

76. C.L. *Textes*, pp. 182-183.

77. D'après le texte des *Instructions* données à Rekhmirê.

78. KRI I, 293 (l. 15-16).

79. KRI I, 297 (l. 3-4).

80. Thoth, qui préside à l'Ogdoade divine, laquelle, selon la théologie hermopolitaine, aurait créé le monde.

81. Grand serpent mythique qui, souvent, entoure le monde créé. Sa présence donne à Séthi l'empire de l'univers.

82. KRI I, 299 (l. 3-11).

83. S. Sauneron, *in* B.I.F.A.O., 1956, tome 55, p. 150.

84. KRI III, 15 (l. 15).

85. Hamza, *in* A.S.A.E., 1930, vol. 30, p. 35 — Habachi, *in* A.S.A.E., 1954, vol. 52, p. 489 et suiv.

86. KRI III, 53 (l. 14-15).

87. KRI III, 54 (l. 12-15) et 55 (l. 1). Voir aussi Mohamed Moursi, *Hohenpriester des Sonnengottes*, pp. 68-72.

88. KRI III, 54 (l. 1-6).

89. Ci-dessus, p. 151.

90. KRI III, 53 (l. 4-6).

91. A. Badawi, *in* A.S.A.E., 1944, vol. 44, p. 181-206 — Hamada, *in* A.S.A.E., 1935, vol. 35, pp. 122-131.

92. KRI III, 164 (l. 15-16).

93. Boeser, *Beschreibung Leiden,* vol. IV, pll. 26-29 et pp. 7-8.

94. Nom de la nécropole memphite.

95. KRI III, 174 (l. 1-2 et 15-16) ; 175 (l. 13-15) ; 176 (l. 11-13).

96. KRI I, 352 (l. 10-12). (Les titres principaux ont été traduits).

97. KRI III, 140 et suiv.

98. Mohamed Effendi Chaban, *in* A.S.A.E., 1961, vol. 2, pp. 137-140.

99. Daressy, *in* A.S.A.E., 1918, vol. 18, pp. 282-283.

100. KRI III, 143 (l. 7-8).

101. C.L. *Textes,* p. 115.

102. H. Wall-Gordon, *in* M.D.A.I.K., 1958, vol. 16, pp. 168-175.

103. KRI III, 498 (l. 10-15).

104. Reisner, *in* J.E.A., 1920, vol. 6, pp. 45-47 (et, plus généralement, pp. 37-55) — KRI III, 272-274.

105. KRI III, 68 (l. 14-15).

106. Cf. ci-dessus, p. 184.

107. Gauthier, *in* A.S.A.E., 1936, vol. 36, pp. 49-71.

108. KRI III, 92-94.

109. Nous avons d'autres exemples de l'honneur ainsi fait aux enfants de familles amies du souverain ; ce fut le cas, par exemple, de Ikhernofret, chancelier et conducteur des mystères d'Abydos, sous Sésostris III (cf. C.L. *Textes,* pp. 173-175).

110. Barsanti-Gauthier, *in* A.S.A.E., 1911, vol. 11, pp. 77-81.

111. Yoyotte, *in* B.S.F.E., 1951, vol. 6, pp. 13-14.

112. L. Habachi, *Sixteen studies,* pp. 122-125.

113. Derchain, *El Kab,* pp. 65-70.

114. Nous ne possédons pas d'exposé suivi de la fête Sed ; celle-ci est vraisemblablement constituée par l'assemblage de rites divers, ayant appartenu, à l'origine, à des cycles liturgiques différents. La description qui en est donnée ici tient compte des éléments essentiels de la cérémonie, pris à diverses sources, chacune ne livrant souvent que quelques aspects de la fête. Ce sont notamment : les scènes sculptées dans le temple funéraire de Neouserrê (Ve dynastie), à Abousir, celles du temple funéraire de Séthi Ier à Abydos, et également celles du Palais des fêtes du roi Osorkon II (XXIIe dynastie) à Bubastis. Cf., notamment, Éric Uphill, *in* J.N.E.S.

115. Cf. ci-dessous, p. 481, n. 5.

116. Edsmann, *Ignis diuinus.* — Lund, 1949.

117. KRI II, 377 (l. 14-15).

118. KRI II, 386 (l. 1-3).

119. Pap. Harris, 49, 10-12.

120. KRI II, 384 (l. 15) et 385 (l. 1-11).

121. KRI II, 378 (l. 3-14).

122. Stèle royale : KRI II, 390 (l. 12-13) — Stèle de Khây : KRI II, 391 (l. 14-16).

123. Un chapitre a été consacré aux Ramsès, rois-bâtisseurs ; ci-dessus, p.

124. Bastet est une déesse-chatte, forme de Sekhmet, déesse-lionne (considérée comme la parèdre de Ptah, à Memphis).

125. KRI I, 42-43.

126. Nom du nome d'Abydos.

127. L'offrande d'une statuette de Maât était, nous l'avons dit, l'un des moments importants du rituel journalier. Ci-dessus, p. 179 et note 69 et ci-dessous, p. 225.

128. Nom de la barque sacrée d'Osiris.

129. KRI I, 47 (l. 2 et suiv.) — 50 (l. 1-2). Cf. aussi F. Ll. Griffith, *in* J.E.A., 1927, vol. 13, pp. 193-207.

130. KRI I, 58 (l. 14-15).

131. Moret, *Rituel*, p. 69.

132. Hypostases d'Amon-Rê (?).

133. Moret, *Rituel*, pp. 141-142.

134. Voir ci-dessous, pp. 238-243.

135. Dieu, patron de la ville même de Thinis.

136. Toutes les restitutions proposées dans ce texte, qui a subi quelques mutilations (indi-quées entre crochets carrés), sont empruntées à Lefebvre, *Grands prêtres,* pp. 119-122.

137. Le plus haut conseil administratif de l'Empire, comprenant notamment les chefs des différentes *maisons.*

138. Trois actes d'hommages, qui sont ceux habituellement prodigués à un dieu.

139. KRI III, 283-285.

140. Séthi Ier.

141. Il s'agit du temple de Louxor.

142. Celui que construisit Aménophis III, à Louxor également. Cf. ci-dessus, p.

143. C.L. *Textes,* pp. 185-186.

144. Dunham, *in* J.E.A., 1935, vol. 21, pp. 150-151.

145. KRI III, 200 (l. 16) - 201 (l. 1).

146. Élément ailé de l'être (représenté sous la forme d'un oiseau à tête humaine, dont les pattes se terminaient par des mains) qui faisait la liaison entre la nécropole et le monde des vivants.

147. KRI III, 333 (l. 16) - 334 (l. 1).

148. KRI III, 359 (l. 15-16) - 360 (l. 1-4).

149. L. Habachi, *in* R.E., 1969, vol. 21, p. 42 et suiv.

150. A.H. Zayed, *in* R.E., 1964, vol. 16, pp. 193-208.

151. KRI III, 366 (l. 8-11).

152. J. Berlandini-Grenier, *in* B.I.F.A.O., 1974, tome 74, pp. 1-19.

153. KRI I, 207 (l. 3).

154. J. Leclant, *in* M.D.A.I.K., 1956, vol. 14, pp. 131-145.

155. KRI II, 569-570.

156. Voir Gauthier, *Fêtes du dieu Min.*

157. Litt. : « appartenant au lapis-lazuli ».

158. KRI II, 574 (l. 1-11).

159. Daressy, *in* A.S.A.E., 1927, vol. 27, pp. 178-179.

160. D'après Kitchen, *Pharaoh triumphant,* pp. 196-197.

161. Cf. ci-dessus, p. 152.

162. KRI II, 361 (l. 11-15) - 362 (l. 1-9).

163. Černy, *in* A.S.A.E., 1927, vol. 27, p. 183 et suiv.

164. Bruyère, *Rapport de fouilles* 1934-1935, pp. 15-16.

165. On pourra consulter, dans quelque temps, la thèse, encore inédite, de D. Valbelle, sur les ouvriers de Deir el Medineh. Voir aussi Černy : *A community of workmen at Thebes in the Ramesside period.* Le Caire, Institut français d'archéologie orientale, 1973 ; VI + 383 pp.

166. *Exode* XII, 40.

167. Cazelles (Abbé H.), *Les Hébreux en Égypte.* Paris, Maison de la Bonne Presse, 1963.

168. *Exode* II, 7-10.

169. *Actes des Apôtres,* VII, 22-23.

170. *Exode* II, 11-14.

171. *Exode* V, 1-5.

172. *Exode* V, 15-18.

173. *Exode* XVI, 2-3.

174. *Nombres* XI, 4-6.

CHAPITRE IV

1. Cf. ci-dessus, p. 179.

2. L'État, dans les textes égyptiens, est assez souvent comparé à un bateau.

3. Per-Ramsès, que Merenptah n'a pas *construit,* naturellement, mais où il réside, est, très clairement ici, définie comme la capitale de l'Empire, à la limite de l'Égypte et des terres d'Asie.

4. Pap. Anastasi III, 7, 2-7, 10 = Gardiner, *Late Egyptian Miscellanies,* pp. 28-29.

5. Wainwright, *in* J.E.A., 1960, vol. 46, pp. 24-28.

6. Peuple soudanais.

7. KRI IV, 1 (l. 10-16) - 2 (l. 1-7).

8. Les noms indiqués entre crochets carrés sont ceux des peuples de Grèce et d'Asie mineure, transcrits selon la phonétique égyptienne.

9. KRI IV, 3 (l. 15-16) - 4 (l. 1-4).

10. Bakry, *in* Aegyptus, 1973, Anno LIII, p. 11.

11. KRI IV, 4 (à partir de la ligne 4) - 5.

12. KRI IV, 5 (l. 8-9).

13. KRI IV, 5 (l. 10-13).

14. KRI IV, 6 (l. 1-15) - 7.

15. KRI IV, 7 (à partir de la ligne 10) - 8.

16. A propos de ce peuple, voir ci-dessus, p. 96.

17. KRI IV, 8-9.

18. KRI IV, 9 (à partir de la ligne 12) - 11 (l. 12).

19. Mot cananéen exprimant un salut ; ici, implorant la paix.

20. C.L. *Textes,* pp. 123-124.

21. KRI IV, 24 (l. 5-6).

22. KRI IV, 82 (l. 8).

23. KRI IV, 26 (l. 4-5).

24. KRI IV, 26 (l. 13-14).

25. D'après Lefebvre, *Grands Prêtres,* pp. 149-150.

26. KRI IV, 133 (l. 3).

27. KRI IV, 288 (l. 10) - 289 (l. 2) — Lefebvre, *Grands Prêtres,* pp. 151-152.

28. Entrée de la nécropole memphite, où Osiris possédait un lieu de culte en liaison avec Ptah et Sokaris.

29. KRI IV, 60 (l. 5-7).

30. A.H. Zayed, *in* R.E., 1964, vol. 16, pp. 204-207.

31. H. Kees, *in* Z.A.S., 1937, vol. 73, pp. 77-90.

32. L. Habachi, *in* M.D.A.I.K., 1956, vol. 14, pp. 53-67.

33. KRI IV, 92 (l. 7-9).

34. L. Habachi, *in* M.D.A.I.K., 1978, vol. 34, pp. 57-67.

35. K.A. Kitchen, *Pharaoh triumphant,* p. 216.

36. KRI IV, 270 (l. 7-10).

37. C'est-à-dire : assuré fermement la pérennité.

38. Déesse des moissons et des champs fertiles.

39. KRI IV, 265 (l. 2-7).

40. Horus, fils d'Isis et d'Osiris, élévé par sa mère en cachette dans les marais du Delta, afin qu'il échappe à la vindicte de son oncle Seth.

41. KRI IV, 297 (l. 6-7).

42. Gardiner, in J.E.A., 1958, vol. 44, pp. 12-22 — J. Von Beckerath, in J.E.A., 1962, vol. 48, pp. 70-74 — C. Alfred, in J.E.A., 1963, vol. 49, pp. 41-48.

43. Nelson, *Medinet Habu,* tome IV, pl. 203-209.

44. Cf. ci-dessous, p. 360.

45. Maspero, *Tomb of Siptah.* London, 1908 ; pp. xx-xxii — (KRI IV, 362, l. 8-10).

46. Maspero, *ibid.*

47. Maspero, *op. cit.,* pp. xxii-xxiv.

48. Nom de la montagne de l'Occident.

49. KRI IV, 378 (l. 8-9).

50. KRI IV, 381 (l. 10).

51. Ou : « celui qui s'était fait (roi) lui-même, un Syrien ». Ce serait une désignation du chancelier Bay.

52. Forme du soleil de l'aube.

53. Pap. Harris I, 75, 1-10 et 76, 1 = Erichsen, *Pap. Harris,* pp. 91 et 92 (jusqu'à la ligne 5).

54. Jeu d'images mêlant celle du faucon, oiseau de proie, qui poursuit les petits oiseaux, et celle du roi-Horus qui talonne ses ennemis.

55. Bay et ses amis avaient peut-être « acheté » le concours d'Égyptiens, voire d'une partie de l'armée (?).

56. Ce qui pourrait faire croire à une invasion étrangère.

57. KRI IV, 671-672 — Bidoli, in M.D.A.I.K., 1972, vol. 28, pp. 193-200 — R. Drenkhan, *Die Elephantine-Stele.* Wiesbaden, Harrassowitz, 1980 ; x + 85 pp.

58. Pap. Harris I, 76, 1-2 = Erichsen, *op. cit.,* p. 92 (l. 5-7).

59. Pap. Harris, I, 76, 2-4 = *ibid.,* p. 92 (l. 8-13).

60. Allusion au chancelier Bay ?

61. Les « deux Seigneurs » sont Horus et Seth, que Pharaon incarne. Sur les « deux Maîtresses », cf. ci-dessus, p.

62. KRI V, 76 (l. 3-8).

63. KRI V, 217 (l. 10-12).

64. KRI V, 9 (l. 7-8).

65. KRI V, 11 (l. 2-5).

66. KRI V, 12 (l. 2-8).

67. KRI V, 14 (l. 2-6).

68. KRI V, 23 (L. 6-11).

69. KRI V, 22 (l. 14-16).

70. KRI V, 15 (l. 12-13).

71. L'image est celle de l'animal sauvage dont on casse les vertèbres pour l'empêcher, à jamais, de nuire.

72. KRI V, 23 (l. 12-13) - 24 (l. 2 et 6-7).

73. KRI V, 14 (l. 15-16) - 15 (l. 1-4).

74. Appellation traditionnelle, depuis la XVIII⁰ dynastie, pour désigner les terres du Sud (Nubie et Soudan), considérées comme le prolongement naturel de l'Égypte, et les pays d'Asie.

75. KRI V, 15 (l. 6-11).

76. KRI V, 23 (l. 1-3).

77. KRI V, 22 (l. 2-4).

78. KRI V, 21 (l. 13-15) - 22 (l. 1).
79. KRI V, 25 (l. 4-11).
80. Voir p. 302 et p. 309.
81. KRI V, 26 (l. 1-7).
82. N.K. Sandars, *Sea peoples*, p. 161.
83. KRI V, 39 (l. 15-16) - 40 (l. 1-6).
84. KRI V, 40 (l. 6-14).
85. KRI V, 28 (l. 9-11).
86. KRI V, 29 (l. 3-5).
87. KRI V, 29 (l. 7-8).
88. KRI V, 32 (1.6-13).
89. KRI V, 33 (l. 3-9).
90. KRI V, 34-35.
91. KRI V, 40 (l. 15-16) - 41 (l. 1-6).
92. KRI V, 41 (l. 8-15) - 42 (l. 4-12).
93. KRI V, 60 (l. 9-11).
94. KRI V, 43 (l. 9-10).
95. KRI V, 65 (l. 3-5).
96. KRI V, 61 (l. 11-15) - 62 (l. 1-2 et 14-15) - 63 (l. 1-3).
97. KRI V, 70 (l. 4-11).
98. KRI V, 47 (l. 12-15).
99. Cf. ci-dessus, p. 309.
100. KRI V, 85 (l. 9-10).
101. KRI V, 81 (l. 3-5).
102. KRI V, 80 (l. 6-8).
103. KRI V, 73 (l. 3-12).
104. Cf. ci-dessus, p. 54 et p. 59.
105. KRI V, 92 (l. 16) - 93 (l. 1-15).
106. Nom de l'Océan primordial.
107. KRI V, 97 (l. 2-16) - 98 (l. 1-2).
108. KRI V, 106 (l. 7-8).
109. KRI V, 108 (l. 16) - 109 (l. 1-4).
110. Pap. Harris, 76, 7-9 = Erichsen, *op. cit.,* p. 93 (l. 1-5).
111. Cf. ci-dessus, p. 234.
112. Pap. Harris, 78, 8-9 et 79, 1-3 = Erichsen, p. 95 (l. 16-18) et p. 96 (l. 1-14).
113. Pap. Harris, 77, 8 et 78, 1 = Erichsen, p. 94 (l. 9-18) et 95 (l. 1-6).
114. Gardiner, *in* Z.A.S., 1911, t. 48, p. 47-51.
115. Christophe, *in* A.S.A.E., 1958, vol. 55, p. 11.
116. Barguet, *in* B.I.F.A.O., 1952, vol. 51, p. 99-100.
117. Pap. Harris, 57, 7-8 = Erichsen, p. 66 (l. 3-5).
118. Christophe, *op. cit.,* p. 9 (KRI V, 340.)
119. KRI V, 331-335. Voir Nims *in* J.N.E.S., 1950, vol. 9, pp. 256-258.
120. Edwards, *in* J.N.E.S., 1955, vol. 14, pp. 49-51. Stèle actuellement dans la collection du Winchester College. Inscription brève, dans KRI V, 668 (l. 16).
121. KRI V, 227 (l. 7-9). Voir Kitchen, *in* B.I.F.A.O., 1973, vol. 73, pp. 193-200.
122. Schulman, *in* J.N.E.S., 1963, vol. 22, pp. 177-184. Texte de l'inscription : KRI V, 249.
123. Nelson, *in* J.A.O.S., 1936, vol. 56, pp. 232-241. Textes : KRI V, 234-237.
124. Le *deben* est un poids de 90 grammes.
125. G. Lefebvre, *Grands Prêtres,* pp. 167-169.
126. KRI V, 117 (l. 9-16) - 118 (l. 1-2).

127. KRI V, 119-184.

128. KRI V, 308 (l. 2-7).

129. Cf. ci-dessous, p. 360.

130. Sur la tombe de Tjanefer et les textes cités, cf. K.C. Seele, *The tomb of Tjanefer at Thebes.* — Chicago, 1959.

131. KRI V, 425 (l. 5-10).

132. Cf. ci-dessous, p. 343.

133. Voir notamment Černy, *in* J.E.A., 1958, vol. 44, pp. 31-37 — J. Monnet, *in* B.I.F.A.O., 1965, vol. 63, pp. 209-236.

134. La tombe du prince Ramsès fut récemment identifiée par J. Yoyotte (voir J.E.A., 1958, vol. 44, pp. 26-30) lors des fouilles effectuées dans les tombes des princes par le Centre d'études et de documentation sur l'ancienne Égypte (Le Caire).

135. Wente, *in* J.N.E.S., 1961, vol. 20, pp. 252-257 et pll.

136. Schott, *Wall scenes from the mortuary chapel of the mayor Paser at Medinet Habu.* Chicago, The University of Chicago Press, 1957 ; XII + 22 pp., fig.

137. KRI V, 385 (l. 16) - 386 (l. 1-3).

138. KRI V, 416 (l. 6-8). Voir Hamada, *in* A.S.A.E., 1947, vol. 47, pp. 15-21 — Gardiner, *in* J.E.A., 1948, vol. 34, pp. 19-22.

139. Allusion à l'œuvre créatrice de Ptah, patron des artisans.

140. KRI V, 419 (l. 16) - 420 (l. 1-5).

141. Pap. Harris, 59, 11 - 60, 1 = Erichsen, p. 69 (l. 14-18).

142. Rifaud a classé ce document parmi les inscriptions de la Nubie ; la transcription du texte a été publiée dans son ouvrage « *Voyages en Égypte, Nubie et lieux circonvoisins, depuis 1805 jusqu'en 1827* », pl. 28. Une étude récente lui a été consacrée par S. Sauneron et J. Yoyotte, *in* B.I.F.A.O., 1952, vol. 50, pp. 107-117.

143. Cf. ci-dessus, p. 335.

144. Cf. G. Posener, *in* R.E., 1946, vol. 5, p. 53.

145. Pap. Harris, 56 b, 1-10 = Erichsen, *op. cit.,* p. 64 (l. 1-13).

146. Pap. Harris, 42, 1-10 = Erichsen, *ibid.,* p. 47 (l. 1-17).

147. *Ibid.,* 66 b, 1-10 = Erichsen, *ibid.,* p. 79 (l. 1-15).

148. *Ibid.,* 79, 4-12 = Erichsen, *ibid.,* p. 96 (l. 16-18) et p. 97 (l. 1-13).

149. Voir Černy, *in* J.E.A., 1948, vol. 44, pp. 31-37.

150. Cf. ci-dessus, p. 337.

151. KRI VI, 53 (l. 15-16) - 54 (l. 1-6).

152. KRI VI, 54 (l. 13-15).

153. KRI VI, 18 (l. 1-2) et 19 (l. 2-15).

154. Helck, *in* C.E., 1963, vol. 38, p. 39.

155. C.L. *Textes,* p. 80.

156. Cf. ci-dessus, p. 152.

157. KRI VI, 1 (l. 9-11) = Goyon, *Nouvelles inscriptions,* p. 104.

158. KRI VI, 86 (l. 1-3).

159. KRI VI, 27 (l. 14-15).

160. KRI VI, 278 (l. 9 et 11-12).

161. KRI VI, 45 (l. 11-16) - 46 (l. 1-2).

162. Nims, *in* J.E.A., 1952, vol. 38, pp. 34-35.

163. G. Lefebvre, *Grands Prêtres,* p. 187 — S. Sauneron, *in* B.I.F.A.O., 1966, vol. 64, p. 11-17.

164. KRI VI, 455 (l. 10-12).

165. KRI VI, 455 (l. 14-16) - 456 (l. 1-13).

166. G. Lefebvre, *Grands Prêtres,* p. 195.

167. G. Lefebvre, *ibid.*, pp. 198-199.

168. S. Sauneron, *in* R.E., 1950, vol. 7, pp. 61-62.

169. Sur les différentes sources qui traitent de ces affaires, on pourra consulter T.E. Peet, *The great tomb-robberies of the xxth Egyptian dynasty.* Oxford, 1930 ; XII + 188 p.

170. S. Sauneron et J. Yoyotte, *in* R.E., 1950, vol. 7, pp. 67-70.

DEUXIÈME PARTIE

CHAPITRE I

1. KRI V, 78 (l. 16) - 79 (l. 1-7).

Les références précises des textes comportant plusieurs lignes sont données, mais non pas celles qui se rapportent aux citations courtes, car cela aurait alourdi à l'excès la présentation des notes. Nous tenons ces références à la disposition de qui désirerait les connaître.

2. Urk. IV, 1541.

3. KRI V, 49 (l. 2-3).

4. KRI V, 38 (l. 14-15) - 39 (l. 1).

5. Urk. IV, 160 (l. 5-8).

6. Urk. IV, 2116 (l. 7-8).

7. KRI II, 515 (l. 5-6).

8. KRI II, 307 (l. 9 et 11).

9. KRI II, 235 (l. 9-11).

10. KRI V, 42 (l. 6-7).

11. KRI I, 40 (l. 14-15).

12. KRI II, 151 (l. 6-7).

13. KRI IV, 4 (l. 5-7).

14. C. Lalouette, *in* B.I.F.A.O., 1979, vol. 79, pp. 333-353.

15. KRI II, 528 (l. 1-3).

16. KRI V, 26 (l. 10-11).

17. KRI V, 29 (l. 15-16).

18. KRI V, 39 (l. 12-14).

19. KRI II, 238 (l. 14) - 239 (l. 1).

20. KRI II, 320 (l. 12-14).

21. KRI II, 354 (l. 4-5).

22. Urk. IV, 2113 (l. 13-15).

23. E. Drioton, *in* A.S.A.E., 1939, vol. 39, pp. 57-89.

24. Récemment G. Goyon a découvert, sur un papyrus du Musée de Brooklyn, des formules analogues à celles qui sont sculptées sur notre statue. Cf. J.E.A., 1971, vol. 57, pp. 154-157.

25. KRI II, 354 (l. 8-9).

26. KRI V, 25 (l. 13).

27. KRI IV, 36 (l. 9 et 13).

28. P. Grimal, *in Dictionnaire de la mythologie*, p. 169.

29. KRI V, 24 (l. 11-12).

30. KRI I, 17 (l. 15-16) - 18 (l. 1).

31. KRI II, 318 (l. 13 et 15) - 319 (l. 1, 3 et 5).

32. KRI V, 26 (l. 2-4).

33. KRI V, 23 (l. 4-5).

34. KRI V, 22 (l. 6-11).

35. KRI IV, 13 (l. 10, 12) - 14 (l. 1, 3).

36. KRI II, 236 (l. 1-2).
37. KRI II, 237 (l. 11 et 14).
38. KRI II, 715 (l. 14).
39. KRI V, 47 (l. 2-4).
40. KRI II, 234 (l. 13 et 15). L'affirmation se retrouve une autre fois sur cette même *Stèle du mariage* : ibid., 245 (l. 4 et 7).
41. KRI IV, 69 (l. 4-8).
42. KRI V, 38 (l. 10-13).
43. KRI V, 112 (l. 9-10).
44. KRI II, 354 (l. 6 et 8).
45. KRI I, 22 (l. 4-6).
46. KRI V, 240 (l. 12-13).
47. KRI I, 23 (l. 9-10).
48. KRI II, 86 (l. 8) à 87 (l. 3).
49. KRI II, 319 (l. 14 et 16) - 320 (l. 2 et 4).
50. KRI II, 173 (l. 13-14).
51. KRI II, 151 (l. 11).
52. KRI V, 17 (l. 7-10).
53. KRI V, 26 (l. 4-8).
54. KRI V, 60 (l. 3-5).
55. KRI V, 13 (l. 2-4).
56. KRI V, 59 (l. 14) - 60 (l. 1).
57. KRI V, 42 (l. 13-14).
58. KRI IV, 6 (l. 1-2).
59. KRI IV, 16 (l. 1-2).
60. KRI I, 9 (l. 4-6).
61. KRI II, 88 (l. 9 et 16) - 89 (l. 4 et 6).
62. KRI V, 63 (l. 6-10).
63. KRI V, 70 (l. 7-8).
64. KRI V, 69 (l. 6).
65. KRI IV, 36 (l. 1).
66. KRI V, 57 (l. 13-14).
67. KRI V, 64 (l. 11-14).
68. KRI V, 69 (l. 12-13).
69. KRI V, 23 (l. 6-8).
70. KRI V, 302 (l. 12-13).
71. KRI V, 63 (l. 14-15) - 64 (l. 1).
72. KRI IV, 37 (l. 5 et 8).
73. KRI V, 13 (l. 8).
74. KRI II, 344 (l. 15) - 345 (l. 1-6).
75. KRI V, 27 (l. 6-7).
76. KRI V, 25 (l. 3-4).
77. KRI V, 21 (l. 14-15) - 22 (l. 1).
78. KRI V, 34 (l. 12-14) = 36 (l. 14-15).
79. KRI II, 186 (l. 8-9).
80. KRI V, 89 (l. 10).
81. KRI I, 99 (l. 2-4).
82. KRI V, 27 (l. 4).
83. KRI V, 291 (l. 10-14).
84. KRI V, 83 (l. 15) - 84 (l. 1).

85. KRI V, 41 (l. 11-12).

CHAPITRE II

1. Cf. ci-dessus, p. 210 et suiv.
2. KRI I, 60 (l. 8-14) - 61 (l. 1-2). Cf. aussi, ci-dessus, p.
3. KRI I, 201 (l. 14-15).
4. Chevrier-Drioton, *Le temple-reposoir de Séthi II à Karnak.* — Le Caire, 1940.
5. Chevrier, *Le temple-reposoir de Ramsès III à Karnak.* — Le Caire, 1933.
6. Cf. ci-dessus, p. 117 et suiv.
7. Smith : *Ramesses II*, p. 27.
8. P. Barguet, *L'Empire des conquérants*, p. 34.
9. M. Abdulla El Sayed, *A new temple for Hathor at Memphis.* Warminster, 1978, 21 p., XIX pl.
10. Bakry, *in* Aegyptus, 1973, vol. 53, pp. 3-21.
11. Cf. ci-dessous, p. 444 et suiv.
12. Macadam, *Temples of Kawa.* — London, Oxford University Press, 1949-1955 ; vol. II, p. 33, fig. 6 et 7.
13. Cf. Fairman, *in* J.E.A., 1939, vol. 25, p. 139 et suiv.
14. J. Vercoutter, *in* Kush, 1963, vol. 11, p. 131 et suiv. — Rosenwasser, *ibid.*, 1964, vol. 12, p. 96 et suiv.
15. L.A. Christophe, *Abou-Simbel et l'épopée de sa découverte.* Bruxelles, 1965, 270 pp. De cet ouvrage proviennent les citations données ici.
16. KRI II, 769 (l. 3-4).
17. D'après D. Meeks, *in Guide Bleu,* p. 705.
18. *Ibid.,* p. 703.
19. Cf. ci-dessus, p. 160.
20. KRI I, 167 (l. 12-13).
21. KRI I, 168 (l. 8).
22. « L'être parfait », nom d'Osiris.
23. Nom d'Horus — KRI I, 167 (l. 1-2).
24. KRI I, 149 (l. 6).
25. KRI I, 156 (l. 3-5).
26. H. Frankfort, *Cenotaph of Sethi I,* p. 72 et suiv.
27. Cf. ci-dessus, p. 360.
28. Cités par S. Sauneron, *Égypte,* p. 109.
29. A propos des constructions des Ramsès, on consultera avec profit P. Barguet, *in L'Empire des conquérants,* pp. 9-65 — D. Meeks, *Guide bleu,* Paris, Hachette 1971. Pour l'étude des sites, on pourra se reporter au *Lexikon der âgyptologie* et aux publications du Centre de documentation et d'études sur l'Égypte ancienne, Le Caire (notamment : Amada, Gerf Hussein).

CHAPITRE III

1. Cf. ci-dessus, p. 414.
2. Flot originel — ou flot de l'inondation annuelle.
3. KRI I, 85 (à partir de la ligne 6) - 89 (jusqu'à la ligne 9). Voir P. Barguet, *in* B.I.F.A.O., 1952, vol. 51, pp. 50-57.
4. Cf. ci-dessus, pp. 144, 164.
5. Zandee, *De hymnen,* pl. II (l. 2-10).

6. *Ibid.,* pl. II (l. 15-20).

7. *Ibid.,* pl. III (l. 14-22).

8. KRI V, 222 (l. 1-5) — Inscription de Karnak.

9. KRI I, 330 (l. 9-16).

10. A. Piankoff, *Litany,* p. 22 et suiv., et pl. 3.

11. KRI II, 657 (l. 4-5).

12. Cf. ci-dessus, p. 319 et suiv.

13. Déesses participant à la naissance, ou à la renaissance.

14. Les bandelettes de lin.

15. KRI IV, 68-69. Voir J. Assmann, *in* M.D.A.I.K., 1972, vol. 28, pp. 47-73.

16. Cf. ci-dessus, p. 276.

17. Cf. ci-dessus, p. 349.

18. KRI I, 357-359. Voir J.J. Clere, *in* Z.A.S., 1959, vol. 84, pp. 86-104.

19. Premiers-nés de Rê dans l'Ennéade héliopolitaine.

20. Ce n'est point là évocation d'un procédé de création, mais jeu d'assonances entre le mot *remet* (« hommes ») et le mot *remyt* (« larmes »).

21. L'œil de Rê, élément important de la personnalité divine, peut prendre la forme de divinités diverses : Hathor ou Tefnout.

22. Vraisemblablement une substance qui rougit.

23. Dans l'étude des contes et de la poésie, quelques passages ont été repris à C. Lalouette, *Littérature égyptienne.* — Paris P.U.F., 1981 (Coll. « Que sais-je ? »).

24. Pour l'origine de tous ces textes, on se reportera à P. Gilbert, *La poésie égyptienne.* — Bruxelles, 1943.

25. Piège pour les oiseaux.

LISTES BIBLIOGRAPHIQUES

Les listes bibliographiques données ci-dessous n'entendent pas être exhaustives.

La première liste concerne les ouvrages cités en abrégé dans les notes, c'est-à-dire, dans la plupart des cas, les ouvrages cités plusieurs fois. Les références des publications citées une seule fois sont généralement données au cours des notes même.

Viennent ensuite une liste des principales revues utilisées, et une liste de livres d'intérêt général dont la consultation peut se révéler fort utile.

A. — Ouvrages cités en abrégé

BARGUET : *L'Empire des conquérants.*
    Le monde égyptien. Les Pharaons. Vol. II. *L'Empire des conquérants.* Paris, Gallimard, 1979. (L'architecture, par Paul Barguet, pp. 9-65.)
BOESER : *Beschreibung Leiden.*
    Beschreibung der aegyptischen Sammlung des niederländischer Reichsmuseum der Altertümer in Leiden. Haag, Nijhoff, 1905-1920, 11 vol.
BRUYÈRE : *Rapport de fouilles.*
    BRUYÈRE (Bernard) : *Rapport sur les fouilles de Deir el Medineh.* Le Caire, Institut français d'archéologie orientale, 1926 à 1953.
C.L. *Textes.*
    LALOUETTE (Claire) : *Textes sacrés et textes profanes de l'ancienne Égypte.* Paris, Gallimard, 1984 ; 345 pages. (Collection UNESCO d'œuvres représentatives)[1].
DERCHAIN : *El Kab.*

1. Quelques extraits de cet ouvrage ont été reproduits avec l'autorisation de l'UNESCO.

DERCHAIN (Philippe) : *El Kab. Les monuments religieux à l'entrée de l'Ouady Hellal.* Bruxelles, 1971 ; X + 91 + 25 pages, 33 pll., 3 plans. (Publications du Comité de fouilles belges en Égypte.)

ERICHSEN : *Pap. Harris.*

ERICHSEN (W.) : *Papyrus Harris I. Hieroglyphische Transkription.* Bruxelles, Fondation égyptologique Reine Élisabeth 1933 ; 100 pages. (Coll. Bibliotheca Aegyptiaca,vol. V).

FRANKFORT : Cenotaph of Seti I.

FRANKFORT (Henry) : *The Cenotaph of Seti I at Abydos.* Londres, 1933, 2 vol. (vol. I : 96 pp. ; vol. II : 93 pll.) (Memoir of the Egypt Exploration Society, n⁰ 39).

GARDINER : *Late Egyptian Miscellanies.*

GARDINER (Alan H.) : *Late Egyptian Miscellanies.* Bruxelles, Fondation égyptologique Reine Élisabeth, 1937 ; 142 pages. (Coll. Bibliotheca Aegyptiaca, vol. VII).

GAUTHIER : *Fêtes du dieu Min.*

GAUTHIER (Henri) : *Les fêtes du dieu Min.* Le Caire, Institut français d'archéologie orientale, 1931 ; 315 pages, XIV pll.

GOEDICKE : *Nofretari.*

GOEDICKE (Hans) : *Nofretari. A documentation of her Tomb and its decoration.* Gray (Austria), Akademische Druck u. Verlagsanstalt, 1970 ; 56 + VIII pages, 67 pll.

GOMAA : *Chaemwese.*

GOMAA (Farouk) : *Chaemwese Sohn Ramses'II und Hoher Priester von Memphis.* Wiesbaden, Harrassowitz, 1973 ; XII + 137 pages.

GOYON : *Nouvelles inscriptions.*

GOYON (Georges) : *Nouvelles inscriptions rupestres du Wadi Hammamat.* Paris, Maisonneuve, 1957 ; XII + 191 pages, 52 pll.

GRIMAL : *Dictionnaire de la mythologie.*

GRIMAL (Pierre) : *Dictionnaire de la mythologie grecque et romaine.* Paris, Presses Universitaires de France, 5ᵉ éd. 1976 ; 575 pages.

HABACHI : *Sixteen Studies.*

HABACHI (Labib) : *Sixteen Studies on Lower Nubia.* Le Caire, Institut français d'archéologie orientale, 1981 ; 282 pages, 5 pll. (Supplément aux Annales du Service des Antiquités de l'Égypte, Cahier n⁰ 23.)

KITCHEN : *Pharaoh triumphant.*

KITCHEN (Kenneth A.) : *Pharaoh triumphant. The life and times of Ramses II.* Warminster, Aris and Phillips, 1982 ; 272 pages, figg.

KRI

KITCHEN (Kenneth A.) : *Ramesside Inscriptions.* Oxford, Blackwell. Grande publication (en caractères hiéroglyphiques) de tous les textes d'époque ramesside. Commencée en 1969, elle se poursuit encore. 6 volumes sont actuellement parus :

— Vol. I : Textes de Ramsès Ier, Séthi Ier et contemporains. — 8 fascicules, 416 pages.

— Vol. II : Ramsès II : inscriptions royales — 24 fascicules, 928 + XXXII pages.

— Vol. III : Ramsès II : les contemporains — 28 fascicules, 848 + XXXII pages.

— Vol. IV : Merenptah et la fin de la XIXe dynastie — 15 fascicules, 448 + XXXII pages.

— Vol. V : Sethnakht, Ramsès III et contemporains — 19 fascicules, 672 + XXXII pages.

— Vol. VI : De Ramsès IV à Ramsès XI et contemporains — 28 fascicules sont actuellement publiés (880 pages). A poursuivre.

LEFEBVRE : *Grands prêtres.*

LEFEBVRE (Gustave) : *Histoire des grands prêtres d'Amon de Karnak jusqu'à la XXIe dynastie.* Paris, Geuthner, 1929 ; 303 pages, 5 pll.

LEXIKON

Lexikon der Agyptologie. Wiesbaden, Harrassowitz. Publication commencée en 1975. 4 volumes sont déjà parus, ainsi que quelques fascicules du 5e.

MALININE-VERCOUTTER : *Catalogue.*

MALININE (Michel), POSENER (Georges), VERCOUTTER (Jean) : *Catalogue des stèles du Sérapeum de Memphis.* Paris, Imprimerie nationale, 1968.

MARIETTE : *Sérapeum.*

MARIETTE (Auguste) : *Le Sérapeum de Memphis.* Paris, Gide, 1857 ; 30 pages, 36 pll.

MEEKS : *Guide bleu.*

MEEKS (Dimitri) et FAUVEL (Jean-Jacques) : *Égypte. Le Nil égyptien et soudanais du Delta à Khartoum.* Paris, Hachette, 1971 ; 787 pages, cartes et plans. (Coll. « Les guides bleus »).

MORET : *Rituel.*

MORET (Alexandre) : *Le rituel du culte divin journalier en Égypte.* Paris, Leroux, 1902 ; 288 pages.

MOURSI : *Hohenpriester des Sonnengottes.*

MOURSI (Mohamed I.) : *Die Hohenpriester des Sonnengottes von der Frühzeit Agyptens bis zum Ende des Neuen Reiches.* München-Berlin, Deutscher Kunstverlag, 1972 ; 186 pages, XVI pll. (Münchner Agyptologische Studien, Heft 26).

NELSON : *Medinet-Habou.*

NELSON (Harold H.) et collab. : *Medinet-Habu.* Chicago, The University of Chicago Press, 1930-1970, 8 vol. (The University of Chicago. Oriental Institute Publications).

PIANKOFF : *Litany.*

PIANKOFF (Alexandre) : *The Litany of Rê. Texts translated with com-*

mentary. New-York, Bollingen Foundation, 1964 ; 182 pages, pll. (Bollingen Series, XL, 4).

PORTER-MOSS.

PORTER (Bertha) and Moss (Rosalind) : *Topographical Bibliography of ancient Egyptian texts, reliefs and paintings.* Oxford, The Clarendon Press, 1934 à 1974, 8 vol.

RAD.

GARDINER (Alan H.) : *Ramesside administrative documents.* Oxford, Oxford University Press, 1948 ; XXV + 102 pages, figg.

SANDARS : *Sea Peoples.*

SANDARS (N. K.) : *The Sea Peoples. Warriors of the ancient Mediterranean.* London, Thames and Hudson, 1978 ; 224 pages, pll.

SAUNERON : *Égypte.*

SAUNERON (Serge) : *Nous partons pour l'Égypte.* Paris, Presses Universitaires de France, 1980 ; 239 pages, ill.

SMITH : *Ramesses II.*

SMITH (John D.) : *Ramesses II. A chronological structure for his reign.* Baltimore and London, The John Hopkins University Press, 1973 ; VIII + 216 pages. (The John Hopkins Near Eastern Studies).

URK.

Urkunden des aegyptischen Altertums. Leipzig, J. C. Hinrichs'sche Buchhandlung, 1932-1961 ; VIII vol.

ZANDEE : *De hymnen.*

ZANDEE (J.) : *De hymnen aan Amon van Papyrus Leiden I 350.* Leiden, Rijksmuseum van Oudheiden, 1947 ; 158 pages, XXXI pll.

B. — REVUES CITÉES EN ABRÉGÉ

AEGYPTUS

Aegyptus. Rivista italiana di egittologia e di papirologia. Milano, Universita Cattolica.

ASAE

Annales du Service des antiquités de l'Égypte. Le Caire, Imprimerie de l'Institut français d'archéologie orientale.

BIFAO

Bulletin de l'Institut français d'archéologie orientale du Caire. Le Caire.

BSFE

Bulletin de la Société française d'égyptologie. Paris.

CE

Chronique d'Égypte. Bruxelles, Musées royaux d'art et d'histoire.

JAOS

Journal of the American Oriental Society. Newhaven (Connecticut), Yale University Press.

JCS
Journal of Cuneiform Studies. Cambridge (Massachusett), American School of Oriental Research.

JEA
Journal of Egyptian Archaeology. London, Egypt Exploration Fund.

JKF
Jahrbuch für Kleinasiatische Forschung. Ankara.

JNES
Journal of Near Eastern Studies. Chicago, University of Chicago Press.

KÊMI
Kêmi. Revue de philologie et d'archéologie égyptiennes et coptes. Paris, Geuthner.

KUSH
Kush. Journal of the Sudan Antiquities Service. Khartoum, Sudan Antiquities Service.

MDAIK
Mitteilungen des Deutschen Archäologische Instituts abteilung Kairo. Wiesbaden, Harrassowitz.

RÉ
Revue d'égyptologie. Paris et Louvain.

SYRIA
Syria. Revue d'art oriental et d'archéologie. Paris, Geuthner.

ZA
Zeitschrift für Assyriologie und Vorderasiatische Archäologie. Berlin-New York, Walter De Gruyter.

ZÄS
Zeitschrift für ägyptische Sprache und Altertumskunde. Leipzig, Hinrichs.

ZDMG
Zeitschrift der deutschen Morgenländischen Gesellschaft. Wiesbaden, Frank Steiner Verlag.

C. — Publications d'intérêt général

Barguet (Paul): *Le temple d'Amon-Rê à Karnak. Essai d'exégèse.* Le Caire, Institut français d'archeologie orientale, 1962; 368 pages, XLII pll. (Recherches d'archéologie, de philologie et d'histoire, tome XXI).

The Cambridge Ancient History. 3rd. edition. Vol. II, Part 2: *History of the Middle East ant the Aegean region c. 1380-1000 B. C.* Cambridge, University Press, 1975; XXIII + 1128 pages.

Daumas (François): *La civilisation de l'Égypte pharaonique.* Paris, Arthaud, 1965; 686 pages, ill.

GARELLI (Paul) : *Le Proche-Orient asiatique. Des origines aux invasions des Peuples de la mer.* Paris, Presses Universitaires de France, 1969 ; 377 pages. (Coll. Nouvelle Clio, vol. 2).

HELCK (Wolfgang) : *Die Beziehungen Ägyptens zu Vorderasien im 3 und 2 Jahrtausend v. Chr.* Wiesbaden, Harrassowitz, 2e éd. 1971 ; IX + 611 pages.

LALOUETTE (Claire) : *La littérature égyptienne.* Paris, Presses Universitaires de France, 1981 ; 128 pages. (Coll. « *Que sais-je ?* », n° 1909).

LEFEBVRE (Gustave) : *Romans et contes égyptiens de l'époque pharaonique.* Paris, Maisonneuve, 1949 ; XXVII + 233 pages.

MORET (Alexandre) : *Le Nil et la civilisation égyptienne.* Paris, Renaissance du livre, 1926 ; XVII + 573 pages, XXIV pll.

POSENER (Georges), SAUNERON (Serge), YOYOTTE (Jean) : *Dictionnaire de la civilisation égyptienne.* Paris, Hazan, 2e éd. 1970 ; 324 pages.

SAUNERON (Serge) : *Les prêtres de l'ancienne Égypte. Paris,* Éd. du Seuil, 1967 ; 192 pages.

SCHARFF (Alexander), MOORTGAT (Anton) : *Ägypten und Vorderasien im Altertum.* München, Verlag F. Bruckmann, 1950 ; 535 pages.

STEINDORFF (Georg), SEELE (Keith C.) : *When Egypt ruled the East.* Chicago, University of Chicago Press, 2e éd. 1957 ; XVIII + 289 pages, ill.

VANDIER (Jacques) : *Manuel d'archéologie égyptienne.* Paris, Librairie Picard, 1952-1978, 6 vol.

INDEX

A. — LES DIEUX

B. — ROIS ET REINES D'ÉGYPTE

C. — PRINCES ROYAUX ET NOTABLES ÉGYPTIENS

D. — VILLES, SITES ET MONUMENTS D'ÉGYPTE

Petit vocabulaire archéologique :

E. — LE MONDE HORS L'ÉGYPTE :
États, peuples, villes, sites, souverains, notables

F. — NOTABILIA

G. — TEXTES TRADUITS ET COMMENTÉS
(intégralement ou en partie)

(a) Sauf celles sculptées sur les stèles - Voir ci-dessous.

CARTES

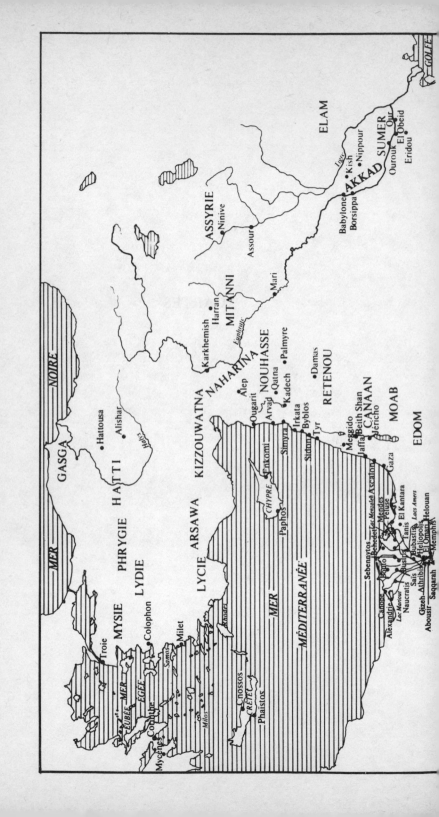

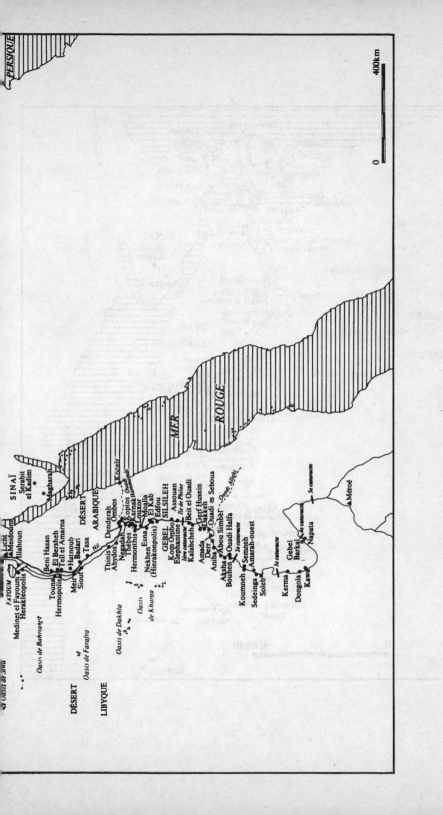

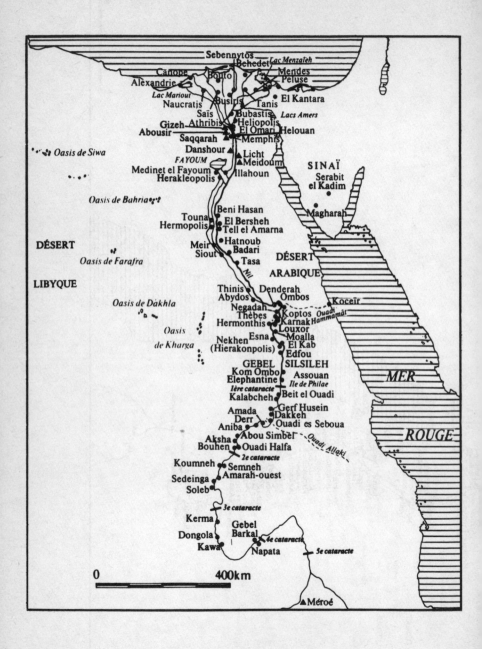

TABLE DES MATIÈRES

Chapitre IV. — Gloires et décadence
ou la défense de l'Empire

DEUXIÈME PARTIE

Pharaons impériaux.
Caractère et œuvre

Chapitre I. — Le roi-héros.
Mythologie du souverain ramesside

Chapitre II. — Le roi bâtisseur

Chapitre III. — A l'ombre du Roi
Les lettres et les arts

TABLE DES ILLUSTRATIONS

L'impression de ce livre
a été réalisée sur les presses
des Imprimeries Aubin
à Poitiers/Ligugé

pour le compte de la librairie Arthème Fayard
75, rue des Saints-Pères à Paris

ISBN 2-213-01534-1
35-14-7310-01

No d'édition, 7035 — No d'impression, L 19618
Dépôt légal, février 1985

Imprimé en France

35-7310-2